本丛书
由海南师范大学资助出版

南海研究丛书
主编：张一平

黎族的历史与文化

王献军
蓝达居　主编
史振卿

暨南大學出版社
JINAN UNIVERSITY PRESS

中国·广州

图书在版编目（CIP）数据

黎族的历史与文化/王献军，蓝达居，史振卿主编．—广州：暨南大学出版社，2012.8（2016.1重印）
（南海研究丛书）
ISBN 978-7-5668-0252-1

Ⅰ.①黎…　Ⅱ.①王…　②蓝…　③史…　Ⅲ.①黎族—民族历史—文集②黎族—民族文化—文集　Ⅳ.①K288.1-53

中国版本图书馆CIP数据核字(2012)第153216号

出版发行：暨南大学出版社

地　址：中国广州暨南大学
电　话：总编室（8620）85221601
营销部（8620）85225284　85228291　85228292（邮购）
传　真：（8620）85221583（办公室）　85223774（营销部）
邮　编：510630
网　址：http://www.jnupress.com　http://press.jnu.edu.cn

排　版：广州市天河星辰文化发展部照排中心
印　刷：佛山市浩文彩色印刷有限公司

开　本：787mm×960mm　1/16
印　张：23.5
字　数：389千
版　次：2012年8月第1版
印　次：2016年1月第2次
印　数：2001—3000册

定　价：56.00元

总　序

当今世界，海洋问题已经成为资源分配、空间争夺和国家战略的重要问题。在此背景下，南海问题变得日趋复杂、日益突出，不仅成为一个区域热点，而且正在上升为全球热点。这一切都使得南海区域在地缘、政治、经济、外交格局中的地位日益上升。南海问题的复杂性，决定了解决南海问题方法上的多样性，但无论如何，这都要求我们重视对南海的整体研究。既要研究南海区域内各国家、地区、民族间的相互关系，也要研究南海区域与其外部环境中各种因素的相互联系。

众所周知，传统的东南亚研究、南洋研究等，都不包括对中国的研究，都不能把南海周边国家作为一个有机联系的整体来研究，这当然不能反映历史的真实面貌。正是基于这种考虑，我主张使用“南海区域”这个概念，即把南海海域及其周边国家和地区作为一个有机整体，主要包括中国南部和东南亚地区。通过对区域内各民族之间的关系进行历史的考察，使人们了解南海区域是一个不可分割的整体，以期对处理当今区域内的各种相互关系和共同构建和谐的区域社会，提供一些有益的借鉴。

南海海域自古以来就是海上丝绸之路的重要航线，也是南海周边各族人民的生命线。这条航线犹如无形的纽带，把南海周边各族人民的经济生活、社会文化紧密地联系起来。自秦汉始，南海周边的国家和人民就在相互影响与相互联系中共同生存、发展，具有共同的命运和利益，南海海域也成为沟通东西方的桥梁要道。进入近代，南海周边的国家和人民同样遭受着西方殖民者的侵略，共同开展了反殖民、反侵略、争取民族解放的革命斗争。第二次世界大战后，这些国家先后走上独立的道路，迎来了全球化发展的新时代。但是，南海周边国家的这种历史联系性，并未受到学术界的足够重视。

历史上，南海区域各民族在地缘、血缘、经济、文化等方面存在着千丝万缕、无法割断的联系，其历史演变有着惊人的相似。从地理上看，南海区域是一个以海洋、岛屿、江河、山脉为纽带连接成一体的地理单元，区域内各民族之间很早以前就相互往来，共谋生存。早在汉代，中国就与马来半岛国家有了贸易关系和文化交流，马来半岛成了东西方贸易的交会地点。明朝以郑和下西洋为代表的朝贡贸易和文化交流，使中国与南海周边的联系达到鼎盛。南海区域由若干小经济圈不断发展成为一个整体区域经济圈，并通过马六甲海峡和太平洋与世界其他地区联系起来，成为全球经济圈的重要组成部分。区域内各民族之间经过长期的迁移、融合，逐渐形成了共同的血缘关系、文化心理、风俗习惯和宗教信仰。在当今世界全球化和区域一体化的进程中，区域内各地区、各国家的政治制度、经济模式、文化传统日益表现出高度相似性，这从东盟“10＋3”机制和博鳌亚洲论坛的成功举办可见一斑。

在进行南海研究时，有些学者倾向于用“西方冲击论”来解释亚洲近代历史的演变，这当然有它的合理性。但是，这种以欧洲的眼光看待亚洲的分析方法，往往忽略了对亚洲社会赖以生存的、长期形成的原有体系的深入研究，割断了该区域历史的联系性和整体性。也有学者主张从亚洲的视角看待亚洲近代历史的变化以及与欧洲的关系，以寻求亚洲史内在的联结纽带，推导出亚洲发展的内在原动力，认为亚洲近代发展并非单纯地、被动地接受欧洲冲击—反应的结果，历史上的亚洲存在着以中国为中心的朝贡关系和朝贡贸易关系，并以这种关系为基础形成了“亚洲经济圈”，即“前近代亚洲市场”。但是，对亚洲历史文化的研究，如果脱离了与世界其他地区的相互联系，也是无法看清楚的。

在我看来，南海研究应当在世界历史和人类文化发展演变的大背景下，以历史上中国传统文化的对外传播为经，以南海区域各个国家的社会发展为纬，将整个南海区域当作一个整体看待，在泛南海的区域范围内，既研究文化历史的同中之异，也研究历史文化的异中之同，从而存异求同，以便能更准确地反映南海区域各个国家、民族的风土民情和社会变迁。在具体的研究过程中，可以海南岛及南海诸岛为中心、以南海海域为视野、以东南亚诸国为系带、以环太平洋为辐射，深入、全面地发掘、整理、保护、宣传南海区域的历史与文化，研究海岛、海湾、海峡、海礁、海洋和南海周边国家的诸多社会、历史、文化问题，以服务于中国的和平崛起、南海的开发和南海周边国家的合作发展，构建南海区域的和谐社会。

在当今世界全球化和区域一体化不断加快的进程中，在南海问题日益复杂化之际，加强南海研究已是刻不容缓。当前急需研究的问题应当从历史文化着手，这是因为对区域内各国人民的历史文化进行透彻的研究，对于推动区域内各民族之间的友好往来、合作共赢、和平发展有着重要的意义，对于南海问题的和平解决也将有所帮助。在和平与发展已经成为当今世界主题的情况下，中国要实现和平崛起的国家发展战略目标，自然就包括了要维护南海区域的和平、稳定与可持续发展，这也将是中国为维护世界和平作出的一个实际贡献。而且，南海问题的最终解决，不能仅依靠政治、经济，更不能全然依靠武力，因为无论问题怎样解决，最终都离不开各方的合作，从长远意义上来说，合作共赢才是最好的结局。合作的前提条件是相互理解，而理解的前提则是对彼此历史文化背景的了解和认同。因此，从国家利益的高度来看，对南海区域历史文化展开相应的研究就具有十分重要的战略意义。

海南省位于南海区域的中心地带，对南海研究负有不可推卸的责任。2008 年 7 月，海南师范大学成立了南海区域文化研究中心，2009 年 10 月升格为海南省南海区域文化研究基地，现已拥有专兼职研究人员 30 余人，海外特约研究员 10 余人。目前基地的主要研究方向包括：

第一，南海区域民间口头与非物质文化遗产研究，包括南海区域的文学艺术、民歌民谣、民俗礼仪、手工技能、方言戏曲、音乐舞蹈以及传统技艺与技能等研究。

第二，南海区域物质文化与自然遗产研究，包括南海区域史前文化遗迹、历史建筑、海洋文物、古物古籍、传统医药、自然景观、海洋地理、生态环境以及有保护价值的自然区域、地形、植物、矿物等自然景观研究。

第三，南海区域社会发展研究，具体包括南海区域历史发展中的社会、政治、军事、经济、制度、生态、民族、宗教、地理、文学、艺术等问题的专题研究和综合研究以及移民开发、侨乡侨务、海上旅游等研究。

第四，南海区域历史沿革及文化交往研究，具体包括文化交流史、海上交通史、丝绸之路、民族史、典章制度、海洋经济、宗教信仰、商业贸易、华侨华人、国际关系、跨文化合作等研究。

这套丛书大部分是该基地的研究成果。在这套丛书中，既有个人著作，也有集体著作；既有专著、编著，也有译著。丛书的总体规模暂不限定，计划先用几年时间，陆续推出十余种著作。目前选题以历史文化为主，今后逐渐扩大研究范围。丛书的宗旨是以南海历史和文化作为研究的起点，逐步对南海的自然、环境、社会、政治、经济、外交等方面展开全方位的研究，为国家在新世纪的海洋开发战略服务，为中国的和平崛起乃至全人类的和平与发展作出积极贡献。

应当特别感谢的是暨南大学出版社的领导和编辑们，他们从新世纪学术著作出版和图书市场走向的战略眼光出发，克服了学术著作出版的种种困难，对本丛书的选题高度重视并给予大力支持，在每一本书的编辑、出版、发行的各个环节中，他们都表现出精益求精的出版风格和一丝不苟的学术精神，使本丛书得以顺利出版问世。

是为序。

张一平
2012 年春于海南岛

目录

一

【族群关系与变迁】

黎族与百越族的族源关系

詹贤武
（海南省行政学院文史部）

海南岛紧靠祖国大陆，自古以来就是百越族的活动范围，黎族是百越族的后裔，他们之间有着非常密切的亲缘关系。本文在综合分析前人研究成果的基础上，结合最新的人类学研究成果，以期对黎族与百越族的族源问题作一些深入的探讨。

一、黎族族源问题的纷争与理性分析

要探讨黎族与百越族的族源关系，不能不重新审视学界对黎族族源问题的各种观点。20 世纪 30 年代开始，随着文化人类学学科在中国的兴起，国内外许多学者关注到黎族的族源问题，在这方面的研究亦取得了丰硕的成果。综合起来，学者对黎族的族源问题，主要集中在南岛说、多元说和大陆说这三种观点上。

持南岛说的学者认为，黎族先人在远古时代是从东南亚地区甚至是大洋洲地区渡海分别迁入海南岛的。德国人类学家史图博（H. Stubel）20 世纪 30 年代两次到海南岛进行民族调查，他基于物质文化和非物质文化的分析，认为黎族和马来族以及印度支那次大陆各民族有着很多相似之处，指出黎族润方言属于本岛土著民族，而哈、杞和美孚方言是经过几次移民浪潮从南岛各地迁入的，他们与印度尼西亚古代马来族关系密切。[①] 岑家梧先生也认为南岛说比较可信，他从海南和马来西亚、越南相继出土的新石器类型进行分析，推断出黎族是在原始社会时期从南洋浮槎北渡而来的。

① ［德］史图博：《海南岛民族志》，中国科学院广东民族研究所，1964 年（内部印刷）。

他在《海南岛黎人来源考略》中说，史前时代的"海南岛黎人，确属南方系统之民族，其迁来岛上，不由亚洲北部大陆，而由亚洲南部诸海岛"①。

对于南岛语系和其他语系的同源关系，目前有四种不同的假想：一是南岛语系和其他语系没有同源关系，这是比较传统的观点，许多历史语言学家都持这个观点；二是德国传教士 Wilhelm Schmidt 于 1904 年提出的南岛语系和南亚语系同源；三是美国学者 Dahl 于 1970 年提出的南岛语系和印欧语系同源；四是法国学者沙加尔于 1990 年提出的南岛语系和汉藏语系同源，在中国学界获得语言学家邢公畹的支持。

从语言的扩散和分布理论提出黎族和南岛语族有着密切的族源关系，无疑从研究的角度拓宽了我们研究的视野。但不可否认的是，南岛说只是从语言的角度对南岛语族的迁徙路线进行了推测，缺乏古典文献、考古发现等方面的支持，特别是没有把曾经活跃在长江以南的百越族纳入其中进行考量，割裂了百越族与南岛语族之间的文化联系，因此产生了本末倒置的判断。早在 20 世纪 90 年代，美国俄勒冈州立大学杨江教授就曾提醒过："研究中国的早期历史与史前史对于居住在世界相当一块地方的马来—玻里尼亚人同样具有重要意义。所以，对百越的研究不但要在广义上进行，而且还应包括那些有志于研究太平洋岛屿文化与东南亚文化的海外学者在内。"他还对马来—玻里尼亚人的迁徙路线作出了推测："早在 6000 年前，马来—玻里尼亚人的祖先开始从中国的福建省出发，进行了长途的迁移运动。他们向南行进，穿越菲律宾和印度尼西亚，尔后分两个方向迁移。一路向西，到达马达加斯加；另一路向东，到达夏威夷和伊斯特岛。"② 张光直先生也认为，从新石器时代开始，黄河流域尚未显现出差别的汉藏南岛综合体，开始向中国西南部移民，结果分化出"汉藏群"和"南岛群"，前者仍留在北方，后者则通过一系列的海上迁移活动，更进一步地分化。③要是无法突破这个关键性的问题，那么从民俗学角度来讲，就无法解释中国南方少数民族和黎族之间何以存在如此之多的相同民俗事象的问题。

---

① 岑家梧：《广东史前时代的文化》，《广东教育与文化》1951 年第 3 期。

② 杨江：《马来—玻里尼西亚与中国南方文化传统的关系》，《浙江学刊》1991 年第 1 期。

③ 张光直：《中国东南海岸考古与南岛语族起源问题》，《南方民族考古》（第 1 辑），四川大学出版社，1987 年。

持多元说的学者认为，黎族的族源并不是由单一的族源构成，其来源是多元的，黎族的族源基本上是由百越族和南岛语族共同构成，经过历史性的融合之后才形成今天的黎族。20 世纪 40 年代，刘咸先生从史料古籍、体质人类学、文化地理等方面，认为黎族和马来族有着密切的血缘关系，同时黎族还带有南岛语系一些少数民族（包括矮黑人）的血缘，进而断定黎族的族源在地域和时间上存在多元性，即在史前一部分黎族从大陆迁到海南岛，史后有另一部分黎族从南岛迁入。他认为：“现今黎族之来源，似非一源而为多源，至少有两个主要来源。”① 这两个主要来源，一个是哈方言和润方言的黎族源于东南亚的正马来人，另一个是杞方言和美孚方言的黎族源自大陆的掸族。此外，黎族还源于汉族和南洋群岛各族，甚至是矮黑人（Pygmy）。刘咸先生认为黎族起码有两个源头的论断，从语言学的角度看，显然是站不住脚的。事实上，黎族哈、润、杞、美孚四种方言，基本上是可以交流、沟通的，而恰恰是他当年没有发现的赛方言，和以上四种方言差别很大，它们之间根本无法交流。

近年来，许多海南学者综合前人的研究成果，对黎族的族源问题又有了更进一步的研究。周伟民、唐玲玲教授于 1999 年提出了族源“环流”论，认为马来族和百越族之间文化的相似性说明了彼此间的相互环流和血缘互融。中国和马来西亚的出土文物也提供了大量的证据。因此，从海岸民族的地理环境、生活环境以及观念的特征中可知，以当今海南岛黎族为代表的中国百越族和马来半岛民族之间存在着环流与血缘的双向互融。② 高泽强先生认为：“黎族是南岛语族和壮侗语族进入海南岛后，经过上千年的不断交流、融合与发展才最后形成的，因此可以说南岛语族、壮侗语族是黎族的两大源头。”③

应特别指出的是，持多元说的学者注意到“小黑人”的迁徙问题，这个问题或许能对我们追寻黎族的族源起到线索性的作用。“小黑人”，亦称“矮黑人”。菲律宾人类学家拜野（H. O. Boyer）对矮黑人的人类学定义是：“南洋的最古居民，但其纯粹的后裔，现在只住在几个偏僻孤立的地

① 刘咸：《海南黎族起源之初步探讨》，《西南研究》1940 年第 1 卷 1 号。

② 周伟民、唐玲玲：《黎族和马来族间的环流与血缘的双向互融》，《海南大学学报（社会科学版）》1999 年第 9 期。

③ 高泽强：《黎族族源族称探讨综述》，《琼州学院学报》2008 年第 1 期。

点，这种人以身材小著名，只在五英尺以下。矮民有二支派，一是尼格利陀族（Negrito），肤色黑，发卷缩，原是黑种的一支；二是类澳洲人（Australoid），与现在的澳洲土人相似。”[①] 中国古代所称的黑色人种，学界一般指尼格利陀人（Negrito），历史文献中有“瓮人”、“昆仑”、“昆仑奴”、“鬼奴”等称呼，属棕色人种，体质上有矮小、卷发、身黑、鼻宽和体毛发达等特征。“小黑人”在广大的华南地区和海南岛、台湾岛都有活动的踪迹，如黎族合亩制地区曾流传的“着赞”的故事[②]，以及台湾赛夏人的矮灵祭传说[③]。这些民间传说，极有可能是“小黑人”在两岛上生活过的影子。至于“小黑人”从何而来，又因何而神秘消失，是否和黎族、台湾少数民族有着血缘关系，许多人类学家进行过细致的田野调查，但都由于缺少实证的考古材料而无法解开这些谜团。

大陆说是中国学者秉持的传统观点。他们根据文献记载，以及语言学、考古学、人类学、民族学等方面的研究成果，认为黎族来源于中国南方的古越族，两族之间有着非常密切的血缘关系。

百越族活动的范围大致是现今的江苏、安徽、江西南部、浙江、福建、广东、广西、云南、越南北部以及台湾和海南。在这广袤的东南弧形地带中，分布着于越、闽瓯、扬越、东瓯、东鳀、骆越、南越、细瓯、滇越等各个越人集团。“尽管名称各异，居地不同，其后的融合、分化、发展的经历也不一样，但是也在一些诸如使用铜剑、铜鼓，擅长造船、操舟，断发文身，奉龙蛇为图腾等大体相同的传统文化上有着一定的同一性，是密切相关的。”[④] 近代民族学、人类学、历史学、考古学的研究表明，中国长江中下游以南，直至台湾岛以及广大的东南亚地区，都曾是古越人活动的范围。因此，百越文化的分布范围远不止中国南方大陆，它更远伸到太平洋的西部地区。

黎族来自南方的百越族这一论断，一直是众多学者持有的主流观点。林惠祥认为：“黎人之来路，有北方大陆和南洋两条。南洋远而大陆近，古代之黎人似以由大陆一路为是……黎族种属及起源之问题，与古越族极

① 林惠祥：《南洋马来族与华南古民族的关系》，《厦门大学学报》1958 年第 1 期。
② 广东省编辑组：《黎族社会历史调查》，民族出版社，1986 年，第 86 页。
③ 李晔、陈海舟：《台湾少数民族——赛夏》，台海出版社，2008 年，第 69 ~ 70 页。
④ 王钟翰：《中国民族史》，中国社会科学出版社，1994 年，第 304 页。

有关系。”[①] 罗香林亦认为：“黎人骨盆亦与华北汉人殊，而与广东本地汉人近，意其人种与古代越族为同一系属，或虽非同属而有混血关系。”[②] 他认为骆越原先居住在今越南、广西及粤西高州、雷州一带，自殷周以至春秋战国始向南，渡过琼州海峡进入海南岛。至于黎族与东南亚一带的马来人体征及文化有相似之处，那是“中土民族远古海外移植”的结果。刘耀荃先生也认为：“黎族的远古祖先是我国南方古代越族的一支——骆越，大约是三千年前从我国南方沿海大陆地区陆续迁移到海南岛的，并在长期的历史过程中吸收了其他民族成分（主要是汉族）逐渐形成发展起来，而成为我国多民族大家庭中的一员。”[③]

值得注意的是，李子贤将佤族文化与“东南亚古文化区”及台湾少数民族的文化特质进行系统比较后提出，西端从我国云南的佤族开始，经中南半岛、印度尼西亚、菲律宾群岛，直至东端的我国台湾少数民族，存在着一个“U”形古文化带，这一文化带的巨石崇拜、木鼓崇拜、猎头习俗、精灵信仰以及旱作文化、相关祭仪等文化事象，是这一文化带各族文化的古型。[④] 他认为，南亚与南岛语系在太古时期是一个语系，发祥地是云南南部、缅甸北部，即佤族聚居区，后来从那里迁移至台湾等地，往西到印度东部。而东南亚是亚洲人种迁徙的岔路口，除了第四纪的古老人类外，近世自亚洲大陆向太平洋的每次族群移动，几乎都经过东南亚的海岛群。李子贤的“U”形古文化带理论是在荷兰学者柯恩（Kern）的中南半岛学说、中国学者凌纯声的中国大陆学说、法国语言学家欧追古（Haudricout）的亚洲大陆东南沿海地区学说的基础上建立起来的。如果这个“U”形古文化带确实存在的话，那么南岛语族的族源研究就有可能向前迈出一大步，而黎族就有可能从血缘上找到与大陆更为密切的亲缘关系。

二、黎族与百越族的族源关系

海南岛紧靠祖国大陆，应属善于驾舟渡海的百越族的活动范围，而岛

---

① 林惠祥：《中国民族史》，商务印书馆，1936 年，第 128 页。

② 罗香林：《海南岛黎人源出越族考》，《青年中国》1939 年（创刊号）。

③ 刘耀荃：《略论黎族的族源问题》，《学术研究》1962 年第 6 期。

④ 屈明光：《“U”形古文化带连接云南和台湾》，《西部时报》2006 年第 2 期。

上最早居住的居民——黎族也应是百越人的后裔。这一论断得到了中国古典文献学家、考古学家、遗传基因学家和众多人类学家、民族学家的支持。

（一）“骆越”、“俚人”与“乌浒人”之考辨

第一个把生活在海南岛的黎族先民归到“骆越”族群当中的，是西汉时期的贾捐之。“骆越之人，父子同川而浴，相习以鼻饮。”① 自东汉以后，骆越名称演变为“里”、“俚”、“俚僚”等，“里”、“俚”皆为西汉骆越之遗裔。“建武十二年（36），九真徼外蛮里张游，率种人慕化内属，封为归汉里君”中的“里”字，李贤注曰：“里，蛮之别号，今呼为俚人。”② 这些是史籍记载的海南黎族来源于古代骆越人的明证。谭其骧也认为：“有史以来，最先定居于粤东境内者，实为今日僻处于海南岛之黎族，汉、唐时称‘里’或‘俚’者是也。”③

俚人，古称百越夷蛮，其先民是先秦时的西瓯、骆越人及汉代的乌浒、南越人。《广东通志》载：“俚人，在广州之南，苍梧、玉林、合浦、宁浦、高凉五郡，中央地方数千里，盘踞山险。”④ 海南的黎族也就是俚人的后裔，“昔伊尹正南方献令，有俚焉，蛮之别落也，后汉谓之俚人，俗呼山岭为黎，而俚居其间，于是讹俚为黎，而黎之称始此”⑤。唐代之前，由于海南的黎族与中国南方被称为“俚人”的少数民族存在着非常密切的亲缘关系，因此他们之间有着很强烈的文化认同感，当俚人首领冼夫人挥师南指抵达海南岛时，黎族各峒首领在极短的时间内纷纷归顺就不足为奇了。至于史书上称为“乌浒”的族群，早在汉代已经向西迁徙，经过长时

① （汉）班固撰，（唐）颜师古注：《汉书》卷64，《贾捐之传》，文渊阁四库全书电子版，上海人民出版社，1999年。

② （宋）范晔撰，（唐）李贤等注：《后汉书》卷86，《南蛮西南夷列传》，文渊阁四库全书电子版，上海人民出版社，1999年。

③ 谭其骧：《粤东初民考》，《长水集》，人民出版社，1987年，第258页。

④ （清）郝玉麟等修，鲁曾煜等纂：《广东通志》卷57，文渊阁四库全书电子版，上海人民出版社，1999年。

⑤ （清）郝玉麟等修，鲁曾煜等纂：《广东通志》卷57，文渊阁四库全书电子版，上海人民出版社，1999年。

间的融合，已经成为今天的壮族。“（东汉）建宁三年（170），玉林太守谷永以恩信招降乌浒人十余万，内属皆受冠带，开置七县。”① 如此大规模的招降，使得十余万乌浒人成为东汉朝廷的臣民，也是乌浒人由此从百越族中消失的主要原因。

张跃虎先生认为，海南岛上却仍有乌浒人生存下来，并发展成黎族。② 其唯一的根据是宋代范成大《桂海虞衡志》所载“黎，海南四郡隝土蛮也”③。认为“‘隝土’其实是‘乌浒’的另一种读法和写法”，这就有些勉强了。《集韵》读“隝”为“睹老切，音捣”。《玉篇》注：“隝，今作岛。”可见“隝土”与“乌浒”读音是完全不同的。《康熙字典》注：“隝，水中山也。”“隝土”指的应该是水中高山之地，古人认为：“黎母山最高，常在云雾中，山水分流四郡，熟黎所居。”④ 黎母山犹如水中之岛，“熟黎之外始为州县四郡，各占隝之一陲”⑤。居住在山上的黎族，因此就被许多史籍称为“隝土蛮”。

（二）出土文物提供的文化人类学信息

20 世纪开始，大陆和台湾考古学者相继在华南、海南和台湾发现了旧石器时代和新石器时代的史前文化遗址。这些史前文化构成一个完整的古文化系统，其文化内涵均为大陆古越族之前的古人类和古文化，这有力地证明了黎族与南方古越族存在着极为密切的族源关系。

20 世纪 50 年代开始，有关文物部门曾对海南岛进行了几次文物考古工作，为研究海南原始社会的经济形态及其民族源流提供了多方的材料佐证。1954 年文物考古部门在原海南黎族苗族自治州境内先后采集到多件新

---

① （宋）范晔撰，（唐）李贤等注：《后汉书》卷 116，文渊阁四库全书电子版，上海人民出版社，1999 年。

② 张跃虎：《黎族族源新探》，《琼台学刊》2008 年（创刊号）。

③ （宋）范成大：《桂海虞衡志・志蛮》，文渊阁四库全书电子版，上海人民出版社，1999 年。

④ （宋）范成大：《桂海虞衡志・志蛮》，文渊阁四库全书电子版，上海人民出版社，1999 年。

⑤ （清）郝玉麟等修，鲁曾煜等纂：《广东通志》卷 57，文渊阁四库全书电子版，上海人民出版社，1999 年。

石器时代的器物，其中以石斧和石锛最为普遍。1957 年，文物考古部门在海南岛境内发现的上百处原始文化遗址中就出土了石斧、石锛、石凿、石铲、石矛等。1983 年开始的海南文物普查中，在乐东、昌江、琼中、三亚发现了 5 处洞穴遗址，同时在昌江、通什和临高等地也发现了青铜文化遗址，其中出土了多件青铜斧和青铜釜。1992 至 1993 年海南文物部门对一万多年前的三亚落笔洞古人类遗址进行挖掘，除发现了蚌、蛤、螺壳及小哺乳动物化石外，还出土了一批石、骨、角质等工具制品，另有个别铲、矛、匕、管等器具。2006 年开始，考古学家在昌江境内发现了混雅岭旧石器遗址和燕窝岭旧石器遗址两处旧石器文化遗址，地质时代为晚更新世，即考古学年代的旧石器时代晚期，距今约 2 万年。其中发现了 3 件石制品，包括 1 件石核和 2 件砍砸器，还在地表采集到 1 件石核。这些石制品打片技术采用锤击法。

海南各地相继发现了大量的新石器时代中、晚期的文化遗址，均出土了黎族先民使用过的各种器物，石器有肩石器、石斧、石铲、石锛、石锤、石凿、石锄、穿孔石纺轮等，陶器有罐、瓮、缶、豆、鼎、碗、纺轮、网坠、管、饼、耳坠、珠等。从文化类型上看，这些文物和我国两广沿海地区发现的器物同属华南文化类型，这足以证明海南黎族先民是从华南地区，也就是古百越地区迁徙而来的。

从各个时期出土的文物看，海南的原始文化遗址出土的大量有段石钺、有肩石斧、绳纹陶、网纹陶、黑陶、彩陶等原始文化，均属岭南百越文化特征之一，与祖国大陆东南沿海一带的原始文化同属于一个类型。这就证明海南黎族和百越族之间有着非常相似的文化基因。近年来，周伟民、邓聪和高泽强等学者还从制作树皮布石拍的文化意义上进行了深入的探讨，指出黎族和古代泛百越地区的民族使用的制作树皮布石拍有着惊人的相似性，这无疑从文化特质上为我们揭开黎族和百越族之间的族源同源性提供了重要的证据。

（三）人类遗传基因研究的技术支持

随着现代人类遗传基因技术的不断发展和日臻成熟，遗传基因分析技术被引入人类学研究当中，在世界民族起源问题上形成了许多颠覆性的观点。而 21 世纪以来几项权威的人类学遗传基因研究成果亦从自然科学的角度，对黎族源自中国百越族以及他们之间有着相同的族源关系这一论断予以技术性的支持。

中国科学院遗传学所于2001年进行的一项DNA研究成果表明，海南黎族和台湾四个少数民族有着共同的祖先——7000多年前发源于浙江河姆渡的古代百越人，因此他们是“兄弟”关系。① 著名的群体遗传学家金力教授和中国科学院遗传学所的杜若甫院士于1998年分赴台湾和海南采集了台湾五个少数民族和海南黎族的血样。他们对采集的血样进行了DNA研究，发现台湾少数民族中的阿美、泰雅、布农、排湾男性的主要Y染色体类型与海南黎族男性的主要Y染色体类型完全一致。DNA研究结果表明，海南黎族主要有三种类型的Y染色体，台湾阿美人只有其中一种类型的Y染色体，泰雅、布农、排湾人有其中两种类型的Y染色体。他们这种相对较纯的Y染色体类型与发源于浙江河姆渡的古代百越人简单的Y染色体类型相一致，而不同于南洋各民族的复杂类型。

杨波在《黎族三个支系Y-SNP多态性研究》中，针对黎族各方言的起源及相互之间的关系一直存在不同观点，于2007年选取了黎族美孚、润、杞三个方言群体作为研究对象，采用荧光引物PCR毛细管电泳扫描分型和链式扩增产物酶切长度特异性（PCR-RFLP）法两种基因分型技术，对205例样本Y-DNA的10个Y-SNP位点进行基因分型，将所得单倍群分布频率与其他相关群体资料进行比较和主成分分析。研究结果显示：黎族群体共检出五种单倍群，其中H9和H11所占比例很高，在黎族三个方言中二者总和均超过了80%，特别是H11频率明显高于其他百越民族群体。单倍群分布频率与主成分分析证明美孚、润、杞三个方言群体有共同的父系起源，和百越族群关系密切。②

复旦大学、台湾慈济大学、印度尼西亚艾克曼分子生物学研究所、越南顺化医学院、广西医科大学等机构于2008年完成的《南岛西部人群和侗台人群的父系遗传关系》的研究成果证实：遍及两大洋的南岛居民直接

① 庄斐、胡辛：《DNA研究表明海南黎族与台湾四民族有共同的祖先》[EB/OL]. 人民网，[2001-10-31] http://unn.people.com.cn/GB/channel20/45/470/200110/31/120496.html.

② 杨波：《黎族三个支系Y-SNP多态性研究》，《第三军医大学学报》2007年第2期。

源于中国大陆的百越民族。① 该项研究调查了中国大陆侗傣民族的30多个群体、印度尼西亚和越南马来民族的23个群体与台湾少数民族的11个群体，分析了这些民族的Y染色体多态性，发现他们最常见的Y染色体类型都是O1a型。这种类型在其他类型的民族中非常少见，比如孟高棉民族、苗瑶民族和汉藏民族几乎都没有这种类型。而在侗傣和马来族群中都占1/4左右，在台湾有些族群中甚至达到100%。这首先证实了南岛民族与大陆的侗傣民族有着极为密切的遗传关系。该课题组对于O1a型内部多样性的分析进一步发现，大陆侗傣族群的多样性最高，而台湾和马来族群的类型都只是从侗傣族群的类型中分别延伸出来的，两者之间没有直接的联系。这一研究成果支持了南岛民族中的马来族、台湾少数民族和海南黎族均起源于百越族的观点。

黎族属于百越族后裔，他们之间有着很亲密的族源关系。先秦之前，黎族的先民骆越人就被归入百越族当中。东汉开始，黎族和南粤的少数民族被统称为“俚人”。唐末宋初，以“黎”称呼居住在海南的黎族才正式开始。黎族从古百越地区经过漫长的迁徙到达海南岛后，经过不断的发展和融合，最后才成为今天的黎族。

① 姜澎：《南岛民族源于大陆百越》，《文汇报》2008年6月13日。

黎族是否来自“俚人”

李　勃
（海南师范大学文学院）

关于海南黎族的来源，学术界众说纷纭，其中一种较为流行的说法是：由“俚人”演变而成。诸如：《辞海·民族分册》“俚人”条说：俚人，“一说在海南岛的，发展为今日的黎族”①。又《中国历史大辞典·民族史》“俚”条说：“一说早期迁至海南岛的俚，后亦发展为今日的黎族。”② 又陈永龄先生主编的《民族辞典》“俚人”条说：“一说在广东海南岛的‘俚人’，为今黎族的先民。”③ 又王学萍先生主编的《中国黎族》第一章第一节“族称和族源”也说：“黎人是由俚人演变而来，学术界没有异议，无需进一步考证。”④ 然考诸史志，此说明显有悖史实，诚难置信。可以从以下四个方面来进行考察。

一、《嘉靖广东通志》首倡“俚人”说不足信

海南黎族由于没有自己的文字，其历史活动主要靠汉人文献的零散记载。为了彻底弄清问题，现有必要重新审阅汉文古籍对海南黎族来源的有关记载。从现存文献来看，最先提出海南黎族由北来的“俚人”演变而成的说法，始见于明代黄佐纂修，成书于嘉靖三十九年（1560）的《嘉靖广东通志》。该志卷68《夷情下·俚户》说：“古昔，伊尹正南方献令，有

---

① 中央民族学院、中国社会科学院民族研究所：《辞海·民族分册》，上海辞书出版社，1982年，第150页。

② 翁独健、刘荣焌：《中国历史大辞典·民族史》，上海辞书出版社，1995年，第499页。

③ 陈永龄：《民族辞典》，上海辞书出版社，1987年，第819页。

④ 王学萍：《中国黎族》，民族出版社，2004年，第4页。

所谓‘里’焉。里者，蛮之别落，后汉时谓之俚人。《南裔异物志》谓‘俚在广州之南，俗呼俚为黎，义取山岭。’则生黎自古居琼崖之中者是也。”① 现考查这段文字，至少有两点与史实不符。

一是对《逸周书·王会》原文有误解。考查黄《通志》这段文字，系来自《逸周书》卷7《王会解第五十九》。其原文是：“伊尹受命，于是为四方令曰：……正南瓯邓桂国损子产里百濮九菌。”晋人孔晁注：“六者南蛮之别名。”② 按此，则“瓯邓桂国损子产里百濮九菌”是商代南方六个部族名称。现为其加上标点，当为：“瓯邓、桂国、损子、产里、百濮、九菌。”黄《通志》所谓：“古昔，伊尹正南方献令，有所谓‘里’焉。里者，蛮之别落，后汉时谓之俚人。”意谓《逸周书·王会》带“里”字之部族，就是后汉时期岭南境内的少数民族“里”或“俚人”。然考诸史志，历代学者大都认为这里的“里”是“产里”，其故地在今云南省南部车里县。诸如：

宋人罗泌《路史》卷26《国名纪三》载：“损子、百濮、九菌、产里，并四方令。产里，一云语儿，也或作陆童，误。”③

《明史》卷315《云南土司三·车里》载：“车里，即古产里，为倭泥、貂党诸蛮杂居之地，古不通中国。”④

明人谢肇淛《滇略》卷3载：“汤四方献令曰：西南产里（原注：即今车里）、百濮，以象齿、矩狗为献。”卷9载：“车里即产里。伊尹四方献令：产里以象齿、矩狗献。周公作指南车导之归，故名车里。”⑤

明人杨慎《升庵集》卷3《大理府志序》载：“大理，滇西繁雄郡也。……产里为汤亳之贡国，濮人为武牧之征队，载籍昭然，可以覆视。”⑥

---

①（明）黄佐：《嘉靖广东通志》，大东图书公司，1977年（复印本），第1770页。下简称黄《通志》；（明）黄佐纂修，蒋志华点校：《嘉靖广东通志·琼州府》，洪寿祥主编：《海南地方志丛刊》，海南出版社，2006年，第510~511页。

②（晋）孔晁：《逸周书》，文渊阁四库全书电子版，上海人民出版社，1999年。

③（宋）罗泌：《路史》，文渊阁四库全书电子版，上海人民出版社，1999年。

④（清）张廷玉：《明史》，中华书局，1974年，第27册，第8156页。

⑤（明）谢肇淛：《滇略》，文渊阁四库全书电子版，上海人民出版社，1999年。

⑥（明）杨慎：《升庵集》，文渊阁四库全书电子版，上海人民出版社，1999年。

《大清一统志》卷377《普洱府·建置沿革》载："《禹贡》梁州荒裔，本古产里地。……明洪武十四年（1381），开滇，土酋那直率众来归，置车里宣慰司，属元江府。后为那昆所据。本朝顺治十六年（1659）平云南，编隶元江府。雍正七年（1729），分车里宣慰所辖江内六版纳地，置普洱府，隶云南省。"又同卷《古迹》载："旧车里军民宣慰司，在府城南七百四十五里，古产里地。《吕览》：伊尹四方献令曰：产里以象齿、短狗献。后周公作指南车导之归，故名车里。"①

《雍正云南通志》卷24《普洱府》载："车里宣慰司，即古产里。商初以象齿、矩狗献。至周复入贡。周公作指南车导之归，故名车里。"②

清人冯苏《滇考》卷上载："《逸周书》献令曰：'西南产里、百濮，以象齿、矩狗为献。产里即今车里。"同书卷下说："车里，在八百（媳妇国）东，即古产里。汤时以矩狗、象齿为献。周公赐指南车归，故名曰车里。元兀良台戍交趾，经其地降之。至元中置彻里路，明改车里军民府，寻升宣慰司。"③

今人的研究成果，也都认为"里"是"产里"。如蒋祖缘、方志钦先生的《简明广东史》，将《逸周书·王会》的"瓯邓桂国损子产里濮九菌"加上标点为："瓯、邓、桂国、损子、产里、百濮、九菌。"④张荣方、黄淼章先生的《南越国史》，也把《逸周书·王会》中的"损子产里"，分为"损子"与"产里"。⑤

诸如此类，不胜枚举。按上所说，则《逸周书·王会》带"里"字之南方部族名称，当为"产里"无疑。但黄《通志》竟然把"产里"解读为"里"，并将之强加给海南岛的黎族先民。由于该志纂修者黄佐（号泰泉，明广东香山县人，正德进士，授翰林院编修，历任广西提学、南京国子监祭酒等职）是明代岭南地区的著名学者之一，故后世大都盲从其说，

---

① （清）穆彰阿、潘锡恩等：《大清一统志》，文渊阁四库全书电子版，上海人民出版社，1999年。

② （清）鄂尔泰：《雍正云南通志》，文渊阁四库全书电子版，上海人民出版社，1999年。

③ （清）冯苏：《滇考》，文渊阁四库全书电子版，上海人民出版社，1999年。

④ 蒋祖缘、方志钦：《简明广东史》，广东人民出版社，1993年，第59页。

⑤ 张荣方、黄淼章：《南越国史》，广东人民出版社，1995年，第8页。

以致以讹传讹。

二是《南裔异物志》并没有黄《通志》所征引的内容。主要理由或证据有三：

首先，考查现存的《南裔异物志》及历史上书名和内容与之相同或相近的岭南地方史志，都没有所谓“俚在广州之南，俗呼俚为黎，义取山岭”的记载。

黄《通志》所引的“《南裔异物志》”，乃宋代以前的岭南地方史志，该书早佚。考历史上书名和内容与之相同或相近的岭南地方史志，至少有以下五部：

第一部是东汉杨孚的《交州异物志》。此书亦作《交趾异物志》、《南裔异物志》、《杨孚异物志》、《异物志》等。见《后汉书·明帝纪》（永平十七年（74）唐人李贤注）、《隋书·经籍志二》、《旧唐书·经籍志上》、《水经·温水注》、《艺文类聚》卷91“孔雀”及卷92“翡翠”、《太平御览》卷924“孔雀”及卷790“雕题国”、《初学记》卷20“贡献”、《酉阳杂俎·续集》卷8、《册府元龟》卷555、《玉海》卷16、《通志略·艺文略第四》、《百越先贤志》卷2、清屈大均《广东新语》卷11《文语》、《雍正广东通志》卷44等。

第二部是三国时期吴国万震的《南州异物志》。见《隋书·经籍志二》、《旧唐书·经籍志上》、《齐民要术》卷10、《艺文类聚》卷87“芭蕉”及卷81“霍香”、《太平御览》卷785“俚”和卷820“布”及卷982“霍香”、《玉海》卷16、《通志略·艺文略第四》、《诗传名物集览》卷6等。

第三部是唐代孟管的《岭南异物志》。见《新唐书·艺文志》、《太平御览》卷970“梅”及卷977“茄”和卷979“瓠”、《太平广记》卷406“刺桐”及卷409“红槿花”、《玉海》卷16、《通志略·艺文略第四》、《宋史》卷204、《湖广通志》卷57、《本草纲目》卷1上、《尔雅翼》卷7及卷26、《渊鉴类函》卷421等。

第四部是唐代房千里的《南方异物志》。见《通志略·艺文略第四》、《太平御览》卷807“玳瑁”、《新唐书》卷58、《玉海》卷16、《本草纲目》卷1上等。

第五部是唐代刘恂的《岭表异物志》。此书或作《岭南异物志》，见

《宋史》卷204、《授时通考》卷59、《梦溪笔谈》卷21、《玉芝堂谈荟》卷35、《尔雅翼》卷26、《佩文斋广群芳谱》卷14、《名义考》卷10、《徐氏笔精》卷8等。

现遍查以上各志的全文或现存佚文内容，皆无所谓“俚在广州之南，俗呼俚为黎，义取山岭”的记载。详见文渊阁《四库全书》本的以上各书、清人曾钊辑《异物志》①、刘纬毅先生编辑的《汉唐方志辑佚》②。唯“俚在广州之南”一句，与之意思相同者，见《太平御览》卷785《四夷部六·俚》引三国时期吴国万震的《南州异物志》载：“广州南有贼曰俚。此贼在广州之南，苍梧、郁林、合浦、宁浦、高凉五郡中央，地方数千里，往往别村各有长帅，无君主……”③ 又《雍正广东通志》卷57《岭蛮志·杂蛮》也载：“俚人在广州之南，苍梧、郁林、合浦、宁浦、高凉五郡中央，地方数千里。”④ 很明显，这里所说的俚人居地——“在广州之南”，确切位置是在“苍梧、郁林、合浦、宁浦、高凉五郡中央”，其地域范围相当于今广东的西南部和广西的东南部地区，明显与位于南海之中的海南岛无关。

其次，遍览宋元时期的有关古籍，也没有所谓“俚在广州之南，俗呼俚为黎，义取山岭”的记载。如《桂海虞衡志》、《岭外代答》、《诸蕃志》等宋代主要记载南方少数民族情况的重要文献，虽然都已详谈海南黎族情况，但都没有上述说法。至于内容与之稍微相近的，则是这样记载：

《太平寰宇记》卷169《岭南道十三·儋州·风俗》记载：“俗呼山岭为黎，人居其间，号曰生黎。”⑤

《宋会要辑稿·蕃夷五·黎峒》也载：“俗呼山岭为黎，居其间者，号曰黎人。”⑥ 此又见《续资治通鉴长编》卷176“宋仁宗至和元年（1054）

---

① （清）曾钊：《异物志》，引自《南越五主传及其他七种》，广东人民出版社，1982年。

② 刘纬毅：《汉唐方志辑佚》，北京图书馆出版社，1997年。

③ （宋）李昉：《太平御览》，中华书局，1960年（影印本），第3478页。

④ （清）郝玉麟等修，鲁曾煜等纂：《雍正广东通志》，文渊阁四库全书电子版，上海人民出版社，1999年。

⑤ （宋）乐史：《太平寰宇记》，文渊阁四库全书电子版，上海人民出版社，1999年。

⑥ （清）徐松：《宋会要辑稿》，中华书局，1957年（影印本），第8册，第346页。

五月丙子”、《宋史·蛮夷传三·黎峒》、《文献通考》卷331《四裔八·黎峒》等。现暂且不谈以上说法是否完全符合史实，但以上诸书也都没有提及“俚在广州之南，俗呼俚为黎”之语。可以想见，如果明代黄《通志》的作者确实征引了“《南裔异物志》”的原文资料，则该志被征引的内容在宋元时期理当存在无疑。但现存宋元时期的有关文献都没有黄《通志》所引“《南裔异物志》”的上述说法，这只能说明：“《南裔异物志》”本来就没有这种说法。

再次，嘉靖以后编纂的诸《广东通志》也并没有完全采用黄《通志》的以上说法。

诸如《万历广东通志》卷70《外志五·俚户》载：“昔伊尹正南方献令，有俚焉，蛮之别落也。后汉谓之俚人。俗呼山岭为黎，而俚居其间，于是讹俚为黎，而黎之称始此。”①

《雍正广东通志》卷57《俚户》载：“昔伊尹正南方献令，有俚焉，蛮之别落也。后汉谓之俚人。俗呼山岭为黎，而俚居其间，于是讹俚为黎，而黎之称始此。”②

又《道光广东通志》《琼州府·岭蛮》载：“俚户，蛮之别落也。后汉谓之俚人，俗呼山岭为黎，而俚居其间，于是讹俚为黎。”又云：“琼州府黎人，后汉谓之俚人。俗称山岭为黎，而俚居其间，于是讹俚为黎。”③

很明显，以上三志所言与黄《通志》的说法虽大致相同，但也有不同之处，即该三志都没有提及“《南裔异物志》”，也并没有说“俚在广州之南，俗呼俚为黎，义取山岭”。可见该三志都没有完全采用黄《通志》的上述说法。这说明其作者都发现黄《通志》所引内容并没有忠于《南裔异物志》的原文，但其说法也难以完全令人信服。观其文意可知，明显有拼凑黄《通志》与《太平寰宇记》和《宋会要辑稿》等上述说法（即“俗呼山岭为黎，居其间者，号曰黎人”）之嫌疑 。愚以为，方言是一个地区

---

① （明）郭棐：《万历广东通志》，《四库全书存目丛书·史部》，齐鲁书社，1996年，第198册，第729页。

② （清）郝玉麟等修，鲁曾煜等纂：《雍正广东通志》，文渊阁四库全书电子版，上海人民出版社，1999年。

③ （清）阮元总裁，陈昌齐总纂，蒋志华等点校：《道光广东通志·琼州府》，洪寿祥主编：《海南地方志丛刊》，海南出版社，2006年，下册，第879、876页。

历代相传的口头语言，具有一定的稳定性，其对某种事物的称谓，往往古今完全相同或变化不大，尤其是在交通闭塞和文化落后的农村地区更是如此。如海南汉区农村居民养鸡，每当呼鸡吃食时，都必云“祝祝”。这种呼鸡口语，古今完全相同。如《艺文类聚》卷91《鸟部中·鸡》载：“《博物志》曰：祝鸡公养鸡法，今世人呼鸡云‘祝祝’，起此也。”① 据调查，今海南各地的汉、黎方言，都没有所谓“俗呼俚为黎”和“俗称山岭为黎”的说法。况且，海南黎人之族称，并非黎人自命，而是由汉人为之命名的。试想，难道能为其命名的汉族文人对“俚”、“黎”两字的含义都不能区分吗？

基于上述理由，可以断言：所谓“俚在广州之南，俗呼俚为黎，义取山岭”，这只是黄《通志》作者的杜撰，而不是《南裔异物志》之原文。

由于受黄《通志》及后来诸《广东通志》以上说法的影响，后世学者大都盲从其说。诸如清屈大均《广东新语》卷7《人语·黎人》说：“黎，汉所谓俚也。俚亦曰里。《汉书》曰：‘九真蛮里’，又曰‘归汉里君’，是也。”②《皇清职贡图》卷4《琼州府黎人》也说：“按黎人，后汉谓之俚人，俗呼山岭为黎，而俚居其间，于是讹俚为黎。”③ 又《中国历史大辞典·民族史》“黎族”条说：黎族，“魏晋以降属俚，唐末始称黎”④。又陈永龄先生主编的《民族辞典》“黎族”条说：“一般认为‘黎’为‘俚’的转化，隋代称海南岛居民为‘俚僚’，即指黎族的先人。”⑤ 又王学萍先生主编的《中国黎族》第一章第一节说：“海南岛居民西汉以前为骆越一部分，而东汉以后，骆越故地土著改称俚，海南岛又为俚人分布地域的一部分，后来俚人再改称为黎。”⑥ 又吴永章先生的《黎族史》第一章说：“隋代，明确将黎族先民归入‘俚僚’中。”⑦ 又司徒尚纪先生的《海南岛

---

① （唐）欧阳询：《艺文类聚》，文渊阁四库全书电子版，上海人民出版社，1999年。

② （清）屈大均：《广东新语》，中华书局，1985年，第241页。

③ （清）傅恒等：《皇清职贡图》，文渊阁四库全书电子版，上海人民出版社，1999年。

④ 翁独健、刘荣焌：《中国历史大辞典·民族史》，上海辞书出版社，1995年，第743页。

⑤ 陈永龄：《民族辞典》，上海辞书出版社，1987年，第1209页。

⑥ 王学萍：《中国黎族》，民族出版社，2004年，第4页。

⑦ 吴永章：《黎族史》，广东人民出版社，1997年，第9页。

历史上土地开发研究》一书也说："冼夫人'世为南越首领，跨据山洞，部落十余万家'，对海峡两岸俚人具有很大号召力，很多俚人纷纷归附在她麾下，其中最大一次是梁大同（535—545）中，海南儋耳千余峒俚人归附。"①

其实，以上说法几乎都盲从黄《通志》及后来诸《广东通志》的说法，明显缺乏证据。尤其是所谓"黎人，后汉谓之俚人"，可谓纯为臆说，史籍根本没有如此记载。

二、在远古时代黎族先民已定居在海南岛上

海南考古资料表明，距今 2 万 ~3 万年前，海南岛西部已有人类活动。据报道，2006 年海南新发现旧石器时代工具。如海南省博物馆原副馆长郝思德先生的《海南新发现旧石器》一文说："省文物考古研究所大广坝考古一队在今年 6 月清理发掘昌江县信冲洞古生物化石地点期间，于七叉镇保由村西南处的南阳溪的一级高台地上采集到三件打击石器，经中国科学院古脊椎动物与人类研究所有关专家初步鉴定，当属旧石器时代的砍砸器和石核，系直接打制而成，距今约 2 万 ~ 3 万年。这是海南新发现的旧石器，为今后探讨我省旧石器时代文化的分布提供了重要线索。"② 能够制造和使用工具，是人类区别于动物的主要标志。既然该石器经国家高级专家鉴定为旧石器时代的砍砸器和石核，则说明在距今 2 万 ~ 3 万年前，今海南昌江县的昌化江流域显然已经有人类存在。

在距今 1 万年前，海南岛南部已有"三亚人"活动。1992—1993 年间，海南省文物管理委员会办公室与海南省博物馆在三亚市东北的落笔洞内发掘和发现 13 枚人类牙齿化石，分别代表了老年、中年和青年各个阶段的个体，属晚期智人。经 14C 测定，其年代距今 10890 ± 100 年和 10642 ± 270 年。其人类被定名为"三亚人"。③ "三亚人"是迄今所知海南南部最早的居民。

① 司徒尚纪：《海南岛历史上土地开发研究》，海南人民出版社，1987 年，第 83 页。

② 郝思德：《海南新发现旧石器》，《文博通讯》2006 年第 2 期。

③ 《我省发现一万年前的三亚人遗址》，《海南日报》1993 年 1 月 12 日。

至新石器时代，人类活动踪迹已遍及全岛各地。据王克荣先生的《海南岛的主要考古发现及其重要价值》一文说："海南岛的考古材料，上自新石器时代早期、中期、晚期，下到青铜时代以至以后各个历史时期都有遗迹和遗物发现……这些发现证明，至少在新石器时代早期，即距今一万年前后，海南岛已有了人类的活动。……到了新石器时代中、晚期，人类活动的踪迹已遍及全岛各地。在新石器时代中期，即距今六、七千年前后，生活在海南岛的人类制造工具的技术有了较大进步，磨制的梯形石斧和石锛已普遍使用，砍伐树木，进行原始农耕，人类有了相对稳定的定居生活。"① 又海南省文物考古研究所《海南省近五十年文物考古工作概述》一文说："海南新石器时代考古一直是我省较重要的田野工作，经过较大规模的文物普查和复查，迄今为止，已发现近300处遗址和遗物点。"②

以上情况说明：在远古时代，海南岛各地都有人类居住。这些早期居民无疑就是黎族先民。因为在西汉时期大陆汉人大批迁入本岛之前，黎族先民已广泛散居在岛上。而俚人或里、里子、蛮里等名称至东汉后才开始出现③，况且其居地并不在海南岛，安能说海南黎人系由俚人演变而成？

三、先秦以来黎族先民有众多别称，但并没有称为"俚人"

历观载籍，从先秦以来，汉人先后对海南黎族先民有众多的称呼，但无一称之为"里"、"俚"、"俚子"、"俚人"或"俚獠"。下面按朝代顺序进行考察。

（一）先秦时期汉人对黎族先民的称呼

考诸古籍，先秦时期汉人对海南黎族先民的称呼，大致有三种：

一称为"儋人"或"儋耳"。如宋人罗泌《路史》卷14《后纪五·黄

---

① 王克荣：《海南岛的主要考古发现及其重要价值》，《海南大学学报》1988年第1期。

② 海南省文物考古研究所：《海南省近五十年文物考古工作概述》，《新中国考古五十年》，文物出版社，1999年，第348页。

③（宋）范晔撰，（唐）李贤等注：《后汉书·南蛮西南夷列传》及注、（三国吴）万震：《南州异物志》、（晋）张华：《博物志·异俗》等。

帝纪上》载："禺号子生禺京、瑶梁、儋人……儋人任姓，生牛黎（原注：即今儋人，故儋近有黎）。"

所谓"今儋人"，意谓宋代儋州人。按上所说，既然"儋人"生"牛黎"，而"牛黎"即儋州人，则"儋人"显然是海南儋州地区的早期居民。

同书卷24《国名纪》又载："儋：《山海经》：'儋人，任姓。'今儋州。""牛黎：《经》云：'牛黎之国，儋人之子。'儋今有黎姥山。"①

按上所载，既然"儋人"生"牛黎"，而"牛黎之国"既是"儋人之子"，也是"儋耳之子"，则"儋人"也即"儋耳"。由此可知，"儋人"或"儋耳"是现存文献所记历史上汉人对海南黎族先民最早的称呼。

至于黎族先民何以被称为"儋人"或"儋耳"，当因其人有"儋耳"习俗而得名。关于本岛黎族先民的"儋耳"习俗，古籍说法不一。或谓在脸部和耳眶周围镂刻花纹，如《汉书·武帝纪》唐人颜师古注引张晏曰："儋耳之云，镂其颊皮，上连耳匡，分为数支，状似鸡肠，累耳下垂。"又《后汉书·明帝纪》唐人李贤注引东汉杨孚《异物志》云："儋耳，南方夷，生则镂其颊皮，连耳匡，分为数支，状如鸡肠，累累下垂至肩。"或谓在耳垂上穿孔，悬挂耳环或各种装饰品，如《后汉书·南蛮西南夷列传》载："其珠崖、儋耳二郡在海洲上，东西千里，南北五百里。其渠帅贵长耳，皆穿而缒之，垂肩三寸。"又《水经注·温水》引《林邑记》云："汉置九郡，儋耳预焉。民好徒跣，耳广垂以为饰。"因而汉武帝时在本岛西北部设置儋耳郡，以管理其民。

二称为"绥耳"。如南朝梁代萧绎《金楼子》卷1《兴王篇一》载："尧乃老，使舜摄行天子政，巡守得举用事。……绥耳、贯胸之民来献珠虾。"② 这里的"绥耳"，即"缓耳"，指古时海南岛的黎族先民。如《后汉书》卷80上《文苑上·杜笃传》引《论都赋》曰："连缓耳，琐雕题。"唐人李贤注："缓耳，耳下垂，即儋耳也。"③ 唐欧阳询《艺文类聚》卷61《居处部一》也引后汉杜笃《论都赋》，作"连绥耳，锁雕题"。④ 可

---

① （宋）罗泌：《路史》，文渊阁四库全书电子版，上海人民出版社，1999年。

② （梁）萧绎：《金楼子》，文渊阁四库全书电子版，上海人民出版社，1999年。

③ （宋）范晔撰，（唐）李贤等注：《后汉书》，中华书局，1965年，第9册，第2602页。

④ （唐）欧阳询：《艺文类聚》，文渊阁四库全书电子版，上海人民出版社，1999年。

知“绥耳”即“缓耳”、“垂耳”、“儋耳”。

三称为“离耳”或“儋耳”。如《山海经》卷10《海内南经》载：有“离耳国”，“在郁水南”。晋人郭璞注：“锼离其耳，分令下垂以为饰，即儋耳也。在朱崖海渚中。”① 所谓“朱崖海”，即海南岛周围海域，此代指今南海，因为本岛就位于南海之中。

此外，唐人马总《通历》也载：“周武王十有三年，初定南海为藩服……十有四年，初通关旅，儋耳入贡。”② 这里的“儋耳”，也显指海南岛的黎族先民。

从上述可知，所谓“儋人”或“儋耳”、“绥耳”、“离耳”，名异而实同，其意皆为“儋耳”，因其人有“儋耳”习俗而得名，而“儋耳”习俗乃海南岛黎族先民所特有。由此可知，“儋耳”是先秦时期汉人对本岛黎族先民的主要称呼。

（二）秦汉时期汉人对黎族先民的称呼

秦汉时期，汉人对海南岛黎族先民的称呼，至少有以下六种：

一称为“瞻耳”。如《说文解字·耳部·瞻》载：“瞻，垂耳也……南方有瞻耳国。”清人段玉裁注：“古只作耽，一变为瞻耳，再变则为儋耳矣。”③ 可见“瞻耳”也即“儋耳”，显然是沿用先秦时期的称号。

二称为“扬越”。如《史记·货殖列传》载：“九疑、苍梧以南至儋耳者，与江南大同俗，而杨越多焉。”这里的“儋耳”，据唐人张守节《正义》注：“今儋州，在海中，广州南，去京七千余里。言岭南至儋耳之地，与江南大同俗，而杨州之南，越民多焉。”笔者认为，这里的“儋耳”，当指海南岛，而非指“儋州”。因为早在唐代以前，本岛已被称为“儋耳”，如上文《说文解字·耳部·瞻》原文及注。又《三国志》卷64《吴书·诸葛恪传》南朝刘宋时人裴松之注引《吴录》云：聂友，“后为将，讨儋

---

① （晋）郭璞注，（清）毕沅校：《山海经》，上海古籍出版社，1989年，第90页。

② （明）郭棐：《万历广东通志》卷2，《藩省志二·事纪一》，齐鲁书社，1996年，第43页。

③ （汉）许慎撰，（清）段玉裁注：《说文解字注》，上海书店出版社，1992年，第591页。

耳，还拜丹阳太守，年五十三卒。”① 可见秦汉时期本岛黎族先民也称为“杨越”。考“杨越”亦作“扬越”或“扬粤”，乃古族名，亦称“南越”，如《史记·太史公自序》载：“汉既平中国，而佗能集杨越以保南藩，纳贡职。作《南越列传》。”又《史记·南越列传》载：“秦时已并天下，略定杨越，置桂林、南海、象郡。”

三称为“骆越”。如《汉书》卷64下《贾捐之传》载：贾捐之称海南岛的黎族先民为“骆越之人，父子同川而浴”。

四称为“儋耳”。如《后汉书·明帝纪》“永平十七年（74）”条唐人李贤注引东汉杨孚《异物志》说：“儋耳，南方夷，生则镂其颊皮，连耳匡，分为数支，状如鸡肠，累累下垂至肩。”

五称为“缓耳”。如《后汉书》卷80上《文苑列传上·杜笃》引杜笃《论都赋》云：“连缓耳，琐雕题。”唐人李贤注：“缓耳，耳下垂，即儋耳也。”

六泛称为“蛮”。如《后汉书·南蛮西南夷列传》载：“其珠崖、儋耳二郡在海洲上，东西千里，南北五百里，其渠帅贵长耳，皆穿而縋之，垂肩三寸。武帝末，珠崖太守会稽孙幸调广幅布献之，蛮不堪役，遂攻郡杀幸。”

按：学术界所谓“黎人，后汉谓之俚人”，几乎都根据《后汉书》卷86《南蛮西南夷列传》的这段文字：“建武十二年（36），九真徼外蛮里张游，率种人慕化内属，封为归汉里君。”这里的“蛮里”，文中明指位于“九真徼外”。所谓“九真”，乃郡名，其故地在今越南境内。唐人李贤注：“里，蛮之别号，今呼为俚人。”② 这里的“今”是指唐代。李贤在此并没有说“俚人”即海南岛的黎族先民。由此可见，明清诸《广东通志》和学术界所谓东汉时海南黎族先民称为“里”或“俚人”，纯系主观臆说，严重违背史实。

---

① （晋）陈寿著，（宋）裴松之注：《三国志》，中华书局，1964年，第5册，第1443页。

② （宋）范晔撰，（唐）李贤等注：《后汉书》，中华书局，1965年，第10册，第2836、2837页。

（三）三国两晋南北朝时期汉人对黎族先民的称呼

三国两晋南北朝时期汉人对海南黎族先民的称呼，至少有三种：

一称为“珠崖人”（“珠”或作“朱”）。如元陶宗仪《说郛》卷61下引晋人郭义恭《广志》载：“珠崖人皆巢居。”① 又《太平御览》卷373《人事部十四》“发”条引《林邑国记》曰：“朱崖人多长发，汉时郡守贪残，缚妇女割头取发，由是叛乱，不复宾伏。”又《太平御览》卷820《布帛部七》“纻”条引《珠崖传》曰：“朱崖人出入着布或细纻布巾，巾四幅，其中内头如领巾象。”② 所谓“朱崖人”，即海南岛人，应当包括黎族先民和汉人等。

二称为“海中之人”。如晋人嵇含《南方草木状》卷上“甘薯”条说：“旧珠崖之地，海中之人皆不业耕稼，惟掘地种甘薯。……惟海中之人寿百岁者，由不食五谷而食甘薯故尔。”③ 所谓“海中之人”，也当包括黎族先民在内。

三称为“儋耳”。如《北史》卷91《列女传·谯国夫人冼氏》、《隋书》卷80《列女传·谯国夫人》俱载：南朝梁武帝时，“夫人兄南梁州刺史挺，恃其富强，侵掠傍郡，岭表苦之。夫人多所规谏，由此怨隙止息，海南儋耳归附者千余洞”④。这里的“儋耳”，显然指海南岛的黎族先民。

这里需要澄清以下史实：上文提及司徒尚纪先生的《海南岛历史上土地开发研究》一书说梁大同中“海南儋耳千余峒俚人归附”冼夫人，并注明其资料来源于“《北史》卷91，列传第七十九，列女，第3005页”⑤。此即《北史》卷91《列女传·谯国夫人冼氏》。现考查其原文是这样记载：“海南儋耳归附者千余洞。”⑥ 在本传原文中根本没有“海南儋耳千余

---

① （元）陶宗仪：《说郛》，文渊阁四库全书电子版，上海人民出版社，1999年。

② （宋）李昉：《太平御览》，中华书局，1960年（影印本），第1722、3652页。

③ （晋）嵇含：《南方草木状》，文渊阁四库全书电子版，上海人民出版社，1999年。

④ （唐）李延寿：《北史》，中华书局，1974年，第9册，第3005页；（唐）魏征等：《隋书》，中华书局，1973年，第6册，第1801页。

⑤ 司徒尚纪：《海南岛历史上土地开发研究》，海南人民出版社，1987年，第83、122页。

⑥ （唐）李延寿：《北史》卷91，中华书局，1974年，第9册，第3005页。

峒俚人”的说法。很明显，加上“俚人”两字，不仅有悖原文，而且使其文义不通，因为含义甚多的“儋耳”一词，在此应作部族名解释，即黎族先民，而不是指地名儋耳郡。

又晋人张华《博物志》卷2《异俗》载：“交州夷名曰俚子。俚子弓长数尺，箭长尺余。”[①] 那么，这里的“俚子”是否指海南岛黎族先民呢？据《中国历史大辞典·历史地理》“交州”条释文载：东汉时期交州“辖境相当于今广东、广西大部和越南中部、北部地区”。三国时期“辖境主要限于今越南中部、北部，南与林邑界时有变化，东晋约以日丽江为界，刘宋以横山为界”。[②] 由此可见，晋代张华在此所说的交州“俚子”，其居地明显在今广东、广西和越南境内，并非特指海南岛的黎族先民。

又上文提及吴国万震的《南州异物志》载：“广州南有贼曰俚。此贼在广州之南，苍梧、郁林、合浦、宁浦、高凉五郡中央。”很明显，三国时聚居在“广州南”之“俚”，也与海南岛无涉。

（四）隋唐时期汉人对黎族先民的称呼

隋唐时期汉人对海南黎族先民的称呼，至少有十二种：

一称为“朱崖人”。如《隋书》卷3《炀帝纪上》载：大业六年（610）十二月，“朱崖人王万昌举兵作乱，遣陇西太守韩洪讨平之”[③]。又《太平御览》卷946《虫豸部三·蝍蛆》引《岭南异物志》曰：“珠崖人每清明见海中远山罗列，皆如翠屏，而东西不定，悉蜈蚣也。”[④]

吴永章先生的《黎族史》第一章载：“隋代，明确将黎族先民归入‘俚僚’中。”并注明其资料来源：“见《隋书·谯国夫人》卷八十。”[⑤] 现查阅《隋书》卷80《列女传·谯国夫人》和《北史》卷91《列女传·谯国夫人冼氏》，都没有如此记载。该两传所记谯国夫人（即冼夫人）的事迹和文字都基本相同，在本传中“俚僚”一词凡两次提及，其原文是：

---

① （晋）张华：《博物志》，上海古籍出版社，1990年，第10页。
② 谭其骧：《中国历史大辞典·历史地理》，上海辞书出版社，1996年，第336页。
③ （唐）魏征等：《隋书》，中华书局，1973年，第1册，第75页。
④ （宋）李昉：《太平御览》，中华书局，1960年（影印本）。
⑤ 吴永章：《黎族史》，广东人民出版社，1997年，第9、12页。

“时番州总管赵讷贪虐，诸俚僚多有亡叛。夫人遣长史张融上封事，论安抚之宜，并言讷罪状，不可以招怀远人。上遣推讷，得其脏贿，竟至于法。降敕委夫人招慰亡叛，夫人亲载诏书，自称使者，历十余州，宣述上意，谕诸俚僚，所至皆降。高祖嘉之，赐夫人临振县汤沐邑一千五百户，赠仆为崖州总管、平原郡公。仁寿初卒，赙物一千段，谥为诚敬夫人。”[①]这里的“番州”，原为广州，隋文帝仁寿元年（601）改名。[②] 由此可知，番州境内的“俚僚”，实际上即吴国万震《南州异物志》所说“在广州之南，苍梧、郁林、合浦、宁浦、高凉五郡中央”的“俚”，并非指海南岛的黎族先民。况且，在本传中既已明确称呼海南岛的黎族先民为“儋耳”，则不可能又称之为“俚僚”。这里虽然提及海南岛的“临振县”（故治在今三亚市），但文中明指是隋文帝赏赐给冼夫人的汤沐邑，并不是说临振县也有“俚僚亡叛”。由此可见，所谓“隋代，明确将黎族先民归入‘俚僚’中”，事实上《隋书》等史籍并没有如此记载。至于隋文帝之所以赐临振县给冼夫人为汤沐邑，其用意明显是利用冼夫人的崇高威望和冯冼家族势力，为隋朝镇守南疆海南岛。

二称为“瓯人”。如唐人司马贞《史记索隐》说：“刘氏云：今珠崖、儋耳谓之瓯人，是有瓯越。”见中华书局本《史记》卷43《赵世家》注。所谓“刘氏”，即唐贞观中崇贤馆学士刘伯庄，他曾作《史记音义》20卷，见《旧唐书·儒学上·刘伯庄》和中华书局本《史记》第10册末尾附录《史记索隐序》。

三称为“蛮獠”。如《册府元龟》卷397《将帅部·怀抚》载：“李复为岭南节度使，琼州久陷于蛮獠中，复累遣使降之，因奏琼州都督府以绥抚。”

四称为“蛮”。如《旧唐书》卷187《王义方传》载：唐太宗贞观间，王义方“坐与刑部尚书张亮交通，贬为儋州吉安县丞。吉安蛮俗荒梗，义方召诸首领，集生徒，亲为讲经，行释奠之礼，清歌吹钥，登降有序，蛮酋大喜。”

---

① （唐）李延寿：《北史》，中华书局，1974年，第9册，第3007页；（唐）魏征等：《隋书》，中华书局，1973年，第6册，第1803页。

② （唐）魏征等：《隋书》卷31，《地理志下·南海郡》，中华书局，1973年。

五称为“山洞蛮”。如《新唐书·地理志七上》“琼州琼山郡”：“贞观五年（631）以崖州之琼山置。自乾封后没山洞蛮，贞元五年（789），岭南节度使李复讨复之。”

六称为“山洞草贼”。如《旧唐书·地理志四》“琼州”载：“贞元五年（789）十月，岭南节度使李复奏曰：‘琼州本隶广府管内，乾封年，山洞草贼反叛，遂兹沦陷，至今一百余年。’”此又见《全唐文》卷620李复《收复琼州表》。

七称为“洞獠”。如《新唐书·高宗纪》载：乾封二年（667），“是岁，岭南洞獠陷琼州”。

八称为“蛮獠”。如《旧唐书》卷112《李嵩传附李复传》载：“琼州久陷蛮獠中，复累遣使喻之，因奏置琼州都督府以绥抚之。”

九称为“岛夷”。如唐人李邕《李北海集》卷6《神道碑·桂州长史程府君神道碑》载：“左迁府君饶州焉。谪子昕崖州舍城尉。俄转府君桂府。洎岛夷干诛，天师问罪。”李邕曾贬为海南崖州舍城县丞。其所谓“岛夷干诛，天师问罪”，意为黎族先民暴动和唐朝遣兵前来镇压。

十称为“夷獠”。如唐人房千里《投荒杂录》载：韦公干为唐朝琼山郡守，贪婪无道，“残人以得货，竭夷獠之膏血以自厚”①。

十一称为“夷黎”。如唐人刘恂《岭表录异》卷下载：“紫贝，即砑螺也。儋、振夷黎，海畔采以为货。”② 又《太平广记》卷403《宝四·紫贝》引《岭表录异》云：“紫贝，即砑螺也。儋、振夷黎海畔采以为货。《南越志》云：土产大贝，即紫贝也。”

十二称为“黎民”。如中华书局本《新唐书》卷166《杜佑传》载：杜佑任岭南节度使期间，“朱厓黎民三世保险不宾，佑讨平之”。（按：“黎民”，《二十五史》之《新唐书·杜佑传》记作“黎氏”。）

（五）宋代汉人对黎族先民的称呼

宋代，汉人大都称海南黎族先民为“黎”或“黎人”。详见《宋会要

① （宋）李昉：《太平广记》卷269，《酷暴三·韦公干》，中华书局，1960年（影印本）。

② （宋）李昉：《太平御览》卷941，《鳞介部十三·贝》，中华书局，1960年（影印本），第4180页。

辑稿·蕃夷五·黎峒》、《桂海虞衡志·志蛮》、《诸蕃志》卷下《海南》、《岭外代答》卷2、《太平寰宇记》卷169《儋州》、《舆地纪胜》卷124及卷125、《续资治通鉴长编》卷176、《宋史·蛮夷传三·黎峒》、《文献通考》卷331《黎峒》、宋人李石《续博物志》卷3《香谱》等。但宋代汉人文献对海南黎族先民仍有许多别的称呼，至少有八种：

一称为"夷"或"夷人"、"蛮夷"。如宋人苏轼贬儋时作《峻灵王庙碑》说："五代之末，南夷有知望气者……夷皆溺死……今此山之上，上帝赐宝以典南极，而贪冒无知之夷，欲以力取而已有之，其诛死宜哉。"①又《太平寰宇记》卷169《琼州》："容琼洞，夷人居之。""废旧崖州……南裔蛮夷之地，州居南海之中。"又宋人朱彧《萍洲可谈》卷2载："琼管夷人吃动物，凡蝇蚋草虫蚯蚓尽捕之。"②

二称为"獠子"。如宋王象之《舆地纪胜》卷124《琼州·人物》"李廷臣"条载："顷官琼管，一日过市，有獠子持锦臂韝鬻于市者，织成诗一联，取视之，乃仁庙景祐五年（1038）赐新进士诗也。"③

三称为"海蛮"。如苏轼贬儋时作《食蚝》一文说："己卯冬至前二日，海蛮献蚝，剖之，得数升，肉与浆入水与酒并煮，食之甚美，未始有也。"④

四称为"黎母山蛮"。如《续资治通鉴长编》卷72载：宋真宗大中祥符二年（1009）十一月，"琼崖等州同巡检王钊言：黎母山蛮递相仇劫……"⑤

五称为"雕题"。如苏轼贬儋时作《和陶与殷晋安别》诗云："久安儋耳陋，日与雕题亲。"⑥所谓"雕题"，乃古习俗名，其情形文献说法不

① （宋）苏轼撰，林冠群编注：《新编东坡海外集》，银河出版社，2006年，第335页。

② （宋）朱彧：《萍洲可谈》，文渊阁四库全书电子版，上海人民出版社，1999年。

③ （宋）王象之：《舆地纪胜》，江苏广陵古籍刻印社，1991年，第940页。

④ （宋）苏轼撰，林冠群编注：《新编东坡海外集》，银河出版社，2006年，第208页。

⑤ （宋）李焘：《续资治通鉴长编》，文渊阁四库全书电子版，上海人民出版社，1999年。

⑥ （宋）苏轼撰，林冠群编注：《新编东坡海外集》，银河出版社，2006年，第165页。

甚一致。或谓在额头上镂刻花纹以丹青染成黑色，如《礼记·王制》：“南方曰蛮，雕题交趾。”唐人孔颖达疏：“雕，谓刻也。题，谓额也。谓以丹青雕刻其额。”或泛指在脸部和身上刻画花纹或图案染以黑色，即所谓“黥面”（或绣面、文面、镂颊）、“文身”（或雕身、镂身），如《太平御览》卷790引东汉杨孚《异物志》曰：“雕题国，画其面及身，刻其肌而青之，或若锦衣，或若鱼鳞。”意为在脸部和身上刻画花纹或图案并染以青色，乃“雕题国”人之习俗。又《新唐书·南蛮传下》载：“有绣面种，生逾月，涅黛于面。有雕题种，身面涅黛。”又《酉阳杂俎》载：“越人习水，必镂身以避蛟龙之害。今南中有绣面獠子，盖雕题之遗俗也。”由此可见，所谓“雕题”之俗，也即“黥面文身”之俗，两者名异而实同。因儋州地区黎族先民俗尚文身，故苏轼以“雕题”代称其人。

六称为“海南蛮人”。如宋人方勺《泊宅编》卷中载：“闽广多种木棉……海南蛮人织为巾，上出细字，杂花卉，尤工巧，即古所谓白叠巾。”①

七称为“蛮獠”。如《续资治通鉴长编》卷117载：宋仁宗景祐二年（1035）十二月癸酉，“录琼崖州同巡检右班殿直李至忠、孙光郎为二班借职，赐名延赏，以至忠与蛮獠战死故也”。

八称为“黎蛮”。如《续资治通鉴长编》卷307载：宋神宗元丰三年（1080）八月辛卯，“御史丰稷言：朱初平、刘谊往琼管体量安抚……今持节渡海经制黎蛮”。

综上所述，从先秦以来，汉人对海南黎族先民有众多的称呼，并没有称之为“里”、“俚”、“俚子”或“俚人”、“俚獠”。由此可见，学术界所谓“黎人，后汉谓之俚人”或海南黎族由俚人演变而成的说法，明显与史实不符。

四、宋代儋州的所谓“俚人”并非特指黎人

考诸史志，历史上唯宋代儋州地区的土著居民被称为“俚人”。如宋代文豪苏轼贬儋时所作的《峻灵王庙碑》说：“自徐闻渡海，历琼至儋，

① （宋）方勺：《泊宅编》，文渊阁四库全书电子版，上海人民出版社，1999年。

又西至昌化县西北二十里，有山秀峙海上，石峰巉然若巨人冠帽，西南向而坐者，俚人谓之‘山胳膊’。”[①] 又《太平寰宇记》卷169《儋州》“毗邪山”条载：“山顶有虫，似伏虫，俚人以虫为毗邪也。”又“滔沿井”条说：“与伦水通。有人以竹置井中，于伦水得之。俚人呼竹为滔沿，因名。”

那么，上文之“俚人”该如何解释呢？笔者认为，根据“俚”字之含义（含有鄙俗、粗俗、乡下、乡间、民间、通俗等意），这里的“俚人”，至少可作三种解释：一指“土人”，即本地人或当地人；二指“乡下人”或“粗俗之人”；三指当地的少数民族，即黎族先民。虽然这三种解读文意都通，但较为合理的解释当为“土人”（即当地人，含汉人、黎人等），而非“黎人”。主要理由有五：

一是海南岛是个移民岛，儋州亦然。历史上儋州地区的方言特别繁杂，主要的有儋州话、军话、粤语、客家话、临高话、村话、黎语等，说明其居民来自四面八方。海南黎语分为俘、杞、润、美孚、加茂五种方言，皆无文字，只能口头相传，一般很难用汉语读音将其准确地音译出来。上文所谓“山胳膊”、“毗邪”和“滔沿”，明显不是黎语方言，当为汉语儋州方言。

二是宋代海南黎族先民已普遍被称为“黎”或“黎人”（即宋代海南黎族名称已经确立），为何当时儋州地区仍有“俚人”存在？这说明上述两部宋代文献所说的儋州“俚人”，显然不是特指“黎人”，而当泛称“土人”。同时说明本岛“黎人”并非由“俚人”演变而成。

三是历史上海南岛如果真有“俚人”，应当与南朝梁武帝时“海南儋耳千余峒归附”[②] 冼夫人和隋末唐初本岛归属冼夫人之孙冯盎直接统治有关，当是从南朝梁以来逐渐从广东迁移来的。但大量的古籍记载表明，早在三国以前海南岛的黎族先民（如上述的“儋人”、“儋耳”、“离耳”、“绥耳”、“缓耳”、“扬越”、“聸耳”等）已定居在海南岛上了，“俚人”并不是本岛最早的土著居民。

---

① （宋）苏轼撰，林冠群编注：《新编东坡海外集》，银河出版社，2006年，第335页。

② （后晋）刘昫等：《旧唐书》卷109，《冯盎传》；（宋）欧阳修、宋祁：《新唐书》卷110，《冯盎传》。

四是历史上从广东地区南迁到本岛的“俚人”，应当以“冯冼家族”（包括冯宝和冼夫人的后代、亲属及其同族人等）为主。事实也是如此。经调查，今海南冯姓和冼姓居民都是汉人，并大都称其祖先是冯宝和冼夫人或与冯冼家族有关。而海南黎人不仅没有冯、冼姓氏，而且他们几乎一致认为与冯冼家族和“俚人”没有任何亲源关系。[①] 这也说明，历史上即使有“俚人”迁移到本岛，但后来都汉化了，他们并没有演变为黎族。

五是如果说海南黎族都由“俚人”演变而成，那么，历史上广东地区的“俚人”后来全部汉化，为何渡海南迁到海南岛的“俚人”反而被“黎化”？这只能说明南迁到本岛的“俚人”人数不多。

以上理由足以说明：宋代儋州地区的所谓“俚人”，不是“黎人”；即使解读为“黎人”，也难以说明海南黎族都由“俚人”演变而成。

综上所述，既然首倡“俚人”说的黄《通志》所引古籍严重失实，既然远古以来黎族先民已定居在海南岛上，既然先秦以来汉人对海南黎族先民有众多的称呼，但并没有称之为“里”、“俚人”、“俚子”或“俚獠”，既然宋代儋州地区的所谓“俚人”并非特指黎人，那么可以断言：海南黎族并非来自“俚人”。

① 对此，笔者曾特意请教过海南省民族研究所的学者。

古代黎族族群的“整合”与“分化”研究

赵全鹏
（海南大学旅游学院）

如同汉族一样，黎族也是由多支族群整合而成的，并非来源于单一的族群。今天黎族有哈（侾）、杞（岐）、润（本地）、赛（加茂）、美孚等五个支系，一种观点认为他们并非来自同一个族源[1]，也反证了黎人是由多支族群整合而成的。黎族族群在整合的同时，也在封建化的影响下不断发生分化。

一、黎族族群的“整合”

黎族在历史上的整合大致经历了三个阶段。

第一阶段从一万年前“三亚人”到汉武帝元鼎六年（前111），在这九千多年的历史时期内，“三亚人”、“正（次）马来人”、“矮黑人”、“瓯越人”、“骆越人”、“儋耳人”等多支族群先后迁徙到海南岛上。在这一时期，这些族群处于相对和睦的状态，这大概与当时海南岛人口稀少、动植物资源丰富的自然环境有关，各个族群都能获得足够的生活资料和生存空间，相互之间很少为土地和生活资源进行争夺。族群之间存在着通婚关系，关于黎人族源的一个传说中记载：“黎之种，旧无所考。或云黎母山有女自卵中诞生，适外来番男与之配，遂为黎种所自出，故名其山曰‘黎母’。”另一种说法：“有女航海而来，入山中与狗为配，生长子孙，名曰

---

① 刘咸：《海南黎族起源之初步探讨》，《西南研究》1940年第1期，引自詹慈：《黎族研究参考资料》，广东省民族研究所，1983年，第49页。

狗尾王，遂为黎祖，其子孙即以王为姓。”[①] 黎人一些支系有崇拜狗的习俗，很可能是以狗为图腾的族群。《广东新语·女语》也记载：“琼州府城西，故有黎母庙，相传雷摄一卵于山中，生一女。有交趾人渡海采香，因与婚，子孙众多，是为黎母，亦曰黎姥，盖黎人之始祖妣云。”[②] 《古今图书集成·职方典·琼州府》记载：“定安县故老相传，雷摄一蛇卵在黎山中，生一女，号为黎母，食山果为粮，巢林木为居。岁久，交趾蛮过海采香，因与结配，子孙众多，开山种粮。”[③] 在这些黎人族源的传说中，黎族祖先与“交趾人”通婚，繁衍后代，反映出早期族群迁徙海南岛后，不同族群之间存在着通婚关系。

在海南史前时期后期，骆越人迁徙海南岛上并在族群中占据主导地位。骆越人在西周时期居住在今广西南部、西南部的邕江和左、右江流域至越南红河三角洲一带。骆越人已经创造出很高的农业文明，骆越人的族名就与其耕种“骆田”有关。据《史记·南越列传》注引《广州记》记载：“交趾有骆田，仰潮水上下，人食其田，名为‘骆人’。”[④] 也就是说，骆越人已经懂得利用河流潮水涨落留下的河滩种植水稻，相对于百越中的其他族群，骆越人较早地进入了农业文明阶段。由于骆越人文明高于其他族群，势力范围不断扩大，并逐渐扩张到海南岛，约在商周至春秋战国时期，即距今三千年前迁入海南。公元前 110 年，当汉武帝在海南设置封建郡县时，称呼海南岛上的居民为“骆越人”：“骆越之人，父子同川而浴，相习以鼻饮。”[⑤] 汉人所看到的海南骆越人已经进入了农业文明阶段，《汉书·地理志》记载：“武帝元封元年（前 110）略以为儋耳、珠崖郡。男子耕农，种禾稻、苎麻，女子桑蚕织绩。”[⑥] 说明骆越人迁徙到海南后，也将农业文明带入海南。骆越人已经突破血缘关系形成氏族部落组织，建立

---

① （清）张庆长撰，王甫校注：《黎歧纪闻》，广东高等教育出版社，1992 年，第 116 页。

② （清）屈大均：《广东新语》卷 8，《女语》，康熙年间刻本，第 14～15 页。

③ （清）陈梦雷：《古今图书集成》卷 1392，《职方典·琼州府》，中华书局，1987 年。

④ （汉）司马迁：《史记》卷 113，《南越列传》，中华书局，1959 年，第 2967 页。

⑤ （汉）司马迁：《史记》卷 64，《贾捐之传》，中华书局，1960 年，第2830 页。

⑥ （汉）班固撰，（唐）颜师古注：《汉书》卷 28，《地理志》，中华书局，1960 年，第 1670 页。

了地缘性的社会组织，《史记·南越列传》注引《广州记》云：骆越“有骆王、骆侯。诸县自名为‘骆将’，铜印青绥，即今之令长也。”《汉书·地理志》也记载：“民皆服布如单被，穿中央为贯头。男子耕农，种禾稻、苎麻，女子桑蚕织绩。亡马与虎。民有五畜，山多麈麖。兵则矛、盾、刀、木弓弩、竹矢，或骨为镞。”① 此时，骆越人先进的农业文明影响到岛上其他族群的生活方式。现代研究从民族学、语言学等多角度研究发现，今天黎族是以骆越人为主体发展而来的，一个重要标志就是今天黎族各支系共用骆越人语言，五个支系的方言即哈方言、杞方言、美孚方言、润方言和加茂方言，除加茂方言外，彼此完全可以互相通话。这说明在当时的海南岛上骆越人的文明程度相对较高，并在整合原住族群过程中发挥了主导作用。当然，骆越人的整合过程也不完全是在海南史前时期完成的，在汉族迁入之后，骆越人继续对原有族群进行整合。

第二阶段是从汉武帝元封元年（前110）到汉元帝初元三年（前46），共约65年的时间。在这一阶段，原住族群在反抗汉人封建统治过程中加速了地域性的认同。汉武帝元封元年（前110），汉王朝在海南设置郡县，希望通过郡县制将原住族群纳入汉王朝封建统治之下，最初，在汉王朝强大军事力量和羁縻政策下，原住各族群被迫接受和默许强加给他们的封建郡县制度，但很快，封建郡县制下沉重的土贡和地方官吏的欺凌激起原住各族群的强烈反抗，“自初为郡至昭帝始元元年（前86），二十余年间，凡六反叛”②。平均每三年就有一次反抗。原住族群最初的反抗是自发的、分散的、规模小，但在反抗过程中，原住族群逐渐意识到他们正遭受着共同的压迫和欺凌，并产生了共同的感受和情感，加快了各族群之间的心理认同，“宣帝神爵三年（前59），珠崖三县复反。反后七年，甘露元年（前53），九县反”③。原住族群反抗规模和范围扩大，一地揭竿，四方响应，表明在共同的压迫势力面前，原住族群趋向认同。65年之后，即汉元帝初

① （汉）班固撰，（唐）颜师古注：《汉书》卷28，《地理志》，中华书局，1960年，第1670页。

② （汉）班固撰，（唐）颜师古注：《汉书》卷28，《地理志》，中华书局，1960年，第2830页。

③ （汉）班固撰，（唐）颜师古注：《汉书》卷28，《地理志》，中华书局，1960年，第2830页。

元三年（前46），汉王朝不堪重负，撤销了在海南设置的郡县。西汉王朝虽然在此设置郡县仅仅短暂的65年，但原住族群因反抗封建郡县而开始相互认同。

第三阶段是从东汉到唐宋时期，俚人在岭南地区形成，海南原住民对俚人产生认同。东汉时期，一个新的族群——“俚人”开始在海南岛的对岸形成。东汉初年的中原汉人开始称呼粤西、桂东、桂南一带族群为“里人”，东汉光武帝建武十二年（36），“九真徼外蛮里张游，率种人慕化内属，封为归汉里君”。李贤注释曰：“里，蛮之别号，今呼为俚人。”① 后文字改为“俚人”，其后历史文献多记载为“俚人”。俚人所居之地，在东汉之前是骆越人的居住地，因此学术界普遍认为俚人实际上就是生活在广西、广东一带骆越人的后裔。“俚人”的称呼是中原人依据自己的标准从外部强加给海南、粤西、桂东、桂南一带未接受封建化的各族群的。但与此同时，这些族群在反抗中原封建王朝上也日趋认同，东汉光武帝建武十六年（40），“交趾女子征侧及其妹征贰反，攻郡。征侧者，麊泠县骆将之女也。嫁为朱鸢人诗索妻，甚雄勇。交趾太守苏定以法绳之，侧忿，故反。于是九真、日南、合浦蛮里皆应之，凡略六十五城，自立为王”②。征侧、征贰是骆越人，振臂一呼，九真、日南、合浦蛮里群起响应，波及数郡，说明这些族群在面对封建王朝欺凌时，已经产生共同的心理和情感。海南岛上的骆越人和海峡对岸的俚人都属于同一族源，对海峡对岸的俚人族群也产生了情感认同，也响应了东汉初征侧、征贰反抗封建王朝的行动，马援曾率军到海南岛平叛，说明海南岛上的原住族群对海峡对岸的俚人族群产生认同。

从三国到南北朝时期，在海南对岸的俚人族群势力逐渐强大。在这一时期，中原封建王朝或因分裂、或因外族入侵，都面临着内忧外患，对岭南地区的经营势单力薄，而俚人势力趁机向外扩张。三国时期吴人万震著《南州异物志》记载：“广州南有贼曰俚。此贼在广州之南，苍梧、郁林、合浦、宁浦、高凉五郡中央，地方数千里。”俚人族群已经从粤西、桂东

① （宋）范晔撰，（唐）李贤等注：《后汉书》卷86，《南蛮西南夷列传》，中华书局，1964年，第2829页。

② （宋）范晔撰，（唐）李贤等注：《后汉书》卷86，《南蛮西南夷列传》，中华书局，1964年，第2836页。

等地扩张到粤东地区的广州一带。封建王朝为了稳定南方，采取笼络岭南俚人世家大族的措施，世家大族也利用封建王朝的支持扩大自己的势力范围，结果，从三国到隋时期，俚人族群逐渐形成了一些松散的地域性社会组织。俚人族群在峒之上形成了渠帅、酋帅。渠帅、酋帅是中原人对岭南地区部落首领的称呼，往往联合众多“峒”而形成社会组织，比如高凉冼氏家族，“世为南越首领，跨据山洞，部落十余万家”①。建立在跨越峒之上的渠帅、酋帅有很多，控制地区大小不一，形成一个个地域势力集团。俚人各势力集团之间经常发生冲突，一些强大的俚人部落经常对外进行武力扩张，“越人之俗，好相攻击”。俚人部落之间的武力争夺也波及海南岛，因此，当冼夫人以“仁政”统御岭南时，海南岛上的弱势族群也产生了强烈的归附感。据《隋书·谯国夫人传》记载：“夫人幼贤明，多筹略，在父母家，抚循部众，能行军用师，压服诸越。每劝亲族为善，由是信义结于本乡。……海南、儋耳归附者千余洞。”② 从南朝梁、陈到隋，冯冼家族从部落十余万家的世家大族，凭借冼夫人的信义和智慧，逐渐成为岭南俚人社会中最具有号召力的首领。冯宝死后，“岭表大乱，夫人怀集百越，数州晏然”。陈国灭亡后，“岭南未有所附，数郡共奉夫人，号为圣母，保境安民”。隋王朝派遣总管韦洸安抚岭外，冼夫人“遣其孙魂帅众迎洸，入至广州，岭南悉定”。隋王朝追赠冯宝为广州总管、谯国公，册封夫人为谯国夫人，“仍开谯国夫人幕府，置长史以下官属，给印章，听发部落六州兵马，若有机急，便宜行事”。冼夫人死后，冯氏家族仍然在岭南俚人当中最具有统治力，隋亡唐兴，“冯盎以南越之地来降，岭表悉定”③。海南岛上的骆越人与岭南俚人都是骆越人的后裔，在血缘和文化上具有认同感，以冯冼家族为首的势力集团的崛起，维护了他们的现实利益，加上岭南地区的俚人族群临近中原王朝，相对于海南族群更早地接受华夏文明，因此海南原住族群对海峡对岸的俚人族群产生了强烈的认同。隋唐时期，中原封建王朝国力强盛，岭南地区重新被纳入封建郡县控制之下，岭南一部分俚人被纳入封建郡县，另一部分南迁进入海南岛。隋唐时期，冯

① （唐）魏征等：《隋书》卷80，《谯国夫人传》，中华书局，1999年，第1209页。
② （唐）魏征等：《隋书》卷80，《谯国夫人传》，中华书局，1999年，第1209页。
③ （后晋）刘昫等：《旧唐书》卷1，《高祖本纪》，中华书局，1975年，第1页。

冼家族势力逐渐迁移到海南，冯冼家族的南迁必然带动俚人的迁徙，海南成为俚人的主要活动区域，而继续留在桂东、桂南等地的俚人逐渐演变成为僮族，后改为壮族。

唐后期，中原人开始改称海南的原住族群为“黎人”，唐昭宗年间广州司马刘恂所著《岭表录异》中曰：“儋振夷黎，海畔采（紫贝）以为货。”① 《新唐书·杜佑传》曰：“朱崖黎民三世保险不宾，佑讨平之。”② 到宋代，文献中已经全部改“俚人”为“黎人”。“黎”在宋代已被普遍使用，表明黎人族群在整合原住族群的基础上正式形成。唐宋时期为何将“俚人”改称“黎人”？一种说法是因地而名，《宋史》记载：“黎洞，唐故琼管之地，在大海南，距雷州泛海一日而至。其地有黎母山，黎人居焉。俗呼山岭为黎，居其间者，号曰黎人。”③《桂海虞衡志·志蛮》记载：“岛之中有黎母山，诸蛮环居四旁，号黎人。”④ 另一种说法认为是将“俚”讹为“黎”，清人认为“俚人”居住在“黎母山”，以讹传讹，将“俚”讹传为“黎”。清代《皇清职贡图》曰：“按黎人，后汉谓之俚人，俗呼山岭为黎，而俚居其间，于是讹俚为黎。”⑤《广东通志·列传·俚户》曰：“俗称山岭为黎，而俚居其间，于是讹俚为黎。”⑥ 顾炎武《天下郡国利病书·广东》曰：“按俚讹为黎，声之转也久矣。”⑦ 不管哪一种说法，海南岛上的原住族群之间进行了整合。从海南史前时期各族群向海南迁徙，到秦汉时期的骆越人，然后到东汉至隋时期的俚人，再到宋代的黎人，原住族群从分散完成了整合，在这个过程中，海南原住族群在民族心

---

① （唐）刘恂：《岭表录异》，文渊阁四库全书电子版，上海人民出版社，1999年，第589册，第9页。

② （宋）欧阳修、宋祁：《新唐书》卷166，《杜佑传》，中华书局，1999年，第3950页。

③ （元）脱脱等：《宋史》卷495，《蛮夷三·黎洞传》，中华书局，1964年，第14219页。

④ （宋）范成大：《桂海虞衡志·志蛮》，文渊阁四库全书电子版，上海人民出版社，1999年，第589册，第387页。

⑤ （清）傅恒等：《皇清职贡图》卷4，文渊阁四库全书电子版，上海人民出版社，1999年，第594册，第508页。

⑥ （清）阮元总裁，陈昌齐总纂：《广东通志·列传·俚户》，文渊阁四库全书电子版，上海人民出版社，1999年。

⑦ （清）顾炎武：《天下郡国利病书·广东》，上海商务印书馆，1936年。

理、语言等方面逐渐形成了一定的共同基础。但是也应注意到，黎人族群的整合主要是从外部完成的，比如黎人族群的称呼，无论称呼海南为骆越人、俚人还是黎人，都是汉人站在自己的角度，依据自己的标准称呼海南族群的，而黎人自称为“赛”，黎人族群内部实际上还缺乏一个民族所应具备的共同经济生活、共同心理、共同文化等方面的有机联系。今天黎族有五个支系，这五个支系在语言、服饰、婚姻、生产等方面都存在着差异，是海南原住族群未能充分整合的例证，因此黎人族群的整合是松散的、不彻底的。

二、黎族族群的“分化”

在宋代，黎人就已经出现了“生黎”和“熟黎”的分化。“生黎”和“熟黎”是汉人依据黎人对封建王朝依附的程度进行界定的。不向封建王朝交纳赋税的称为生黎，“其居山洞无征徭者为生黎”；向封建王朝交纳赋税的称为熟黎，“其服属州县者为熟黎”。生、熟黎分别居住在不同的地域，生黎居住在海南中部山区，“海南有黎母山，内为生黎，去州县远，不供赋役”①。而熟黎居住在生黎之外、汉人之里，“（生黎）外为熟黎，耕省地，供赋役，而各以所迩隶于四军州”②。

宋代黎人的“生黎”和“熟黎”结构主要是因族群迁徙形成的。“生黎”是海南史前时期就已迁徙过来的原住族群，从汉武帝以来一直未被纳入封建郡县中，到宋代时仍然居住在深山中，远离郡县。而“熟黎”是从岛外迁徙而来的，至于从什么地方迁来的，由哪些族群迁来的，存在着两种不同的说法。一种说法认为熟黎来自南、恩、藤、梧、高、化等地，也即岭南的雷州半岛、粤西、桂南桂东一带。宋人范成大《桂海虞衡志》记载：“熟黎，旧传本南、恩、藤、梧、高、化人，多王、符二姓，言语皆六处乡音，因从征至者，利其山水田地，占食其间。”③ 另一种说法认为是

① （元）脱脱等：《宋史》卷495，《蛮夷三》，中华书局，1964年，第14219页。

② （宋）周去非：《岭外代答》卷2，《外国门·海外黎蛮》，文渊阁四库全书电子版，上海人民出版社，1999年，第589册，第405~406页。

③ （明）戴熺、欧阳灿总裁，蔡光前等纂修：《万历琼州府志》卷8，《海黎志》，海南出版社，2003年，第410页。

来自湖广、福建地区的汉人。宋人周去非《岭外代答》中记载：熟黎“多湖广、福建之奸民也，狡悍祸贼，外虽供赋于官，而阴结生黎以侵省地，邀掠行旅居民。官吏经由村峒，多舍其家。”① “初皆闽商荡赀亡命，及本省土人，贪其水田，占其居食，本夏也，而夷之。”② 对于熟黎来源的不同说法，其实并不矛盾，上述两种情况应都存在，无论是岭南地区的俚人，还是湖广、福建地区的汉人，在南朝和隋唐时期都有大量人口南移海南岛，在迁徙过程中，湖广、福建汉人和俚人交杂在一起。据《光绪澄迈县志》记载：“今按在东路者，皆福建漳、泉等处乡音，在西路者，皆广西藤、梧等府乡音及本土良民。”③ 也就是说，福建等地的移民多集中在海南东部，而广西一带的移民多集中在海南西部，另外还有广东一带迁徙过来的俚人，熟黎“初皆闽商荡资亡命，及本省土人，贪其水土，占食其间，种类繁衍”④。海南在明清时期隶属于广东省，因此上文所说“本省”应当是指广东省。由于这些人口在大陆接受过封建郡县制统治，迁徙到海南岛上后也易于接受封建郡县制管理，纳粮当差，因此被称为“熟黎”。所以，宋代海南“生黎”和“熟黎”结构的形成主要是南朝隋唐时期岭南、湖广和福建等地俚人和汉人迁徙的结果。

明清时期，封建王朝仍根据黎人依附的程度将其划分为“生黎”和“熟黎”，此时，汉人随着对黎人族群的了解加深逐渐发现黎人族群并非一种，各支系存在着差异，清人《黎歧纪闻》中曰：“黎分生熟两种，熟黎之类有三：黎岐、孝黎、黎鬃是也。生黎之内有六：花脚黎（或下脚黎）、大厂黎、小厂黎、岐黎、霞黎、生岐是也。”⑤ 另一方面，随着封建王朝对黎人影响的加大，黎人族群进一步封建化。明清时期对黎人有两种划分方

---

① （宋）周去非：《岭外代答》卷2，《外国门·海外黎蛮》，文渊阁四库全书电子版，上海人民出版社，1999年，第589册，第405～406页。

② （明）戴熺、欧阳灿总裁，蔡光前等纂修：《万历琼州府志》卷9，《海黎志》，海南出版社，2003年，第411页。

③ （清）龙朝翊主修，陈所能等纂修：《光绪澄迈县志》卷5，《海黎志》，海南出版社，2003年，第264页。

④ （清）龙朝翊主修，陈所能等纂修：《光绪澄迈县志》卷5，《海黎志》，海南出版社，2003年，第264页。

⑤ （清）张庆长撰，王甫校注：《黎歧纪闻》，广东高等教育出版社，1992年，第116页。

法，一种是两分法，“黎分生、熟两种”[①]。另一种是三分法，黎人分为熟黎、生黎、半生半熟黎，据《道光琼州府志·海黎志》曰：“崖州黎分为三种，曰生黎、曰熟黎、曰生熟各半黎。”[②] 其中，“生熟各半黎”或“半生半熟黎”就是受封建化影响发生分化的结果。

（1）生黎。生黎之中又分为不同族群：一是歧黎。明万历年间海南道林如楚《海南岛图说》曰：“内属土舍纳粮者为熟黎，不属土舍纳粮者为生黎，最深为歧。”[③] 萧应植《琼州府志》中记载歧黎居住的地方，“生黎中，有附居五指山侧者一种，名曰生歧，性尤勇鸷，即生黎亦不相往来”[④]。二是干脚歧。歧黎之中又有干脚歧。“巢木山巅，刀耕火种为干脚歧。”[⑤] 据《道光琼州府志·海黎志》记载：“生黎者，即干脚歧之类也。裸体兽行，穴居鲜食。环居五指山下，与民人隔绝，不为人害。”[⑥] 三是遐歧（或霞黎）。黎之中又有遐歧。唐胄《平黎论》：“盖郡之中，黎号为遐歧者，自不为患。”[⑦] 明人顾岕在《海槎余录》中也载：“深黎自婺岭以北，有一种曰遐黎，其俗去黎益远，习俗又相违，居常以椰瓢蔽体，更闲习弓矢。凡父母过五十，惧其老而衰也，则烹食之，云葬于腹中，以为得所。”[⑧] 到清代称为“霞黎”，“遐”与“霞”，音同字不同，应当是指同一种黎人，儋州“冯虚、七坊、龙头三峒，又有霞黎苗黎，杂居其中”。《道光琼州府志·海黎志》记载：“儋州又有霞黎一种，既生黎之类，居深山

---

① （清）王贽、关必登：《康熙琼山县志》卷8，《海黎志》，中华书局，第147页。

② （清）明谊修，张岳崧纂：《道光琼州府志》卷20，《海黎志》，海南出版社，2003年。

③ （明）曾邦泰等：《万历儋州志》地集，《日本藏中国罕见地方志丛刊》，书目文献出版社，1991年，第116页。

④ 引自詹慈：《黎族研究参考资料》，广东省民族研究所，1983年，第185页。

⑤ （明）曾邦泰等：《万历儋州志》地集，《日本藏中国罕见地方志丛刊》，书目文献出版社，1991年，第116页。

⑥ （清）明谊修，张岳崧纂：《道光琼州府志》卷20，《海黎志》，海南出版社，2003年。

⑦ （明）戴熺、欧阳灿总裁，蔡光前等纂修：《万历琼州府志》卷9，《海黎志》，海南出版社，2003年，第435页。

⑧ （明）顾岕：《海槎余录》，周厚堉家藏本，第5页。

中，性猛鸷如禽兽，居处无屋，裸体无衣，足迹不履峒外，故亦不为民害。”[①] 四是大厂黎与小厂黎。因服饰不同而得名，《黎岐纪闻》记载：“大厂黎者，厂较别黎独大，故名。其制上窄小宽，有缕亦稍异于别黎。”“小厂黎，制于大厂同，唯小不及半，故名小厂。”[②]

（2）熟黎。熟黎从宋代沿袭下来，明清时期仍然存在。熟黎居住在生黎之外，五指山外面为熟黎，杂耕在民黎之间。“原姓黎，后多姓王及符。熟黎之产，半为湖广、福建奸民亡命，及南、恩、藤、梧、高、化之征夫。利其土，占居之，各称酋首。成化间，副使涂棐设计犁扫，渐就编差。”[③] 崖州董平乡的五都、六都、七都，为编在版籍的熟黎户。澄迈县的西黎一都、西黎终都、南黎一都、南黎二都均为黎籍。

（3）半生半熟黎（或称生熟黎、半熟黎）。指那些“叛服不常”的黎人，或者刚刚从“生黎”转化而来，还保留原来的习俗，“时出为害”。在崖州、儋州、琼山县、澄迈县等地都有半熟黎。因为这些黎峒还不习惯纳粮当差，一遇到风吹草动又回到传统的生活方式当中去，据《道光琼州府志·海黎志》记载：“崖州黎分为三种，曰生黎、曰熟黎、曰生熟各半黎。”“生熟各半者，谓可生可熟之黎也，治则为熟，黎乱则为生黎，其中亦分两种，曰大襘小襘，大抵富者为大襘，贫者为小襘，平时耕田纳赋，听官约束，与熟黎同，然性嗜酒好斗，常挟毒矢钩刀以自卫，睚眦杀人。若被汉奸盘剥欺侮，忿不能堪，辄手刃之，官吏不察，轻遣兵差勾捕，或所使非人，因而骚乱之，彼即负隅思逞，群起相抗，遂为生黎，崖州黎人如此者十居其七。”[④]

民国时期，除文昌、琼东两县没有黎人外，海南其余十一县均有黎人。民国二十三年（1934），琼崖抚黎专员陈汉光在《黎苗观光恳亲大会

---

① （清）明谊修，张岳崧纂：《道光琼州府志》卷20，《海黎志》，海南出版社，2003年。

② （清）张庆长撰，王甫校注：《黎岐纪闻》，广东高等教育出版社，1992年，第119页。

③ （清）张廷玉：《明史》卷319，《广西土司列传三·思陵州列传附广东琼州府列传》，中华书局，1975年，第8271页。

④ （清）明谊修，张岳崧纂：《道光琼州府志》卷20，《海黎志》，海南出版社，2003年。

特刊》中把黎人分为六种：①俸黎。主要分布在崖县，另外感恩、昌江、定安各县也有。②黑歼黎。分布在陵水、崖县等。③生铁黎。定安最多。④大髻黎。陵水最多，定安也有。⑤细藏黎。儋县、琼山最多，临高也有。⑥剃头黎。定安最多，琼山、万宁、乐会也有。[①] 民国二十六年（1937），广东省建设厅农林局在《琼崖农林渔牧调查报告》中又将少数民族分为四种："琼崖土著，大别为黎、俸、歧、苗四种。"[②] 其中，黎、俸、歧属于黎人族群。俸居住靠近海岸，歧居住在中部山区，黎居住在二者之间。《调查琼崖实业报告书》根据语言将黎苗分为四黎：黎语、俸语、歧语和苗语。[③] 其中苗人是今天的苗族。民国三十六年（1947），陈植《海南岛新志》中将黎族分为生黎和熟黎，生黎中又分为本地黎、美孚黎、歧、俸等四类[④]，奠定新中国成立后黎人族群结构划分的基础。

概括来说，黎人也是在整合其他族群的基础上形成的，由于在整合过程中没有强大政治势力或其他力量的推动，因此，黎人族群的整合是不彻底的。同时，西汉后封建郡县的设置不断招抚黎人，促使其封建化，一部分黎人被汉化和封建化。

① 王兴瑞：《琼崖黎人社会概观》，《琼农》第 9、10、11 期，引自詹慈：《黎族研究参考资料》，广东省民族研究所，1983 年，第 188 页。

② 广东省建设厅农林局：《琼崖农林渔牧调查报告》，1937 年版，第 10 页。

③ 《调查琼崖实业报告书》，海南省民族学会：《黎族藏书》（20），2006 年（内部印刷），第 8 页。

④ 陈植：《海南岛新志》，海南出版社，2003 年，第 88 页。

黎族汉姓考

向昌隆　王献军
（海南师范大学文学院）

在中国，很多朝代都有杰出的学者对姓氏的由来、发展、演变进行考证，在有的朝代，中央政府还直接出面组织对姓氏进行专门的修纂。对于姓氏的研究，早已发展成了一门专门的学问。几千年来，中国人的姓氏一直起着别婚姻、分贵贱、辨亲疏、团结同姓、巩固宗法制大家族的作用，它是传统的“四世同堂、五世其昌”大家族的精神纽带和文化标志。众所周知，几千年的中国历史，实际上就是一部汉族与少数民族不断融合与发展的历史。汉族人民所创造的文化，一直深深地影响着我国历史上的其他民族。其中，少数民族取汉姓应该算是受汉文化影响最为明显的表现之一了。

自古以来，黎族就在我国的海南岛上繁衍生息。生活在海岛之上的黎族，虽然之前与大陆交往存在诸多的不便，但是在汉族进入海南岛后，黎族不可避免地受到了汉文化的影响。与我国大多数少数民族一样，取汉姓也是黎族受汉文化影响最为明显的表现之一。关于黎族汉姓问题，目前尚无人进行过系统研究，本文将对黎族汉姓进行考证分析，探究出黎族汉姓化的历史发展过程与原因，以充实对黎族文化的研究。

一、黎族汉姓的起源

关于黎族汉姓的起源，虽然在史籍上没有具体的记载，但是我们仍可以从一些史书上的神话故事和地名演变中了解到一些基本情况。

据清代王运清的《儋县志初集》中关于“生民之始”记载：“上世琼地无人，会有大蛇于黎婺峰竟生一女……及长，有交趾人入山采香木，见女而悦之，遂作夫妻焉，生一子而交趾夫卒……后母子为夫妻，由是复生子女数人，分为符、罗、楼三姓，自相婚配。”① 虽然我们无法从神话传说中找到汉姓出现的具体时间，但是从传说中的“上世琼地无人”这句话可以看出，黎族汉姓的出现是在一个很早的时期。“符”姓，作为黎族古代汉姓中数量较多的姓氏之一，它的出现也应该是相当早的。

《康熙儋州志》中还有这样的记载：“那细山，《一统志》作黎毗山。俗称古有黎、毗二姓居其下，故名之。”② 这里的《一统志》应该是指《大明一统志》，也就是说，在《大明一统志》对黎毗山进行记载的时候，这里就有着“古有黎、毗二姓居其下”的传说了。“毗”姓在现有史料中仅此处有记载，且在中国古代汉姓中无“毗”这一姓氏，所以这里我们不作分析。但是就“黎”姓来说，自古以来它就是黎族大姓，由文献资料可以看出，在明朝之前甚至更早的时期，“黎”姓就已经出现了。

我国在汉朝时期就对海南岛行使了主权，但是在随后几百年的史书中都没有关于汉姓黎民的记载。根据《大明一统志》中的记载，一直到了唐代，才有了最早的有关汉姓黎民的记载：“唐咸通中，命辛、傅、李、赵四将进兵，擒黎峒蒋璘……”③ 这可能是最早的关于汉姓黎民的记载。

从史料记载中推测黎族汉姓的出现时间，最早可追溯到唐朝。但是笔者认为，黎族汉姓的出现最早应该不会早于汉代，因为直到汉朝时期汉族人才开始进入海南，与黎族有了接触。而且早期黎族人民内部拥有汉姓的黎族人应该很少，拥有者大部分是地方首领，汉姓的最初功能也可能是为了方便对外交流。

二、黎族汉姓的历史沿革

在有关于“蒋璘”的记载之后，陆陆续续地开始了对于汉姓黎族的记载，唐代可考的汉姓黎人共有 7 人，其中王姓 4 人，蒋姓 1 人，李姓 1 人，

---

① （清）王运清：《儋县志初集》，海南省民族学会：《黎族藏书·方志部》卷 3，海南出版社，2009 年，第 269 页。

② （清）韩祐：《康熙儋州志》卷 1，海南省民族学会：《黎族藏书·方志部》卷 3，海南出版社，2009 年，第 169 页。

③ （明）李贤、彭时等：《大明一统志》，海南省民族学会：《黎族藏书·方志部》卷 1，海南出版社，2009 年，第 4 页。

邢姓 1 人。从唐代到清末，有关黎族汉姓的记载逐渐增多，笔者大体上按照三个时期对其进行了分类统计。

（一）宋元时期

据史籍统计，宋代可考的汉姓黎人共有 30 人，元代可考的汉姓黎人共有 67 人。宋元两代总计可考的汉姓黎人共有 15 姓、97 人。按姓氏人数多寡分列如下：

王姓，55 人；符姓，17 人；陈姓，7 人；吴姓，4 人；黄姓，4 人；区、林、许、梁、黎、谢、李、莫、昊、刘姓各 1 人。

综上统计，我们可以看到，宋元时期黎族大姓，以王、符二姓为多，上述王姓 55 人，符姓 17 人，分居一、二位，王、符二姓合计 72 人，占总数 97 人的近 75%。在史籍中关于黎人“多王、符二姓”之说从宋元时期就已经明显体现出来了。

（二）明代

关于明代黎族汉姓的考证，吴永章先生在他的《黎族史》中就有过统计：“明一代黎人有姓名可考者共 29 姓、183 人。其中以王、符二姓为多。”① 在对吴永章先生的统计结果和笔者对史料中关于明代汉姓黎人有姓名可考者进行综合后，得到了新的具体数据，即：

有明一代汉姓黎人有姓名可考者共 38 姓、301 人。按姓氏人数多寡分列如下：

符姓，124 人；王姓，63 人；那姓，20 人；陈姓，14 人；黎姓，10 人；罗姓，9 人；黄姓 7 人；许姓，5 人；张姓，4 人；楼姓，3 人；吴姓，3 人；巴姓，3 人；刘、郑、林、刑、蒲、周、徐、赵、倪、可姓各 2 人；吉、莫、万、钟、邵、曹、谭、马、买、谢、郭、梁、让、于、孙、唐姓各 1 人。

其中，较之吴永章先生的统计结果，笔者在史籍中发现新的姓氏有 9 个，分别是：吴、可、万、邵、谭、谢、郭、让、于姓，共计 12 人。汉姓

① 吴永章：《黎族史》，广东人民出版社，1997 年，第 280 页。

黎人有姓名可考者的总数由183人上升到301人，其中对于符姓的记载变化最为明显，由《黎族史》中的统计数量39人上升到124人。当然这种统计数量的猛增是有原因的，根据《万历儋州志》关于黎岐志的记载，其中有对新招黎村符姓村民80人进行编册的记载[①]。新招黎村编册的记载情况不仅体现了符姓在黎族中所占比重的庞大，更体现出当时黎民内部汉姓已经拥有了极高的普及率。

（三）清代

据史籍统计，清代汉姓黎人有姓名可考者共34姓、166人（其中包括有名无姓不可考者3人）。按姓氏人数多寡分列如下：

王姓，50人；符姓，23人；那姓，11人；陈姓，9人；李姓，6人；黄、杨、亚、韦、张姓各5人；谭、吴姓各4人；林、刘姓各3人；韩、番、梁、母、黎姓各2人；苏、马、许、向、邓、薛、邹、庞、冯、高、吉、耆、洪、吕、�姓各1人；有名无姓不可考者3人。

综合三个时期的黎人汉姓统计情况，可以得出如下结论：

黎人汉姓有明确记载由唐朝开始，随着中央政权对海南岛的逐渐重视，有关黎族的记载也开始逐渐增加。黎族汉姓，以王、符二姓为多，这两个姓在各个时期所占比重都十分大，其次是那、陈、吴、黄、许、林、梁、黎、李、刘、郑、马等姓。黎族汉姓，随着朝代的更替也在不断地发展，宋元时期较之以前由4个姓氏发展到15个姓氏，明代更是达到了38个姓氏，虽然清代较之明代少了4个姓氏，但是清代出现了明代没有的11个新姓氏，这样看来，黎族汉姓在进入清代后虽然史书记载的数量减少了，但是也有可能是因为有的汉姓没有被记载下来，总趋势还是在不断发展，且越来越多。

三、黎族汉姓发展的原因分析

随着朝代的更替，黎族汉姓不断地发展，汉姓数量也在不断地增多。

---

① （明）曾邦泰等：《万历儋州志》，海南省民族学会：《黎族藏书·方志部》卷3，海南出版社，2009年，第150页。

那么，黎族汉姓发展的原因有哪些呢？笔者在对史籍和各种文献进行分析后，得出了以下几点原因：

（一）汉黎杂居，黎族受汉文化影响使用汉姓

我国内陆人口向海南岛迁移的历史，最早可追溯到秦汉时期，其后的历朝历代都能够发现汉人向海南迁移的记录。在这个过程中，最早迁入海南的汉族先民与黎族人民进行杂居，在杂居后的交流过程中，黎族人受汉文化的影响，开始给自己取以汉姓。民国时期《海南岛志》中记载："黎人多用汉姓，如王、邢、罗、李、陈、杨、廖、唐、韦、吴、麦等姓。此盖由汉人初至，杂居黎村，并教法所及，久而与之同化……或云黎人之用汉姓，盖由向慕汉文化而然。"[①]

对于汉文化的向往，最开始的可能要数历代的黎族首领也就是土官了，这不仅从历代土官的姓氏中可以看出来，从他们的人名中也可以得到体现，以明朝土官为例，其中不乏添庆、添贵、忠顺、忠得、闲俊诸名。如洪武年间的黎族峒首王贤俊、王贤保[②]，永乐年间澄迈县丞徐添贵等等。[③] 峒首土官多为一方声望最高之人，普通黎民在给自己添加汉名时受峒首土官的影响很大。

（二）岛内汉民逐渐转化为熟黎，汉姓得到发展

虽然汉族人转化为熟黎的原因有很多，但是大致可分为如下两种：

第一种是汉族在与黎族杂居后慢慢适应了当地的生活环境与风俗习惯，渐渐转化为熟黎。

《琼崖志略》中就有关于此种说法的记载："志书所载，则谓黎分二种，生黎系本岛土著，熟黎系闽商亡命之徒，亦有本省诸郡人民，利其

① （民国）陈铭枢总纂，曾蹇主编：《海南岛志》，海南省民族学会：《黎族藏书·方志部》卷 1，海南出版社，2009 年，第 657 页。

② 吴永章：《黎族史》，广东人民出版社，1997 年，第 275 页。

③ 吴永章：《黎族史》，广东人民出版社，1997 年，第 276 页。

土，乐其俗，而为黎者。”[①] 其中除了关于“闽商亡命之徒”的记述外，《琼崖志略》还在后文提到这些人不单指入琼商人和逃犯，还有一些诸如历代从征兵勇留住山；泛海之人遇到风暴船毁而无法回家；历代名人子孙遁世山中逐渐化为黎人等等。

唐代宰相李德裕（河北省赞皇县人）被贬海南岛，他的亲属后来“化为黎人”的传说[②]，至今仍广为流传。宋代周去非的《岭外代答》中也曾提到当时有一部分黎族是湖广、福建等地的汉人，由于久居黎地、习尚黎俗，最后“化”为黎族。[③] 新中国建立后编撰的《黎族史料专辑》中有关于解放前黎化汉民的记载：“在黎汉经济交往过程中，不少汉人娶黎妻在乌牙峒长期定居下来，砧板营村（今市场村）余、轩、潘、郭、陈、黄等姓氏的十多户大多是当时经商留居的汉人后裔。”从古代到近现代，这些汉族人在进入海南岛后娶黎妻、说黎语、过黎俗，在长时期的杂居后转化为黎族，自然而然地把自己原本的汉族姓氏带入了黎族。

第二种是在中央政府加强了对海南的管理后，一部分汉人为了逃避徭役赋税主动加入黎籍。

宋代以后的中央王朝，逐渐加强了对海南的控制。对海南黎民，各代统治者都对其尽量安抚，尽可能地免除黎民的徭役和赋税。《康熙定安县志》中就有记载：“永乐之后，使以黎峒视都图，以梗化名归附，而光螺、南间、思河久服王化之编民，尽免徭役。”[④] 在这种政策下，汉民为了逃避徭役和赋税主动加入了黎籍。《康熙澄迈县志》中记载：“澄迈兼以黎田不差，在官者仅十之二三……且避赋以附黎籍……”[⑤] 由此可以看出，当时为逃避赋税和徭役而入黎籍的人不在少数，因为官方统计的田地中仅有十

---

① 许崇灏：《琼崖志略》，海南省民族学会：《黎族藏书·方志部》卷1，海南出版社，2009年，第693页。

② （明）王元祯《漱石闲谈》首先提及此事，以后清代的《峒豀纤志》、《黎歧纪闻》亦有引述。

③ （宋）周去非：《岭外代答》卷2“海外黎蛮条”，文渊阁四库全书电子版，上海人民出版社，1999年。

④ （清）张文豹、梁廷佐：《康熙定安县志》，海南省民族学会：《黎族藏书·方志部》卷2，海南出版社，2009年，第427页。

⑤ （清）丁斗柄、曾典学：《康熙澄迈县志》（康熙十一年本），海南省民族学会：《黎族藏书·方志部》卷2，海南出版社，2009年，第281页。

之二三为其纳赋。

（三）为了方便服务于中央政权的户籍登记制度

随着汉族思想文化的不断渗透，明代中后期，黎族社会全面进入封建制社会，登记户籍、交纳租税，大多数黎族拥有了属于自己的汉名汉姓。《万历儋州志》中就有对新招黎村村民进行户籍编册的记载："知州曾邦泰奉革土舍，着里长陈应雷、林朝俊等各招为民，业已刻箭承认粮税，照册编次为定例。"① 在这次编册中，新招黎村一次编入 80 名符姓村民入册，这也符合黎民在取汉姓时往往一村一峒同一姓氏的习俗。这种为黎民取汉姓进入编册的方法有利于中央王朝对黎族地区进行管理，所以得到了提倡，但是一些比较偏僻的黎族地区接受汉姓比较慢，直到民国时为了书写或入学方便，一些黎族人才采用抽签的方法，得到了属于自己的汉姓。

黎族先民在原来黎族姓氏的基础上取一个相应的、恰当的汉族姓来作为自己的汉姓。但是也没有丢掉自己的黎姓，他们在民族内部交往时用的是本民族的姓氏，在与汉族交往时则用汉姓。在后来的发展过程中，黎族人一生中便有了三个名字：一个是乳名，一个是成年名（也就是黎语中的名字），最后一个是汉名。

结语

汉族先民与黎族先民在历史长河中互相交往、杂居，互通有无。黎族汉姓起源和发展的过程，也就是黎族先民不断接受汉文化的过程。从文章中我们可以看出，黎族人民虽然很早就跟汉族人民进行过接触，但是开始接受汉族文化的过程无疑是非常缓慢的。黎族人民开始慢慢接受汉文化，我们从史料记载中可找到的最早痕迹也就是在汉代。不过从后来的史料记载中我们可以看到，进入宋朝后，随着南海在中央王朝统治中的重要性不断提升，黎族人民受汉文化的影响也不断加深。到了明朝后，这种影响几乎扩大到了一个很广的层面，我们从材料的数据上就能明显地看出。进入

① （明）曾邦泰等：《万历儋州志》，海南省民族学会：《黎族藏书·方志部》卷 3，海南出版社，2009 年，第 150 页。

现代以后，历史上那种只是极少数人起汉姓汉名的情况早已不存在，除了一些偏僻的地方还在对内使用黎名、对外使用汉名之外，大部分黎族已经逐渐汉化，只有汉名，不再起黎名。其实，无论是汉族还是黎族，早已在历史的长河中不断融合，“你中有我，我中有你”，黎名因为黎族本身无文字，无法书写记载，其可使用范围不断缩小而慢慢减少，大家开始普遍使用方便简单的汉名。黎族汉姓的不断发展不是一种退步，而是黎族人民不断学习、不断进步的一种表现。

历代“黎乱”原因分析

何 艳 王献军
（海南师范大学文学院）

“黎乱”，即黎族人民的斗争运动，是历代封建统治阶级对海南黎族人民反抗斗争的一种称呼。诚如“熟黎”、“生黎”是中国古代封建统治阶级对黎族人民的一种不恰当的称呼一样。“黎乱”，其划分的标准是黎族人民的各种社会活动是否危及封建统治阶级在海南岛的正常统治秩序。自汉朝设郡以来，封建统治阶级的势力逐步踏向孤悬海外的海南岛，黎族人民也于此时走上了反抗压迫和欺凌的斗争之路。从汉代到清代，两千多年的斗争运动在黎族历史上，甚至于中国历史上留下了深刻的影响和教训。本文侧重于对不同时期“黎乱”爆发的原因进行分析，透过其来了解这一历史事物存在的价值。

一、两汉至南北朝时期

秦王朝统治时期，于岭南广大地区始置南海、桂林、象三郡，其势力已达海南岛，但正式的建置却是在西汉一朝。汉武帝元封元年（前 110）设儋耳、珠崖两郡，封建统治势力才开始了对海南岛的治理过程。汉朝在海南从设郡至罢郡共 65 年，时间短暂，但在这短暂的 65 年中黎族先民竟掀起了十次以上有史可查的规模较大的反抗活动。

自两郡设置到汉昭帝始元元年（前 86），即汉武帝统治后期的二十多年里，海南岛的黎人就曾经发生过六次“叛乱”。规模最大的一次，发生于武帝末年（前 87），珠崖“蛮”起而攻郡城，杀死太守孙幸。后为孙幸之子孙豹攻破，“讨击余党，连年乃平”①。宣帝、元帝时期，诸县更叛，连年不定，史料皆有记载珠崖郡人民暴乱的情况，直到元帝初元三年（前46）春，“珠崖郡山南县反，博谋群臣。待诏贾捐之以为宜弃珠崖，救民饥馑。乃罢珠崖”②。

在这一时期，两汉王朝作为统治的一方，早已步入封建社会。在政治领域，汉朝政治模式已经步入中央集权制时期；在社会经济领域，封建土地所有制成为封建制度的经济基础，封建地主阶级占有大量土地以剥削农民的剩余劳动力，对农民进行经济剥削和超经济剥削，人民毫无自主权和土地可言；在思想文化领域，儒术作为完整的封建伦理道德观已经占据统治地位，私有观念和等级观念明显。然而，海南黎族作为被统治的一方，尚处于原始社会解体阶段，并且由于孤悬海外，发展缓慢，仍保持着较为浓郁的原始文化。可以说，此时两种不同社会制度、经济文化的早期交汇与冲撞，是造成这一时期反抗活动较为频繁的根本因素。

此外，黎族先民不堪忍受封建制度下的沉重压迫，为了生存被迫铤而走险，奋起反抗，是引发早期“黎乱”的直接原因。统治者的贪欲与侵辱，即使是在西汉统治最为辉煌的时期也屡见不鲜，更何况是在刚于海南岛设郡的时期。海疆初辟，各种奇珍异物刺激了封建统治者的贪欲，给他们提供了升官发财的绝好场所。如两汉历史上规模最大的一次“黎乱”的直接起因就是珠崖太守孙幸下令在治内的黎族人民当中征求广幅布以取悦朝廷，“土民”不堪其扰，群起反抗而攻杀孙幸，其子在镇压叛乱后，仍然对中央朝廷采取刻意巴结和极力奉承的态度，通过奉献财物来巩固自己的地位。且在汉武帝时期，为了消除边疆隐患，先后讨伐匈奴、使西域城邦归附、兵征朝鲜、武取两粤、降服西南夷，穷兵黩武，国家财政支出数额巨大，对各地的剥削更为激烈，黎族人民不堪其扰，最后揭竿而起，揭开了黎族人民反抗斗争的历史序幕。到汉元帝时，最终酿成废郡之祸，致使海南岛在汉以后的几百年里与中央封建王朝断绝了联系。

“同氏族人必须相互援助、保护，特别是在受到外族人的侵害时，要

---

①（宋）范晔撰，（唐）李贤等注：《后汉书》卷86，《南蛮西南夷列传》，浙江古籍出版社，2000年。

②（汉）班固撰，（唐）颜师古注：《汉书》卷64，《贾捐之传下》，中华书局，1962年。

帮助报仇。个人依靠民族来保护自己的安全，而且也能做到这一点；凡伤害个人的，便是伤害了整个氏族。因而，从氏族的血缘关系中便产生了……血族复仇的义务。假使一个氏族成员被外族人杀害了，那么被害者的全氏族必须实行血族复仇。”这是恩格斯在《家庭、私有制和国家的起源》一书中对易洛魁人氏族的血族复仇制的阐释，这段话透彻地解释了血族复仇制的内容和形式。而这种血族复仇制，在我国南方民族中也广为流行，黎族尤为突出。自秦汉以来，越人内部就长期争斗不已，这正是血族复仇制的具体表现。故史称：“粤（越）人之俗，好相攻击”[①]；“越人相攻击，其常事”[②]。而黎人的“捉拗”也是从越人的“好相攻击”之俗发展而来。“捉拗”出自《桂海虞衡志》的“（黎人）性喜仇杀，谓之捉拗”。然而，由于受社会生产力发展水平的限制，此时的仇杀，目的较为简单，形式也较为原始，等级观念和私有观念等较为封建的因素并未深入其中，大多仅源自黎族原始社会内部单纯的血族复仇性质，还未能构成引发大规模封建“黎乱”的一类因素。

魏晋南北朝时期是中国历史上的动荡时期，由于海洋的阻隔，中原发生的一系列大事件和动荡，对海南岛黎族的影响都非常小。即使是东吴时期珠崖郡得以重新确立，加强了海南与大陆的联系，这些也都并未取得实效，就连此时的珠崖郡也是设在雷州半岛的徐闻境内。清道光年间明谊修撰的《琼州府志》上有这样的记载：“吴大帝赤乌二年（239），在徐闻设立珠崖郡，在境内立珠官县，招抚其人，竟不从化。”这种遥控的状况一直延续到南朝宋、齐时期也没有得到改变。南朝梁时期，由于岭南民族首领冼氏一族的努力，海南岛重新统属于中央政权之下，结束了几百年来时废时立、时分时合的建置局面。同时也因冼氏一族以德为怀的治理政策，使得黎人纷纷归附，“黎乱”较少。

二、隋唐五代时期

隋朝于开皇九年（589）始确立在海南的统治地位，至大业十四年

① （汉）班固撰，（唐）颜师古注：《汉书》卷1，《高帝纪下》，中华书局，1962年。
② （汉）班固撰，（唐）颜师古注：《汉书》卷64，《严助传上》，中华书局，1962年。

（618）即亡，前后只有 28 年的时间。这一时期，载诸史籍的海南地区反抗活动只有一起：隋炀帝大业六年（610），韩洪拜陇西太守，“珠崖民王万昌作乱，诏洪击平之……俄而万昌弟仲通复叛，又诏洪击平之”[①]。

有唐一代，黎民的反抗活动有：高宗乾封二年（667），“琼东南诸乡没于山峒蛮”[②]；德宗建中（780—783）年间，杜佑迁岭南节度使，“朱崖民三世保险不宾，佑讨平之”[③]；德宗贞元五年（789）十月，岭南节度使李复收复琼州，遭到黎人激烈反抗，史载唐军“悉力攻讨，累经苦战，方克旧城”[④]；懿宗咸通四年（863），“辛、傅、李、赵四将进兵，擒捉生黎峒蒋璘等，于其地置忠州十年余，死亡无数，遂领兵还”[⑤]。

从学术研究的角度看，我们往往习惯于把隋唐连称，称之为“隋唐时期”。这不仅源于两朝在时间上的联结，也源于两朝在政治制度、经济文化等各方面皆有相似之处，对海南岛的治理也不例外。

在南北朝时期发展的基础上，隋唐时代的海南岛，社会生产力有所提高，海南岛黎族的封建化程度也进一步加深，岛上沿海黎汉杂居地区的阶级分化日益明显，出现了“以富为雄，豪富兼并，役属贫弱，俘掠不忌”[⑥]的局面，还出现了一些独霸一方的豪强。同时，黎族内部的上层领袖也逐渐成为地方上的统治者，他们经常通过战争和掠夺的手段来加强对黎族人民的压榨，使黎族人民痛苦不堪。《新唐书》中就记载了宋庆礼为岭南采访使时“崖、振五州首领更相掠，民苦于兵”的社会状况。从而，在海南岛上，阶级矛盾逐渐形成，也逐步发展成为导致后世“黎乱”频发的主要因素。

但在此时，黎汉两个民族之间的对抗和矛盾的存在仍是“黎乱”爆发的主要原因，黎族人民的反抗斗争都是以民族斗争的方式存在。作为封建

---

① （唐）魏征等：《隋书》卷 52，《韩擒传·附传》，中华书局，1973 年。

② （清）焦映汉修，贾棠纂：《康熙琼州府志》卷 8，《平黎》，海南出版社，2004 年。

③ （宋）宋祁、欧阳修：《新唐书》卷 166，《杜佑传》，中华书局，2000 年。

④ （清）阮元总裁，陈昌齐总纂：《道光广东通志》卷 234，《宦绩录四·李复传》，上海古籍出版社，1995 年。

⑤ （清）阮元总裁，陈昌齐总纂：《道光广东通志》卷 217，《古迹略二·城址二》，上海古籍出版社，1995 年。

⑥ （唐）杜佑：《通典》卷 184，中华书局，1988 年。

王朝统治阶级的汉族领袖，将海南黎族地区纳入中央王朝控制后，以其原本统治先进中原地区的模式来治理海南地区。对于相对落后的海南黎族来说，这不仅遭受到“外族”——汉族的侵扰，而且这种统治模式是非常难以使其信服的，赋税、贡品负担也是极其苛刻和难以接受的，再加之大小官吏的苛索欺凌和黎族内部日益形成的阶级矛盾的催化，民族矛盾从而进一步激化，于是发生了黎族人民的反抗斗争，黎人以“叛乱”形式来打击中央政权在海南岛的统治。从唐代“黎乱”的几次爆发状况来看，“黎乱”打击的矛头都是直接指向以汉族为主体的唐军政机关所在地，其斗争目标很明显亦是阻止唐王朝在黎区扩展统治势力。

五代十国时期（907—960），由于中原地区战乱频繁，长江以南的地方由于地理条件的限制而保持了比较安定的社会局面，黎族人民反抗斗争也较为稀少。但是，此时的封建王朝已经将防止黎族人民的反抗斗争列入议事日程，甚至为对付可能发生的“黎乱”，南汉政权还设立了专门的军事机构。《琼州府志》记载的“南汉刘银大宝二年已未至五年壬戌间（959—962），设清化军以戍黎，澄海军以戍海”就是反映的这个情况。可见，隋唐五代这一时期“黎乱”次数虽少，但是影响却很深远，并日益受到封建中央政权的关注和重视。

三、宋朝时期

明代丘濬在《南溟奇甸赋》中曾说道：“魏晋以后，中原多故，元冠之族，或宦或商，或迁或戍，纷纷日来，聚庐托处。”这是为了躲避五代十国时期的战祸，大批汉族人口南迁，其中有不少人远迁至海南岛。据史籍记载，南宋（1127—1279）时，移居至海南岛的汉族人从唐代的 7 万余人已增加到 10 万余人。这些迁至海岛的官吏、商人、戍边士兵，以及大批的汉族劳动人民，与黎族人民一起辛勤耕耘，大大促进了海南的经济开发与黎族社会的发展，迅速改变了从汉代到唐代几百年里开发缓慢的局面。宋代，无论是海南岛的开发程度还是黎族社会的封建化程度，都有了很大的进步。然而，伴随着进步而来的“黎乱”，也达到了空前的规模。在这些起义当中，有两起斗争声势最为浩大。

绍定四年（1231），琼山黎人王居起反。据《道光琼州府志》卷 22

《防黎》记载：嘉定初，琼山黎“王居起倡乱，屡抚屡叛。绍定四年（1231）复大入寇，僭号南王，残害临、澄、昌三邑，琼州，城门昼闭”。宋统治者惊恐，调兵遣将。次年夏，王居起牺牲，起义失败。从宋统治者在当地竖立“大宋平黎颂碑”以歌功颂德一事，可证明此次起义影响之大。

咸淳三年（1267），汉人陈公发、陈明甫众反，据崖州临川镇，并在沿海潮、惠、广、钦、廉、雷、化诸州活动。黎人积极响应，“咸淳六年（1270）春，琼黎犯边，以钦守马成旺征之。成旺与子抚机间关数十战，恢扩省地。乃命抚机专管截黎出入，诸峒始不敢肆”①。这是海南岛黎民和汉民联合反抗最为典型的例子。

尽管造成“黎乱”的具体原因各不相同，但有一点却是相同的，即宋王朝对黎族地区统治的加强以及宋代黎族内部的阶级分化，加深了各方面的矛盾，以致引起黎族人民前赴后继的反抗斗争。具体归纳起来，有以下几个方面：

首先是宋王朝的层层压迫和剥削。在政治上，宋王朝对边疆地区少数民族采取“树其酋长，使自镇抚”的政策。即在边疆少数民族地区，对归顺的民族酋领授予知州、知县、知峒等官职，将军、大夫等爵位，并允许其世袭官职、爵位，使得这些边疆民族地区的酋领成为宋王朝在该民族地区的代理人，是为“土官”。这些代理人独霸一方，统治专横，肆意掠夺土民财物以取悦朝廷。在经济上，统治阶级的掠夺也肆无忌惮。除正赋外，还巧立名目，横加种种苛捐杂税；对海南的特产和黎人田土，滥加掠取；贪官污吏也不时地索取各种“馈献”以中饱私囊。如李光《庄简集》卷2《海外谣有序》所载：“琼、崖、儋、万四州，限在海外，地理险远，输赋科徭，率不以法。所出沉香、翠羽、怪珍之物，征取无艺，百姓无所赴诉，不胜其忿，则相煽剽劫。”这种层层压迫和剥削已达到无以复加的地步，以致海南的黎、汉人民走上反抗之路。

其次是汉族地主、奸商的种种侵渔。在我国古代以农耕为主的封建社会里，土地一直占据着十分重要的地位。对于黎族而言，汉民的移入尤其

① （清）明谊修，张岳崧纂：《道光琼州府志》卷22，《防黎》，海南出版社，2006年。

是汉族地主和奸商兼并峒民田土的行为，在很大程度上加剧了黎区的土地问题，这在《续资治通鉴长编》卷310“元丰三年（1080）十二月庚申”条中有详细记载：海北汉族地主假造“请田文字，查其田土”，致使黎人“无所耕种”；汉族奸商，也“以少许物货，令虚增钱数，立契买峒民田土，岁使耕种”。与此同时，宋统治者也参与其中。这种大范围地侵渔黎人生存之根的行为，势必会引起严重的社会问题，而这也是促使黎人不断反抗的重要原因之一。

再次是黎族内部的阶级分化和贫富矛盾的加剧。宋室南迁后，海南社会生产力得到进一步发展，中央王朝对海南岛的开发与经营也更为重视，其统治势力更是深入黎区，促使了黎族内部阶级分化的加剧和阶级矛盾的激化。宋代历史上，已经出现了一批握有政治、经济、军事实力并在广大黎人中具有很大影响力的本土首领人物。这些首领人物在宋王朝的支持下，逐步成为宋王朝统治黎族社会的基础，并逐步演变成为地方上的实际统治者。这些黎族豪酋凭借宋王朝的支持以及自身的实力，对海岛人民进行统治、兼并、搜刮和侵辱以满足自身的私欲，激发了黎族内部阶级的分化和贫富矛盾的加剧，这也是促使黎民走上“黎乱”道路的因素之一。绍兴三十年（1160），琼州临高县黎人王文满叛乱的事件就充分说明了黎族社会贫富差距的加大。事件因定南知寨刘荐借王文满银、马、香钱不还而起，王文满因此率部攻破定南寨，迫使琼州当局监禁刘荐。此次事件爆发规模较大，宋王朝被迫率兵镇压，最后导致王文满奔走，部属王用宾被捕。

最后是黎族血族复仇制的影响。宋代黎人的社会组织称作“峒”，是以血缘关系为纽带建立的氏族制度，这种氏族制度下的黎民联系非常紧密，所谓“牵一发而动全身”，黎民之间的各种活动，往往是整峒人参与其中，带有很大的全民性质。《续资治通鉴长编》卷310“元丰三年（1080）十二月庚申”条载：“黎峒之间，递相仇杀。”诸峒林立，规模虽小，但是黎峒整峒之间的相互仇杀，势必影响中原统治者在海南黎区的正常治理秩序，故统治者亦常将此类残杀活动归为“黎乱”而派兵镇压。

值得一提的是，宋代黎族的血族复仇制已经不是原始状态下简单的复仇形式。随着中原王朝对黎族统治的深入和加强，这种原始的血族复仇制也逐渐地被刻上封建等级观念和财产私有的印迹。《诸蕃志·海南》卷下有相关的记载："（黎人）喜仇杀，谓之捉拗。其亲为人所杀，后见仇家人，及其峒中种类，即擒取而械之，械用荔枝木，长六尺许，其状如碓。要牛、酒、银、瓶乃释，谓之赎命。"此时的各峒之间的争斗，更多的是由黎族峒首为满足自身需求、为夺取更多财富的贪欲而引发的。同时，这种争斗的对象也扩及汉人。如淳熙十二年（1185），枢密院进呈广西经略安抚司奏："今年正月乐会县管下白沙峒主黎人王邦佐等聚众黎人五百余贼作过，及与地烂陈诰仇杀。"这就是黎族峒首聚众与汉族地主武装"仇杀"所引起的"黎乱"事例。

四、元朝时期

至元八年（1271），元世祖忽必烈定国号为元，开始了蒙古族对中原广大地区长达百年的统治。有元一代，黎人不断进行猛烈的反抗活动，比前代更甚。是以，苏天爵在《建北时政事五》中有称："海南黎蛮为梗，有司视为故常"，可见元代"黎乱"已是常事。特别是在日益腐败的元王朝统治的后期，黎民反抗活动更加频繁，故《天下郡国利病书·广东》有"自至顺元年（1330）以来，东西黎皆乱"，"黎峒自是不清"的记载。

至顺元年（1330）至元统二年（1334），发生了元代历史上规模最大的黎民起义。这次起义历时5年之久，把斗争矛头直接指向元王朝在海南的统治据点，元统治者不仅出动海岛戍卒，更是调动了广东、福建、湖广等多处兵力才将此次起事平息下去。而此时，元代"黎乱"规模较大，参加者数以万计的已不鲜见。在当时海南人口密度较低的条件下，其数量是颇为惊人的。并且，其斗争水平也有所提高，起义者不仅把打击的矛头主要指向元朝国家机器的政权、官吏与军队，且有另起炉灶，"立国设官"之举，公开向元王朝宣战。《招捕总录》中记载，皇庆二年（1313），黎人王奴欧等反，"伪称平章元帅，立国设官"。次年（1314）正月，虽然平定了王奴欧的反抗，但罗袄等处兵力未散，仍坚持斗争。这便是元代历史上最为著名的、带有颠覆性质的黎民起义。

历史上，元朝统治者的江山，是从历史文化悠久、经济技术发达以及人数大大超过了蒙古族的汉族手中夺取的，这使得蒙古统治集团强烈地意识到，没有统治特权是很难维持其统治地位的。为此，蒙古统治集团"以少临众”，为了突出其统治特权，毫不掩饰地将全国各族人民划分为四个等级，而作为最后被蒙古军征服的南宋境内的各族人之一的黎人，被划归到最后一个等级“南人”的范畴。作为“南人”，黎民遭受到来自“外族”的沉重压榨和歧视，尤其是在政治腐败的元后期。但这种民族歧视的政策也导致了黎汉两族人民的联手抵抗。天历元年（1328）就有一例，当时琼山黎以汉族流亡者为向导，不时出击。琼山主簿谭汝楫敛集乡兵5 000人，又征调近地兵15 000人，进行镇压。当时，反抗的九峒黎汉人民联合起来，利用草木茂密的有利地理条件，拒敌兵于外。其后，谭汝楫采用集中兵力进逼黎人势力最大的居野峒，并设栅数十重扼守的办法，加以围困。在双方力量对比悬殊的情况下，琼山黎的反抗归于失败，被俘首领有61 人之多。

在元朝后期，广大黎民不仅要纳贡，而且需交各种赋税，还得为元王朝的频繁征战提交军饷，徭役负担更是苛重。有元一代，统治者对外征战的次数和规模可以说已经达到空前程度，讨伐安南、日本、占城……这些争战使得黎民面临着沉重的兵役负担。同时，元代的工役负担也比前代更甚，有史记载，至顺二年（1331）十一月，隆祥司使晃忽儿不花言：“海南所建大兴隆普明寺，工费浩穰，黎人不甚其扰，故以为乱。”可见，作为“外族”的蒙古统治者，其统治本身就面临着正统与非正统的问题，而不恰当的民族政策又严重歧视和压迫了海岛人民，尤其是对黎族人民，最终导致矛盾激化，迫使海南岛的居民走上“黎乱”的道路。

元统治者迷信武力的征剿政策，对海南黎族人民进行血腥镇压，大军所至，残酷杀戮，这是元代“黎乱”频发最直接的原因。元代近百年的历史中，对海南黎族人民的大征不少于十次，所谓“火其巢”、“黎巢尽空”、“已无遗穴”、“绝其根株”，即是蒙古统治者的罪恶记录。例如，至元二十八年（1291）至至元三十年（1293），有关陈仲达和阔里吉思先后督师攻打黎人、历时三年之久的征战，在明朝唐胄的《平黎事以备后论》中有记载：“是役也，自开郡以来所未有，然计兵仅二万一千二百人，计时岁二十六月，至实用兵才十三月……已无遗穴”；清人顾炎武在《天下郡国利病书·广东下》中也说道：元兵“深入人迹不到之处，黎巢尽空”。在这历时三年的征战中，元王朝动用了大批兵力，血洗黎峒，使黎人遭受了空前的灾难，这是一场亘古未有的伐黎战争。这不仅给黎族社会和人民带来了严重的灾难，更激发了黎族人民奋起抗战的决心。这样就造就了元代“愈征愈反，愈杀愈乱”的惨痛结局。

由于元朝统治者对汉人存在很大的戒备心，为此在治理海岛的过程中空前重用黎族土官。是故，在元朝统治者的扶植下，黎族土官的政治势力空前膨胀，其经济实力也相应增强。较之宋朝，元朝的土官官职更高且更具实权，他们有的担任万户、千户、总管、知州、县尹诸职，大都集军政大权于一身，而且分布范围极广，土官势力遍布了整个黎族地区。元朝统治者的这种“以黎治黎”的政策，使得黎族内部土官与土民的矛盾进一步加剧，土民即黎民必须承受来自元王朝和土官的双重压迫，根本毫无权利和自由可言，“生杀予夺”，皆凭土官的意愿，不堪重负的黎族人民的反抗斗争屡见不鲜。另外，从某一层面来讲，土官权力的过分膨胀，也威胁着元王朝在海南黎区的正常统治，在元代历史上就已经出现了由土官所策划的“黎乱”。其一是至元二十九年（1292）七月，“黎兵百户邓志愿谋叛，伏诛”①。其二是大德十年（1306）十二月，“琼州临高县那蓬峒主王文何等作乱，伏诛”②。其肇事者虽然只是低级土官，规模与影响均较小，但这也反映了土官弊端日益导致社会动乱的趋势，甚至为后世爆发更大规模、更多次数的“黎乱”埋下了隐患。

五、明朝时期

明王朝在海南黎区的统治地位的确立，是经过反复而激烈的较量，次第将各地黎人的反抗活动镇压下去以后才实现的。

早在洪武二年（1369），朱亮祖征海南之初，乐会小踢峒首王官泰“顿兵不散”，起而抗拒，从而揭开了明代“黎乱”的序幕。其后，各地黎人纷纷“梗化”。《明太祖实录》记载：从洪武二年（1369）到洪武二十九年（1396），海南岛先后爆发了“儋州峒黎人符均胜等作乱”，“海南罗屯等洞黎人作乱”，“儋州一伦县黎民唐那虎等作乱”等黎民反抗活动，以

---

① （明）宋濂等：《元史》卷14，《世祖本纪十四》，中华书局，1976年。
② （明）宋濂等：《元史》卷21，《成宗本纪十四》，中华书局，1976年。

及“澄迈多简等村、儋州新深等洞及崖州黎为乱”①，崖州黎宁远县千家村黎人罗危反、昌化浮鹅峒黎符公魂、万州鹧鸪啼峒王得隆等“同时作乱”②的事件。

这些反抗活动失败后，黎区保持了相对平寂的一段时期。但值得注意的是，在洪武年间发生的各次“黎乱”也是有一定原因的。元王朝濒临灭亡，因王朝的腐败和崩溃，封建统治势力对海南黎区的控制也相对削弱，在这种情况下，黎族人民获得了一定的相对独立的地位和有利的权益。是以，在新的统治王朝——明王朝的步步紧逼之下，海南黎区人民为保护自身利益而奋起抵抗，才掀起了明初为抵抗明王朝在海南黎区的权威而与统治者反复较量的斗争运动，是为“黎乱”。从史料记载来看，这一时期的“黎乱”规模是很小的。

明王朝建立初期，北方少数民族势力的威胁很大。洪武、永乐年间，蒙古各部仍旧有力量南下进攻。为了巩固统治，彻底消灭北方民族的敌对势力，明初统治者皆极其重视北疆的边防安全问题，曾一度集中全力来征伐北方蒙古族，无法分身南下用兵。而此时，在处理南方民族关系时，明朝统治者则多采取“怀之以恩，待之以礼”的政策进行“恩抚”感化，缓和了明廷与海南黎族之间的民族关系，动乱较少。再者，由于明初统治者具有比较开明的民族观，重在安抚不扰民，较为谨慎地处理民族问题，致力于抚黎政策，故出现了中央王朝与黎区保持空前融洽关系的局面，这也是文献记载关于这一时期“黎乱”罕见的原因所在。在明成祖永乐年间，主要的反抗活动只有：“永乐四年（1406），罗活峒黎乱，都指挥花茂讨平之。”③

洪熙、宣德、正统、景泰、天顺年间，是明王朝由盛转衰的过渡时期。其间，明王朝对黎区的压迫与剥削虽然有所加强，矛盾也有所激化，却还未出现威胁明王朝在黎区统治地位的大规模“黎乱”。成化以后，明

① （民国）彭元藻、王国宪：《儋县志》卷8，《海黎·平黎》，成文出版社有限公司，1974年。

② （清）郝玉麟等修，鲁曾煜等纂：《雍正广东通志》卷57，《岭蛮》，文渊阁四库全书，台湾商务印书馆，1986年（影印本）。

③ （清）钟元棣创修，（清）张嶲等纂，郭沫若点校：《光绪崖州志》卷14，《黎防三·平黎》，海南出版社，2006年。

王朝日益腐败衰落，伴随着封建统治阶级对土地的兼并掠夺和对黎民侵压的加重，其与黎民的矛盾也日益激化。从此，全岛各地黎族人民掀起了一次又一次的反抗高潮，直至明王朝灭亡。就明代万历年间有历史记载的“黎乱”次数已超过23次，崇祯年间超过10次。黎人“叛乱”无常，小规模的“侵突”更是无时而息。一言以蔽之，明后期的“黎乱”次数和规模均是空前的。

明代的海南岛，封建经济文化得到进一步发展，封建制度在广大黎族地区也得以确立。此时，封建统治阶级与被统治的广大海岛百姓之间的阶级矛盾迅速发展成为海岛黎族社会的主要矛盾，这也是明代“黎乱”频发的主要原因。

史料显示，明王朝的势力已经深入黎区腹地，也就是说，明王朝除了利用土官土舍来达到间接统治的目的外，其对黎族的直接统治也是相当深入的。早在明前期永乐朝时，由于治理得当，黎人归附之风日盛，归附之后，统治者将其户口登录册籍，使其成为封建国家的臣民，这就方便了统治者的管理，同时也方便了后期统治者的剥削。明朝后期，由于黎民归附已久，逐渐“与齐民等”，统治者也随即加剧了对他们的压榨。明末，特别是万历、崇祯年间，中央政权腐朽至极，朝中贪官污吏丛生、特务横行、宦官专权，政治上的黑暗势必导致社会矛盾的激化，民族压迫的加深，封建剥削的加重。在种种直接因素如汉族地主、豪强、奸商的过度掠夺，官吏、军官的残杀迫害，汉人、熟黎的挑衅利用，诉讼不公等的刺激下，最终爆发了一波又一波的黎族人民反抗运动。嘉靖二十八年（1549）四月，爆发了崖州止强、石讼黎那燕、那牵、古镇州峒符门钦领导的黎民大起义。其直接原因是封建官员“奸贪科扰”黎人。史称：“判官黄本静奸贪科扰黎人，致众赵坤文等乘机作局，勤取牛财，激黎大变。”①

土官土舍制也呈现出严重的弊端。明朝建立初期，鉴于元朝“任用土人之弊”，曾一度废除了土官制度，但不久之后又恢复了部分措施。到明永乐朝时，已经开始全面推行土官制度。不管是官职、名称、职责、朝贡还是文武职的设立，都达到了非常完善的地步，其规模也达到了空前绝后

① （明）张鏊：《交黎剿平事略》卷4，《欧阳必进奏疏》，引自《中国边疆研究资料文库·边疆边务资料文献初编·西南边务》，中央编译出版社，2011年。

的程度。黎族的土官土舍制度，在明代发展到了全盛时期。不可否认的是，在明朝前期的治理中，土官土舍制度在稳定海南黎区的政治局面和减少社会动乱等方面起过很大作用。然而，随着黎族土官势力的过分增长与强大，土官土舍的贪欲和不满足感也日益加强：政治上，土官土舍利用操纵黎人之机，拥兵自重，不断扩大自身的势力，威胁着明政府在地方上的统治秩序；经济上，土官土舍加重或隐瞒征收的钱粮，据为私有，不断侵渔和压迫黎区百姓。由此，其与明王朝、广大黎区百姓之间的矛盾逐渐尖锐，并日渐成为明后期“黎乱”频发的重要原因之一。嘉靖四年（1525）临高番溪峒王绮龙、番念峒王三钦、番西峒王诰学等聚众反抗就是将斗争的矛头指向土官土舍的事例。另外，宣德元年（1426）、成化五年（1469）、弘治十四年（1501）等相继爆发的黎族人民反抗斗争都与土官土舍存在着直接的联系。

明王朝统治时期，不仅大胆采用土官土舍制以达成“以黎治黎”的目的，还利用黎族血族复仇制的特性，制造矛盾来维护自身的统治。明代顾岕在《海槎余录》中详细记载：“黎人善射好斗，积世之仇必报。每会聚亲朋，各席地而坐，饮酣，顾梁上弓矢，遂奋报仇之志，而众论称焉。其弓矢，盖其祖先有几次斗败之耻，则刻箭几次射于梁上以记之。故云，饮醉鼓众，复饮，相与叫号……以次，则宰羊脔肉，裱散就近村落，无不踊跃接受，克日起兵。仇家闻之，亦如此间法募兵应敌。遇有州、县公差人役，乐请观战。两家妇女，亦各集本营，当退食之际，妇女争出营认箭，两不拘束。其俗云：男子仇，只结于男子面上；若及妇女，则于其父母家更添仇怨矣……”

可见，明代黎人之间的这种世袭之俗——血族复仇制一直根深蒂固地影响着海岛黎民。诚如前文所讲，这种血族复仇的范围已经不仅仅局限于单纯的有敌仇关系的黎民之间。虽然海南黎民复仇制仍有限制，即冤仇只结于男方，并不涉及女方及女方家，以免把纠纷扩大至更多的氏族造成更大的破坏，但是，这种结仇双方各以亲朋、同里、就近村落之人参战的方式仍然带有全民性质，往往规模扩大成整峒之间的纷争而难以控制，有时甚至卷入封建官军，发展成为影响甚大的“黎乱”事件。据史料记载，永乐和成化年间就分别爆发过由这种“仇杀”引发的“黎乱”事件。《明太宗实录》卷178“永乐十四年（1416）七月戊戌”条载：“崖州黎尝私争相战斗，卫将利于渔取，欲发兵剿之。伯贞执不可……遣宁远县丞观之，果仇杀也，获首贼数人罪之，黎人遂安。”又有《明宪宗实录》卷76“成化六年（1470）二月戊辰”条载：“巡抚广东、右佥都御史吴（琛）等奏儋州黎人相互仇杀。兵部请行总镇、总都官处置，并抚其胁从余党，从之。”

但是，明代黎人之间的相互仇杀基本脱离了原始的血族复仇制的形态。其缘起，不仅局限于黎族内部社会条件的发展，同时也与明统治者的治黎政策有着很大的关联。明统治者为了达到“以黎治黎”和“坐收渔翁之利”的目的，插手黎族内部事务，往往有意挑起和扩大黎族的内部纷争或者是黎汉两族人民之间的矛盾。利用黎族的这种特性，引起事端，再在适当时机以稳定统治秩序的身份出现，削弱黎汉两族人民的反抗势力，从而达到巩固其统治的目的。弘治十四年（1501）七月，爆发了规模空前的儋州七方峒黎符南蛇领导的黎民大起义。这次黎民斗争活动历时一年之久，符南蛇与符那月相攻事件，就是明王朝统治者借力打力的突出例证。但值得注意的是，引发这一次“黎乱”的因素是综合性的，这次事件不仅掺杂了私人恩怨，官府的赋税剥削及官军的贪暴等也是其原因之一。

最后，由于特殊的自然地理环境，我国自古以来就是一个自然灾害频发的国家，干旱、洪涝、蝗灾、地震、瘟疫等都是历史上频繁出现的自然灾害。特别是15～17世纪，灾害又呈多发、群发趋势，为中国历史上第三大灾害群发期。明代万历、崇祯年间天灾异常严重，崇祯时期持续七年之久的全国性大旱，更是我国历史上有文字记载以来最严重的灾难。在受到封建统治阶级和各级土官严重摧残、难以生存的情况下，天灾也演变成“黎乱”爆发的催化剂。

六、清朝时期

在明王朝的基础之上，清代的海南黎族社会，其封建关系的发展得到更进一步的深入，封建制度下海南黎族社会的各种矛盾演变得也更加激烈；再加之各种外来因素的影响，清代的“黎乱”有着更为复杂的社会历史背景。有清一代，黎民的反抗斗争，大致可分为三个阶段：

第一阶段，从清初到康熙中叶。因为清初满族王朝在海南的统治地位尚未巩固，明末以来的各种反抗斗争仍在继续，明朝的残余势力仍在进行反清活动，各种反清力量汇合在一起，形成了入清后的首次黎民反抗高潮。其中较大规模的有：顺治十六年（1659），王亚锦领导崖州侵宇诸黎起义；康熙十九年（1680），韩有献领导的琼山县黎民起义；康熙三十八年（1699），琼山县黎首王振邦领导的琼州黎民起义。

清初，海南岛的政治局势也是一度的动荡不安，清朝作为“外族”统治，受到了强烈的民族抵抗。出于对“外族”入侵的反抗，海南岛的明朝官吏和支持明廷的士绅地主们不时起事，以阻止清廷在海南的统治。在这些明朝残余势力起事所依靠的力量当中，黎族又是最为重要的力量，可以说黎族在整个清初的反抗运动中，充当了明朝残余势力反清的工具。清世祖顺治四年（1647），崖州士绅彭信古联合罗活、官坊等峒黎族作乱，清廷派崖州知府督军进剿，这次起事一直延续到清顺治十六年（1659）三月才被平息。

并且，由于正统观念的作用，人们本身将清朝统治者视为仇敌，而清军对新统治区——海南岛采取的又是高压震慑的办法，因此很容易激起包括黎族在内的海南岛人民的反抗，由此便有了清初首次的“黎乱”高潮。

此外，即使是在清廷实行宽松民族政策的时期，由于封建地方官吏的贪暴，往往也激起“黎乱”，迫使不堪忍受的黎族群众起义。前面提到的康熙三十八年（1699）琼山县指马峒王振邦领导的黎族起义就是例子。其时，琼州文武官属役令黎族百姓采集香料、藤条，砍伐花梨、紫檀等木料，又命令黎族百姓在其居住区开沟采金，清朝官吏每天都来索要金子，并且对金农十分粗暴和倍加侮辱。在忍无可忍的情况下，琼山县指马峒黎族峒首王振邦于十二月号召黎族起义进行反抗，而后其他黎族峒首也在其号召下聚众响应。这次“黎乱”规模达到清政府无法以招抚的方式来消弭的程度，不得不动用大军对其进行攻剿。

第二阶段，从康熙末至雍正、乾隆及嘉庆前期。清代康熙中期以后，随着清廷对海南统治的日趋稳固，封建统治者采取了一些较为缓和的措施，社会经济得以恢复和发展。在清廷集中力量防范与镇压的情况下，黎人反抗活动进入低潮时期。这一时期，“黎乱”虽断断续续有所发生，但规模相对较小。其中较富代表性的有：乾隆三十一年（1766），先后爆发的定安黎与陵水保亭黎起义；乾隆四十六年（1781），那回领导的崖州黎民起义。

第三阶段，从嘉庆后期直至清朝灭亡为止。正如每个朝代末期的衰败一样，清末，随着王朝的日益腐败，驾驭控制能力的削弱以及对黎人剥削压迫的加强，这一时期的黎人掀起了一次又一次的起义高潮。其中著名的有：道光九年（1829），黎亚鸡和张红须、张亚基先后领导的崖州黎民起义；同治六年（1867）至同治八年（1869）的崖州黎民起义；光绪元年（1875）至光绪八年（1882）的崖、万等州黎民起义……

清朝中期以后，封建统治者的阶级劣根性开始大暴露，尤其经过“乾嘉盛世”，国内生产有所发展，清朝国力有所增强之后更显突出。统治者骄傲自大、故步自封，封建政权的腐朽性也日益暴露，贪污盛行、腐败猖獗，为了满足庞大的挥霍和奢侈的需要，朝廷对人民的压榨日益加剧。黎族虽地处南海孤岛，仍不能避免苛派之苦。

政治的腐败和黎族社会的日益进步形成剧烈的对抗。清统治者的残酷掠夺，使得黎民的赋税负担远远超过了规定的数额；贪官污吏巧立名目，任意摊派，肆意诛求；徭役繁重，广大黎民不堪其苦，各种横征暴敛使得黎族人民陷于“财产尽于诛求，筋力困于差役”的绝境。尤其在清朝末年，清廷对黎族人民的欺凌比汉区有过之而无不及，“厘金”、“捐献”、“战败赔款摊派”等各种“附加税”以及田赋、色米等都是清廷贪得无厌的证据。这也正是酿成清代中后期“黎乱”频发的主要原因。嘉庆二十二年（1817），崖州乐安汛东、西抱显等村的黎族人民起义，就是因为崖州吏役兵丁盘剥索诈而激起的。

再者，如明朝统治后期一样，黎族土官的苛敛，汉族地主、奸商、高利贷者的剥削，也是迫使黎族人民走上反抗之路的重要因素。史料记载：“今客民盘剥欺凌……以致酿衅生端”①；又有“琼属有等外来恶商，影借势本地土豪，罔恤枌榆，遇有贫民急需，偶向此辈借贷，无不加二加三，重利盘剥，未及周年，利浮于本，一时无力清偿……每每准折子女畜产偿人者”②；还有张岳崧的《抚御琼黎记》记载：“其起衅也，或就近商

① （清）杨廷璋：《黎山善后摺》，引自（清）胡端书总修，杨士锦、吴鸿清纂：《道光万州志》卷9，上海书店出版社，2001年。

② （清）姜焯：《详郡议》，引自周文海：《民国感恩县志》卷13，《防黎志》，海南出版社，2004年。

民……难免侵凌。”显然，黎族人民在各色剥削者的沉重压榨之下，生活难以继续，起事反抗也是情理之中的。道光十三年（1833）七月，儋州一带大旱，贫穷的黎族百姓只能靠出借荒地、高利贷或抵押东西来维持生计，然而持续的严重的自然灾害以及沉重的借贷负担最终使得黎民普遍积怨，反抗情绪暴涨，倡众起事之心亦起，最后爆发了黎亚义、薛凤章等率领的各峒生熟黎起义，给汉族地主、奸商、高利贷者等以沉痛打击。

此外，黎族本身的内部因素，例如血族复仇制、内部争权夺利的斗争等都有可能引发一场规模巨大的“黎乱”运动，自然灾害的影响也是其中的一个间接因素。清代除个别年份外，几乎年年都有水旱灾害，在清代历史上大水、大旱各达60次、55次；大蝗、大疫也多。道光年间和光绪年间的海南岛都曾遭受过极大的旱灾侵袭。在自然灾害严重的年代，“黎乱”爆发的频率往往也较高。

最后，清朝末年，也就是1840年以后，中国的封闭状态被打破，黎族地区与外界的交流加强，在黎族社会发展过程中形成的反抗意识和民族意识也日益增强，反封建斗争的意志也更加坚定。同时，西方列强的入侵，导致剥削压迫的加剧，这也是清末“黎乱”频繁爆发的新因素。光绪二十二年（1896），爆发了反对教民欺压黎民的事件，这可以说是清末“黎乱”的新内容。

浅析元代海南“黎乱”

杨小薇
（海南师范大学文学院）

汉武帝元封元年（前110），西汉政府始置儋耳、珠崖二郡，正式确立了中央政府对海南的统治。但历代统治者都对黎族人民实行民族压迫和民族歧视的政策，黎人被称为“黎蛮”、“黎獠”，当黎族人民不堪忍受其压迫和剥削时，必会揭竿而起，反抗封建王朝的残暴统治，这种行为被统治者诬为“黎乱”，实际上它是指黎族人民反抗封建政府统治的斗争或起义。汉武帝末年（前87），珠崖太守孙幸强征广幅布，导致黎族人民揭竿而起，攻破郡城，杀死孙幸，开创了黎族人民反抗封建统治的先河。而在元王朝统治海南的短短九十年间，“黎乱”频发，“终元世黎寇不息”①。虽然历次“黎乱”在元政府的镇压下均以失败告终，但它们却给海南社会的发展带来了深远的影响，同时启示今人要注意处理好黎汉之间的民族关系。

一、“黎乱”爆发的原因

笔者认为，元代海南“黎乱”频发，主要有以下三方面的原因：

（一）元朝统治者崇尚武力治黎

元政府于元世祖至元十五年（1278）十一月正式将海南纳入其统治版图。“宋时诸峒黎叛服不常，或剿或抚，而卒从以抚为多。”② 而元朝在治

① （明）阮元总裁，陈昌齐总纂，蒋志华等点校：《道光广东通志·琼州府》卷330，《岭蛮》，海南出版社，2006年，第875页。

② （明）戴璟修，张岳等纂：《嘉靖广东通志初稿》卷36，《生黎》，海南出版社，2006年，第161页。

理时却抛弃了宋代宽松的“以抚为多”的政策，崇尚以强硬的武力治黎的政策，对黎族地区进行了残酷的武力征讨和镇压，这是元代“黎乱”“终元之世”[①] 的根本原因。

至元十六年（1279），当时的海北海南道宣慰使朱国宝抵琼州后，针对南宁军谢有奎等黎人的顽固不服，国宝开示信义，使谢有奎等黎人感悟，并前来归属。于是“黎民降者三千户，蛮峒降者三十所”[②]。至元十八年（1281），又击破临高蛮寇五百人，招降了居亥、番毫、铜鼓、博吐、桐油等十九峒，并派遣其部将韩旺率兵夺取大黎、密塘、横山等黎峒，诛杀了首恶李实，火烧其巢穴，“生致大钟、小钟诸部长十有八人”[③]。正是在这种以武力征讨为前提的“开示信义”下，像南宁军的谢有奎等黎人才前往投效。这次的征讨揭开了元统治者武力治黎的序幕。

至元二十八年（1291）安抚使陈仲达向元世祖献平黎策之后，元世祖采纳了他的建议，并授其为海北海南道宣慰司都元帅，派同廉希恕等将率蒙古军200人、汉军2 080人、顺化军5 000人，共7 280人，加上民兵14 000人准备收复诸黎。但是不幸陈仲达病逝。十一月，湖广行中书省平章政事阔里吉思任监军，并任命陈仲达的儿子陈谦亨为万户统帅诸兵，以同知海北海南道宣慰司事副元帅王信、伯颜吉思，并万户教化韩旺、杨显祖等率领蒙、汉、顺化诸军，广西宣慰使杨廷壁、宣慰副使林应瑞、副万户秦彪等率诸地黎兵，镇抚高祐则率领曾为拔都所统率的南蛮兵，一起统剿黎人聚居地。至元二十九年（1292）七月，阔里吉思被诏回朝，此后清剿黎峒的事务由都元帅朱斌负责。朱斌统兵深入人迹罕至之处，使黎巢尽空。第二年（1293）正月，元军深入五指山腹地，并在黎母山上刻石记述此次“讨黎”事件。二月，元军回防。此次武力征讨历时三年，先后“剿平清水峒下符十九、符察、陈萃、梁六犊、王郎、王嗣、陈子渊、黎福平

---

① （清）顾炎武：《天下郡国利病书》卷42，《广东下·备录》，四部丛刊本，第145页。

② （明）宋濂等：《元史》卷165，《朱国宝传》，中华书局，1976年，第3877～3878页。

③ （明）宋濂等：《元史》卷165，《朱国宝传》，中华书局，1976年，第3878页。

等渠魁，得峒六百二十六，户口四万七千有余”[①]。

在此之后，元统治者还多次以“平黎”的名义对黎族人民进行武力镇压与征剿。在征黎过程中，统治者还组织了一批“黎兵”，用以讨伐当地黎民和镇压“黎乱”，以缓解元军镇戍海南军队的不足。另外，元政府还设立了“黎兵万户府”，并以土人为官管理当地的黎族事务，这种任用土人为官的制度，据《经世大典序录·政典·屯田》载：“海南海北，本非立屯之地，欲因置军旅于蛮夷腹心，以控扼之也。”[②] 可见，“黎兵屯田万户府”是为震慑“黎獠”、控扼蛮夷而设的，便于元统治者以黎治黎，协助元朝政府平乱。

对于元朝武力治黎的政策，后人批评甚多。如明朝的郑廷鹄曾提及：“元至元辛卯，曾空其巢穴，勒五指山矣。其时虽建屯田府，立定安、会同二县，惜其经略未尽，故所得者旋多失之。”[③] 又明钟芳在《平黎碑记》中载：“前元虽能戡黎，所至刻石而不能图远，寻辄委弃。”[④] 这些言论无不证明纯粹的武力是无法真正征服一个民族的。

（二）沉重的徭役赋役负担

在元代以前的唐宋时期，朝廷对黎族人民多采用“羁縻政策”，因此，黎族人民的赋役负担较为轻松，如在南宋孝宗乾道二年（1166），“海南诸郡倅守慰抚黎人，示以朝廷恩信，俾归我省地，与之更始。其在乾道元年（1165）以前租赋之负逋者，尽赦免之。能来归者，复其租五年。民无产者，官给田以耕，亦复其租五年”[⑤]。然到了元朝统治时期，黎区也需承担赋役负担，较之于唐宋，掠取为多。“唐所谓羁縻之州，往往在是，今皆

---

① （元）邢梦璜：《至正癸巳平黎碑记》，引自（清）明谊修，张岳崧纂：《道光琼州府志》卷38，《艺文志二·记》，海南出版社，2006年，第1685页。

② （元）苏天爵：《中华传世文选·元文类》卷41，吉林人民出版社，1998年，第7册，第741页。

③ （明）郑廷鹄言，引自《明世宗实录》卷351“嘉靖二十八年八月庚申”，台湾中央研究院历史语言研究所，1962年（校印本），第9114页。

④ （清）明谊修，张岳崧纂：《道光琼州府志》卷39，《艺文志三·记》，海南出版社，2006年，第1718页。

⑤ （元）脱脱等：《宋史》卷495，《蛮夷三·黎洞》，中华书局，1977年，第14219页。

赋役之，比于内地。”[①] 如此一来，黎族人民的负担就增加了。另外元代的赋税名目十分繁杂，除了田赋外，还有盐赋、酒课、茶课等。以酒课为例，黎民生性喜饮酒，一般都会自酿米酒饮用。而元政府对于这种民间私酒却有规定“酒醋课程，散入民间恢办，诸人皆得造酒。有地之家纳门摊酒课者，许令造酒食用”[②]。这种“纳门摊，许令造酒食用”的办法，实际上是征门摊酒税，这样一来黎族人民的负担就更繁重了。此外，至元二十三年（1286），立盐课市舶提举司，三十年（1293）又设立了海南博易提举司，对于需交纳的税额，元政府几次变更，例如，至元二十九年（1292）的收税标准是“细色于二十五分之中取一，粗色于三十分之中取一十斤[③]，崖州乾良姜五斤”[④]。这就是所谓“宋有赋而元益增”[⑤]。由此可知，元代黎族人民所承担的赋税日益繁重。

在徭役方面，元朝有所谓的“杂泛差役”，其中包括的项目也是十分的繁杂。虽然这种“杂泛差役”在海南实施的详细情况不见记载，但在《元史·顺帝本纪一》卷38中记载元统二年（1334）黎兵的屯田情况时，就有提到“官给田土、牛、种、农具，免其差徭”。由此可窥见，元代海南黎区也曾推行过“杂泛差役”。此外，黎族人民还需要承担繁重的兵役和地方种种工程的力役。由于元政府经常发动对外战争，而元政府的兵力又有限，所以常常征发大量的黎兵助征。如至元二十四年（1287）正月，“发新附军千人从阿八赤讨安南。又诏发江淮、江西、湖广三省蒙古、汉、券军七万人，船五百艘，云南兵六千人，海外四州黎兵万五千……分道以进”[⑥]。同年九月，“海南琼州路安抚使陈仲达、南宁军总管谢有奎、延栏总管付庇成，以其私船百二十艘，黎兵千七百余人，助征交趾”[⑦]。不仅如此，黎族人民还常常被征为力役。如天历年间（1328—1330），吕琉为

① （明）宋濂等：《元史》卷58，《地理志一》，中华书局，1976年，第1346页。

② 《大元圣政国朝典章》（影印元刊本），中国广播电视出版社，1998年，第941页。

③ （明）唐胄等：《正德琼台志》卷11，《田赋·土贡》，海南出版社，2006年，第262页。

④ （明）唐胄等：《正德琼台志》卷11，《田赋·土贡》，海南出版社，2006年，第262页。

⑤ （明）唐胄等：《正德琼台志》卷11，《田赋》，海南出版社，2006年，第235页。

⑥ （明）宋濂等：《元史》卷290，《安南传》，中华书局，1976年，第4647页。

⑦ （明）宋濂等：《元史》卷14，《世祖本纪十一》，中华书局，1976年，第300页。

海北海南道廉访佥事，曾征集黎汉人民修筑城池[①]。至顺二年（1331）十一月，“海南所建大兴隆普明寺，工费浩穰，黎人不胜其扰，故以为乱”[②]。正是这些繁杂、沉重的赋役负担，使得黎族人民不得不起来反抗，以致出现“黎乱”。

（三）自然灾害的侵袭

在元代，黎族人民要承担沉重的赋役负担，原本生活就极其艰难，倘若再遇上自然灾害的侵袭，那更是无法维持下去。于是他们便通过反抗斗争的形式向封建政府提出抗议，并企图改变这种境况。从史书典籍的记载来看，自然灾害极为频繁时也正是“黎乱”频发之时。如至元二十年（1283）十月十二日，飓风折木落瓦。二十八日止。[③] 至元二十八年（1291）遣行省行台官发粟赈昌化等县饥民命。[④] 元贞二年（1296）六月，海南民饥，发粟赈之。[⑤] 流寇屡犯城，淫雨经岁不息[⑥]。大德九年（1305）六月甲午，琼州屡经叛寇，霖雨为灾。[⑦] 延祐元年（1314）大旱，延祐二年（1315）复旱。[⑧] 泰定元年（1324）八月甲午，琼州饥，九月丁丑又饥。[⑨] 泰定二年（1325）八月，南恩州、琼州饥，赈粮一月。[⑩] 同年九月，

---

① （明）明谊修，张岳崧纂：《道光琼州府志》卷29，《官师志一·宦绩上》，海南出版社，2006年，第1343页。

② （明）宋濂等：《元史》卷35，《文宗本纪四》，中华书局，1976年，第793页。

③ （明）曾邦泰等：《万历儋州志》地集《祥异志》，海南出版社，2004年，第161页。

④ （明）唐胄等：《正德琼台志》卷11，《田赋·宽贷》，海南出版社，2006年，第266页。

⑤ （明）宋濂等：《元史》卷19，《成宗本纪二》，中华书局，1976年，第405页。

⑥ （清）聂辑庆、张延主修，桂文炽、汪瑔纂修：《光绪临高县志》卷3，《舆地类·灾祥》，海南出版社，2004年，第71页。

⑦ （明）唐胄等：《正德琼台志》卷41，《纪异·灾祥》，海南出版社，2006年，第850页。

⑧ （清）聂辑庆、张延主修，桂文炽、汪瑔纂修：《光绪临高县志》卷3，《舆地类·灾祥》，海南出版社，2004年，第71页。

⑨ （明）唐胄等：《正德琼台志》卷41，《纪异·灾祥》，海南出版社，2006年，第850页。

⑩ （明）宋濂等：《元史》卷29，《泰定帝本纪一》，中华书局，1976年，第659页。

琼州、南安、德庆诸路饥，赈粮、钞有差。[①] 泰定三年（1326），天大旱，民饥，子女多卖与客，以舟载归。[②] 至顺元年（1330），秋旱。不收。[③] 如史书所记载的，在这四十余年时间里，自然灾害发生的次数几乎与“黎乱”发生的次数相当。自然灾害的侵袭，使黎族人民的生活更加困苦，这必然也会给社会的安定埋下隐患。

正是在以上各种因素的综合作用下，才导致了元代海南“黎乱”的爆发及延绵不断，就连当时的统治阶级都习以为常，这从史书典籍上所记载的“海南黎蛮为梗，有司视为故常”[④] 就可看出。

二、“黎乱”的经过

在各种因素的综合作用下，自元朝开始对海南黎区进行统治后，“黎乱”就一直延绵不断。特别是从元成宗后期开始，“黎乱”爆发的频率越来越高，而且规模越来越大，对此我们有必要了解几次大规模“黎乱”的具体情况。

元成宗大德十年（1306）十二月，临高那蓬峒峒主王文何起兵反抗元朝政府。由于“黎乱”顺应了时势，使得起义军的声势在短期内迅速扩大，并且接连攻打了临高、乐会两县城。这次“黎乱”引起了政府的高度重视，并迅速派遣琼州路军民安抚使奥里天祥率兵前往讨平，最终将起义军镇压了下去。这次颇具规模的“黎乱”，是前几次小规模“黎乱”的总结，在此之后“黎乱”的规模迅速扩大。元文宗天历元年（1328）初，琼山黎族人民再次发动“黎乱”。文献上记载“琼山黎多招亡命为向导，时出行”[⑤]。为了平息这次“黎乱”，琼山主簿谭汝楫聚集了乡兵 5 000 人准

---

① （明）宋濂等：《元史》卷 29，《泰定帝本纪一》，中华书局，1976 年，第 660 页。

② （明）曾邦泰等：《万历儋州志》地集《祥异志》，海南出版社，2004 年，第 161 页。

③ （明）曾邦泰等：《万历儋州志》地集《祥异志》，海南出版社，2004 年，第 161 页。

④ （元）苏天爵：《滋溪文稿》卷 26，《章疏建白时政五事》，中华书局，1997 年，第 434 页。

⑤ （清）顾炎武：《天下郡国利病书》卷 42，《广东下・备录》，四部丛刊本，第 147 页。

备前往讨伐。但是由于“贼有九峒，而居野，居中为最大，周围百二十里，草木蒙密不可入”①，所以谭汝楫的首次进攻就遭遇失败。于是再征集近地兵15 000人，并采取围困隔离的办法，“先令万人除道周其山，暮复以万二千人衔枚围之，夜树栅三重为壁，壁外布竹钉以防奔突，内五步编竹为屏，伏卒以避流矢。明日出万人赭其山，布阵以待，渐移栅近之，十日围逼居野止三十里八峒之蛮尽入据之，复益栅数十重以守”②。在元军的围困下，居野峒内兵乏粮绝，元军乘此机会“纵兵夷之，得其酋六十一人以归”③。这次“黎乱”的规模又在前次的基础上有所扩大，且在此后不到两年的时间里，黎族人民又发动了元代海南历史上规模最大的“黎乱”。

至顺元年（1330），澄迈黎人王官福等人攻打乾宁（军民安抚司）西界的都元帅关。首战关军失利，随后谭汝楫集结各路军将起义军打败，并在乾宁沿江设置“堠障”，与万户刘成分别防守，防止黎人再来犯境。王官福起义军经过整顿，再度攻打石山等处，谭汝楫与其子谭康奋力抵抗，在这过程中谭康不幸战死，而各路军都因畏惧起义军的声势，不敢前来救援，因此起义军很快地攻下了澄迈。此时澄迈黎人王六具也派遣其部下王吾率领数千人进攻临高，直逼南宁军，但被南宁军军判罗伯龙率军打败。王官福也率军向西攻伐，而王马等黎族人民也起事，第二年（1331）三月，王官福又从东面进攻乾宁西山，但被谭汝楫与守将拜住击败。七月，王马等人攻陷了会同、乐会、文昌、临高、澄迈、定安诸城，而王官福则占领了南建州（今定安）。统治者大惊，便急忙命令湖广行省参政完泽调集江西、湖广两省兵力讨捕之。九月，黎人王周亦纠集十九峒黎蛮20 000余人乘机作乱。元政府又急调广东、福建及广西壮兵，由湖广左丞移剌四奴统领进行征讨。元统元年（1333），王官福又率众50 000由南建州攻乾宁，将守将阿剌护也部围困在东江，谭汝楫“帅二千五百人乱流而渡，斩

① （清）顾炎武：《天下郡国利病书》卷42，《广东下·备录》，四部丛刊本，第148页。

② （清）顾炎武：《天下郡国利病书》卷42，《广东下·备录》，四部丛刊本，第148页。

③ （清）顾炎武：《天下郡国利病书》卷42，《广东下·备录》，四部丛刊本，第148页。

首四十一级”[①]。由于此次“黎乱”历时较长，因此元政府命湖广行省右丞刘耳剌领江西、湖广兵与移剌四奴会师，四省兵力共讨起义军，最终将这次“黎乱”镇压下去。到了元统二年（1334）南宁军的达鲁花赤特穆实又招降了江花、落基诸峒首符富等190人。元政府动用了江西、湖广、广东、福建四省的兵力，历时五年，才把这次轰轰烈烈的黎民起义镇压下去。这次起义显示出黎族人民强烈的反抗精神，并沉重地打击了元政府在海南的统治。

在元朝统治海南的短短九十年间，类似的“黎乱”频繁不绝，为了使大家对元代海南“黎乱”有一个清晰的认识，在综合各种资料的基础上，现将这一时期“黎乱”的具体情况列表如下：

时间	事件过程	资料来源
至元十六年（1279）	南宁谢有奎负固不服，国宝开示信义，有奎感悟，率其属来归，于是黎民降者三千户，蛮峒降者三十所。	《正德琼台志·名宦》卷33 《万历琼州府志·海黎志·抚黎》卷8
至元十六年五月（1279）	潭州行省上言，琼州宣慰马旺已招降海外四州，寻有土寇黄威远等四人为乱，今已擒获。诏置之极刑。	《元史·世祖本纪七》卷10
至元十八年（1281）	（朱国宝）破临高蛮寇，招降居亥、番毫、铜鼓、博吐、桐油等十九峒。	《正德琼台志·名宦》卷33 《万历琼州府志·海黎志·抚黎》卷8
至元十八年（1281）	（朱国宝）遣步将韩旺率兵略大黎、密塘、横山，诛道恶李实、大有巢，生致大钟、小钟诸部长十有八人。	《元史·朱国宝传》卷165 《嘉靖广东通志初稿·循吏·将略》卷11 《万历琼州府志·海黎志·平黎》卷8

① （清）明谊修，张岳崧纂：《道光琼州府志》卷22，《海黎志八·平黎》，海南出版社，2006年，第905页。

（续上表）

时间	事件过程	资料来源
至元二十八年（1291）	（阔里吉思）将兵同陈谦亨讨海南诸峒黎。	《元史·世祖本纪十三》卷16 《正德琼台志·兵防下·民壮》卷20 《嘉靖广东通志初稿·生黎》卷36
至元二十九年（1292）	又明年癸巳，七月辛酉，乃以余贼付都元帅朱斌，统兵深入人迹罕至之处，黎巢尽空。	《嘉靖广东通志初稿·生黎》卷36 《万历琼州府志·海黎志·平黎》卷8
大德九年（1305）	琼州屡经叛寇、霖雨。	《万历琼州府志·杂志·灾祥志》卷12
大德九年六月（1305）	以琼州屡经叛寇，给粮一月。	《元史·成宗本纪四》卷21
大德十年十二月（1306）	琼州临高县那蓬峒峒主王文何等作乱，伏诛。	《元史·成宗本纪四》卷21
大德十年（1306）	黎贼王应嘉寇澄迈，安抚使奥里天祥讨平之。	《万历琼州府志·海黎志·平黎》卷8 《康熙琼郡志·海黎志·平黎》卷8
皇庆元年（1312）	王交一作高寇会同，天祥为阃帅，复讨平之。	《万历琼州府志·海黎志·平黎》卷8 《康熙琼郡志·海黎志·平黎》卷8
皇庆元年九月（1312）	琼州黎贼啸聚，遣官诏谕。	《元史·仁宗本纪一》卷24
皇庆二年（1313）	黎人王奴欧等反，立国设官，伪称平章元帅，焚劫百姓，次年被平定。	《新元史·云南湖广四川等处蛮夷》卷248
至治元年四月（1321）	吉阳黎蛮寇宁远县。	《元史·英宗本纪一》卷27
至治元年（1321）	黎贼犯茶洞烧民居。	《经世大典序录·招捕》
至治二年（1322）	黎人年口火烧攻劫百姓。	《经世大典序录·招捕》

（续上表）

时间	事件过程	资料来源
天历元年（1328）	琼山黎复反，主簿谭汝楫请于大府，敛乡兵，得五千人，击走贼，射中其酋腹，贼遂退。	《嘉靖广东通志初稿·生黎》卷36 《万历琼州府志·海黎志·平黎》卷8
天历二年（1329）	海岛生黎叛服不常，（按）摊威望素著，生黎王高等二十余峒皆愿输贡税。	《正德琼台志·名宦》卷33 《嘉靖广东通志初稿·循吏·将略》卷11 《万历琼州府志·海黎志·抚黎》卷8
天历三年（1330）	海南獠反。	《闻过斋集》卷5
至顺元年（1330）	贼酋王、马同等反。	《嘉靖广东通志初稿·生黎》卷36
至顺元年（1330）	黎獠既陷三军，王官福等复寇乾宁界。	《万历琼州府志·海黎志·平黎》卷8
至顺元年（1330）	澄迈王六具亦寇临高，逼南宁界。	《万历琼州府志·海黎志·平黎》卷8
至顺二年（1331）	贼数万寇石山新村梁陈渡。	《万历广东通志·郡县志·俚户》
至顺二年三月（1331）	海南黎贼作乱。	《道光广东通志·前事略六》卷186
至顺二年七月（1331）	海南黎贼作乱，诏江西、湖广两省合兵捕之。	《元史·文宗本纪四》卷35
至顺二年九月（1331）	海南贼王周纠率十九峒黎蛮二万余人作乱，命调广东、福建兵，隶湖广行省左丞移剌四奴统领，讨捕之。	《元史·文宗本纪四》卷35 《正德琼台志·平乱》卷21 《万历琼州府志·海黎志·平乱》卷8
至顺二年十一月（1331）	隆祥司言海南所建大兴龙普明寺，工费浩穰，黎人不胜其扰，以故为乱。	《元史·文宗本纪四》卷35
至顺三年正月（1332）	万安军黎贼王奴罗等集众五万人寇陵水县，盖终文宗之世，而后乱息。	《元史·文宗本纪四》卷35

（续上表）

时间	事件过程	资料来源
至顺三年（1332）	贼寇乾宁西山界……汝楫与别将拜住击败之。	《万历广东通志·郡县志·俚户》。
元统元年（1333）	南宁军达鲁花赤特穆实招降江花、落基诸峒首符富等一百九十名向化。	《万历广东通志·郡县志·俚户》。《万历琼州府志·海黎志·抚黎》卷8
（后）至元三年（1337）	万安军贼吴与期等聚众三千人作乱。	《正德琼台志·平乱》卷21《万历琼州府志·海黎志·平乱》卷8
至正十一年（1351）	临高土人吴国宝等构乱，焚略沿海诸村，乡人讨平。	《正德琼台志·平乱》卷21《万历琼州府志·海黎志·平乱》卷8
至正十三年（1353）	文昌土酋陈子湖构乱，寇乾宁，州县皆为所有。	《正德琼台志·平乱》卷21《万历琼州府志·海黎志·平乱》卷8
至正十八年（1358）	黎酋吉天章逐昌化县尹黄半山，夺其印，自为县尹。	《道光琼州府志·海黎志八·平黎》卷22
至正二十一年（1361）	知南宁军曾悦家仆王荐观作乱，攻略城邑，自称元帅，夺吉天章昌化尹印，据有其他。	《道光琼州府志·海黎志八·平黎》卷22
至正二十三年（1363）	子湖死，弟有庆踵其势，与逆党伪万户袁元贵、镇抚潘荫、经历吴绍先、千户洪义等屯居琼城。	《正德琼台志·平乱》卷21《万历琼州府志·海黎志·平乱》卷8
至正二十四年（1364）	万州土酋符奴达、陈俊甥等窃略居民。	《正德琼台志·平乱》卷21《万历琼州府志·海黎志·平乱》卷8

由上表可知，在元朝统治海南的短短九十年间，具有一定规模的、被史书典籍所记载的“黎乱”就达37次之多，而那些规模较小的、没被记录下来的“黎乱”应当更多。由此也可窥见，元统治者在治理海南的过程中，处理民族关系时存在诸多的问题。

三、元政府对“黎乱”的对策

面对黎族人民频繁发动的不同规模的“黎乱”，元统治者在实行残酷的武力镇压的同时，也采取了剿抚并用、镇抚相结合的方法。

在前面论述“黎乱”爆发的原因时，我们提到过元王朝是一个“以武立国”的王朝，因此在对付历次“黎乱”过程中，也就较多地使用武力镇压的方式，以武力压服为主。如至元十六年（1279）五月，琼州宣慰司马旺“寻有土寇黄威远等四人为乱，今已擒获，诏置之极刑”①。至顺年间，澄迈黎人王六具遣其部下王吾攻打临高，却被南宁军军判罗伯龙率领的义兵诛之等，“火其巢”、“黎巢尽空”、“已无遗穴”、“绝其根株”这些事例是数不胜数的，都是其血腥镇压的实录。更有甚者，在天历、至顺年间，海南黎母山黎民起义时，前往镇压的主将招募了一批地痞流氓，组成“答刺罕军”② 残酷地诛杀起义的黎民。

在“黎乱”频发时或是在统治阶级内部的其他因素作用下，元政府没有过多的精力应付“黎乱”，这时统治者采取的方式就相对缓和，即剿抚并用。如元仁宗皇庆二年（1313），黎人王奴欧等人“作乱”，伪称“平章元帅，立国设官”。对于这次“黎乱”，统治者就是采取了剿抚并用的方式，使得王奴欧于皇庆三年（1314）前来归降，并“刻箭誓，不复乱”③。又如至顺元年至元统二年（1330—1334）爆发的海南最大规模“黎乱”。由于元政府出动了四省兵力才将其镇压，兵力、财力、精力都消耗过多，所以在镇压“黎乱”的后期，对于南宁军方面则通过达鲁花赤特穆实去招降江花、落基诸峒首。虽然这种方式是基于对元军力量的考虑所采取的，但是这种剿抚并用的方式比血腥镇压文明了许多，因为它可以减少许多

① （明）宋濂等：《元史》卷10，《世祖本纪七》，中华书局，1976年，第212页。

② “答刺罕军”指的是无拘束、无禁令的军队，可以随心所欲地杀人。（元）危素：《危太朴文集》卷8，《送敖巡检序》载：“天历、至顺之间，海南黎母山寇作，出师讨之。时主将募勇悍无赖子弟为之前驱，谓之答刺罕军。答刺罕者，纵恣无禁者，于是尽斩刈黎人无遗种。”

③ （民国）柯劭忞：《新元史》卷248，《云南湖广四川等处蛮夷》，中华历史文库，2004年，第1548页。

杀戮。

当然，元代在治理“黎乱”的过程中，也会采用和平的解决方式，即招抚。如史籍文献上所记载的云从龙为海北海南宣慰使时，“抚绥有方，复收乱黎”①。但是这种方式仅为少数的统治者所使用，所以这种现象在历次治乱过程中也是十分罕见的。

以上这三种治乱对策，是元政府根据“黎乱”发展的程度所制定的。在“黎乱”爆发初期，元统治者为了尽快将“黎乱”镇压下去，维护其在海南岛的统治，往往采取血腥镇压的方式。综观历次“黎乱”的结果，我们都可以看到血腥镇压的痕迹，大多都是在元政府强有力的血腥镇压下失败的。随着“黎乱”发展的不断深入、规模的不断扩大，元统治者不得不调整治乱对策，从而产生剿抚并用的对策。这种以武力镇压为主、温和招抚为辅的方式，确实瓦解了不少黎民的起义心理，从而使“黎乱”最终平息了下来。而招抚则是统治者针对“黎乱”的规模大小，根据实际需要所制定的，虽说较为少见，但也能收到平乱的效果。总的来说，这些治理“黎乱”的对策在特定的时期，都成功地达成了统治者预想的目的。

四、元代“黎乱”失败的原因及影响

（一）元代“黎乱”失败的原因

历次轰轰烈烈的“黎乱”虽有其显著的特点，但最终不免被元统治者残酷地镇压下去，究其失败的原因有四点：

第一，敌我力量悬殊及元军的残酷镇压。

在历次的“黎乱”中，由于元军军事力量的强大，“黎乱”不得不以失败告终，现以元文宗天历元年（1328）琼山黎族发起的“黎乱”为例。这年，为了对付九峒黎民的叛乱，琼山主簿谭汝楫先是敛集了乡兵 5 000 人，后又征调近地兵 15 000 人去围剿起义的黎民。在九峒中，居野峒最大，兵力大约有 2 000 余人，然而元军在对付居野峒时，就出动了 12 000 兵

① （清）明谊修，张岳崧纂：《道光琼州府志》卷 29，《宦师志一・宦绩上》，海南出版社，2006 年，第 1342 页。

力，加上元军装备精良，补给充足，而起义军被围困峒中，粮资耗尽，最终只能束手就擒。又如至顺元年至元统二年（1330—1334）爆发的大规模“黎乱”，起义军虽达数万人，但统治者却调来江西、湖广、广东、福建四省兵力合剿之。由此可见，敌我力量的悬殊是造成“黎乱”失败的主要原因。再加上元军在镇压“黎乱”的过程中，手段极为残酷，大多是赶尽杀绝。如史籍上所记载的“火其巢”、“黎巢尽空”、“已无遗穴”、“绝其根株”等，这些都是元军所用残酷烧杀手段的罪恶记录。而更触目惊心的镇压，要数前面所提及的“答剌罕军”，他们所到之处是“尽斩刈黎人无遗种”①。正是这种残暴的镇压手段，使得“黎乱”最终被扼杀。

第二，起义军内部松散、不团结。

在历次“黎乱”中，由于黎族首领们未能结成牢固而强大的联盟，只是各自为战、零散出击，这样一来力量就比较弱小，容易给统治者机会将其各个击破。例如，至顺元年至元统二年（1330—1334）发生的“黎乱”，当时澄迈黎人王官福等攻打乾宁，而王六具也派遣其部下攻打临高，另外王周也乘机纠集十九峒黎蛮20 000人起事。但是这三支起义军未能很好地团结在一起，组成强大的联盟进行作战，最终被元军逐个击破。明郑廷鹄在《节录平黎事以备后记》中就有谈到“黎乱”失败的这一原因，他说：“人言琼黎党涣易制，信然。”②

第三，起义军作战过程中的轻敌及立场不坚定。

轻敌是兵家用兵之大忌，然而起义军在与元军作战的过程中，正是存有这种心态，从而导致了起义的失败。如元统元年（1333），王官福率领50 000黎族起义军由南建州东面入攻乾宁，并将元军阿剌护也部包围在东江。由于前一段的战事中，王官福的义军曾将谭汝楫的军队打败，此时又将元军包围在东江，所以起义军内部产生了轻敌的心理。元军正是抓住这一时机，在谭汝楫的率领下，渡江偷袭了起义军，并将41个将领斩杀，至此战局被扭转。起义军这次被袭后元气大损，内部开始动摇，最终起义军以重金贿赂了元军将领，向元军投降。这一事例也从侧面反映了起义军立场的不坚定。又如元仁宗皇庆二年（1313），王奴欧反叛，立国设官，伪

① （明）郑廷鹄：《石湖遗集论》，《海南丛书》第6集，海南书局，1935年。
② （明）郑廷鹄：《石湖遗集论》，《海南丛书》第6集，海南书局，1935年。

称平章帅。在这次“黎乱”中，元统治者改变对策，采取“剿抚并用”的方式对付起义军。最终义军首领也放弃了起义，向元军投降，并“刻箭誓，不复乱”。

第四，黎族土官协助元王朝平乱。

与宋代只授予黎族土官虚衔[①]不同，元代黎族土官不仅被授予官职，且品阶也较高，官阶最高者为万户，秩正三品，而千户为正五品[②]，还有知州、县尹等官职。不仅如此，土官还握有兵权，如天历二年（1329）十月，“以南建洞主王官知州事，佩金符，领军民”[③]。元统二年（1334），以土人吴斌为万户[④]，立黎兵屯田万户府，统千户一十三所，每所领百户所八处。[⑤]除邓百愿、王文何等少数土官叛乱外，更多的土官是协助元王朝平乱，如万州峒首王丽珠“既平陈子瑚兄弟等，又自备鞍马兵器，抵窠追剿，奴达、俊甥悉平”[⑥]。元朝所设的黎兵万户府，下辖五原、仁政、遵化、义丰等[⑦]千户所13所，每千户所领百户所8处，换言之，即领百户所104处，分布于全岛各地，遍及整个黎族地区，有利于元朝廷利用土官维护其在海南的统治。

（二）元代“黎乱”的影响

历次“黎乱”虽都以失败告终，但却对元朝统治下的海南产生了深远

---

① 宋授予黎族土官的均是承信郎、承节郎、进义校尉、进义副尉等品级低下的散官衔，如（元）脱脱等：《宋史·蛮夷三·黎洞传》卷495中记载：“乾道九年八月（1173），乐昌县黎贼劫省民，焚县志为乱，黎人王日存、王承福、陈颜招降之，琼管安抚司上其功，得借补承节郎。”宋代其他土官的任职情况参见吴永章：《黎族史》第67~68页的“宋代黎人任官表”。

② （明）宋濂等：《元史》卷92，《百官志八》，中华书局，1976年，第2341页。

③ （明）宋濂等：《元史》卷33，《文宗本纪二》，中华书局，1976年，第743页。

④ （明）唐胄等：《正德琼台志》卷18，《兵防上·兵制》“古制”条，海南出版社，2006年，第399页。

⑤ （明）宋濂等：《元史》卷92，《百官志八》，中华书局，1976年，第2341页。

⑥ （明）唐胄等：《正德琼台志》卷21，《平乱》，海南出版社，2006年，第462页。

⑦ 据《正德琼台志·兵防上·兵制》卷18“古制”条载：13处千户所为“五原、仁政、遵化、义丰、谭榄、文昌、奉化、会同、临高、澄迈、永兴、乐会、万安”。

的影响。

1. 对海南社会的影响

在历次“黎乱”的打击下，元统治者不得不调整对海南的统治政策，一定程度上减少了对人民的压迫。如在黎乱之后，为了缓和朝廷与当地人民的关系，也有赈粮的举措，大德九年（1305）六月，“以琼州屡经叛寇，……并给粮一月”①。同时为了防止黎民作乱，元政府在海南地区设立了“黎兵屯田万户府”。在无战事时，组织大批黎兵和黎民进行大规模的屯田，并大力开垦黎区的“旷土”。不可否认，这一举措的主要目的是为军队提供军饷，以缓解政府的财政压力，但客观上无疑有利于海南地区的开发和发展。在元文宗时期，海南每年向元朝廷交纳秋粮米“一万六千五百一十一石八斗三升合七勺一抄八撮三圭七粟”②。到了元末，海南每年向国家交税粮“几三万石”③，这些数据都是海南农业经济发展的直观表现，这也可以说是“黎乱”带来的间接影响。

2. 对黎族社会内部的影响

在镇压“黎乱”的过程中，元统治者任用了大量的黎族上层首领为官，这就使黎族社会内部阶级分化日趋明显。而在“黎乱”中招降的黎族人民，元政府则将其纳入州县管辖之下，使他们与汉人不断交往、融合，加速了黎区人民的汉化与封建化进程。另外，为了治理“黎乱”而进行的大规模屯田，多在黎区进行，在这里统治者推行和传播汉区的生产技术，召集黎民进行屯田等等。这些举措在客观上都有利于黎族地区农业生产的发展，加速其走上封建化的道路。

“黎乱”虽然给封建政府以沉重的打击，使统治者不得不调整治黎政策，从而给海南社会发展带来契机，但是“黎乱”频发也给人民的生活和海南社会经济的发展带来了负面影响。“黎乱”频发破坏了社会的安定秩序，给人民的生产生活带来诸多不稳定因素，阻碍了社会经济的发展，只因黎人“作乱”时不仅仅是向当地政权发起攻击，同时也有骚扰、劫掠百姓的行为。如皇庆二年（1313），黎人王奴欧等反，焚劫百姓。至治元年

① （明）宋濂等：《元史》卷21，《成宗本纪四》，中华书局，1976年，第464页。
② （明）唐胄等：《正德琼台志》卷11，《田赋》，海南出版社，2006年，第235页。
③ （明）唐胄等：《正德琼台志》卷3，《沿革考》，海南出版社，2006年，第50页。

（1321），黎贼犯茶洞烧民居。至正十一年（1351），临高土人吴国宝等作乱，焚掠沿海诸村。至正二十四年（1364），万州土酋符奴达、陈俊甥等窃掠居民。可见在与封建政府对抗的过程中，还骚扰到了人民的生活，而人民没有安定的生活，就会影响到农业生产的发展。所以无论“黎乱”是因何而爆发，它总归是一件具有破坏性的事件，而它的频繁爆发也必然会带来消极的影响。

纵观整个元代海南“黎乱”，它是历代封建政府在探索治理海南政策过程中又一次失败的结果。虽然统治阶级不断地调整治黎政策，但是在历代固有的民族歧视和民族压迫思想的影响下，加上元统治者推崇武力治理之道，从而决定了其最终不可能成功，也不可能从根本上消除“黎乱”。所以关于元代海南“黎乱”的研究，对总结历史经验，制定合理的民族政策，处理好今天黎汉民族关系将大有裨益。

略论冼夫人在黎族社会发展中的作用和功绩

程昭星
（海南省党史办）

在百越民族研究中，黎族社会发展的历史无疑是值得探讨的内容。魏晋南北朝至隋唐时期，是黎族先民俚人（史籍中常被蔑称为“俚獠”）社会摆脱原始状态，封建化程度不断加深的时期，这一时期在黎族历史上具有重要意义。在这个时期里，随着移民到海南岛的大陆汉族增多，中央政权在海南岛统治的逐步建立和巩固，黎族逐渐摆脱孤立状态，与外界交往日益密切。通过黎族先民俚人（下文中简称为黎族）自身内部的发展和对外来先进生产力因素的吸收消化，黎族社会得到了相应发展。在这个过程中，百越女杰冼夫人功不可没。拙文拟就此略抒己见。

一、南北朝时期的海南岛黎族社会的状态

黎族是海南岛上的原居民族，这在史学界和民族学界已早无疑义。汉朝时迁居海南的大陆居民数量甚微也是可以肯定的。这时的海南岛，黎族分布遍及全岛。黎族是个农业民族，早在远古时代，黎族人民就已懂得稻谷的栽培和种植。海南岛地理条件优越，土壤肥沃，河流纵横，雨水丰沛，十分适宜稻禾的生长，从古气候学和考古发现得知，远古时期，海南岛的气候就拥有稻谷生长所需的优越条件，而且近年来丰富的野生稻种的不断发现也是有力的佐证。结合岛上新石器时代文化遗址分布的环境特点，可以推断原始农业时期的海南岛黎族地区，完全可能已进行稻禾的栽培。到汉代，关于水稻在黎族地区栽培的情况已见之于史籍，《汉书·地理志》称：“自合浦徐闻南入海，得大洲，东西南北方千里，武帝元封元年（前 110）略以为儋耳、珠崖郡……男子耕农，种禾稻苎麻，女子桑蚕

织绩。”[1] 汉代元封五年（前106）中央朝廷置十三郡，设刺史监督郡政，珠崖、儋耳与南海等郡一样，被置于交趾刺史的监督之下。由于封建统治阶级侵凌土民等原因，海南岛“动乱”不止。因此，昭帝始元五年（前82）废止儋耳郡，使其地属珠崖郡。到宣帝神爵三年（前59），珠崖三县人民暴动。七年以后，即甘露元年（前53）时，又发生更大规模的人民起义，珠崖郡有九个县的人民起来斗争，汉朝廷派出护军都尉张禄率重兵才将其讨平。海南岛黎族及各族人民此起彼伏的反抗斗争，使中央朝廷十分头痛。初元三年（前46）春，汉元帝与群臣谋议举兵讨伐珠崖的人民起义，贾捐之以为此非上策，认为讨伐得不偿失，劝元帝舍弃珠崖。贾捐之的建议为汉元帝采纳。于是下诏弃废珠崖郡，以其地置朱卢县，属合浦郡，民有慕义者欲内属便处之。

汉代海南与内地的联系有所加强，表现在史籍中，则是有了关于海南岛居民生产生活状况的描写，如《汉书·地理志》中对海南岛当时的生产生活状况是这样描绘的：“民皆服布如单被，穿中央为贯头。男子耕农，种禾稻苎麻，女子桑蚕织绩。亡马与虎，民有五畜，山多麈麖。兵则矛、盾、刀，木弓弩，竹矢，或骨为镞。”[2] 同一本书中颜师古所作的注说：五畜谓牛羊豕鸡犬小者。麈为鹿类中属于大者，麖为鹿类中体型小者。东汉光武帝建武十九年（43），派遣伏波将军马援率军平定交趾征侧、征贰之乱。马援往来南海，抚定珠崖。此一历史时期，马援为征讨交趾，将海南岛作为大军路过和寄泊之地。据《雍正广东通志》载，马援的部队还在海南岛上设立城郭、置井邑，复置珠崖县，属合浦郡，而省朱卢县。

到了东汉时期，海南岛的黎族民众主动加强与中央政权的联系，所以史籍中载：东汉明帝永平“十年（67），儋耳降附”[3]。到东汉明帝永平十七年（74）春二月，由于受哀牢与其他西南蛮向中央朝廷入贡的影响，“儋耳也慕义贡献”。海南“黎人”的这种做法，得到朝廷欢心，认为在该地任职的官员干得不错，因此，是年明帝拜僮尹儋耳太守，尹至郡敷政未久，永平十八年（75）下诏擢为交趾刺史。僮尹担任交趾刺史后，还到珠

---

① 《二十五史》（1），上海古籍出版社，1986年，第524页。
② 《二十五史》（1），上海古籍出版社，1986年，第524页。
③ 《二十五史》（2），上海古籍出版社，1986年，第909页。

崖“戒敕官吏毋贪珍赂，劝谕其民毋镂面颊，以自别于峒俚。雕题之习，自是日变”[1]。这一段话说明，当时沿海受到朝廷派遣官吏管辖之居民，大多是黎族，“毋镂面颊”四字就是力证。僮尹亦因能“匡俗信民”，到建初年间（76—83），升迁为武陵太守。

东汉末年，诸侯称雄，动乱四起，最后导致东汉灭亡而进入魏晋南北朝时期。魏晋南北朝是中国历史上的动荡时期，也是中华民族大融合的历史阶段之一。由于海洋的阻隔，中原发生的一系列事件和动荡，对于海南岛黎族社会虽产生了一定的影响，但却不是很大。影响之一是吴国的建立及其对海南岛的注重与经营。东吴孙权趁魏蜀交战无暇顾及江南的时机，将势力扩张至江南和岭南一带，吴黄龙二年（230），命令将军卫温、诸葛直率士兵万人求夷洲及宜洲，按《吴志·陆逊传》的说法，该地即是夷洲和珠崖。夷洲者，台湾也，宜洲则是海南无疑。这次卫温等虽到了台湾，俘得土人数千而归，而珠崖却因相距甚远，不能到达。吴赤乌五年（242），孙权又派将军聂友、校尉陆凯率兵三万讨珠崖、儋耳，这次陆凯、聂友到达珠崖。《陆凯传》载：“赤乌中（陆凯）除儋耳太守讨珠崖，斩获有功。”陆凯因这次远征有功，不久就转任建武校尉。聂友在远征时则被任命珠崖太守，也因战功不久迁任丹阳太守。[2] 正是由于聂友、陆凯两人的成功远征，珠崖郡得到重新确立，此时儋耳郡则未见之史籍。

吴国对海南岛的注重与经营，虽然加强了海南与大陆的联系，但又正如某些史书记载的其并未取得很大的实效，就是珠崖郡也是设治于雷州半岛的徐闻县境内，而士兵却因征讨珠崖水土不服，加之当地居民，主要是黎族先民的强烈反抗而伤亡惨重。清道光年间明谊修撰的《琼州府志》载：“吴大帝赤乌二年（239），在徐闻立珠崖郡，在境内立珠官县，招扶其人，竟不从化。”所以招致赤乌五年（242）吴国两将军的征讨，说明当时海南岛上的居民对封建官吏的压迫剥削采取的是抵抗的态度。“聂友、陆凯平定儋耳、珠崖后，复置珠崖郡，治徐闻，领县三：徐闻、朱卢、珠

① （明）黄佐：《嘉靖广东通志·琼州府》卷46，《列传·名宦》，海南出版社，2006年。

② 《二十五史》（2），上海古籍出版社，1986年，第1236页。

官，属交州。”① 所谓朱卢县，即今海南岛。晋陈寿撰写的《吴志·薛综传》中对于当时海南的情况也有所记载：“珠崖除州县嫁娶皆须八月，引户人民集会之时，男女自相可适，乃为夫妻，父母不能止。”

某些研究海南岛历史的外国学者对造成中央政权经营海南困难的原因作了分析，认为“海南的经略还是很困难，发其原因，珠崖之地，为蒙昧之土民所充斥，不易为汉人驯致（服），而且当时也没有立即满足汉人所求的经济上的魅力”②。这种说法未必完全正确。如对黎族先民的贬称等，但“不易为汉人驯致（服），而且当时也没有立即满足汉人所求的经济上的魅力”，经济文化十分落后却也是事实。因此，吴黄龙二年（230）吴将远征珠崖时，陆逊曾力陈不可，说：“珠崖绝险，民犹禽兽，得其民不足济事。”海南岛与中央朝廷若即若离，与中原大陆经济文化联系不紧，且发展水平差距趋向扩大的情况，一直延续到晋代，直至南朝的宋、齐，也大致如此。这些情况，既是当时黎族社会发展迟滞不前的结果，同时又是黎族社会进一步发展的巨大障碍。但要迅速改变这种状况，在当时的情况下，单靠黎族社会的内部力量是远远不够的。

二、冼夫人在海南黎族社会发展中的作用和功绩

历史进入到南朝梁时期，黎族社会的封建因素逐渐增加，经济文化发展步入新的阶段。当然，这只是相对以前的历史时期而言。这种情况的发生与冼夫人及其家族安抚、治理海南所付出的努力及所取得的成绩是密不可分的。

冼夫人是南朝梁代高凉郡人，生于公元 513 年，卒于公元 602 年，为梁朝高凉太守冯宝妻。冯宝去世后，冼夫人成为统率其部众的实际首领。陈朝时，广州刺史欧阳纥谋反，夫人起兵，平定叛乱，被封为石龙太夫人。陈亡后，岭南数郡共奉她为圣母，保境安民。归隋后她又被封为康郡

---

① （清）明谊修，张岳崧纂：《道光琼州府志》之卷首“历代沿革表”，海南出版社，2006 年。

② ［日］小叶田淳著，张迅齐译：《海南岛史》，台湾学海出版社，1979 年，第 10 页。

夫人和谯国夫人，隋仁寿二年卒，谥诚敬夫人。她是6世纪我国南方百越民族中杰出的女政治家和军事家。关于冼夫人的功绩，《隋书》、《北史》、《资治通鉴》等史书均有记载。

冼氏为越族在高凉郡的大姓，据说山峒部落有十余万家为冼家所驯服。冼夫人从小就机敏有谋略，善于抚慰部众，因而能压服诸越。她的兄长名挺，任南梁州刺史，恃强侵凌旁郡，使岭南一带地方的百姓生灵涂炭，深受战乱之苦。冼夫人劝阻其兄，不要逞强恃霸，应收敛兵焰。同时她亲自出面抚慰岭南越人，大大加强了南越各族人民的团结。

冼夫人力主恢复海南岛上的郡县建置。冼夫人的这种德行与名声传到海南，深受海南黎族的敬佩，慕名归附的黎人有1 000多峒。冼夫人了解到海南岛从汉元帝初元三年（前46）采纳贾捐之的建议撤郡建县以来，历经几十个皇帝，长达580年不曾建立州郡，政治上长期不能统一，中原先进的生产技术和文化难以传入，造成经济上贫穷落后、文化上蒙昧闭塞的情况后，决定首先从政治上解决海南长期被弃置的问题。梁大同年间，冼夫人向朝廷请命，在以往废儋耳郡之地设置崖州。冼夫人在大同初年上奏朝廷的奏章中，陈述了建置海南地方州郡的利弊和自己的决心，梁武帝被冼夫人的真诚和决心所感动，同时也是出于扩展梁朝疆域的考虑，恩准了她的奏请，并委托她全权负责。冼夫人受命后，多次深入海南调查研究，说服地方父老，以得到他们的支持，并请他们推荐担当州县官员的人选，经她亲自考察后确定任用。由于冼夫人的努力，终于在梁大同年间，在海南岛建立起崖州，下分十县而治之，从而结束了海南岛几百年来那种时废时立、时分时合的建置局面，使海南岛重新统属于中央政权之下，密切了海南与大陆的联系。

由于海南岛历580年“久乱不统，不能一日相聚以存”[①]，因此，崖州建立以后的首要任务是建立正常的社会生活秩序，平定叛乱，安抚百姓，使百姓安居乐业。当时，冼夫人和新婚不久的丈夫冯宝一起，统领军队奔赴海南，对海南各地实施平乱招安。冼夫人到海南后，采取以德为怀的政策，不实行单纯的武力镇剿，而以分化瓦解为主，对少数穷凶极恶者进行打击，而对大多数参加叛乱者则以招抚为主。由于措施得当，也由于海南

① （明）唐胄等：《正德琼台志》卷3，《沿革考》，海南出版社，2006年。

人心“久乱思归”，因而在冼夫人、冯宝的努力下，海南岛迅速改变了“久乱无统”的局面。

（一）冼夫人推动黎族社会发展的初步措施

为了保证冯宝、冼夫人及大军回防后，崖州仍能保持政治上的稳定状态和社会生活秩序的平稳发展，冼夫人采取了一些行之有效的措施。这些措施主要有：

一是“约束本宗，使从民礼”，留下族人，协助汉族官员处理民族矛盾。冼夫人吸取汉代海南频繁叛乱、反抗汉官的教训，着重加强对黎族首领的教化，要他们约束本族、尊重汉官，自觉执行朝廷颁发的法规制度，同时留下一部分本族人在崖州各地做官，协助汉官处理中原朝廷与少数民族首领间的矛盾及其他关系。

二是敦化结盟，避免各族间的纠纷。冼夫人深知黎人之俗有“好相攻击，侵掠旁郡”的习惯，于是，她召集各地黎人酋长、峒主和大小首领，敦促他们立盟结好，商议和约，保证互不侵犯、互不歧视、和睦相处，尽量避免各族间的纠纷。

三是告诫黎族首领调整主仆关系。由于海南长期脱离中原，因此，到冼夫人时代，黎族僚首领、富户以拥有家奴数量的多少来决定其势力强弱和地位的高低。随着州、县的建立，人们的封建意识逐渐加强，反抗奴隶主统治、反对奴隶制度的斗争也成了当时海南的一大社会问题。为了妥善处理黎族内部的主仆关系，避免由此而产生大的混乱，她召集黎族首领，告诫他们要提高其家丁以及男仆女婢的待遇，消弭奴隶闹事，从而促使海南的奴隶社会形态逐步向封建社会过渡。

四是建立地方武装，加强地方自治的能力。冼夫人帮助各地百姓建立起地方武装，派出军事人员训练其中的骨干，同时规定以后每年检阅一次，使地方自卫防治的能力大大加强，使人民群众的安全有所保证，能够较安心地从事生产。

冼夫人的这些措施，不仅大大促进了中原汉族官员与海南少数民族首领的亲密合作以及海南各民族之间的团结友好关系，而且也使黎族内部关系得到了调整，从而加速了海南少数民族的封建化进程。

（二）冼夫人坚持跟定主流政治的策略，维护了海南岛的社会稳定

冼夫人在南北朝中央朝廷频繁更迭的情况下，坚持跟定主流政治的策略，与掌控局势的中央朝廷保持归附关系，从而保证了包括海南岛在内的岭南地区的社会安定。梁朝败亡后，陈朝兴起。不久，冼夫人的丈夫冯宝去世，岭南一带因此动荡不安。是归顺新朝还是割据自立，冼夫人选择了前者，她派自己9岁的儿子冯仆，率领岭南各族酋长和海南各族的首领，前往京都晋见刚建立不久的陈朝皇帝陈霸先，表达了归附之意。陈霸先十分高兴，马上任命9岁的冯仆为阳春太守，对同去的民族首领也有相应的封赏。冯仆等人的这次晋见，使岭南和海南避免了一场大的社会动荡，同时进一步发展了岭南和海南的少数民族与汉族的友好关系。

冯仆去世后不久，陈朝灭亡，岭南一带一时间无所依归，诸郡县一起拥戴冼夫人为圣母，统率岭南诸郡。面对隋朝军队南逼的形势，当时岭南地区各族的不少酋长要求冼夫人凭借南岭屏障与隋朝对抗，自立为王。冼夫人认为这样会引起战争，给岭南各族人民带来灾难，也不利于国家统一。因此，当隋文帝派遣总管韦洸巡抚岭南，被陈朝将领徐王登拒守于南康、逡巡不得进时，冼夫人毅然派其孙冯暄率众迎接韦洸进入广州，使岭南之地尽归于隋。隋文帝对冼夫人此举大为赞赏，封其为康郡夫人。后来番禺人王仲宣反，诸峒领袖响应，将韦洸围在广州，冼夫人派其孙冯暄率兵相救，冯暄却谋为内应，于是冼夫人又派另一个孙子冯盎出兵讨伐。冼夫人自己也披甲上马，保护隋文帝的持诏使者裴矩巡抚诸州，岭南各地和海南各处的少数民族首领都前来拜见，于是裴矩代表隋朝，给他们重新颁发了委任状，“岭表全定”。对此文帝称异，于是任命冯盎为高州刺史，同时赦免冯暄之罪，令其任罗州刺史，追赐冯宝为广州总管谯国公，册封冼夫人为谯国夫人。当然，冼夫人之举动，也是审时度势的结果，她知道，凭岭南之力是无法挡住隋军的，不过是徒然招致战乱。

（三）冼夫人维护隋廷在岭南的统治

后来，由于番州（即广州）总管赵讷贪虐，激起了各族人民和正派官吏的不满，诸黎人大多逃亡背叛，岭南（包括海南岛）的民族矛盾进一步激化。冼夫人密奏隋文帝，列举了赵讷的罪行，并提出了解决问题的办法。朝廷派人查办，果然查出赵讷的大量贪赃受贿物品以及其他罪证，将赵讷依法治罪，并下诏书令冼夫人出面招抚慰问地方官吏和各族百姓，查处赵讷的同党。冼夫人不顾高龄，不辞辛苦，带着皇帝的诏书，亲自出巡，以皇帝使者的身份走遍了两广地区和海南岛各地，把赵讷的罪状和处理结果告诉当地的各族首领和群众，要求当地人民检举揭发赵讷的同党，同时撤换贪官污吏，重新考察和任命了各州县的官员。由于冼夫人的威望，其所到之处，不良分子纷纷自首。尤其是山高皇帝远的海南岛，遗留的问题更多，这次冼夫人处理得更彻底，得到当地各族人民的衷心拥戴。隋文帝对此非常满意，又亲自下旨嘉奖冼夫人，并把海南岛南部临振县汤沐邑（今三亚一带）的 1 500 户赐给她作封地，同时追赐冯仆为崖州总管、平原郡公。

（四）冼夫人力图通过发展经济文化来推动黎人社会的进步

冼夫人十分清楚，一个地区只有经济文化发展了才能实现安定。因此，崖州建立，海南得到安抚后，冼夫人又致力于组织移民开发海南，引进大陆的先进技术和生产经验，帮助海南岛上的黎人和其他民族发展生产，改善生活条件。建州之初，冼夫人亲眼目睹了海南岛政治落后、文化愚昧、生产停滞不前的状况，为了帮助海南人民尽快改变落后面貌，她动员自己的亲属及幕僚大规模迁徙到海南，参与海南的管理和开发。据陈铭枢总纂的《海南岛志》估计，唐代以前迁入海南的大陆移民不到 2 万人，但入唐后便激增至 7 万人，从这些统计数字可以大致肯定，大陆居民成批迁入海南的时间大概是在隋末唐初之时。特别是隋文帝赐冼夫人“临振县汤沐邑一千五百户，赠冯仆为崖州总管、平原郡公”后，冯、冼家族及其同族人开始大规模移居海南，为开发海南增添了生力军。冯、冼家族及其族人的大量迁入，带来了原居住地先进的生产技术，他们一方面改变了海南岛刀耕火种的落后生产方式，推行牛耕；另一方面积极倡导兴修水利。冼夫人当年亲自寻找水源修筑的琼山县新坡八仙泉水渠，经过后人的整修，至今仍自流灌溉着千亩良田。儋州中和镇的居民们现在仍然饮用当年冼夫人率领军民开挖的“太婆井”水。当时，海南的生产方式十分落后，冼夫人在帮助人们兴修水利的同时，还派人教“俚仔”等各族人民学习牛耕技术。针对驻地附近的沙壤情况，她引导人们多种植红薯、芋头、桑树等与土质相宜的作物。同时，冼夫人及移民海南的人们还带来了中原和相邻地区的优良农作物品种，并且将部分优良物种无偿地提供给当地的农民。传说儋州旧城原在临近海边的南滩浦，因常受水患，冼夫人便带领子弟兵帮助这里的居民迁徙到现今的中和镇。山区的居民原来以树叶遮体，冼夫人向他们传授纺织技术，使他们穿上了衣服。

冼夫人的丈夫冯宝在世时也积极向海南岛各族人民传授中原的医疗知识，提倡当地人民学习文化，至今五指山腹地的琼中县，还流传着“冯公指令读书诗”的歌谣。[①]

冼夫人的孙子冯盎因随从隋炀帝征讨辽东而官至武卫大将军，隋亡之后，冯盎击败其他割据势力，保有番禺、苍梧、珠崖之地，自号总管，有人劝其称南越王，为冯所拒绝。由于冯盎的努力，岭南、海南岛地区在隋末动乱的局势下，依然保持了社会秩序的相对稳定，为黎族社会这一时期的稳定发展提供了保证。唐武德五年（622），冯盎所部降唐，唐朝以其地“析为高、罗、春、白、崖、儋、林、振八州”，授冯盎为上柱国、高州总管，封越国公，他的儿子智戴任春州刺史。

从今天海南岛群众自发组织的纪念活动和遍布全岛的纪念设施也可以看出冼夫人及其家族的历史影响。据初步统计，海南岛历史上共有51座冼夫人庙，分布于八县二市，而且大部分有文献为证。在海南有一项经久不衰的纪念活动，被称为“发军坡”，现在一般叫“军坡节”。每到活动期间，各地的冼夫人庙总是人山人海，盛况空前。这项活动的主要仪式地——海口市新坡镇，更是热闹非凡。《民国琼山县志》这样记载：“数百里内祷祈者络绎不绝，每逢诞节，四方来集，坡墟几无隙地。”在陈雄先生所著的《冼夫人在海南》一书里，曾以1981年军坡节的情况为例，说明盛况，书中说：“据1981年大略统计，在短短几天军坡期内，到新坡镇闹军坡者不少于15万人次，开来的车辆也有数千辆次，车辆在距新坡冼夫人庙6公里处就无法行驶，新坡墟14口水井全部用干，所燃鞭炮，以车为单位计算。”从这个例子可以清楚地看到冼夫人在海南岛群众心中的地位，以及她的历史功绩。

① 陈雄：《冼夫人在海南》，中山大学出版社，1992年，第9页。

冼夫人在海南黎族社会发展中的作用和功绩，无疑是值得称颂的，因此周恩来评价其为“巾帼第一人”。正是由于冼夫人的深谋远虑和处置得当，海南岛才得以恢复郡县设置，从而密切了海南岛与中央朝廷的关系，加速了政治一体化的进程。在第一次入海南岛时期，冼夫人通过一系列行之有效的措施，清除了海南黎族社会中奴隶制的因素，消除了海南黎族社会向封建社会进步的障碍和不安定因素，稳定了社会局势；在南北朝中央政权更替频繁的情况下，冼夫人审时度势，坚持跟定主流政治的策略，维护了海南岛的社会稳定，使人民免于战乱之苦；当归附于统一的中央政权隋朝后，冼夫人识大体、顾大局，又极力维护隋廷在岭南的统治，为海南黎族社会的平稳发展提供了保障；冼夫人第二次巡视海南岛时，黎族社会发展的现状使其更加认识到只有经济文化发展了才能实现社会安定，要进一步通过发展经济文化来推动黎族社会的进步。因此，崖州建立，海南得到安抚后，冼夫人又致力于组织移民开发海南，引进大陆的先进技术和生产经验，帮助海南岛上的黎人和其他民族发展生产，改善生活条件。她的思想和一系列作为，为海南黎族社会的发展起到了巨大的推动作用，从而为中华民族和海南黎族社会的发展创下了不朽的功绩。

海南黎族社会阶层流动状况调查

金　山
（海南大学外国语学院）

前　言

本调查参照中国社会科学院重大研究项目“当代中国社会阶层研究”课题组的研究方法，以职业分类为基础，以组织资源、经济资源、文化资源的占有状况作为划分社会阶层的标准，将黎族社会群体划分为国家与社会管理者阶层、经理人员阶层、私营企业主阶层、专业技术人员阶层、办事人员阶层、个体工商户阶层、商业服务业员工阶层、产业工人阶层、农业劳动者阶层和城市无业、失业和半失业者阶层等10个阶层。调查地点为海南省的6个民族自治县（乐东、琼中、保亭、白沙、昌江、陵水）以及3个享受少数民族政策的市（三亚、五指山、东方）。调查实施时间为2008年的7月至8月。

笔者从海南大学在读的黎族学生中选出50位来自不同乡镇的同学作为调查人，要求每位调查人对自己所居住的村或街道办事处的10个黎族家庭进行调查。调查共发出问卷500份，回收262份，其中有效样本数为245份。对于调查结果，笔者使用SPSS软件进行了分析。

由于本调查为国家社科项目“海南黎族地区社会阶层结构及社会流动状况调查”的预备调查，主要目的在于检验问卷题目是否合理和确定分析方法，故没有采取抽样调查的方式进行。从这一意义上讲，本调查所得到的结论并不能完全准确地反映海南黎族社会阶层分布状况的全貌。然而，通过对调查结果的分析，笔者发现其中的一些结论对于考察当前海南黎族的社会流动状况具有一定的参考意义，故整理出来，形成此文。

一、调查对象的基本情况

本调查共获得除昌江外的8个市县的245份有效样本。其中最多的为三亚，有效样本数88份，最少的是乐东、保亭和东方，有效样本数均为1份。在245位户主中，农业户籍者为199人，占81.2%。[①] 户主中，男性比例为86.1%。户主平均年龄46.96岁，最年长者为90岁，最年少者为22岁。

户主的受教育程度呈现出“中间大，两头小”的分布态势，即初中毕业的最多，占总数的49.8%，文盲及大专以上者比例较小，分别为4.1%和9.4%。

从社会阶层分布状况看，本次受访家庭的户主中没有私营企业主阶层，人数最多的是农业劳动者阶层，占总数的70.2%，最少的是经理阶层，只有1人。

从户主所处社会阶层与其受教育程度交叉制表的分析可知，二者之间存在着明显的相关性，Gamma值为0.609，表明受教育程度越高者所处社会阶层也越高。

从社会阶层满意度调查结果来看，对自身社会阶层不满意的有126人，多于满意的人。社会阶层与社会阶层满意度交叉制表的分析结果表明，二者之间存在低度正相关关系，Gamma值为0.491。这一结果表明受访者所处社会阶层越高者，对自身所处社会阶层的满意度也越高。

在受访者中，对现在生活不满意的有133人，多于满意的人。社会阶层与生活满意度交叉制表的分析结果表明，二者之间呈低度正相关关系，Gamma值为0.430。这说明受访者所处社会阶层越高，对生活的满意度也越高。

受访者中对自己所受教育程度不满意的有159人，远多于满意的人。社会阶层与受教育程度满意度交叉制表的分析结果表明，二者之间呈低度正相关关系，Gamma值为0.338。这表明，所处社会阶层越高者对自己所

① 根据2009年海南统计年鉴计算，截止到2008年年底，上述8市县总人口数为2 539 834人，其中农业人口数为1 597 188人，占总数的62.9%。

受教育程度的满意度也越高。

表 1－1　调查对象的户籍所在地

		频数（人）	百分比（%）
有效	乐东	1	0.4
	白沙	43	17.6
	陵水	73	29.8
	琼中	10	4.1
	保亭	1	0.4
	三亚	88	35.9
	五指山	28	11.4
	东方	1	0.4
	合计	245	100.0

表 1－2　调查对象的户籍性质

		频数（人）	百分比（%）
有效	农业	199	81.2
	非农	46	18.8
	合计	245	100.0

表 1－3　户主性别分布

		频数（人）	百分比（%）
有效	男	211	86.1
	女	34	13.9
	合计	245	100.0

表 1－4　户主年龄分布状况

平均值	46.96
标准误差	0.607
中位数	47.00
众数	41
标注差	9.502
方差	90.285
偏度	0.564
偏度标准差	0.156
峰度	1.793
峰度标准差	0.310
最小值	22
最大值	90

表 1－5　户主受教育程度分布表

		频数（人）	百分比（%）
有效	文盲	10	4.1
	小学	35	14.3
	初中	122	49.8
	高中（含职高）	50	20.4
	中专	5	2.0
	大专及以上	23	9.4
	合计	245	100.0

表 1－6　户主社会阶层分布表

	频数（人）	百分比（%）
国家与社会管理者	6	2.4
经理人员	1	0.4
私营企业主	0	0.0
专业技术人员	13	5.3

（续上表）

	频数（人）	百分比（%）
办事人员	16	6.5
个体工商户	3	1.2
商业服务业员工	8	3.3
产业工人	17	6.9
农业劳动者	172	70.2
城乡无业、失业、半失业者	9	3.7
合计	245	100.0

表 1－7　户主社会阶层与受教育程度关联表

社会阶层 * 受教育程度　交叉制表								
		受教育程度						
		文盲	小学	初中	高中（职高）	中专	大专及以上	合计
社会阶层	国家与社会管理者	0	0	0	1	0	5	6
	经理人员	0	0	0	0	0	1	1
	专业技术人员	0	1	1	3	1	7	13
	办事人员	0	0	1	5	4	6	16
	个体工商户	0	0	2	1	0	0	3
	商业服务业员工	0	1	2	4	0	1	8
	产业工人	1	2	9	5	0	0	17
	农业劳动者	9	30	103	27	0	3	172
	城乡无业、失业、半失业者	0	1	4	4	0	0	9
合计		10	35	122	50	5	23	245

Pearson Chi－Square＝183.207，P＝0.000，Gamma＝0.609。

表1-8　社会阶层与社会阶层满意度的关联关系

社会阶层 * 社会阶层满意度　交叉制表						
		社会阶层满意度				合计
		非常满意	比较满意	不太满意	很不满意	
社会阶层	国家与社会管理者	1	5	0	0	6
	经理人员	0	1	0	0	1
	专业技术人员	4	6	3	0	13
	办事人员	4	9	2	1	16
	个体工商户	0	2	1	0	3
	商业服务业员工	0	6	2	0	8
	产业工人	3	5	8	1	17
	农业劳动者	10	60	73	29	172
	城乡无业、失业、半失业者	0	3	4	2	9
合计		22	97	93	33	245

Pearson Chi-Square = 42.140，P = 0.012，Gamma = 0.491。

表1-9　社会阶层与对生活满意度的关联关系

社会阶层 * 社会阶层满意度　交叉制表						
		社会阶层满意度				合计
		非常满意	比较满意	不太满意	很不满意	
社会阶层	国家与社会管理者	1	4	1	0	6
	经理人员	0	1	0	0	1
	专业技术人员	3	7	3	0	13
	办事人员	2	10	4	0	16
	个体工商户	0	3	0	0	3
	商业服务业员工	0	4	4	0	8
	产业工人	0	9	8	0	17
	农业劳动者	16	47	74	35	172
	城乡无业、失业、半失业者	0	5	2	2	9
合计		22	90	96	37	245

Pearson Chi-Square = 42.231，P = 0.012，Gamma = 0.430。

表 1－10　社会阶层与受教育程度满意度的关联关系

社会阶层 * 社会阶层满意度　交叉制表						
		社会阶层满意度				合计
		非常满意	比较满意	不太满意	很不满意	
社会阶层	国家与社会管理者	1	3	2	0	6
	经理人员	0	0	1	0	1
	专业技术人员	1	8	4	0	13
	办事人员	2	9	5	0	16
	个体工商户	0	3	0	0	3
	商业服务业员工	0	4	2	2	8
	产业工人	0	8	2	7	17
	农业劳动者	8	34	95	35	172
	城乡无业、失业、半失业者	0	5	3	1	9
合计		12	74	114	45	245

Pearson Chi－Square＝55.044，P＝0.000，Gamma＝0.338。

二、户主的社会流动状况

如前所述，多数户主对自己的生活状况和所处的社会阶层并不满意，但有更换职业经历的只有 39 人，流动率仅为 15.9%。其中，职业性质没有发生变化，即属阶层内流动的有 7 人，占 2.9%；社会阶层上升者为 10 人，占 4.1%；社会阶层下降者为 22 人，占 9.0%。可见，受访者的社会阶层流动以垂直流动为主，向下流动者比例为向上流动者比例的两倍以上。具体地看，在社会阶层下降者中，产业工人因失业而变成农民的最多，为 6 人，其次为个体工商户因破产而重新成为农民的，为 4 人。上述结果表明，受访者群体的向上流动渠道不畅，社会封闭现象严重。

与多数流动者的社会阶层不升反降的情况相反，在有流动经历者中，大多数人的收入有所增加。毕竟对于绝大多数的黎族群众而言，与社会阶层的高低相比，如何解决眼前的生活问题更为现实。追求更高的收入，应是他们流动的主要动因。

那么，什么样的人流动比例更高，更容易流动呢？更换职业经历与社会阶层交叉制表的分析结果表明，社会阶层与更换职业经历之间存在着弱负相关关系，Gamma 值为 -0.205。这表明社会阶层越低，流动比例越高。另外，受教育程度与更换职业经历之间存在着低度负相关关系，Gamma 值为 -0.401。这一结果表明：受教育程度越低者流动比例越高。结合前面的“受教育程度越高所处社会阶层越高”的结果，可以得出如下结论：受教育程度越高者，所处社会阶层越高、越稳定，流动的比例也越低；相反，受教育程度越低者，社会阶层越低，流动的比例也越高。

表 2-1　户主更换职业经历

		频数（人）	百分比（%）
有效	有	39	15.9
	没有	206	84.1
	合计	245	100.0

表 2-2　更换职业者的社会阶层变化情况

	频数（人）	百分比（%）
阶层上升	10	4.1
阶层不变	7	2.9
阶层下降	22	9.0

表 2-2-1　（1）阶层上升者具体变动情况

		频数（人）	百分比（%）
现在职业	国家与社会管理者	1	10.0
	办事人员	3	30.0
	个体工商户	2	20.0
	商业服务业员工	1	10.0
	产业工人	2	20.0
	农业劳动者	1	10.0
	合计	10	100.0

表 2－2－2　(2) 阶层不变

		频数（人）	百分比（%）
现在职业	经理人员	1	14.3
	办事人员	1	14.3
	产业工人	1	14.3
	农业劳动者	4	57.1
	合计	7	100.0

表 2－2－3　(3) 阶层下降

		频数（人）	百分比（%）
现在职业	办事人员	1	4.5
	个体工商户	1	4.5
	商业服务业员工	2	9.1
	农业劳动者	15	68.2
	城乡无业、失业、半失业者	3	13.6
	合计	22	100.0

表 2－3　现在收入与流动前的比较

		频数（人）	百分比（%）
现在职业	显著提高	4	10.3
	略有提高	20	51.3
	基本相同	10	25.6
	略有降低	3	7.7
	显著降低	2	5.1
	合计	39	100.0

表 2-4　社会阶层与更换职业经历的关系

社会阶层 * 是否有更换职业经历　交叉制表				
		是否有更换职业经历		合计
		有	没有	
职业	国家与社会管理者	1	5	6
	经理人员	1	0	1
	专业技术人员	0	13	13
	办事人员	5	11	16
	个体工商户	3	0	3
	商业服务业员工	3	5	8
	产业工人	3	14	17
	农业劳动者	20	152	172
	城乡无业、失业、半失业者	3	6	9
合计		39	206	245

Pearson Chi-Square = 33.629，P = 0.000，Gamma = 0.205。

表 2-5　更换职业经历与受教育程度的关系

是否有更换职业经历 * 受教育程度　交叉制表								
		受教育程度						合计
		文盲	小学	初中	高中（职高）	中专	大专及以上	
是否有更换职业经历	有	0	1	20	11	2	5	39
	没有	10	34	102	39	3	18	206
合计		10	35	122	50	5	23	245

Likelihood Ratio = 13.329，P = 0.020，Gamma = -0.401。

三、代际流动状况

受访家庭的子女人数共计 542 人，其中 307 人为学龄前儿童或正在各级学校就读的学生。在其余的已走出校门、走向社会的 235 人中，经理阶层与私营企业主阶层的人数为 0。其他阶层的人中，数量最多的是农业劳动者，共94人，占总数的40%。接下来依次是商业服务业员工和城乡无业、失业、半失业者。

由表3-1、图1-1可知，户主子女与户主社会阶层分布状况的区别，主要表现在四个方面：

第一，国家与社会管理者阶层、经理人员阶层、专业技术人员阶层、办事人员阶层等社会中上阶层比例均小幅减少。

第二，商业服务业员工阶层比例增加了22.2%。

第三，农业劳动者阶层比例减少了30.2%。

第四，城乡无业、失业、半失业者阶层比例增加了16.7%。

可见，受访群体的代际流动渠道狭窄，上升渠道单一，从事商业服务业几乎是农家子弟的唯一上升途径。

由图1-2可见，与户主相比户主子女的受教育程度，除中专生比例略有提高外，并没有明显变化。在整个国家高等教育迅速发展的年代，父辈与子辈的教育程度几乎没有改变的结果发人深省。结合上述教育程度与本人社会阶层明显相关的结论可以判断，此种教育现状是受访者群体代际流动渠道狭窄、社会中上阶层比例下降的主要原因。

另外，调查结果还表明，户主子女中男、女性社会阶层分布状况出现了较大的差异（见图1-3）。男青年中从事农业劳动者的比例明显高于女青年，而女青年中从事商业服务业的比例明显高于男青年。近年来，困扰黎族地区的大量女青年外出打工、剩下的男青年无法找到合适配偶的问题得到了验证。

表 3－1　户主与户主子女社会阶层百分比比较表

		户主		户主子女		比较（%）
		频数（人）	%	频数（人）	%	
有效	国家与社会管理者	6	2.4	1	0.4	2.0
	经理人员	1	0.4	0	0.0	0.4
	专业技术人员	13	5.3	9	3.8	1.5
	办事人员	16	6.5	10	4.3	2.2
	个体工商户	3	1.2	4	1.7	－0.5
	商业服务业员工	8	3.3	60	25.5	－22.2
	产业工人	17	6.9	9	3.8	3.1
	农业劳动者	172	70.2	94	40.0	30.2
	城乡无业、失业、半失业者	9	3.7	48	20.4	－16.7
	合计	245	100.0	235	100.0	

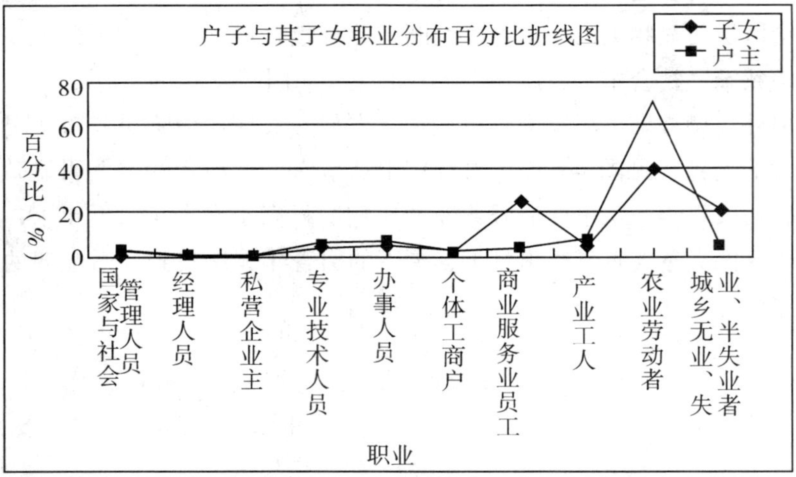

图 1－1　户主与户主子女社会阶层分布状况比较图

表 3－2　户主子女受教育程度

		频数（人）	百分比（%）
有效	文盲	6	2.6
	小学	23	9.8
	初中	119	50.6
	高中（职高）	42	17.9
	中专	27	11.5
	大专及以上	18	7.7
	合计	235	100.0

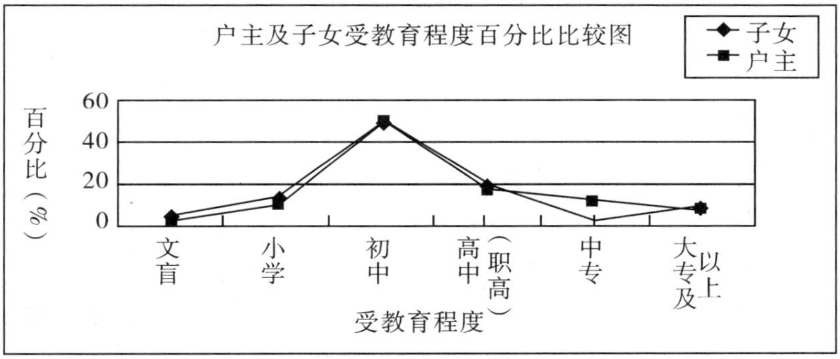

图 1－2　户主与户主子女受教育程度比较

表 3－3　子女社会阶层的性别比较表

性别 * 社会阶层　交叉制表											
			社会阶层								
			国家与社会管理者	专业技术人员	办事人员	个体工商户	商业服务业员工	产业工人	农业劳动者	城乡无业、失业、半失业者	合计
性别	男	计数	0	5	8	2	27	6	69	30	147
		%	0.0	3.4	5.4	1.4	18.4	4.1	46.9	20.4	100.0
	女	计数	1	4	2	2	33	3	25	18	88
		%	1.1	4.5	2.3	2.3	37.5	3.4	28.4	20.5	100.0
合计		计数	1	9	10	4	60	9	94	48	235
		%	0.4	3.8	4.3	1.7	25.5	3.8	40.0	20.4	100.0

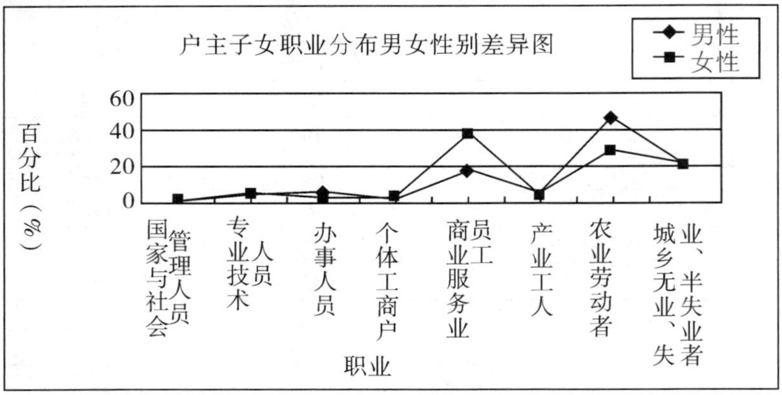

图 1－3　户主子女社会阶层分布男女性别差异图

结论

对 245 户黎族家庭的调查结果表明，受访家庭户主的社会流动率较低，向上流动渠道不畅，社会封闭现象严重。社会流动的主要动因在于对更高收入的追求。受教育程度越高者，所处社会阶层越高、越稳定，流动的比例也越低。受访群体的代际流动渠道狭窄，上升渠道单一，从事商业服务业几乎是农家子弟的唯一上升途径。造成这种状况的主要原因在于户主子女的受教育程度与父辈相比并没有明显的提高。

二

【物质文化研究】

论海南黎族船形屋的起源与发展

阎根齐
（海南大学社会科学研究中心）

黎族的船形屋是由干栏式建筑发展而来的，有着几千年的发展史，是中华民族房屋建筑文化中的一块瑰宝，2006年，海南东方市白查村保存至今的70多座船形屋已被国务院列入“全国非物质文化遗产保护名录”。然而，由于多种原因（如缺少水光电、低矮潮湿、通风透光等），海南黎族的船形屋已越来越不能适应现代生活和社会发展的需要。据2008年年底海南省民宗厅统计，全省少数民族地区的茅草屋尚存2.03万间，但经过近年来的大规模改造，船形屋正在以十分惊人的速度消失，海南现存完整的船形屋已寥寥无几，因此，对于船形屋建筑的研究、抢救已迫在眉睫，刻不容缓。笔者现就黎族船形屋的起源、历代形制的发展与演变等问题，不揣浅见，求教于方家，以祈望引起更多专家、学者的关注，从而能够保留下黎族的文化之根。

一、干栏式居住建筑的起源

古文献的记载和现代的考古发现都能充分证明，从距今几万年甚至几十万年前的旧石器时代早期开始，到距今几千年前的新石器时代末期，长江以南的广大地区都有人类在自然的岩洞里居住，过着松散的采集、狩猎的原始社会生活。居住在广西境内的壮族先民“大约在商周以后，洞穴聚落才逐渐减少直至消失，商周时期壮族地区的洞穴文化遗存，除个别与居住聚落有关之外，几乎都是岩洞葬性质，与居住聚落性质有明显区别”①。当时，由于生产力低下，人们抵御自然灾害和野兽侵袭的能力较弱，住在

① 郑超雄：《壮族文明起源研究》，广西人民出版社，2005年，第14、21页。

自然的洞穴里有利于抵抗大自然（如雷电风雨、酷暑寒冷）的威胁和野兽的袭击，与住在空旷的野外相比还有减少疾病、储存食物等许多优点。因此，居住在洞穴里是原始人类最早的也是必然的居住选择方式之一，而且延续了几万乃至几十万年的时间。生活在海南的远古人类，最初也是和大陆的人一样居住在洞穴里，创造了丰富多彩、独具特色的历史文化。

在海南发现的时代较早的人类居住遗址，也都属于洞穴遗址，如三亚“落笔洞遗址”[①]，距今约 1 万年，其他如在昌化江支流南浇河岸发现的皇帝洞遗址（属新石器时代至先秦）、五勤岭洞穴遗址（距今约 11000 年）、上亩洞遗址和钱铁洞遗址（距今约 7400 年），在昌江中下游佬岭洞遗址等[②]，都属于洞穴遗址。说明生活在海南岛的早期人类也是居住在自然洞穴里的，而且延续了很长时间。直到宋代，海南个别地方还有人居住在自然的岩洞里。如宋代乐史在其《太平寰宇记 · 岭南道十三》卷 169 中记载的琼州风俗：“有夷人，无城郭，殊异居……号生黎，巢居洞深。”当然宋代海南“夷人”在洞穴里居住生活是个别的现象，不能代表整个在海南居住的先民。

原始社会的先民利用自然的岩洞而居也是有选择的，如必须靠近水源；洞口离地面不能太高，岩洞周围有开阔的平原或河流，便于采集和狩猎；朝向东南或南边有利于通风、采光等。人类经历了相当长的发展时期，才选择了更高一级的居住形式——地面居住，即选择在河旁台地、山坡、沙丘上居住，便是人类社会进步与发展的明显特征。

海南有较多属于新石器时代的遗址发现，特别是晚期遗址几乎已遍布全岛，其中，新石器时代早期遗存主要为贝丘遗址，中期遗存多为沙丘遗址，山坡遗址较少，晚期的大都属于台地和山坡遗址。[③] 海南新石器时代的时间延续较长，一般认为从落笔洞洞穴遗址以后，即距今 1 万年以后至距今 4000 年左右，即为新石器时期，但有些遗址可能要延续到商周时期，甚至是秦汉时期。海南的原始先民走出洞穴，搬到贝丘上居住，是社会发展史上的一大进步，开始的时间应在新石器时代早期，也就是说，很可能

---

① 郝思德、黄万波：《三亚落笔洞遗址》，南方出版社，1998 年，第 3 页。

② 丘刚：《海南古遗址》，南方出版社，2008 年，第 21 页。

③ 郝思德、王大新：《海南考古的回顾与展望》，《考古》2003 年第 4 期。

从这时开始，生活在海南的古人类就过上了“巢居”生活。

据考古发现，海南居民至迟在春秋早期就已经住上了地面建筑——干栏式的建筑。1998 年，海南省文物考古研究所对东方市荣村遗址进行了试掘，在第 3 层（即海南新石器时代末期的文化层）发现了多处“小洞遗迹”，“各层发现的小洞数量不同，大小有别，深浅不一，且分布零乱无序，洞内均未发现木质遗物，较难判定其用途。如 T7 第 3 层发现的 9 个小洞，洞口近圆形，斜直壁，平底或圜底，口径 0.2 ~ 0.35 米、深 0.14 ~ 0.6 米。洞内堆积为灰褐色土，质地较松软，含有少量炭屑、烧土粒及零星的夹砂陶片等”①。这种遗迹现象只能从“柱洞”遗迹现象来解释。结合该遗址的其他现象分析，证明当时的这些人群已经居住在沙丘上，并且在此相对固定地居住了较长的时间；他们已经住在在地表以上搭建的房屋里，很可能这种房屋就是史书记载的干栏式建筑。

笔者认为，我国古代各地的干栏式建筑最初是由“巢居”发展而来，而“巢居”又经过了树上筑巢、相邻的几棵树干上筑巢、栽桩筑巢三个阶段，每一个阶段都经历了相当长的发展演变过程。从该处遗址“小洞遗迹”的密集程度分析，此时在此居住的构筑物已不可能再是“栽桩筑巢”的原始形态，而应是干栏式建筑的早期形制。如果这一推测无误的话，就可说明在距今 3000 年左右的生活在海南的先民，已经有部分部落或氏族脱离了原始的洞穴，而来到空旷的沙丘上居住。这和生活在岭南的其他少数民族脱离洞穴居住的时间基本一致：如广西壮族的先民在“广西地区河旁台地及山坡的聚落遗存应当是洞穴居民搬迁来的，有些是在旧石器晚期开始搬迁，有些是在新石器时代逐渐搬迁而来。但仍有部分人不愿搬迁出洞外生活，一直居住在洞穴内，在距今 3000 年左右的商周时代，壮族先民才全部结束穴居的历史”②；广东境内的百越先民也是“从新石器晚期开始，他们的居所才从洞穴发展到半洞穴和地面式居所。广东石峡中文化层、金兰寺中文化层，珠江、韩江流域的贝丘遗址等，都反映了这一趋势。这类建筑多是在江河湖海沿岸的一级台地上建造的，那是农耕社会初期，但渔

---

① 海南省文物考古研究所：《海南东方市荣村遗址试掘简报》，《考古》2003 年第 4 期。

② 郑超雄：《壮族文明起源研究》，广西人民出版社，2005 年，第 14、21 页。

猎经济仍占主要地位的原始部族村落、西部山区和熔岩地区则以半地穴式建筑为主，稍后才出现地面式建筑，基本上是干栏式建筑”①。相比之下，海南岛的有些先民结束穴居的生活时代更晚，直至北宋时期还仍有人在洞穴里居住，但这不能代表整个黎族先民的居住状况。

史书最早记载南方越人居住的干栏式建筑的是《北史·蛮僚传》一书，该书记载：“依树积木，以居其上，名曰干栏。干栏大小，随其家口之数。”“干栏”又称“麻栏”。明代田汝成的《炎徼纪闻》又载：“居舍，茅而不涂，衡板为阁，以上栖人，下畜牛羊猪犬，谓之麻栏。”文献记载的南方越人最早拥有干栏式建筑的历史可能要比南方越人实际的干栏式建筑晚几百年，甚至上千年，也是很正常的现象。这里所说的“南方越人”是指长江以南的广大区域，当然也包括海南岛，因此，干栏式住屋“曾是西南中国古代最流行的一种住宅，由于兼备避湿热瘴疠、防毒虫蚊蚋的功能，这种建筑广布于东南亚热带生物圈的古代民族之中，尤为在岛屿类型的文化中分布密集”②。

那么，在海南岛上创造这种居住建筑的主人会是谁呢？无疑是海南岛的最早发现者和开拓者——黎族的先民，现在，生活在海南岛的黎族先民是从广西骆越人迁来的一支的说法，已基本成为共识，如原海南省人大常委会副主任人王学萍先生所说：“‘三亚人’及后来在海南岛活动的人类应是黎族的先民，根据有两点：其一，在海南发现的新石器时代的石器、陶器文化遗物基本上属于百越中一支骆越人的文化遗存。在石器方面，以磨光、有肩、有段式的斧、锛比较普遍，大型石铲较多；陶器则包括夹沙粗陶、泥质细陶和印纹硬陶三种陶系，常见于粤中地区的夔纹硬陶则少见。在广西东兴临海河口、南宁邕江及其上游、左右江流域扶绥、邕宁、横县等14处贝丘遗址都发现了与海南岛型相似的石器工具、网坠等，说明海南岛新石器文化与两广地区的骆越同属一个文化系统。其二，骆越当是黎族先民……”③

① 叶春生：《岭南民间文化》，广东高等教育出版社，2000年，第108页。
② 戴裔煊：《干栏——西南中国原始住宅研究》，岭南大学，1948年，第2页。
③ 吴永章：《黎族史》，广东人民出版社，1997年，第2页。

二、黎族干栏式建筑的形制

由于海南气候多雨潮湿，加上古代的干栏式建筑多木构件、草屋顶等原因，几千年前的干栏式房屋建筑不可能保存至现在，所以，海南古代干栏式建筑的形制一直不被世人所知，只能从考古发现和零星的文献记载中略知大概。

汉代海南的干栏式建筑截至目前还没有被发现，不过，在今两广地区经常有汉代的房屋模型出土，为我们认识海南古代的干栏式建筑提供了可供参考的实物资料。如广州市沙河顶的一座东汉墓内曾出土陶屋、陶仓各一件[①]；广州市先烈南路大宝岗一处东汉墓内就出土陶屋三件、陶仓二件等[②]。

从这些出土的东汉陶屋模型中可以看出：①西汉时期，基本不见这类陶屋，说明当时还不太普遍，东汉时已在一些大墓中出土；②陶屋的基本建筑结构属于早期干栏式，一般都有上、下两层，栏下养牲畜，二楼住人；③有门窗、瓦脊，造型形制已多种多样；④有的已使用穿斗式梁架结构，木柱呈竖立排列，“有三合院、四合院、还有复杂的曲尺形、日字形和碉堡形等”[③]。

汉代这些陶屋的出土，要说它“可以反映出当时广东民居的形式、结构及其构造特征”还有些勉强，首先，因为这些陶屋模型都出自东汉的大地主或身份较高的人的墓中，不能代表一般的平民；其次，墓葬里的明器有的是现实生活的反映，有的则是对阴间生活的祈望，与现实生活中的干栏式建筑还不能等同。尽管如此，我们已能看到东汉广州一带房屋建筑的基本形制。但广州城内直到唐代还普遍是茅草屋建筑形式，当时称为“茅茨屋”。中晚唐以前，广州“城内有大量的竹茅茨屋，不仅影响市容，而且‘火灾岁起，煨烬无余’，‘广人以竹茅茨屋，多火’。至宋璟任广州都

---

① 广州市文物考古研究所：《广州市沙河顶汉墓发掘简报》，《广州文物考古集》，文物出版社，1998 年，第 216～218 页。

② 《广州市先烈南路大宝岗汉墓发掘简报》，《广州文物考古集》，文物出版社 1998 年，第 252～253 页。

③ 陆琦：《广东民居》，中国建筑工业出版社，2008 年，第 10 页。

督时始‘教之度材，变以陶瓦，千甍齐翼，万堵皆兴’”[①]。广州是汉代时南越国的首府所在地，也是岭南的政治、经济和文化发展中心，应该比在边远地区的海南岛发展得更快一些，广州的情况尚且如此，海南岛作为广东的边远地区，唐代以前还住这种干栏式的房屋则是几乎可以肯定的。

宋代不仅有了“黎人”的专门称谓，而且有了“生黎”和“熟黎”的区分。这时，在整个海南岛上居住的黎族至少有十余万人，遍布海南各郡。宋朝的文献已对黎族的干栏式船形屋多有记载。此前《北史·蛮僚传》一书中的记载还不是专指海南岛上的黎族，而是指整个的岭南越人，但到了宋代范成大所著的《桂海虞衡志》中：“（黎族）居外架木两重，上以自居，下以畜牧”，已是专指海南岛上的黎族干栏式建筑。宋代赵汝适在其所著的《诸蕃志·海南》下卷中记载得更加明确：“屋宇以竹为栅，下居牲畜，人处其上”，已专指海南黎族船形屋的建筑形制与作用。

由于这种船形屋是以竹木为“栅”，故又被称作“栅屋”。宋代周去非《岭外代答·外国上》载：黎人“居处皆栅屋”。《岭外代答·风土》又载：“深广之民，结栅以居，上设茅屋，下豢牛豕。栅上编竹为栈不施椅桌床榻，唯有一牛皮为裀席，寝食于斯……考其所以然，盖地多虎狼，不如是，则人畜皆不得安，无乃上古巢居之意欤?”宋祝穆的《方舆胜览·万安军》条引《图经》又记：“居多茅竹，绝少瓦屋，茅屋荆扉，亦土风之之甚陋。”元人范梈有一首诗《琼州出郭》也写到：“重重叶暗桄榔雨，知是黎人第几村。”

从这些记载中我们可以看出，黎族这时的船形屋有如下几个特点：①当时人称这种类型的干栏式建筑为“栅屋”或“茅屋”；②船形屋的造型是上、下两层，屋顶上面覆盖茅草、树叶之类，骨架用竹、木搭建；③“茅屋”的用途是楼上住人，楼下圈养猪、羊、鸡等牲畜；④屋内设施非常简陋，没有桌椅床榻；⑤直到宋代海南还是经常有虎狼等野兽出没，就是说这时的“茅屋”仍有防御野兽袭击的功能；⑥黎族的房屋基本还未见瓦屋。海南瓦屋的出现时间特别晚，清末两广总督张之洞派冯子材来海南开发五指山路的时候才有了第一间瓦屋。

---

① 程存洁：《唐代岭南道城市发展略论》，《广州文物考古集》，文物出版社，1998年，第111页。

既然黎族的先民原是广西境内骆越人的一支，那么，黎族居住的干栏式建筑就必然与广西壮族的干栏式建筑有许多的相似或相同之处。为了验证它们之间的关系，2011 年 7 月，笔者同海南省博物馆的王辉山、王静先生一起，专门赴广西南部的靖西、那坡两县对干栏式建筑进行考察。那坡县吞力屯被称为“黑衣壮千年古寨”，村头树立保护标志，村里尚有多座干栏式房屋（经过维修或重建），其基本形制为：平面呈方形和长方形的皆有，建在山坡或高台上，上、下两层，四周围以木板，屋内有 8 根（建筑面积约 80 平方米）或 12 根（建筑面积约 120 平方米）圆木立柱直通屋顶的檩条，屋内立分两排，每排 6 柱或 8 柱，柱与柱之间用穿斗式木板穿插。屋顶原为茅草覆盖，今已改为瓦顶。屋内首层高约 1.7 米，至今饲养牲畜；二层住人，分隔成若干间，南侧有灶台。由此可见，广西那坡县吞力屯的“黑衣壮千年古寨”仍保留着古老的基本干栏式建筑形制，与历史记载的黎族的干栏式建筑形制也格外相似。

三、从干栏式到船形屋的变化

大量的文献记载证明，黎族的干栏式建筑大约在明末清初时期已经发展成类似于现在的船形屋的形制。

明代黎族的干栏式建筑还习称“栏房”。明顾岕在《海槎余录》中记载：“凡深黎村男女众多，必伐长木两头搭屋有数间，上覆以草，中剖竹，下横上直，平铺为楼板，其下则虚焉。登陟必用梯，其俗呼曰‘栏房’。”明代罗日褧在其《咸宾录·南夷志》中也记载：“居处架木两重，上铺以草如楼，呼曰‘栏房’。”

明朝时期黎族的干栏式建筑分上、下两层，下层可以养牛、猪、羊，那么，下层的高度一定在 1.7 米以上，否则其下层是难以养牛的。如清代早期的《琼州海黎图》记载：“黎屋形长似船而势高，门开左右，中构两层，居者缘梯而上，下则以蓄牛豕。”[①] 清朝早期的文献里已将黎族的干栏式建筑记载为：熟岐“茅屋檐垂地，开门屋山头内，为水栈居之，离地二

① 符桂花：《清代黎族风俗图》，海南出版社，2007 年，第 30、163 页。

三尺，下养羊豕之类”[①] 顾炎武所说的《旧志》应该是明代的《琼州府志》，说明至迟在明末的时候，海南已有这种类型的船形屋。

清张庆长所著的《黎岐纪闻》一书中的记载与上述所载极其相似，该文记：“（黎人）居室形似覆舟，编茅为之，或被以葵叶，或藤叶，随所便也。门倚脊而开，穴其旁以为牖。屋内架木为栏，横铺竹木，上居男妇，下畜鸡豚。熟黎屋内通用栏，厨灶寝处，并在其上；生黎栏在后，前后空地，地下挖窟，列三石置釜，席地饮煮，惟于栏上寝处。黎内有高栏、低栏之名，以去地高下而名，无甚异也。”清代顺治年间人绘制的《琼州海黎图》记载：“黎屋形长似船而势高，门开左右，中构两层，居者缘梯而上，下则以蓄牛豕。”可见，那时的人还叫黎族的干栏式建筑为“黎屋”，但已记载说它像船形。另一幅绘于清代顺治二年（1645）的《琼黎风俗图》又记：“黎人择地建屋庐，止一间，男女同处。一二年间地瘠力薄，弃而它徙。其屋形似覆舟，或茅或葵或藤叶被之，门皆倚脊而开，穴其旁以为牖，屋内架木为栏，横铺竹木，去地三四尺不等，名有高栏低栏之分，而制无异。上居男妇，下畜鸡豕，生熟黎类如此。稍异者，熟黎屋内用栏遍铺前后，厨灶寝处并在栏上，生黎则栏在屋后，前为地，地下挖窟，列三石以置釜，席地炊煮，惟于栏上寝处。此其大略也。”康熙《陵水县志·海黎》又载：“结茅为屋，如覆舟形。前后二穴，往来出入。次竹木为架，约高二尺许，名之曰栏。一家男女群卧其上，下则畜犬豕。”从这些文献记载中可以清楚地看出，在明末清初之际，海南黎族的干栏式建筑已经发生了下列明显的变化：

（1）明朝时期仍称黎族的房屋为“栏房”，清代时虽然称黎族人所居的屋子为“黎屋”，但已注意到了它的形制“似覆舟”、“形长似船”、“形似覆舟”等，与今天能够看到的黎族的船形屋无异。现代黎族的船形屋是“黎族传统的住宅，外形像蓬船，内部像船舱，顾名思义称它为‘船形屋’”，“以格木（心材）、竹子、红白藤和茅草为建筑材料，房屋的骨架用竹木构成，十分原始和简单，它属于传统竹木结构建筑。船形屋有高架船形屋与低架（落地式）船形屋之分，外形像船篷，拱形状。用红、白藤

---

① （清）顾炎武：《天下郡国利病书·广东》，引《旧志》。

扎架，上盖茅草或葵叶”①。故黎族现代保留下来的船形屋的形制至少从清初就有了。

（2）形制上发生的变化。明朝及其以前的干栏式船形屋下层都是高架形，到清初有了“高栏低栏之分”，“约高二尺许”、“去地三四尺不等”。

（3）用途上的变化。明朝以前的干栏式建筑，下层高达一两米主要是因为“黎族居住的地区气候炎热，雨量过多，蛇虫繁滋，野兽出没频繁”，换句话说，就是为了防潮、防病虫害和野兽的袭击，同时，在楼下养牛等家畜，也能保证家畜的安全。清初以后的船形屋，高仅二三尺，楼下已不能饲养如牛马之类的家畜，说明野兽对人类的威胁已经解除，所以，这时的船形屋下层只寄养“鸡豕”等家禽家畜了。

对于黎族船形屋的起源，黎族人自己有一则娓娓动听的传说。海南岛上原来是没有人居住的，传说大禹时代，在南海上有个俚国，国王有个女儿丹雅公主，她嫁的三个丈夫都先后死去。相师就传言，丹雅公主是扫帚星下凡，她嫁给谁谁死，在国国亡，只有将她处死，才能得到安宁。而此时，公主已身怀六甲，国王不忍心下毒手，便在一个北风呼啸的早晨，给她准备了一艘无舵无桨的小船和一些食物、一把小刀和一大把山栏稻种。丹雅公主被放到船上的时候还带了一条小黄狗，然后，船就驶向了大海。后来，这位公主并没有死，不知过了多长时间，也不知经历了多少生死劫难，船在一个荒岛岸边搁浅了。从此，她就在这个荒岛上定居下来。为了躲避风雨，防止野兽的侵袭，丹雅公主在海滩边竖起几根木桩，把小船倒扣在木桩上当屋顶，还割来茅草围在四周，她有了属于自己的家。白天，她带着小黄狗上山打猎，晚上，她就睡在这只船屋里，小黄狗就忠实地守在门口。后来，船板烂了，她就割茅草盖屋，“这就是如今黎族船形屋的来历”②。显然，黎族人认为他们居住的船形屋，不是由干栏式建筑发展而来，而是受到船居生活的影响而形成的。

乍一看，黎族船形屋来历的传说与起源于干栏式建筑的论述有些矛盾，但实际上是一致的。因为，在明代以前黎族干栏式的屋顶是什么形制，既没有文献记载，也没有留下任何的实物依据，只有船形的屋顶深深

① 王学萍：《中国黎族》，民族出版社，2004 年，第 273 页。
② 王学萍：《中国黎族》，民族出版社，2004 年，第 273 页。

地留在人们的记忆之中，而船在黎族人的生活中扮演着重要的角色，所以，人们便很自然地将干栏式房屋与船形联系起来，用来解释船形屋的来历。

总之，海南黎族的船形屋最初来源于原始社会的巢居，大约在先秦时期发展成干栏式的建筑，到明末清初时期，已有多种类型，现代保留下来的船形屋建筑形制在清朝初期已有了雏形。黎族的船形屋建筑丰富了我国古代建筑文化的内容，也是黎族先民为适应海南岛自然生态环境的发明创造，是其聪明才智的有力证明。使黎族祖先的这份十分珍贵而独具特色的历史文化遗产不失传、不消失，不仅是黎族同胞的责任，更是整个中华民族、整个社会的共同责任。

黎族特色民居研究

林开耀
（海南省民族研究所）

一、黎族民居概述

特色民居

民居，是人类因居住生活所需而建立起来的栖身之所，是人们居住类型的形成与发展。也就是说，民居是受社会生产力发展水平和自然经济条件制约的组织形式，生产力发展水平为居住建筑提供了一定的经济支撑。人类的进步，社会的发展，建材与建筑技术以及生产力的发展与提高，都为民居的发展提供了动力。不断地开拓建材与建筑是社会生产力发展的需要，不同的社会生产力发展水平可以导致不同的民居类型，民居建筑的发展，可以产生不同的建筑物风格。

黎族是开发海南岛的先民，根据 1982 年在三亚市落笔洞考古发现的“三亚人”，可知在 1 万多年以前就有人类在海南岛上生息繁衍。这一研究成果，印证了黎族祖先的居住方式是“洞居”。黎族祖先善于利用山洞所具有的防风避雨、防湿防潮的原始功能。根据考古专家研究，从三亚市落笔洞和昌江黎族自治县的黄帝洞等的洞穴遗址挖掘出土的文物可以证明，黎族祖先洞居方式始于新石器时代，但是洞居结束时间，在汉文史籍中没有记载，我们查阅了大量的资料也没有见到关于黎族祖先洞居结束的时间记载，所以无法考证。根据考古推论，黎族洞居结束的时间应该是秦汉以前，因为秦汉以后就有史籍记载“干栏”民居形式。关于黎族干栏式船形房屋，在黎族民间故事里还有一个动人的传说。海南岛在古代没有人烟，相传大禹统治天下时，南海有一个俚国，国王有个女儿丹雅公主，她嫁了三个丈夫，三个丈夫都先后死去。相师传言她是扫帚星下凡，在家家破，在国国亡。一时弄得满城风雨，人心惶惶，纷纷请求国王处死丹雅公主。此时，丹雅公主已经身怀六甲，国王不忍心对丹雅公主下手，便在一个北风呼啸的清晨，准备好一条无舵的小船和一些粮食等，另外加上一把勾刀和一些山栏稻谷（旱稻谷）的种子，就送丹雅公主到船上，丹雅公主带着一条小黄狗上了船，小船随风飘入了茫茫的大海。不知过了多长时间，也不知道度过了多少个日日夜夜，历尽劫难的丹雅公主的船终于在一个荒岛岸边搁浅了，她就在这荒岛上定居下来。为了避风躲雨和防御野兽的侵袭，丹雅公主在海滩边竖起几根木桩，然后把小船倒扣在木桩上当屋顶，又割来茅草围在四周。她有了属于自己的家，开始了她人生新的生活。丹雅公主白天带着小黄狗上山采野果打猎，下水捕鱼虾，晚上就睡在这船屋里，小黄狗就守在门口。后来，时间久了，船板烂掉了，丹雅公主就割来茅草盖顶，这就是现在黎族所居住的船形茅草屋的雏形，一直流传至今。

清代《琼州海黎图》

黎族文化有着悠久的历史，民居住宅建造技艺作为黎族传统文化的一部分，同样源远流长。在漫长的历史时期，黎族祖先的生产生活范围日益扩大，山洞已经满足不了人们居住的需要，于是纷纷搬出洞外生活，在原始的洞外生活不仅有风雨、毒蛇、猛兽和瘴疠的横行，还有雨季洪水的破坏，因此人们只能爬到树上栖身，形成新居住方式之一“巢居”，“巢居”也称为“树居”。根据较早的文献记载，如晋张华《博物志》卷载：“南越巢居，北朔穴居，避寒暑也。”又《北史·蛮僚传》里记载：“依树织木，人居其上，名曰干栏，干栏大小，随其家口之数。”又有《新唐书·南平僚传》里称：“土气多瘴疠，山有毒草及沙虱蝮蛇，人碰楼居，登梯而上，号为干栏。”以上历史资料所提到的“巢居”、“干栏”，都是指我国南方百越民族原始居住的生活形式，黎族祖先在树林中建巢栖身的方法，先选好树木中间距适宜的作屋柱，砍掉有碍的枝叶，然后在树木上搭架编竹，铺盖树叶茅草，形成在树上居住的“巢”。这就是人们常说的“北人穴居，南人巢居”。但是延续了多长的时间，到何时结束，我们无法考证，也找不到有关的资料来证实。可是在《太平寰宇记》卷170就有这样的记载，“苍梧以南，在文狼人，野无居室，依树止宿，渔食生阁”，在《嘉庆西通志》卷279，又载“蛮多负山而居，或围竹为村，或依树为灶”等，就可以证明黎族居住地区地处热带、亚热带，原始森林繁茂，特别是海南中部地区到处覆盖着茂密的大森林，居住在深山密林中的黎族祖先，在生产力低下的条件下，处于采集、狩猎、捕鱼等游耕生活的阶段，而黎族祖先当时选择在茂密的森林中“巢居”的方式，也是一种极为合理的选择。笔者认为“巢居”尽管形式较为原始，但是它反映了黎族祖先生产生活水平的提高，各方面的设施也在不断的完善，祖先们原来被动的依赖自然的“洞穴居”转变为“巢居”。也就是黎族的祖先主动地利用和改造自然的结果，是人类社会一种进步的表现。

民国《琼黎一览图》

黎族祖先在利用天然生长的树木实现“巢居”方式的同时，又巧妙利用这种稳定建造房屋来克服建“巢居”而居住的局限性，进行模仿笔直树干立柱方式造房建屋。这又是一种新的进步。虽然屋盖形式基本沿用原来的“巢居”方法，但是黎族祖先“巢居”的居住形式基本不变。所建造的都是顺势而自然的屋顶，往往不易设置顶梁，没有充分的构思余地。在长期的生产生活过程中，黎族祖先便开始发明容易简便的横形屋的建顶构造方式。这种自然的顺势建造，简单而又方便，新盖上屋顶的茅草和树叶拖得长长的，有些地方将墙和屋门都遮住一大半。这种建房形式，从外表看上去，茅草房屋的顶上形状就像一只倒扣的船，从此形成了黎族后人宅居的基本特色。关于黎族干栏船形屋，史籍就有直接的记载，宋代范成大的《桂海虞衡志·志蛮》载：“结茅为屋，状如覆盆，上为闲以居人，下畜牛豖。”又宋代赵汝适的《诸蕃志》卷下载：“黎，海南四郡岛上蛮也。房宇以竹为棚，下居收畜，人处其上。”黎族干栏船形茅草屋，除有很多的文字记载外，清代画家也绘制了当时黎族干栏船形屋，以图文并茂的形式进行描绘，如清代《琼州海黎图》和民国时期的《琼黎一览图》、《琼黎风俗图》等，都将黎族祖先的民居以及生活方式，全面准确的绘制成册，并传袭至今。

二、黎族的村寨布局与结构

（一）黎族的村寨

黎语称村寨为“番”、“抱”、“奔”等。黎族村落多设在丘陵山谷中的平缓坡地上。有的村庄设在谷台地带，最好的设在依山傍水的地方。其建筑规模的大小以及村寨的疏密由当地的耕地面积来决定，与村寨分散或集中也有一定的关系。一个村落的民居，一般为同姓同一血缘的人一起聚居，小的有几户，大的有十几户甚至上百户。村与村的距离有三至四公里。党的十一届三中全会后，实行家庭联产承包责

黎族的村寨

任制，也有一些农户自己搬到外面独居。黎族村落选址的主要特点是：山包围村，村包围田，田包围水等。所建房屋在村落里面比较分散，没有规划，见缝插针，建筑也没有固定的排列格局。建房屋时，主要是根据地形、地势的走势而建，整个村庄是一幢幢茅草房疏密不均地散布在绿树椰林之中。黎族村庄的环境布局非常重视树木，每个村庄都有一棵大树，有的是大榕树，有的是酸豆树等。还在进村口的路设有一尊崇拜物庙子（黎族称为土地公），庙子不大，约有0.4～0.6平方米。可供村民们在结婚、生病或有不顺畅的事情时拜一拜，以求土地公赐给平安，保佑其生活顺利。但在文化大革命中被红卫兵当做“四旧”撤除，可是大部分村庄至今仍有保留或已重建。在历史上甚至到20世纪50年代，黎族村落都在高大的阔叶榕树与竹林围绕之中，有些村落还喜欢在四周种上刺竹，形成茂密坚固的藩篱，宛如城堡，保亭黎族苗族自治县什玲镇的坚固村就是因此而得名。《邕州志》记载：“一名勒，即刺竹也，长芒距拔皆五爪如鸡爪，可蔽林砦。”过去在有险要的地方，村寨里只开一二个村门，架以小梯出入，这样就可以保护村庄不受外来侵袭和防止耕牛、家禽到田地里去糟蹋庄稼，听父亲说，我们村寨以前也是如此。外地的行人，在过路时，从鸡叫的声音，或者见到椰子树、槟榔树和竹林等的地方就可以猜测哪里可能有村落。黎族每家每户都喜欢把房前屋后的空地加以利用，并砍树枝、竹子围成一个小型庭院，植树种地，主要是种植水果和瓜菜、饲养家禽、晒谷等。大小村寨往往还有一块较大的空地作为村民谈事集会的活动场所。

（二）民居结构

民居结构包括居室建筑材料、室内设置及居室布局等。其主要表现在建筑是寓于空间的工艺流程技术，必须因地制宜。建筑空间是否受到限制和自然环境的影响，对于建筑材料的使用与生存的环境有很大的关系。过去生活条件差，而且社会生产力的水平有限，这就更依赖于自然的恩赐。人们常说一句老话：“靠山吃山，靠水吃水，因难而易，就地取材。”这自然成为黎族民居结构中的经济原则和建筑特色。长期以来，黎族民居的主要材料是木、竹、茅草、藤等。黎族主要居住在山区，土地肥沃，常年高温多雨，植被繁茂，生长着树木、竹、藤、麻等种类繁多的建筑原料，为黎族民居建设提供了便利条件。黎族对于建筑民居的工具要求不是很高，材料的来源主要是树木、藤、竹、麻、茅草、葵叶等，这些当地丰富的植物资源作为建设材料，随处可以找到。清代张庆长在《黎歧纪闻》中就有这样的记载，黎族人“居室形似覆舟，编草为之，或以葵或藤叶，门倚山墙，屋内架木为栏，横铺竹木，上居男妇，下畜鸡豚”。黎族船形茅草房屋的建筑，不是很复杂。一般是，主人先备好材料后，就定日子，定时辰，杀一只小公鸡，举行小型宗教仪式，全

村人帮工合力建造，只要 1 到 3 天的时间就可以建成。但屋顶寿命不是很长，每隔 3 至 5 年就要更换一次茅草，10 至 15 年要换一次梁柱。原材料易得，构筑也很容易，这样也就适应了黎族人流动的游耕生活。由于生活贫困，也没有新的想法，建筑材料和形式长期都没有改变。

三、民居住宅的布局和特点

（一）黎族住宅的布局与性能

黎族住宅在地面的面积和立体造型上基本上都是一致的，住宅与住宅之间都类似，属同一个系统，但各个方言区和各个部落团体之间有一定差异。村寨里有不同方言的黎族在一起混居，其房子也有不同，但都保持原本部落的特点。同一个方言的黎族居住的地域不同，房子也有不同，接近汉族地区受到汉文化的影响，其房子也有所改变。在海南岛昌化江流域保持着干栏茅草屋原状的民居较为普遍，在陵水、三亚一带的哈方言区大部分改为汉文化民居的金字塔形。黎族船形茅草屋的主要特点是：一是除了能避风躲雨外，还能避免毒蛇猛兽的攻击和侵害；二是能够适应居住者席地起居的习惯；三是在恶劣气候的影响下，能避免“下温上热”，也就是说能

避免热毒和瘴疠的危害；四是避免洪水地带周期性的水涝影响。

（二）房屋平面布局、分间结构与建造过程

房屋建造框架

黎族干栏船形茅草房屋，是黎族人民特有的一种民居形式，其外形很可能与黎族古时候从内地或者东南亚一带渡海进入海南岛和在沿海生活的居民的民居有着很大关系。据有关专家分析，黎族的船形茅草房屋，最初很可能是直接来自船只倒扣起来做的房屋，或者是直接模仿船只的形状而建造。其建筑主体采用木构框架，墙围为竹或小木条编板式涂上泥，主体建筑工艺采用镶榫推槽衔接。梁柱衔接间用铆固定，屋顶竹木架茅草覆盖，整个建筑不用一铁一钉，美观大方，在中国55个少数民族的民居建筑中较为少见。

1. 房屋的平面布局及高度

黎族船形茅草房屋为平面长方型（横长方形），其长度和宽度的建筑比例大约为3：1，其建设面积不包括房檐在内，都是根据地形地势来定，一般较大的房屋的长度为9～11米，宽度为3.5～5米；较小的长度为6～7米，宽度为3～4米。屋顶为“金”字形建筑结构，其金字主架中间位最高为3.7～3.9米不等，两边低势的高度为2.5～2.7米，“金”字形架夹角大约35度。屋顶覆盖建造材料为竹子、茅草或者葵叶，房屋主体主要以竹或者小木条搭起框架，然后再盖上茅草。

2. 民居房屋结构

黎族民居内基本分为厅室，即正室，左右各设一间房室，均为卧间，或者把其中一间房作为卧间与贮存室的混合，或者只作专门的贮存室等。民居的墙围以柱、梁为主干框架结构，一般来说，房屋墙围全部都以木、

竹榫槽拼接，这样就需要柱、梁主干框架互相依托，才能坚固。在建造之前，要根据房屋内部的房间结构，设立主干房柱（也叫中柱），主干柱通过上、下主干横梁和中间次干小横梁进行连接，主干柱的左右叫做檐柱，檐柱也叫次柱和角柱。主干柱和两边的檐柱八字梁搭架就形成金字架形状，还有檐廊，檐廊主要是在正门前面设置，加大檐廊的屋顶面积，形成房屋，檐廊可作为活动场地和放置物件以及晾晒衣服等。柱与梁均以镶榫接头连接，不需一钉一铆。柱、梁多以耐朽的黑墨树、青梅和母生等树木为材料。

3. 房屋的制作过程

黎族民居房屋建设，一般的建造时间在每年的11、12月份至次年2月份，因为这个阶段处在冬春之季，海南岛下雨较少，砍下的树木、竹子等加工成木料较容易干燥，不易长虫。加上这段时间是农闲季节，在黎族农村建房做屋都有互相帮忙的习俗，哪家要建房，有木工技艺、有建筑技术能力的村民都自愿免费来帮工，并一直坚持到建好房屋为止。黎族民居建设主要有如下过程：

（1）备料。主人组织村民到山里砍树木，并就地进行加工制成柱、梁等，然后扛搬回村落堆栈或投入河里浸一段时间，同时也备好其他材料，如小木条、竹子、条藤、茅草、葵叶、水泥、沙子、石头等。

（2）选址。在选好并确定建房地址以后，就开始组织村民平整场地。

（3）建房。在建房地址上先挖坑立主干柱子，以及次干柱子。人们常称主干柱子为中柱，称次干柱子为檐柱。传统上柱子上端，通常带有天然的树杈，或者用斧砍成的杈状，以此来与支撑梁联结起来，形成了脊梁和檐梁上下架的联结。

（4）安装。在主柱和次柱安装好金字斜梁及横梁后，上、下横梁连接，房屋雏形框架基本完成。

房草盖房

（5）盖顶。以小木条或者竹子搭构框架，用藤条捆成方格网，方格网一般只有0.15米×0.25米，整个方格网从屋脊顺着斜梁方向一直延伸到墙的下面，形成一个完整的屋盖与檐墙合一的半圆搭似船篷倒扣形状。然后把事先编制的茅草片一块一块举上房顶，从下到上一层覆盖一层，一直盖到屋顶为止，覆盖的厚度约有 0.02 ~0.03 米。

(6) 墙围。按房屋的大小，事先留有门窗。在柱的周围用竹子编围起来绑紧，然后用稻草截成几段放进泥巴中混合，涂上墙围，起着加固、防止漏光、遮风挡雨等作用。

(7) 安装事先编好的竹门或者木板门。

(8) 用泥土混合草木灰或者水泥材料制成平面地板。

(9) 按照传统的布局，确定位置，进入居住。

以上九个工序完成之后，一间干栏式船形茅草房屋便宣告建成。一间房屋建成后，房主便要杀鸡宰猪宴请全村人庆祝新房落成。

随着自然环境的变化和黎族社会生活水平的提高，以及与汉文化交往的不断增加，黎族的干栏式船形茅草房屋给人们的生产生活带来了诸多的不便。同时为了节约木材，黎族的民居和建筑方式，逐渐从干栏式船形茅草房屋向落地船形屋的过渡，从干栏式屋顶的金字形架，向水泥平顶房或者楼房的过渡。过去的低船形屋一般从高到低，一直低到楼下不再养牲畜了，建造干栏船形房屋，从楼下养牲畜改变为主要防潮避水，沿海的黎族地区与汉族交往较频繁，他们最早吸收汉文化的架床而寝，避免地面潮湿。这样，黎族的干栏式船形屋就演变为落地船形屋。再说原来的船形茅草房屋，没有设置窗口，房屋不再悬空，通风透气以及采光单靠前门和后门，这样房屋里面比较阴暗，因而黎族在建造时横向西侧就升高，演变成为檐墙，将船形屋顶升高起来，这样自然演变成为半船形屋。随着汉族房屋建筑技术的不断传入，黎族地区就开始产生金字架形房屋，而且是从沿海地区到山区的演变。落地的船形屋，又逐渐被金字形架的房屋顶屋和土块砖瓦、水泥所代替。建筑面积从 30 ~ 40 平方米，向 80 ~ 100 平方米扩大。改革开放以后，特别是海南建省办经济特区以来，从沿海地区房屋建筑的金字形瓦房，又发展为平顶房或者楼房，成为新型的、具有民族特色的社会主义新农村。

(三) 特殊茅草屋

黎族特殊茅草房屋，主要是指隆闺、谷仓、山寮、晒稻架、牛栏、猪栏和土地庙等。黎族的居民除了在村落普遍建造的干栏式船形茅草房屋外，还有一些特殊建筑物散布在村庄的旁边。这就是我们上面所说的隆闺、谷仓、山寮、晒稻架和土地庙等。隆闺也称闺房，或者寮房亦或者布隆闺，隆闺是黎语的叫法，意思是只住人不设火灶的小房子。按照黎族的风俗习惯，孩子和父母一起生活到十三四岁后，就要搬到隆闺去居住，不再和父母一起住。黎族隆闺有男女之分、大小之别，女子住的叫做姐妹隆闺，男子住的叫兄弟隆闺。小的只住一个人，大的可以住四五个人。历史上隆闺为黎族青年男女由相识到定情的小房子。清张庆长在《黎歧纪闻》中就有简述：（黎族青年）“男女未婚者，男弹嘴琴，女弄鼻箫，交唱黎歌，有情意投合者，男女各渐进凑一对，即订配偶。其不合者，不敢强也。”可知隆闺的作用。隆闺的式样比一般住房矮小，房屋一般不设间隔，面积只有 4～5 平方米，仅开一个非常小的门，没有窗口。它是一个家庭有孩子长大后作为住房空间的延伸和补充。隆闺一般筑在家室的旁边和村子里的周围，是构成一个村寨要素的一部分。黎族居于山区，人口稀少，居住分散，一家一户从事田间作业，黎族青年男女长时间劳动耕作，平常各住各家，各在各村，很难有机会接触，更谈不上认识和了解。隆闺的建造打破了这种隔绝，突破性地弥补了青年男女缺少认识机会的缺陷，让黎族青年男女分别住进隆闺，男子白天劳动晚上夜游外村女青年的隆闺，其目的是交朋寻友。从对话、对歌到增进感情和友谊，从认识到谈情说爱，直至青年男女选择到称心如意的对象并结婚生儿育女。隆闺可谓是黎族青年男女交往、认识、建立感情的地方。所以说，隆闺是适应黎族青年男女的一种特殊生活习俗的特殊住房。

兄弟隆闺

还有一种散落在村庄周围的小房子，这是黎族人专门用于贮藏稻谷的谷仓，谷仓是不能住人的。它的面积不大，约有 3～5 平方米，一般长 2.5～3 米，宽 1.2～1.6 米，高 2 米，建在村外围的四周，与住屋隔开。这样易防火、防潮。经调查，在黎族地区特别是海南岛西部哈方言和美孚方言区的黎族至今仍然把谷仓建在村落的外围。这是因为黎族所居住的房屋都是茅

黎族谷仓

草房屋，易失火，将谷仓建在村落的外围即使村里失火，粮食也不会被烧掉。有了粮食，生活就会有保障，加上黎族传统的贮藏方法多数是以贮藏整个成熟稻穗为主，占用空间大，不宜储存在家中，影响住房空间。

四、要传承创新，推动特色民居文化的发展

国家在《国民经济和社会发展第十二个五年规划纲领（草案）》中提出，坚持社会主义先进文化方向，弘扬中华文化，建设和谐社会，发展文化事业和文化产业，满足人民群众不断增长的精神文化需求。充分发挥文化引导社会、教育人民、强化本民族的文化意识、推动文化发展的功能，增强民族的凝聚力和创造力。黎族船形茅草房屋的建筑风格是被世界认可的特色民居，是黎族祖先留下的特色文化遗产，是一笔不可多得的财富，必须继续留给子孙后代。

（一）保护原生态民居

黎族干栏式船形茅草房屋，建筑主体采用树木结构框架，墙围为泥巴涂竹木，建筑工艺采用镶榫槽衔接，主柱和次柱、梁与梁的衔接间都利用木铆固定，屋顶用竹和小木条捆成架状并用茅草或葵叶覆盖。整个房屋建筑不需一铁一钉，外观像一条倒扣的船只，这是在中国古代民居建筑中较为少见的。黎族干栏式船形茅草房屋是黎族村民依据坡势而建，村前的梯田鳞次栉比，一层更上一层，椰树、槟榔树亭亭玉立，村寨周边山区草、竹、木葱郁，还有一条小河从村寨奔流而过，鸟语花香，景色迷人。这就是黎族具有特色的社会主义新农村，一派自然生态文化的景象。我们应当保护好、利用好这一特色资源，参与海南国际旅游岛建设，发挥其应有的作用。

（二）建设黎族干栏式船形房屋的文化价值

建设一个具有民族特色的村寨，即一种自然生态文化村寨，是一种保护和传承黎族传统特色文化的方式。特色的民居建筑，与黎族语言、服饰、饮食、习俗、民风、织锦工艺等古朴浓厚的民族风情结合起来，重新塑造一个原古典型村寨。而特色民居建筑突出以民间建筑为重要内容，也是我国古代南方少数民族居住建筑工艺的表现之一，况且一个村落的整体建筑形式较为完整地保存和传承了黎族原古的小农经济生产方式、少数民族风情，民族宗教、民间织锦和干栏式船形茅草房屋，这些都是黎族传统文化，尤其是干栏式船形房屋建筑，它完整地保存了中国南方少数民族的古代建筑方式，我国各种史料记载着这一历史文化。这对于人们探讨海南岛黎族的古代文化历史和传统民居文化，追溯黎族村落的民居历史和建筑工艺，与弘扬中华民族历史文化一样都具有重要的研究价值和保护价值。

（三）对黎族特色民居濒临消失状况的分析

黎族特色民居干栏式船形房屋，是我国55个少数民族当中至今仅存的一个干栏式特色民居生态的建筑方式。随着中国物质文化和社会经济的不断发展与提高，海南省人民政府提出大量消灭茅草房屋的号召，使黎族特色民居受到很大的影响。

（1）黎族特色民居，其原有古老的干栏式船形茅草房屋建设等方面的传统民俗习惯受到影响，并在不同程度上发生新的变化，传统的民族民间历史文化将会逐渐衰弱、淡漠、甚至消失。

（2）黎族特色民居，是黎族最为独特的船形房屋，是一种传统的自发的民间建筑，是黎族农村个人住宅建筑的行为。所建造的传统房子的大小、高低均由黎族村民个人决定，随着汉族民居建筑文化的进入，有个别地方的农户的干栏式船形茅草房屋，改变为金字形用瓦片铺盖，或者平顶水泥地板铺盖，严重影响了干栏式船形房屋整体的建筑风格，而且干栏式船形房屋具有大面积消失的趋势，黎族的特色民居，这一古老的传统建筑文化将一去不复返了。

（3）新中国成立后，由于海南岛军垦的开展，原始森林大量的砍伐，开发种植橡胶、咖啡、茶叶等。加上改革开放社会经济的不断发展，黎族地区周边的山岭原始森林逐渐稀少，传统建筑木料紧缺。社会主义新农村钢筋水泥结构的建筑，将代替传统的干栏式船形茅草房屋的建筑，未来很难保全建造的干栏式船形茅草房屋的原样原貌了。

（4）黎族的干栏式船形茅草房屋的特色民居，其建筑工艺技术传授方式相当脆弱，懂该项技艺的老人越来越少，年轻人没有承接，传统的建筑等技艺将面临后继乏人，建筑干栏式船形茅草房屋将失去它原来的意义。

（5）在房地产商的大力开发，政府土地出让，商品房、经济适用房、酒店、宾馆，遍地开花的情况下，海南岛周边自然生态存在着不同程度的破坏。

五、对特色民居的建议及思考

2010 年年底，海南省人民政府向世人宣布，海南省少数民族人民群众已告别茅草房屋搬进新居，结束了黎族居住干栏式船形房屋建筑的历史。黎族特色民居即干栏式船形茅草房屋的建筑是世界公认的、中国 55 个少数民族当中唯一现存的特色居民文化，是黎族人民群众智慧的结晶。2010 年 10 月 5 日，在英国召开的东、西、南、北四国菱形国际文化建设能力的非物质文化遗产保护的研讨会上，纽卡斯尔大学人文学院院长杰拉德教授和诸多国际专家提出：“中国海南岛黎族船形茅草房屋，是世界上不可多得的非物质文化遗产，必须要保护好。”2010 年 10 月 13 日在非洲蒙巴萨的非洲非物质文化遗产保护中心的会议上各国专家代表一再要求“一定要保护中国海南岛特有的干栏式船形茅草房屋”。因此，笔者认为，在现代文化和传统文化撞碰的当今时代里，特别是进入新世纪的年轻人，与黎族干栏式船形茅草房屋建设文化有一定的距离，国内外专家一再强调和呼吁，保护黎族特色的民居文化，我们理应再建造一个新型特色的民居村落，让民俗民风、织锦艺术保留在民间以传世给后人。

（一）建议

（1）政府要采取有效的措施，保护黎族干栏式船形茅草房屋的民居建筑方式，保护黎族特色村落的小农生产方式以及民俗民风、织锦工艺、饮食文化、生产劳作方式和传统的原始宗教。

（2）对黎族特色民居的船形房屋，需重点保护整个黎族整体村落，保护其原有的黎族村寨的原样原貌。

（3）对黎族干栏式船形茅草房屋建筑工艺进一步挖掘研究，保护、传承和发展，建立新的黎族村寨。

（4）对黎族干栏式船形茅草房屋建筑传承的老人要建立其档案，及对民间艺人要加以培训与提高他们的技艺。

（5）大力宣传。利用新闻媒体等多种形式，扩大对黎族干栏式船形茅草房屋和未来建筑的干栏式船形茅草房屋村寨的宣传，并做好房主户主的工作，建立档案，增强农户对干栏式船形茅草房屋的保护意识，配合做好保护工作。

（6）各级党委和政府要对黎族传统民居的村落和干栏式船形茅草房屋以及周边的自然生态环境进行有效的保护，维护临近村落的山岭、河流、田野、竹林、树木等的原样原貌。

（7）黎族村落具有我国南方少数民族独特的自然生态特征，要保护好黎族村落干栏式船形茅草房屋建筑这一文明生态自然村的本土特征和民族特征。把黎族干栏式船形茅草房屋作为海南省特色民居的村落文化，与民族风情、生活习俗等一起建设成为特色的民居博物馆，并按照海南国际旅游岛建设的计划进行开发，形成一个具有特色民族文化的旅游点、参观点。这样就能促进海南黎族特色民居的发展，使黎族干栏式船形茅草房屋建筑自然生态村落得到科学化、规范化的保护与传承。

（二）思考

2006 年国务院批准海南岛东方市江边白查村的黎族船形茅草房屋为国家非物质遗产保护项目。但从 1992 年开始，省人民政府已关注改善少数民族和贫困地区群众的居住问题。持续 19 年的民族地区农村少数民族茅草房的改造工作，至去年年底，累计帮助 16 万户 80 多万少数民族群众告别船形茅草房屋，搬迁入新居。这一行动，也许会将黎族特色民居干栏式船形茅草房屋建筑变成一个美丽的传说。笔者认为，具有黎族特色文化的干栏式黎族船形茅草房屋是世界公认的、中国唯一现存的特色民居文化，是黎族祖祖辈辈留下的特色历史文化遗产，是世界上不可多得的非物质文化遗产之一。因此，在现代文化和传统文化碰撞的时代里，特别是在新世纪，人们对黎族干栏式船形茅草房屋的认识越来越少，我们能否再建造一个新型的民族村落，来保持黎族传统特色的民居文化和民俗民风？

（1）要设计一个新型黎族特色民居来记录民房改造这一新旧交替的历史。主要是在已经完成现有房屋建筑的前提下进行加工改造，并将传统的黎族花纹图腾雕刻在新建的房屋顶之上，加深民族文化内涵和元素。

（2）在已经建筑完成的金字形瓦房、平顶房、楼房的屋顶增加黎族传统元素和文化符号，民房改造结束后，在新建的房屋上增加在历史上与黎族生活有关的动物、植物等吉祥的文化元素。如北京的“鸟巢”，上海世博会的建筑物等。

（3）《多福》元素的新型想法，其设计方案，由葫芦瓜、布谷鸟、稻穗三个部分组成，葫芦瓜在洪水泛滥的时代，曾拯救黎族祖先，使黎族得以世代繁衍，象征着多子多福，出入平安，设计放在房屋上的中间；布谷鸟的设计放在屋顶的两边，鸟启发人类智慧，是黎族人勤劳、勇敢的象征；稻穗设计放在房屋四周的边角，水稻是人类生存的命脉，有了水稻就有了人类，表示五谷丰盛，人畜兴旺。

（4）利用黎族特色民居的历史文化资源，打造少数民族原生态的理念，海南国际旅游岛建设的重要战略之一就是建设国际经济合作文化交流的重要平台，充分发挥建设黎族特色民居就是打造少数民族原生态文化资源的优势，加上民族音乐歌舞、民俗民风等健康的历史文化元素和民族风情，最终让黎族特色民居成为海南国际旅游岛建设人文旅游资源的第一品牌。

当前海南国际旅游岛建设的国家战略已经全面开展起来了，并在国内、国外成为热点话题。如何建设、如何开发、如何发展黎族特色民居，要依靠我们大家的积极参与和积极投入，群策群力，共同开发，共同建设我们这个美丽的祖国宝岛。在各条战线、各个领域，集思广益，畅所欲言，组织有志之士和有经济实力的集团，共同出谋划策。把众人的智慧集中起来，推动和发展海南国际旅游岛建设的各项发展战略。黎族特色民居的文化建设仅仅是海南国际旅游岛建设发展的一个方面，希望黎族特色民居文化与海南国际旅游岛建设共同开发，共同发展，共同进步。

浅析海南岛黎族饮食文化市场的开发

廖玉玲
（广西柳州二中）

关于饮食文化的定义，学术界尚未达成共识。华英杰等编著的《中华膳海》表述为：“指饮食、烹饪及食品加工技艺、饮食营养保健以及以饮食为基础的文化艺术、思想观念与哲学体系之总和。”[①] 饮食文化研究专家赵荣光先生认为：“饮食文化，是指食物原料开发利用、食品制作和饮食消费过程中的技术、科学、艺术，以及以饮食为基础的习俗、传统、思想和哲学，即由人们食产生和食生活的方式、过程、功能等结构组合而成的全部食事的总和。”[②] 学者王学泰认为：“饮食文化主要是指饮食与人、人群的关系及其所产生的社会意义。”[③] 徐海荣主编的《中国饮食史》中认为：“中国饮食史是一个多层次的结构体系，包含了物质和精神两大层次。具体来说，饮食文化主要包括以下内容：①饮食资源；②饮食制作；③饮食消费；④饮食器具；⑤饮食礼俗；⑥饮食方式；⑦饮食卫生；⑧饮食文艺；⑨饮食思想；⑩饮食文献；⑪饮食文化交流等等。”[④] 由上述可见，学界对饮食文化阐述的角度和方式不尽相同，但有一个不谋而合的共同点，即强调饮食文化的内涵非常丰富，包括与饮食有关的物质层面和精神层面的所有内容。本人基本赞同上述学者的观点，笔者认为饮食文化兼具物质文化和精神文化双重特性，不仅包括食物种类、烹饪方法、饮食器具、食品的市场开发等，还包括饮食中所反映的人文精神，如民族性格、民族心理特性等诸多方面的精神文化内涵。

---

① 华英杰、吴英敏、余和祥：《中华膳海》，哈尔滨出版社，1998 年，第 10 页。

② 赵荣光：《中国饮食文化史》，上海人民出版社，2006 年，第 2 页。

③ 王学泰：《中国饮食文化史》，广西师范大学出版社，2006 年，第 7 页。

④ 徐海荣：《中国饮食史》卷 1，华夏出版社，1999 年，第 12 页。

饮食文化内涵丰富，它是民族文化不可或缺的一部分，贯穿了人类社会物质、精神与制度文化产生和发展的整个过程，是社会文化心理的直接反映。我们通过对饮食文化的研究，可以窥见一个国家、一个地区、一个民族的物质文化和精神文化状况。近二十多年来，随着文化热的兴起，饮食文化研究受到越来越多学者的推崇和关注。关于黎族饮食文化的研究，已有几部著作和几篇论文涉及这方面的探讨。现有研究成果，比较注意从食品的某一方面进行探讨，或者从黎族饮食生活的类别、制作过程等方面进行简单描述。[①] 黎族是海南岛最早的世居民族，其饮食文化历史不仅悠久，而且与海洋文化联系紧密，具有鲜明的热带海岛文化特征。整理和研究黎族饮食文化，有利于丰富整个环北部湾地区饮食文化的内涵；在当今中国——东盟自由贸易区启动、“泛北部湾经济圈”构建的背景下，对未来的黎族饮食文化发展具有一定的借鉴意义。本文立足于历史学考察，把实地调查和历史学的有关成果有机结合，力图对海南岛黎族饮食文化市场的开发加以阐述，从中窥测黎族饮食文化市场开发的状况，为未来的黎族饮食文化发展寻求更好的途径。

一、黎族饮食文化资源的成因

黎族饮食文化资源种类丰富，既有种类多样的米饭、蔬菜和热带的特色水果，酒、茶、槟榔、鱼茶、肉茶等民族嗜好品，又有丰富的动植物资源。黎族饮食文化资源的形成，既受其居住的地理环境影响，又受社会环境影响，同时还受传统因素影响。正如专家们所说的：“各民族的饮食是由本民族所从事的主要生产部门决定的，同时也受社会生产力发展水平的

---

① 王学萍：《中国黎族》，民族出版社，2004 年；鲁克才：《中华民族饮食风俗大观》，世界知识出版社，1992 年；陈佩：《黎族的酿酒技术及酒器》，《南方文物》2004 年第 4 期；陈睿：《简述海南黎族槟榔文化》，《海南省民族博物馆馆刊》（内部资料）2005 年第 1 期；黄友贤：《黎族饮食中的食疗功能》，《海南省民族博物馆馆刊》（内部资料）2005 年第 1 期；周智武：《海南岛的开发与黎族饮食文化的发展》，《中国科技信息》2005 年第 14 期；汉霞：《从海南地理看黎族风俗文化》，《社会》2005 年第 1 期；罗文雄：《黎族酒文化考析》，海南省民族研究所：《越过山顶的铜锣声》，云南民族出版社，2006 年，第 24～38 页；廖玉玲、廖国一：《当代黎族饮食文化的基本特征及其成因》，《南宁职业技术学院学报》2007 年第 3 期。

影响。由于生产活动受自然环境的制约，而吃什么、不吃什么又受信仰习俗的影响，所以自然环境和传统观念也是影响饮食的重要因素。”①

海南岛的自然地理环境及黎族居住的地理格局对黎族饮食文化资源的形成产生了重要的影响。海南岛地区独特的地理位置、得天独厚的气候条件、复杂多样的地形、资源丰富的河流与海洋，为黎族饮食文化的丰富多样提供了优越的自然条件。黎族居住的地理特点——相对集中而又与汉族接壤的地理格局，使五指山腹地的黎族饮食文化依然保持着较浓厚的民族传统；外围地区黎族饮食文化市场化的趋势尤为突出。社会环境的变化，对其饮食文化资源的构成亦产生深刻的影响。改革开放和1988年海南岛经济特区的设立、政府的各项积极措施，为海南岛经济文化的发展变化注入巨大活力，使黎族饮食文化自觉或不自觉地发生了显著变化。此外，经过黎族人民自身的不懈努力，经济条件的改善，生活水平的提高，居住条件的变化，这都使得饮食文化发生了变化。随着海南岛旅游业的发展，黎族地区的外来人员增多，黎族与外界民族交往的加深，也在一定程度上加快了黎族饮食文化走向市场的步伐。

此外，黎族的传统文化习俗对其饮食文化的形成亦产生重要影响。由于地理环境、社会环境和民族传统文化等因素的影响，海南岛黎族在长期的历史发展过程中，广泛吸收其他民族的饮食文化，同时也保持、发展了自身的饮食文化特点。迄今为止，海南岛黎族饮食文化的发展，总体上是由简单走向多样化、健康化、市场化，这有利于黎族地区社会经济文化的发展。近二十多年来，虽然黎族饮食文化市场的开发利用取得了一定成功，但是黎族饮食文化市场开发的力度和广度远远不够，因此我们需要全面地分析当前黎族饮食文化市场开发的优势和劣势，提出切实可行的开发利用黎族饮食文化的方案。

二、黎族食品走向市场的成功案例

改革开放以来，在政府的引导和支持下，黎族人民根据市场需要，积

① 徐万邦、祁庆富：《中国少数民族文化通论》，中央民族大学出版社，1996年，第87页。

极主动生产各种食品，开展“多位一体”的食品销售经营模式，成功地将不少食品打入市场，提高了黎族家庭的经济收入，改善了生活水平。

（一）蔬菜、瓜果的大量外销

黎族人民利用海南岛独特的自然地理环境，生产出许多适销对路的热带、亚热带蔬菜水果。据《中国黎族》记载，1980年以来，黎族地区每年平均出口的反季节瓜菜都在5 000吨左右，出口的瓜菜品种也逐年增多，品种有十多个；三亚市还大力发展海洋产品出口，主要出口的水产品有石斑鱼、章红鱼、海蜇等十多种；1985年以来，琼中县外贸公司先后投资359万元，建起了香茅、咖啡、红江橙、胡椒、槟榔、益智和淡水养殖基地400多公顷，仅1987年，这些基地就为外贸出口提供了300多万元的货源。[①] 2001年黎族地区蔬菜种植面积达52 101公顷，总产量944 465吨。瓜菜种植面积9 192公顷，总产量212 455吨。黎族地区冬季瓜菜共有200余种，其中许多品种销往岛外。2001年，黎族地区水果种植面积达62 133公顷，总产量698 052吨。其中香蕉18 174公顷，产量570 407吨；芒果26 401公顷，产量76 517吨；龙眼4 337公顷，产量1 084吨；菠萝2 560公顷，产量23 964吨。黎族地区的热带水果生产已逐渐形成基地化、规模化、商品化生产态势。[②] 三亚市槟榔村近年来，由于政府提倡和市场需求的增加，芒果种植逐渐形成规模，不少农户有十多亩芒果树，有的芒果林已开始收获，年收入万元以上，当地的椰子、甘蔗等也主要用于出售，另外，该村的蔬菜种植几乎完全出于外销的目的。[③] 在琼中县番响村，常卖的农副产品有：香蕉、芒果、黄皮果、荔枝、龙眼、竹笋、地瓜、瓜菜（白菜、豆角、茄子等）、益智、砂仁、橡胶片、甘蔗、槟榔、椰子、鱼、猪、鸭、黄牛、水牛、竹子、田螺等，还有稻谷、大米、木薯。在乐东县头唐村，目前具有一定规模的热带经济作物，包括香蕉（2006年全村种植香蕉的农户有十多户，种植面积约50亩）、芒果、椰子、槟榔等。[④] 另外，

---

① 王学萍：《中国黎族》，民族出版社，2004年，第327页。

② 王学萍：《中国黎族》，民族出版社，2004年，第293～294页。

③ 海南省民族学会：《黎族田野调查》，2006年（内部资料），第3～5页。

④ 海南省民族学会：《黎族田野调查》，2006年（内部资料），第112～232页。

黎族地区的野菜，如雷公根、白菜花、蕨菜、鸭拓草、野芹菜、山竹笋、莉嫩、桄榔、鸭脚粟、狗尾粟等也经常出现在市场上。

（二）槟榔外销数量多

近二十多年来，海南岛黎族地区槟榔外销的数量迅猛增长。改革开放以来，海南岛种植槟榔最多的是陵水、三亚、琼海、琼中、定安、屯昌、保亭、万宁等县市的山区，这些县市成为黎族槟榔外销的主要地区，每年槟榔销售给黎族人民带来的收入占总收入的比重很大。因种值槟榔树太多而在三亚市出现一个以槟榔命名的黎族村庄——槟榔村，目前该村的槟榔大部分用于外销。槟榔成为当地的主要经济作物，各农户都在自己的房前屋后、园地里种植槟榔，多的有几百株，少的有 100 多株。槟榔主要用于销售，一颗槟榔果交给收购商的价格大约 0.3 元。保亭县毛林村种植了很多槟榔树，种植的槟榔大多数用于销售，一斤槟榔 1 ~ 5 元不等，槟榔干 15 ~ 40 元不等。牙模村近年种植 300 株槟榔树，全村委会有槟榔 29 亩，每亩 100 株，总收入大约 52 200 元。[①] 槟榔在成为黎族人民经济收入的重要来源的同时，也满足了广大外界人士的需求。

（三）竹筒饭逐渐走入市场

改革开放以来，在食品外销的行列中，竹筒饭渐渐走向市场。黎语称竹筒饭为“眉万”，它是黎族不用锅而用竹筒煮成的一种有民族特色的米饭。笔者于海南岛五指山地区调研的过程中，得以参观黎族竹筒饭的制作过程。竹筒饭的制作方法是用竹子的一节，装进适量的米和水，利用野生叶子或芭蕉叶堵住封口，利用石头架住竹筒在火堆边沿翻烤各部位，直到闻到一股饭香味为止。待竹筒内的米烤熟后，再用刀除去竹筒外表已烧焦的竹皮，清香味美的竹筒干饭便制作完成。如今已可根据个人口味配上瘦肉、香料和适量食盐拌匀填入竹筒烧制。[②] 近二十多年来，随着海南旅游业的发展，黎族人民经常做竹筒饭销售，黎家风味竹筒饭走进宾馆酒店，

---

① 海南省民族学会：《黎族田野调查》，2006 年（内部资料），第 3、36、109 页。

② 番茅村村长口述，采访者：廖国一、廖玉玲、谭滟莎，时间：2007 年 2 月 9 日。

成为宴席上的一大名牌美食，广受客人欢迎。① 文献记载，在昌江县，20 世纪 80 年代后民间竹筒饭成为旅游食品。② 2007 年 2 月份，笔者于海南岛五指山市调研期间，入住五指山宾馆，就发现有黎族的竹筒饭销售。笔者在调研过程中，品尝了有名的黎家竹筒饭，饭质松软，味道香美，让人回味无穷。

（四）“多位一体”的食品销售经营模式效果明显

随着市场经济的发展，黎族人民充分利用各种条件，想方设法，打造出以多种食品经营为一体的食品销售模式。笔者在五指山市调研期间，到冲山镇番茅村一家私人养殖场采访，场主把酿酒、养猪、养鱼、做竹筒饭完美结合，成为“四位一体”的经营场地。用酿酒（黎家糯米酒）后的酒糟喂猪和鱼。一斤酒 5 元钱，主要出售给宾馆。一年养两至三批猪，每头猪的重量可达 100 ~ 200 多斤，每年出栏 100 头猪左右。养鱼用于做鱼茶出售，鱼塘一年收入约 3 000 ~ 4 000 元。同时，还兼做竹筒饭销售，平均每两天做一次竹筒饭出售。年总收入可达 8 万元左右。又如，福关村的村支部书记的妹夫，目前已成为村里养猪酿酒专业户。一次出栏的猪大概有 16 头，3 个月出栏一次，大约 50 头，一年成本 5 万元，一头猪的毛利润 360 元，年总利润 18 000 元。同时，一年煮酒 50 多次，一次 1 000 斤，一斤卖 2. 5 元，毛利润一斤 1. 5 元，每年毛利润总额 70 000 元以上。③

上述材料不仅说明黎族饮食文化商品化程度的不断加深，饮食的商业作用更引起黎族人民的注意，用它来赚钱，成为一些黎族家庭经济收入的重要来源之一。还表明了黎族食品在中华民族饮食文化中的地位日益增强，受到海南岛内外人士（既有国内，亦有国外）越来越多的认可和欢迎，黎族食品逐步走向市场化。

---

① 海南省乐东黎族自治县地方志编纂委员会：《乐东县志》，新华出版社，2002 年，第 767 页。

② 海南省昌江黎族自治县地方志编纂委员会：《昌江县志》，新华出版社，1998 年，第 804 页。

③ 番茅村村长口述，采访者：廖国一、廖玉玲、谭滟莎，时间：2007 年 2 月 9 日。

三、黎族饮食文化市场开发的机遇与挑战

随着时代的发展变迁，各地区经济文化交往日益加强，海南岛的经济文化发展与外界关系日益密切。这给黎族饮食文化的市场开发带来巨大的机遇，同时也面临不少挑战。

（一）黎族饮食文化市场开发的良好契机

当前，海南岛经济文化发展迎来新的契机。随着中国—东盟自由贸易区建设步伐的加快，中央政府对北部湾地区给予了更多的关注和政策支持，海南岛经济文化发展迎来新的契机，海南岛与广东、广西、东盟各国的经济文化交往将更为密切，这为一些具有较大影响力的黎族食品进入两广地区，甚至走向东南亚地区提供了很好的平台。与此同时，随着海南岛旅游业的蓬勃发展，海南成为我国七大重点旅游区之一，为黎族食品的市场开发又提供了一个良好平台。2009 年全国两会期间公布的全国政协人口资源环境委员会《关于海南国际旅游岛建设的调研报告》中指出："建设海南国际旅游岛，是与深圳、浦东、滨海等开发开放具有同样意义的重大举措。"[①] 2010 年 1 月 4 日，国务院发布《国务院关于推进海南国际旅游岛建设发展的若干意见》。至此，海南国际旅游岛建设正式步入正轨。这对海南岛各族人民的经济文化发展将产生积极影响。另外，《五指山市城市总体规划》文件明确提出在五指山城区开设民族特色餐厅，以充分发挥环五指山区域（五指山、保亭、琼中、乐东、白沙）的整体组合效应和联动效应，以信息化推动产业发展，建立南药现代化产业基地、绿色食品产业基地、热带特色农业观光及生产供应基地、生态环保产业链和旅游观光产业链。加强市场分工与组合，防止重复建设，扩大规模效益。[②] 这些政策和措施的贯彻落实，将有效地带动和促进黎族饮食文化的市场开发。

---

① 《国际旅游岛建设正当其时》，五指山市人民政府网，2009 年 4 月 15 日。

② 《五指山以生态旅游立市》，五指山市人民政府网，2008 年 5 月 31 日。

（二）黎族饮食文化市场开发的不利因素

目前的黎族饮食文化市场开发虽然已取得一定成果，但是这些成果只能让局部地区的少部分黎族人民受惠，还有很多黎族人民并没有从饮食文化的市场开发中获得太多经济利益，尤其是居住于五指山腹地的黎族村民。之所以出现上述的情况，是因为黎族饮食文化市场开发存在不利因素。首先，一些黎族地区（如五指山腹地）交通不够便利，加上历史的因素，其食品的市场开发相对滞后。其次，黎族食品与海南岛其他民族食品存在不少的相似性，如槟榔、椰子等热带特色水果、反季节瓜菜，各民族间不可避免地存在食品销售的竞争。另外，在旅游过程中，外来游客对地方风味特色、菜肴质量和卫生状况的要求越来越高，在食品旅游市场化过程中亦将面临激烈的竞争和考验。因此，需想方设法，充分利用各种条件，尽量解决不利因素，进一步拓展黎族饮食文化市场开发的潜力，让更多的黎族人民从饮食文化的市场开发中受益。

四、黎族饮食文化市场化可持续发展的对策

当前，我们需要积极抓住黎族饮食文化市场开发的良好契机，想方设法解决面临的问题，使黎族饮食文化市场化的道路更为顺畅。

（一）继续发挥政府在黎族饮食文化市场开发中的主导作用

在市场经济条件下，政府的主要职能是为社会提供有效的公共服务。改革开放以来，中央政府以宏观调控的手段对地方各级政府进行规划、指导与监督。对如何改善海南岛黎族饮食生活，海南省政府给予了不少关注和政策支持，这有效的促进了黎族饮食生活水平的提高。未来的黎族饮食文化市场的进一步开发利用，依然需要海南省各级政府的积极引导和大力扶持。海南省各级政府可以在充分发挥市场作用的基础上加强对黎族饮食文化市场开发的统筹协调和宏观调控，充分利用政策、经济和法律等手段为黎族饮食文化的市场开发提供足够的发展空间。

1. 宏观指导——提供信息服务

当前，政府的信息服务对黎族饮食文化市场的开发尤为重要。黎族聚

居于海南岛中西部地区，因各种条件的限制，部分地区的黎族人民对饮食文化市场信息了解不够，需要政府提供有效的市场信息，以便根据市场的需求，把适合的黎族食品推向市场。政府应加强对黎族饮食文化资源的调查，同时加强对外界食品需求信息的收集，解决食品供求信息对接的问题，使市场信息在黎族饮食文化市场开发中发挥应有的作用。海南省各级地方政府在知道黎族进行食品生产经营、销售活动时，要强调信息观念，加强信息引导和服务，充分发挥传播媒介和科技部门的作用，力争第一时间为黎族民众提供准确的信息，使信息与生产、市场三者有机结合。开发出适应市场需求的食品，拓展食品的市场化领域、疏通食品的市场化渠道。政府提供及时有效的信息可以降低黎族食品走向市场的投资成本和风险，提高黎族食品走向市场的成功率。

2. 微观支持——加大扶持力度

政府的决策对地方经济文化的发展产生重要的影响。近二十多年来，海南省政府对黎族食品的市场开发给予了不少扶持。例如，在政府扶持下，黎族地区建立了一些反季节瓜菜批发市场，为黎族食品走向市场提供了很好的平台。又如，五指山市把扶贫工作作为重中之重，采取了一系列措施。据不完全统计，2003—2004 年，全市投入各类扶贫资金 6 952.6 万元，其中财政扶贫资金 2 250 万元，主要用于农村贫困地区水、电、道路建设和民房改造、发展生产，使贫困地区面貌有较大改变。[①] 然而，一些居住于五指山腹地偏僻山区的黎族，受地理环境、历史因素的影响，该地区大部分黎族经济相对落后于沿海黎族的经济，需要政府给予更多的政策支持，包括食品市场开发方面。政府可以帮助黎族建立适合的食品市场销售平台，为经济条件较差的黎族地区提供适当的资金支持，引导和鼓励他们将相应的食品打入市场，带动饮食商品经济发展，提高黎族的整体经济收入。

（二）充分发挥黎族在饮食文化市场开发中的主体作用

黎族作为本民族饮食文化的直接体验者，相对于外族而言，更了解本民族的饮食文化资源，更易于发现可以进行市场开发的饮食文化成分，他

① 《2005 年五指山年鉴》，五指山市人民政府网，2008 年 5 月 31 日。

们的意愿和行动很大程度上决定了饮食文化的发展变迁方向，需充分发挥他们在这方面的积极主动作用。黎族人民可主动向政府和对黎族饮食文化感兴趣的专家、学者及相关人士介绍本民族的饮食文化资源，主动参与对饮食文化资源的调查，分析其吸引力和开发潜力。只有了解清楚本民族的饮食文化资源类型，了解其在市场上的竞争力，明确食品开发的可行性、开发的社会影响力，才能把开发的阻力降低到最小，才能有目的地进行开发。只有黎族积极主动了解和挖掘本民族的饮食文化资源，才不会在饮食市场竞争中陷于被动地位，才可能更好地为黎族饮食文化市场开发奠定很好的群众基础。

（三）大力挖掘黎族饮食的文化内涵

旅游业对饮食文化的市场开发起着积极的促进作用，而要使饮食文化吸引更多的游客，则需要充分挖掘他们的文化内涵，以增加游客对食品的兴趣。作为中国旅游大省的海南省，近二十多年来有相当客流量进入海南岛旅游。据统计，2008 年海南省接待旅游过夜人数 2 060 万人次。其中，接待国内旅游者 1 962. 07 万人次；接待入境旅游者 97. 93 万人次。旅游总收入 192. 33 亿元。其中，国内旅游收入 165. 01 亿元，增长 10. 3% 。[①] 在海南省的旅游业中，黎族聚集地区的三亚市是闻名国内外的著名滨海旅游城市，黎族的另一个聚居地区五指山市，也是海南岛的重要旅游地区，每天都有相当一部分的游客进入黎族聚居地区旅游观光。据相关资料统计，2003 年五指山市旅游饭店接待过夜游客 14. 66 万人次[②]，2004 年五指山市旅游饭店接待过夜游客 13. 58 万人次，全市有旅游饭店 6 家。[③] 在旅游过程中，他们很喜欢品尝海南的特色食品，这为黎族食品的旅游市场开发创造了良好条件。近二十多年来，因为旅游业的带动，黎族人民的不少食品成功走向旅游市场，如黎家竹筒饭、椰子、山栏酒、槟榔、鱼茶、五脚猪、黎家土鸡、黎族地区的野菜等。黎族食品中，不少食品有着丰富的文

① 国家统计局海南调查总队：《2008 年海南省经济和社会发展统计公报》，海南省统计局，2009 年 2 月 20 日。

② 《2004 年五指山年鉴》，五指山市人民政府网，2008 年 5 月 31 日。

③ 《2005 年五指山年鉴》，五指山市人民政府网，2008 年 5 月 31 日。

化内涵，但是这些黎族饮食的文化内涵没有得到相应的开发。黎族饮食文化市场化的可持续发展，需要注重对饮食文化内涵的挖掘和利用。以饮食文化为载体，弘扬黎族传统文化，使旅游者在吃中感受黎族传统文化的无穷魅力，从而实现饮食与文化的互动发展，既能带动更多的黎族食品销售，同时又能推动黎族地区饮食文化的传承与发展。我们以槟榔文化和酒文化的内涵为例来说明。

1. 槟榔文化内涵

槟榔具有很好的医药保健功能。槟榔是中国名贵的药材，它具有显著的止泻消滞、除痰息喘、消炎去肿、行气利水的功效，还有治痢、杀虫、固齿的功能。药物学家李时珍称槟榔可“下水肿、通关节、健脾调中、治心痛积聚、疗诸虐、御瘴疠”[①] 等。槟榔在黎族日常生活中享有重要的地位。黎族人民不但喜欢吃槟榔，槟榔在黎族婚俗中亦有重要地位。在黎族婚礼中，说亲、订亲、结婚等过程都离不开槟榔。槟榔在黎族的婚俗过程中是传情达意的中介符号，它是黎族青年由爱情步入婚姻殿堂的见证物，是婚姻过程中必不可少的礼俗媒介。槟榔还是海南岛黎族人民待客的重要食品，黎族把槟榔视为珍贵的食品，用以日常待客，表达黎族人民对客人到来的欢迎。黎族人民可以加大宣传槟榔上述的文化内涵，增加游客对黎族槟榔文化的理解，使他们对槟榔产生更多的好感，购买更多的槟榔，从而推动槟榔的旅游市场开发。

2. 酒文化内涵

酒具有良好的医药保健功能。《本草纲目》“酒”条说：“惟米酒入药用”，曲亦入药，有“合阴阳”之功，为“百味之长”。“火酒”即今蒸馏酒，饮用可以“消冷积寒气，燥湿痰，开郁结，止水泄，治霍乱痢疾、噎膈心腹冷痛、阴毒欲死，杀虫辟瘴，利小便，坚大便，洗赤目肿痛有效”[②]。黎族地区气候炎热，尤其是夏秋两季，日照时间长且照射强度大，使人容易出汗，水分消耗极大，因此，黎族比较喜欢喝酒以补充流失的水分、消除疲劳和恢复体力。其中，山栏糯米酒具有提神解乏、解渴消暑、促进血液循环、舒筋活血的功效，可以预防海南多雨天气造成的风湿麻

---

① （明）李时珍：《本草纲目》卷 31，《果部》，商务印书馆，1930 年，第 14 页。

② 赵荣光：《中国饮食文化史》，上海人民出版社，2006 年，第 127 页。

木、气血不畅等症状。黎族人民自酿的酒种类很多，有山栏酒、玉米酒、番薯酒、木薯酒、芭蕉酒、南瓜酒、山果酒、荔枝酒、槟榔酒等。其中，山栏酒最具本民族特点，是黎族闻名遐迩的迎宾佳酿。酒在黎族的饮食生活中具有非常重要的地位，用黎族的一句俗语说“可以没菜，但不可没酒”。酒是黎族婚俗中的必需品，酒几乎贯穿黎族婚嫁的每一过程，婚礼过程中，饮酒的方式和程序有着鲜明的民族特色，反映出黎族的传统文化和价值观。酒还是黎族待客的重要食物，通过饮酒表达对来客的热烈欢迎。笔者在五指山调研过程中，深切感受到了黎族以酒待客的习俗，席间，黎族人民频频向我们敬酒（山栏糯米酒），并唱山歌，在整个过程中氛围非常热闹，使我深切感受到黎族人民的热情好客。饮食状况不仅仅是吃喝的事情，而且是一个民族文化的反映。从酒在黎族饮食习俗中的运用方式和受重视程度，我们可以窥见，黎族是一个性格豪放、热情好客的民族。面对外来的游客，他们可以向游客们介绍关于酒在黎族日常生活中的各种文化习俗，使游客感受到黎族酒文化的丰富内涵。

黎族的一些传统饮食习俗，如槟榔食俗和酒俗是该民族文化的重要载体，包含着黎族人民深层的文化心理与价值理念，凝聚着黎族人民共同的心理体验和情感共鸣。我们不妨充分挖掘槟榔文化、酒文化等黎族饮食的丰富内涵，让游客亲身体验这些饮食的文化内涵，增加游客对食品的兴趣，有助于增加这些食品的销售产量，同时推动黎族地区旅游业的发展，实现黎族食品市场开发和旅游业发展的“双赢”。

（四）加大宣传和推广黎族饮食文化

现代社会，国际化竞争日益激烈，随着中国—东盟自由贸易区的全面启动，海南岛经济文化的快速发展，会有海南岛其他民族的食品冲击黎族饮食文化市场。因此，海南岛黎族饮食文化在进一步打造自身水平的同时，也必须认识到宣传和推广的重要性。可以充分利用各种媒体和报纸杂志，强化宣传和推广力度。通过各种媒体对黎族饮食文化资源、内涵及其功能进行介绍，加深人们对黎族饮食文化的认识和内涵的理解，增加人们对黎族饮食文化的兴趣。需要打造出像文昌鸡、加积鸭、东山羊、和乐蟹、大洲燕窝、临高乳猪、三亚海蛇等闻名岛内外的海南岛的品牌食品。当前，竹筒饭、山栏酒、五脚猪等黎族食品已经成功走向市场，还需要对这些食品加大宣传力度，提高它们的知名度，从而增加它们走向市场的频率。还要开发更多的具有影响力的黎族特色食品，让更多的黎族食品走出海南岛，走向全国，走向世界，实现黎族饮食文化市场化的可持续发展。

结语

随着中国—东盟自由贸易区的建立和海南国际旅游岛建设发展规划的实施，海南岛各族人民的经济文化迎来了前所未有的发展契机，该地区经济文化正在发生巨大变化。当地政府需积极地引导黎族饮食文化的市场开发，提高黎族饮食文化的知名度和开发力度；黎族人民则要积极主动地弘扬和发展本民族的饮食文化，把黎族饮食文化通过有效的途径推入市场，实现其经济价值，进而带动当地经济的发展。这些黎族饮食文化的发展思路，既能增加黎族人民的经济收入，亦能推动海南岛黎族地区旅游业的发展，更能促进黎族地区社会经济的发展。

试论古代黎族服饰文化的几个问题

白爱萍
（广西师范大学历史文化与旅游学院）

黎族是中国少数民族中的一员，主要聚居在中国的海南省。关于黎族的族源问题，目前学术界普遍的看法是黎族与我国南方古越人有着密切的关系，黎族是由百越民族的骆越一支演变而来的。海南岛在西汉以前为骆越的一部分，而东汉以后，骆越故地土著改称“俚”，海南岛又为俚人的一部分，后来居住本岛的俚人再改称为“黎”。① 我国文献中关于黎族先民的记载，有称作“雕题”、“儋耳”或“离耳”、“穿胸国”或“贯胸国”、“骆越”、“蛮”或“蛮夷”、“俚”、“僚”及“俚僚”并称。“黎”作为一个族称最早见于唐代文献里。唐后期曾任广州司马的刘恂在其《岭表录异》中有“儋、振夷黎，海畔采（紫贝）以为货”② 的记载。黎族作为一个普遍的专用族称是在宋代以后，宋代以后的历史文献中均有“黎”的名称。

在黎族璀璨的民族文化中，黎族服饰是黎族民族文化的重要组成部分。黎族服饰也是中华民族服饰文化宝库中的一颗夺目明珠，独具自己民族的款式风格，对古代黎族服饰进行研究，分析古代黎族服饰的文化特征及内涵，可更好地探寻黎族的民族文化及传承与保护黎族传统服饰。

一、古代黎族服饰的文化特征

服饰，是人类日常生活的物质必需品。它包括人的衣、裤、裙、帽、

① 王学萍：《黎族史》序，引自吴永章：《黎族史》，广东人民出版社，1997 年，第 4 页。

② （唐）刘恂撰，鲁迅校勘：《岭表录异》，广东人民出版社，1983 年，第 29 页。

手套、腰带等服装以及人体外部的首饰、文身等一切装饰。

古代黎族服饰历史悠久，在远古时期，黎族先民就学会了制作服饰。黎族服饰的始祖是树皮布。在海南岛新石器文化遗址中，有大量陶纺轮、石环、石珠、陶耳坠等物出现，表明当时人们能制作各种形式的装饰品，且已懂得手工制布且已从事纺织。[①] 在海南省三亚市英卅乡古楼村临海的沙丘、通什市西北一带的小山丘上、琼中县境内以及文昌县两边坡和昌田坡等旧石器遗址都曾出土过陶器纺轮。[②] 在海南省昌江黎族自治县洪玛坡遗址（太坡镇尼下村东 2 公里的洪玛坡）还发现有新石器时代的有肩石拍，另外在陵水县、白沙县也发现了石拍。[③] 这些出土的文物表明，在远古时代，海南岛就有了制作服饰的工具，黎族先民已懂得使用石拍工具制作原始服饰树皮衣。

秦汉以后，随着社会的发展，黎族先民的服饰得到了不同程度的发展。秦汉以来，黎族先民的服饰可谓形式独特、五彩斑斓，黎族男女服饰在衣饰、头饰以及身体的装饰等方面都有着民族自身的文化特征。

（一）喜着短衣、筒裙

据历史文献记载，古代黎族先民普遍喜爱穿短衣、筒裙。《汉书》中记载："自合浦徐闻南入海，得大州，东西南北方千里，武帝元封元年（前 110）略以为儋耳、珠崖郡，民皆服布如单被，穿中央以贯头。"[④] "贯头" 即贯头衣，穿时从服布中的洞由头贯之。汉代儋耳、珠崖郡民穿的贯头衣应是后世黎族筒裙服饰的最初形态。《后汉书》中载："凡交趾所统，虽置郡县，而言语各异，重译乃通……以布贯头而著之。"[⑤] 东汉时，交趾一带普遍存在穿贯头衣服的现象。三国时期，仍然流行穿贯头衣。《三国

① 高泽强：《海南岛树皮布历史渊源》，《广西民族研究》2007 年第 2 期。

② 王海平：《海南新石器时代考古的发现与研究》，《海南师范学院学报》1990 年第 1 期。

③ 周伟民：《树皮布石拍的民族学解读》，《寻根》2004 年第 2 期。

④ （汉）班固撰，（唐）颜师古注：《汉书》卷 28，《地理志》，中华书局，1962 年，第 1670 页。

⑤ （宋）范晔撰，（唐）李贤等注：《后汉书》卷 86，《南蛮西南夷列传》，中华书局，1962 年，第 2836 页。

志》记载当时交、广一带“山川长远，言语同异，重译乃通，民如禽兽，长幼无别……贯头左衽”[1]。

至唐宋时期，黎族的衣饰得到了进一步的发展。此时，黎民的衣服已由贯头衣发展为筒裙。《旧唐书》中云：“南平僚者，男子左衽，妇人横布两幅，穿中而贯其首，名曰‘通裙’。”[2]《新唐书》也有相似的记载：“南平僚，妇人横布二幅，穿中贯其首，号曰‘通裙’。男子左衽。”[3] 由此可见，到了唐代，黎族先民“僚”服饰已不再是单一的贯头衣，而是出现了男女区别的现象。在黎族先民中，男子喜穿衣襟向左掩的“左衽”，妇人则喜爱穿“通裙”（即现在的筒裙）。宋范成大的《桂海虞衡志》载：“黎，（男）腰缭花布。妇人衣裙皆五色吉贝，无袴襦，但系裙数重，制四周合缝，以足穿而系之。”[4] 周去非在其《岭外代答》中亦记载海南岛上的黎族男子“裸袒，而腰缭吉贝……亦有著短织花裙者”。黎族的妇女“衣裙皆吉贝，五色烂然。无有袴襦，徒系裙数重。裙制：四维合缝，以足穿之，而系诸腰”[5]。赵汝适著的《诸蕃志》中也载海南黎族“下裳男子用布缦，女子用裙”[6]。由上述材料可知，宋时，黎族男子的服饰较为简单，仅在腰前缠绕吉贝或花裙。妇女的衣裙则较为复杂，不仅出现了“五色烂然”、色彩鲜艳的服饰，且在服装材料、形式上，黎族妇女还懂得采用吉贝作材料，通过“四维合缝”的方法制成由脚穿入的花筒裙。但在宋时，树皮衣服仍在黎族中存在，《太平寰宇记》中记载：琼州“生黎，巢居洞深，绩木皮为衣，以木棉为毯”[7]。

---

① （晋）陈寿著，（宋）裴松之注：《三国志》卷53，《吴书·薛综传》，中华书局，1962年，第1251页。

② （后晋）刘昫等：《旧唐书》卷197，《南蛮西南蛮》，中华书局，1975年，第5277页。

③ （宋）欧阳修、宋祁：《新唐书》卷222，《南蛮下》，中华书局，1975年，第6325页。

④ （宋）范成大撰，严沛校注：《桂海虞衡志校注》，广西人民出版社，1986年，第170页。

⑤ （宋）周去非著，杨武泉校注：《岭外代答校注》，中华书局，2006年，第71页。

⑥ （宋）赵汝适原著，杨博文校释：《诸蕃志》，中华书局，1996年，第217页。

⑦ （宋）乐史：《太平寰宇记·岭南道十三》，《四库全书·史部》，上海古籍出版社，1987年，第470册，第568页。

明清时期，黎族男女喜欢穿花布衣、花筒裙。明顾岕在《海槎余录》中载："黎俗男女身穿花厚布衣。"[1] 明田汝成的《炎徼纪闻》载："黎妇人戴箬笠襕衣，有裙而无袴。以色丝和吉贝、杂织为锦。"[2] 这一时期，黎族筒裙称为"黎筒"。清顾炎武在《天下郡国利病书》中记载明代黎族"男子著短衫，名为黎桶（筒），腰前后两幅，掩不至膝，两腿俱露。妇女亦著筒裙，下围花缦"[3]。可见，宋时男子在腰前缠绕的花裙在明代称"黎筒"。此外，该书还记载了黎筒是用树皮布做成的，"黎人短衣名黎桶（筒）或即树皮布所制"。[4] 清代屈大均《广东新语》一书对"黎桶（筒）"记载翔实，书中载："妇女率着黎桶（筒）。以布全幅，上与下紧连，自项及胫不接续，四面合缝，以五色绒花刺其上。裙衩作数百细摺，用布至十余丈。长不能行，则结其半于腰间，累累如带重物。"[5]《皇清职贡图》一书中"琼州府黎人"条则载："男短衣至膝，下体则以布两幅掩其前后而已。黎妇服绣吉贝，系花结桶（筒）。桶（筒）似裙面四周合缝，长仅过膝。"[6] 可见，明清时期，黎族男子流行穿短衣、筒裙，黎妇仍然盛行穿筒裙。

（二）椎髻跣足

椎髻跣足是古代黎族具有的服饰文化现象。"椎髻"即把头发绑在头上，结成类似锥形的发髻，发髻既有髻于头首的，也有髻于头后的。跣足，就是光脚的意思。

据《后汉书》记载，当时南方地区交趾所统辖之处有"项髻徒跣"[7]之俗。"项髻"即为髻于项上，这一习俗也应在黎族先民聚居的地区出现

---

① （明）顾岕：《海槎余录》，中华书局，1991 年，第 6 页。

② （明）田汝成：《炎徼纪闻》，中华书局，1985 年，第 63 页。

③ （清）顾炎武：《天下郡国利病书 · 广东》，《四库全书存目丛书》编纂委员会：《四库全书存目丛书 · 史部》，齐鲁书社，1996 年，第 172 册，第 604 页。

④ （清）顾炎武：《天下郡国利病书 · 广东》，《四库全书存目丛书》编纂委员会：《四库全书存目丛书 · 史部》，齐鲁书社，1996 年，第 172 册，第 604 页。

⑤ （清）屈大均：《广东新语》卷 7，《人语》，中华书局，1985 年，第 240 页。

⑥ （清）傅恒等：《皇清职贡图》卷 1，辽沈书社，1991 年，第 368 ~ 369 页。

⑦ （宋）范晔撰，（唐）李贤等注：《后汉书》卷 86，《南蛮西南夷列传》，中华书局，1962 年，第 2836 页。

过。《三国志》中也记载交、广一带“椎髻跣足”[1]。唐代，在黎族先民“僚”中，普遍存在着椎髻跣足。《旧唐书》中载：“南平僚者，男子露发徒跣；妇人，其人美发，为髻鬌垂于后。”[2]《新唐书》也载：“南平僚，妇人美发髻，垂于后。男子露发，徒跣。”[3]

到了宋代以后，黎族不仅保持着椎髻跣足的习俗，而且还对发髻有了审美意识，喜欢用色布、银钗、鸡毛、梳子等装饰发髻。据《太平寰宇记》载，琼州黎族男子“鬡发，首插梳”[4]。《桂海虞衡志》中记载海南黎族“（男）皆椎髻跣足，插银铜锡钗；妇人高髻，钗上加铜环”[5]。《岭外代答》亦详细记载海南岛上的黎族头饰，该书载：“黎装椎髻、徒跣、裸袒，首或以绛帛綵帛包髻，或戴小花笠，或加鸡尾，而皆簪银篦二枝……黎族的妇女高髻。”[6]《诸蕃志》也载：海南“其人椎髻跣足，插银铜锡钗”[7]。由材料可见，宋代黎族头部装饰多种多样，反映了黎族对美的追求。

明清时期，黎族地区仍重视头部的装饰。《天下郡国利病书》载：“男子髻堆额前，用牛骨为簪拴之，饰以鸡毛。妇女髻垂。”[8]《广东新语》中载：黎人“当额作髻，髻有金银钯或牛骨簪，其纵插者生黎也，横插者熟黎……妇女椎髻大钗，钗上加铜环”[9]。《皇清职贡图》中记载：“男椎髻

---

① （晋）陈寿著，（宋）裴松之注：《三国志》卷53，《吴书·薛综传》，中华书局，1962年，第1251页。

② （后晋）刘昫等：《旧唐书》卷197，《南蛮西南蛮》，中华书局，1975年，第5277页。

③ （宋）欧阳修、宋祁：《新唐书》卷222，《南蛮下》，中华书局，1975年，第6325页。

④ （宋）乐史：《太平寰宇记·岭南道十三》，《四库全书·史部》，上海古籍出版社，1987年，第470册，第568页。

⑤ （宋）范成大撰，严沛校注：《桂海虞衡志校注》，广西人民出版社，1986年版，第170页。

⑥ （宋）周去非著，杨武泉校注：《岭外代答校注》，中华书局，2006年，第71页。

⑦ （宋）赵汝适原著，杨博文校释：《诸蕃志》，中华书局，1996年，第217页。

⑧ （清）顾炎武：《天下郡国利病书·广东》，《四库全书存目丛书》编纂委员会：《四库全书存目丛书·史部》，齐鲁书社，1996年，第172册，第604页。

⑨ （清）屈大均：《广东新语》卷7，《人语》，中华书局，1985年，第240页。

在前，首缠红布。黎妇椎髻在后，首蒙青帕。”[①] 可见，色布、鸡毛、金银、牛骨、银钗等仍是黎族喜爱的头部装饰品。此外，黎族还喜欢用帽、笠等装饰头部。《海槎余录》中载：“黎俗男女露腿赤足，头载漆帽，傍赘尺许雉毛二茎。”[②]《炎徼纪闻》载：“黎人男子椎髻，妇人带篛笠。”[③]《广东省琼州府志》中也载：琼州一带“乡村妇女出入用藤笠盖头，系用治珠五者穿系为饰，至若远乡妇女，妆饰皆从俚俗，遐落樵佃，尚椎髻”[④]。由此可知，椎髻跣足普遍存在于各朝代黎族中。

（三）喜戴耳坠、文身

在古代，黎族有戴耳坠、纹饰身体的习俗。关于黎族先民戴耳坠的习俗，《后汉书》记载：“珠崖、儋耳二郡在海州上，东西千里，南北五百里。其渠师贵长耳，皆穿縋之，垂肩三寸。”[⑤]《旧唐书》载：“南平僚者，以竹筒如笔，长三四寸，斜贯其耳，贵者亦有珠珰。”[⑥]《新唐书》中也记载：“南平僚，竹筒三寸，斜穿其耳，贵者饰以珠珰。”[⑦] 足见黎族先民耳坠特大，能垂其耳。

宋代的历史文献中有许多关于黎族先民戴耳坠的记载。《太平寰宇记》中载：琼州黎族“女穿耳垂环”[⑧]。《桂海虞衡志》、《岭外代答》以及《诸蕃志》等书籍中也记载了海南岛上的黎族妇女戴耳坠的现象，如“黎妇人

---

① （清）傅恒等：《皇清职贡图》卷1，辽沈书社，1991年，第368～369页。

② （明）顾岕：《海槎余录》，中华书局，1991年，第6页。

③ （明）田汝成：《炎徼纪闻》，中华书局，1985年，第63页。

④ （清）明谊修，张岳松纂：《广东省琼州府志》卷3，《舆地·风俗》，（台北）成文出版社，1967年，第60～61页。

⑤ （宋）范晔撰，（唐）李贤等注：《后汉书》卷86，《南蛮西南夷列传》，中华书局，1962年，第2835页。

⑥ （后晋）刘昫等：《旧唐书》卷197，《南蛮西南蛮》，中华书局，1975年，第5277页。

⑦ （宋）欧阳修、宋祁：《新唐书》卷222，《南蛮下》，中华书局，1975年，第6326页。

⑧ （宋）乐史：《太平寰宇记·岭南道十三》，《四库全书·史部》，上海古籍出版社，1987年，第470册，第568页。

耳坠垂肩”[①]、“耳带铜环，垂坠至肩”[②]、“海南妇人加铜环，耳坠垂肩”[③]等等。

喜戴耳坠不仅在黎族妇女中普遍存在，在黎族男子中也有出现。《天下郡国利病书》中记载了明时黎族“男子缀耳以银环”[④]。清代《广东新语》载：黎族“妇女耳坠垂肩”[⑤]。《皇清职贡图》中载：琼州黎人“男耳垂铜环”[⑥]。

文身，在史籍中称为“雕题”。文身，即在人的皮肤上用尖利之器刺刻图案，使色素渗入皮下，留下永久性花纹。由于颜料以墨色为主，如墨行文，亦称“文身”，或称“黥”、“扎青”、“雕题”等。黎语称文身为“打登”、“登欧”、“横欧”等。[⑦] 先秦时期，黎族先民就有文身的人体装饰。据《山海经》中“海内南经”记载：“伯虑国、离耳国、雕题国、北朐国，皆在郁水南。郁水出湘陵南海。”[⑧] 早在20世纪30年代末，民族学先辈罗香林就考证认为，雕题国在海南岛，“雕题”之俗指的就是黎族的文身习俗。[⑨]

《太平寰宇记》一书记载：琼州黎族“女文领”[⑩]。《桂海虞衡志》中载：“黎妇人绣面乃其吉礼，女年将及笄，置酒会亲属女伴，自施针笔，涅为极细虫蛾花卉，而以淡粟纹遍其余地，谓之绣面，女婢获则否。”[⑪] 表

① （宋）范成大撰，严沛校注：《桂海虞衡志校注》，广西人民出版社，1986年，第170页。

② （宋）周去非著，杨武泉校注：《岭外代答校注》，中华书局，2006年，第71页。

③ （宋）赵汝适原著，杨博文校释：《诸蕃志》，中华书局，1996年，第217页。

④ （清）顾炎武：《天下郡国利病书·广东》，《四库全书存目丛书》编纂委员会：《四库全书存目丛书·史部》，齐鲁书社，1996年，第172册，第604页。

⑤ （清）屈大均：《广东新语》卷7，《人语》，中华书局，1985年，第240页。

⑥ （清）傅恒等：《皇清职贡图》卷1，辽沈书社出版1991年版，第369页。

⑦ 邢关英：《黎族》，民族出版社，1990年，第48页。

⑧ 方韬译注：《山海经》卷10，《海内南经》，中华书局，2009年，第205页。

⑨ 刘军：《肌肤上的文化符号：黎族和傣族传统文身研究》，民族出版社，2007年，第68页。

⑩ （宋）乐史：《太平寰宇记·岭南道十三》，《四库全书·史部》，上海古籍出版社，1987年，第470册，第568页。

⑪ （宋）范成大撰，严沛校注：《桂海虞衡志校注》，广西人民出版社，1986年，第170页。

明文身是黎族妇女成年的象征。《岭外代答》书中中载：“海南黎女以绣面为饰，盖黎女多美，昔尝为外人所窃，黎女有节者，涅面以砺俗，至今慕而效之。其绣面也，犹中州之笄也。女年及笄，置酒会亲旧女伴，自施针笔，为极细花卉、飞蛾之形，绚之以遍地淡粟纹。有皙白而绣文翠青，花纹晓了，工致极佳者。唯其婢使不绣。”① 书中记载了黎族妇女文身图形的多样，表明文身不仅是黎族女子成年的标志，也是为守贞节、防止为外人所盗。《诸蕃志》中也有记载类似，海南“女及笄即黥夹为细花纹，谓之绣面，女亲客相贺庆，惟婢获则不绣面”②。

明清时期，关于黎族文身的记载不少。《海槎余录》载：“黎俗男女周岁即文身。自云：不然，则上世祖宗不认其为子孙也。”③ 这是对黎族文身原因的另一种解释。《炎徼纪闻》记载：“黎人男子、文身女伴互施针笔、涅两脸为虫蛾花卉，名曰‘绣面’。”④《天下郡国利病书》载：“男子文其臂，妇女淡刺涅口腮为纹。”⑤ 清代，相关文献记载了黎族文身与黎族的婚俗有关。《广东新语》对黎族文身记载较为详细，该书载：“妇女面涅花卉虫蛾之属，号绣面女。其绣面非以为美，凡黎女将欲字人，各谅已妍媸而择配，心各悦服。男始为女纹面，一如其祖所刺之式，毫不敢讹，自谓死后恐祖宗不识也。又先受聘则绣手，临嫁先一夕乃绣面，其花样皆男家所与，以为记号，使之不得再嫁。古所谓雕题者此也，题，额也，雕，绣也。以针笔青丹涅之，有花卉虫鱼之属，或多或少。而世以为黎女以绣面为绝色。又以多绣为贵。良家之女方绣，婢媵不得绣，皆非也。”⑥《皇清职贡图》也载：琼州府“黎妇嫁时以针刺面为虫蛾花卉状”⑦。

---

① （宋）周去非著，杨武泉校注：《岭外代答校注》，中华书局，2006 年，第 419 页。

② （宋）赵汝适原著，杨博文校释：《诸蕃志》，中华书局，1996 年，第 220 页。

③ （明）顾岕：《海槎余录》，中华书局，1991 年，第 6 页。

④ （明）田汝成：《炎徼纪闻》，中华书局，1985 年，第 63 页。

⑤ （清）顾炎武：《天下郡国利病书·广东》，《四库全书存目丛书》编纂委员会：《四库全书存目丛书·史部》，齐鲁书社，1996 年，第 172 册，第 604 页。

⑥ （清）屈大均：《广东新语》卷 7，《人语》，中华书局，1985 年，第 240 页。

⑦ （清）傅恒等：《皇清职贡图》卷 1，辽沈书社，1991 年，第 369 页。

二、古代黎族服饰的文化内涵

古代黎族在服饰文化方面存在多种服饰特征。通过对黎族服饰进行分析，可以从中看出黎族服饰具有的文化内涵。

（一）古代黎族服饰是黎族适应自然环境的表现

“一方水土一方情”，一个民族长期地居住、生活在一定地方，受该地区自然环境的影响，人们所制作的服饰必须和这一地理环境相适应。[1] 古代黎族服饰具有的文化特征与黎族所处地区自然环境密切相关，黎族服饰是黎族对自然环境适应的表现。

据《广东省琼州府志》记载，琼州一带气候炎热，高温多雨。“琼与中州绝异，素无霜雪，冬不冻寒，草木不凋，四时花果水土无他恶，惟黎峒中有瘴气，乡人入其地即成寒热。”又“岭南天气卑湿，地气蒸溽，而海南为甚，夏秋之间物无不腐坏者”。[2]《海槎余录》也记载：“南海地多燠少寒，木叶冬夏常青。”[3] 可见海南地区天气的异常炎热、多雨潮湿。

黎族居住在高温多雨的自然环境下，穿短衣和裙子，可以起到散热的效果。据前人研究，头部尤易为自然中的寒暑湿热所侵袭。[4] 生活在高温多雨气候下的黎族选择了椎髻，可使头部最大限度地散热，有利于在高温条件下保持适宜的体温。此外，黎族地区常年地面潮湿，光着脚行走比穿鞋更方便。在社会发展水平普遍处于较低的时代，古代黎族服饰是黎族适应自然环境的需要。

---

① 玉时阶、蒙力亚：《广西少数民族服饰文化》，广西民族出版社，1992 年，第 22 页。

② （清）明谊修，张岳松纂：《广东省琼州府志》卷 2，《舆地・气候》，（台北）成文出版社，1967 年，第 47 页。

③ （明）顾岕：《海槎余录》，中华书局，1991 年，第 12 页。

④ 陈伟明、汤苑芳：《自然环境与清代岭南少数民族头饰文化的演变及特色——以〈皇清职贡图〉为中心》，《贵州民族研究》2009 年第 5 期。

（二）古代黎族服饰是黎族族群认同的文化符号

服饰是一个民族外在识别的重要标志。作为一个族群外显的文化符号，服饰是维系族群认同和别异的有效手段和方式，它不仅标识人们的性别、年龄、身份、地位，还具有社会控制作用，可以规范社会中的人们的思想感情和行为，折射出人们的价值观念、审美意识和交际习俗。[①] 黎族的短衣、筒裙、椎髻跣足、戴耳坠、文身等服饰文化特征是黎族认同本民族、区别于异族的重要特征。不仅如此，黎族服饰还是黎族族群内部认同的方式。如前文所述，黎人“当额作髻，髻有金银钯或牛骨簪，其纵插者生黎也，横插者熟黎”。发髻的装饰是黎族中生黎与熟黎各族认同的标志。

此外，还可从服饰上区别黎族人民不同的身份等级。《桂海虞衡志》中记载：海南黎族“琼守图其形状衣制上经略司，髻露者以绛帛约髻根，或以彩帛包髻……悉跣足”[②]。而一般的黎族百姓“（男）皆椎髻跣足，插银铜锡钗；妇人高髻，钗上加铜环”[③]。这是为官黎族与普通黎族服饰的区别。在文身方面，黎族有“良家之女方绣，婢媵不得绣”[④] 的规定，文身是黎族女子身份的象征。可见，黎族服饰不仅是黎族区别于异族的文化特征，也是黎族族群内部自我区别的标志。

（三）古代黎族服饰是黎族妇女智慧的产物

古代黎族妇女在黎族服饰制作方面起着重要的作用，黎族妇女凭借自己的智慧，通过制作服饰创造出了本民族的服饰文化。

古代黎族女子擅长纺织，在服饰纺织中占重要地位。在黎族民间故事中，就有“丹雅公主剪布对折成桶（筒）裙、带项戴铁圈和铁链战恶

---

① 陈丽琴：《壮族服饰文化研究》，民族出版社，2009 年，第 208 ~ 209 页。

② （宋）范成大撰，严沛校注：《桂海虞衡志校注》，广西人民出版社，1986 年，第 172 页。

③ （宋）范成大撰，严沛校注：《桂海虞衡志校注》，广西人民出版社，1986 年，第 170 页。

④ （清）屈大均：《广东新语》卷 7，《人语》，中华书局，1985 年，第 240 页。

鬼”[①]、“黎家老母绣花裙”[②] 等关于纺织的故事。《汉书》中记载：儋耳、珠崖郡等地“女子桑蚕织绩”[③]。《桂海虞衡志》记载：“女工纺织，得中国彩帛，拆取色丝和吉贝织花，所谓黎锦、黎单及鞍搭之类，精粗有差。”[④] 又“黎幕，出海南黎峒。黎人得中国锦彩，拆取色丝，间木绵挑织而成，每以四幅联成一幕；黎单，亦黎人所织，青红间道，木绵布也。”[⑤] 多样的黎锦体现了黎族妇女的纺织技术。《诸蕃志》中载：海南“妇媪以织贝为业，不事文绣”[⑥]。《广东省琼州府志》也记载：“妇女专务纺绩，织布为衣被、缦帕”[⑦]。可见，纺织是黎族妇女主要的事务。黎族服饰从贯头衣发展为简单的筒裙，再进一步发展为“五色烂然”、色彩鲜艳的短衣、黎筒，都是黎族妇女智慧的结晶。

此外，黎族纹饰也多是出自妇女之手。黎族妇女成年后，便置酒会邀请女伴，通过“自施针笔”的方法给自己纹饰出花卉、飞蛾等形状各异的文身。这些文身是黎族妇女对自身美的追求，也是黎族妇女才能的体现。

三、黎族古代服饰文化的传承与保护

黎族人民有着优秀的服饰文化，随着时代的发展变化，在现代文明的不断冲击下，黎族民族服饰的传承面临着挑战，大多数黎族青年、儿童以及职业人士不愿意再穿黎族传统的民族服装，仅一些黎族老人还保留着传统的穿戴。长此以往，黎族的民族服装可能会衰退，这种情况引起了众多有志之士的忧虑，于是黎族民族服饰的传承与保护便被提上了日程。随着

① 符震、苏海鸥：《黎族民间故事》，花城出版社，1982 年，第 8 ~ 9 页。

② 符震、苏海鸥：《黎族民间故事》，花城出版社，1982 年，第 41 页。

③ （汉）班固撰，（唐）颜师古注：《汉书》卷 28，《地理志》，中华书局，1962 年，第 1670 页。

④ （宋）范成大撰，严沛校注：《桂海虞衡志校注》，广西人民出版社，1986 年，第 170 页。

⑤ （宋）范成大撰，严沛校注：《桂海虞衡志校注》，广西人民出版社，1986 年，第 42 页。

⑥ （宋）赵汝适原著，杨博文校释：《诸蕃志》，中华书局，1996 年，第 219 页。

⑦ （清）明谊修，张岳松纂：《广东省琼州府志》卷 2，《舆地 · 气候》，（台北）成文出版社，1967 年，第 60 页。

2006年黎族传统纺、染、织、绣技艺被列入国家级非物质文化遗产名录，尤其是2009年10月联合国教科文组织第四次政府间委员会常规会议批准“黎族传统纺、染、织、绣技艺”进入首批急需保护的非物质文化遗产名录，黎锦织造工艺才真正成为世界非物质文化遗产。这些都体现了国家乃至世界对黎族黎锦价值的肯定。在这种情况下，关于黎族服饰的传承与保护，笔者认为可以从以下方面考虑：

（一）挖掘、收集、整理黎族传统服饰，做好黎族传统服饰的研究

政府部门应根据现实的要求，不失时机地推出一些传承与保护黎族服饰的举措。诸如成立有关黎族服饰传承与保护的领导小组和办事机构，深入黎族聚居区做好黎族传统服饰的挖掘、收集、整理工作。在这一过程中，对黎族服饰的历史沿革、制作工艺及服饰特点等作全面的了解。开展与黎族群众的交流活动，在与当地黎族群众的交流过程中，总结归纳出黎族服饰的艺术规律，使民族服饰文化体系得到进一步的完善。并不定期地筹划、召开有关黎族服饰文化的研讨会，对黎族服饰进行全面深入的研究，公开出版有价值的黎族传统服饰文化研究资料及书籍，为黎族服饰的传承与保护提供文化基础。

（二）培养群众参与黎族传统服饰传承与保护的意识

民间群众生活是黎族服饰形成的基础，也是黎族服饰发展的基础。传承与保护黎族服饰文化，离不开黎族群众的参与。应重视对黎族服饰民间艺人的保护，了解艺人的生活情况，提供艺人服饰传承的物质保证，发挥民间艺人在传承黎族服饰技艺中的作用。在群众中开展培训班，号召群众参加培训，让群众懂得本民族文化的重要性，使黎族服饰知识普及开来。此外，还可在黎族地区的各类学校中开设黎族服饰技艺的相关课程，从学生抓起，使学生们通过专业学习，掌握传统黎族服饰文化的相关知识，让后一代能从学习中更好地传承黎族服饰文化。

（三）开展黎族传统服饰的交流活动，加大宣传力度

黎族服饰的传承与保护离不开有效的宣传和保护机制。黎族地区应扩

大黎族服饰的宣传力度，定期举办黎族民族服饰手工艺评比活动，评选能手，激发人们对传统服饰传承和制作的兴趣和热情。并定期举办各种相关的黎族传统服饰表演大赛，提供关于黎族服饰经验交流和切磋技艺的机会。在各地区举办的黎族民族节庆活动中，鼓励黎族群众穿本民族服装，逐步引导群众喜爱穿戴黎族的服饰。在举办各种活动期间，还可邀请强势媒体拍摄宣传片加大对黎族服饰的宣传力度，借助媒体，使黎族服饰的传承与发展得到社会各界的关注。此外，黎族服饰还应走出去，参加社会各界的相关比赛、重大活动和节日庆典，展出黎族服饰，与其他民族的服饰进行交流，吸引更多的关注目光。

（四）建立黎族传统服饰生态博物馆或展览馆

在黎族聚居区建立黎族传统服饰生态博物馆或展览馆，展出黎族服饰原料、成品、制作工具以及相关的制作工艺。这种直观的展览既能够使当地黎族对本民族服饰文化产生积极的认同感，也能使外来的参观者，在目睹以及参与黎族服饰制作的过程中感受黎族的服饰文化，这对民族服饰文化将起到良好的保护和传承作用，同时也能给黎族后代提供教育基地，营造良好的文化熏陶氛围。

（五）走传统与创新相结合的道路

在黎族服饰的传承与保护中，既不能无条件、原封不动地抄袭传统的东西，也不能一味地追求创新。我们应该做到既尊重历史，又顾及现实，应在认真吸取传统文化精华的基础上，找到黎族传统服饰与现代化之间的结合点，大胆地进行继承和创新。黎族服饰的创作要结合本民族的文化，运用黎族传统的制作技术，赋予黎族服饰在款式和纹样上以新的形式、内容，使服饰成品既具有浓厚的民族特色，又能适应现代生活的需要。只有结合时代审美和生活需要的民族服饰才会有持久的生命力。

结语

综上所述，黎族传统服饰自古以来，就闪烁着它独有的光芒，在发展、演变中形成了本民族的服饰文化特征，这既是黎族适应历史发展的体现，也是黎族人民勤劳智慧的结晶。同时，我们应看到黎族传统服饰文化在当今社会发展中的作用。近年来，黎族服饰文化越来越受到重视，要加强对黎锦的保护，使得黎族传统服饰文化得到更好的传承。

从明清黎族《采香图》解读海南采香业的兴衰

陈光良　杨云云
（广东技术师范学院民族学院）

一、发现《采香图》

符桂花主编的《清代黎族风俗图》[①] 画册，汇集了《琼黎风俗图》（原河南省新乡市博物馆藏，后调拨至海南省博物馆收藏）、《琼州海黎图》（中国国家博物馆藏）、《琼黎一览图》（广东中山图书馆藏）等三册共49幅彩色图画，虽然它们出自不同画家的手笔，题材、内容却大致相似，都试图从各方面多角度描绘历史上黎族社会的风土人情，是现存最早以图文并茂的形式反映黎族传统生产、生活的画册，成为研究黎族社会历史和经济文化的珍贵文物资料。

据原海南省博物馆馆长李元茂先生考证：清乾隆中期朝廷发起绘制《皇清职贡图》，引发了绘制民族图画的风潮，这三册图集应当是在这一大气候下缘起的。如果按《琼黎风俗图》的跋文及对题的落款来确定绘画者与年代，此册应该是明初人邓姬应（廷宣）于明洪武二十八年（1395）以按察司签事身份随征南将军沐英平定黎族叛乱时所绘，并各记以诗而上呈将军的工作建议材料。他初步推论："邓廷宣在明洪武二十八年（1395）平叛黎乱时确实画过黎人风俗图册，但并不是此册。此册是在邓本的基础上仿制的，仿制的时间约在清初，后于乾嘉时装裱成册。"[②] 综上所述，将三册图画所表现的黎族风俗民情的年代定为明清是可以成立的。

《琼黎风俗图》共有15开页，其15幅图画的内容依次为：居处、对歌择偶、纳聘迎娶、聚会饮食、渔猎、耕、采香、运木、采藤、织、交

① 符桂花：《清代黎族风俗图》，海南出版社，2007年，第11页。
② 李元茂：《明邓廷宣款〈琼黎风俗图〉鉴定刍议》，《文物世界》2004年第3期。

易、渡、割鸡跳鬼、传箭、战。《琼州海黎图》共有15开页，15幅画面均有文字说明，其内容依次为：海南岛最早的地理古图、居处、对歌择偶、婚聘、迎娶、聚会饮食、猎、渔、耕、获、采香、运木、织、斗、战。《琼黎一览图》共有19开页，其19幅图画均有文字说明，其内容依次为：居处、纳聘、迎娶、对歌择偶、聚会饮食、猎、渔、耕、获、采香、运木、采藤、织、交易、渡、跳鬼割鸡、传箭、斗、战。

三册图集都有"采香"的文字和图画，转载如下：

1. 明《琼黎风俗图》

文字："沉水香，孕结古树腹中，生深山之内，或隐或现，其灵异不可测，似不欲为人知者。识香者名为香仔，数十为群，构巢于山谷间，相率祈祷山神，分行采购，犯虎豹，触蛇虺，殆所不免。及获香树，其在根在干在枝，外不能见，香仔以斧敲其根而听之，即知其结于何处，破树而取焉。其诀不可得而传，又若天生此种，不使香之终于埋没也。然树必百年而始结，又百年而始成，虽天地不爱其宝，而取之无尽，亦生之易穷。香之难得有由然也。百岁深岩老树根，敲根谛听水沉存；太平神岳怀怀久，敬出名香贡九阍。"

图1　《琼黎风俗图》

图1的说明文提到"识香者名为香仔，数十为群"，与清《琼黎一览图》的文字比较，没有提及黎人为"香仔"，可以推测：当时采香业的投

资经营者是官商或汉人货贩，如张长庆在《黎岐纪闻》所指的“外客”。

2. 清《琼州海黎图》

文字：“沉香多孕结古树腹中，其灵异不轻认识，采者数十为群，先构巢于山谷间，相率祈祷山神，始分行采觅，虽犯虎豹，触蛇虺，弗顾也。香类有飞沉各种不同，其质坚而色漆，文润而香永者，俗呼为牛角沉，尤为难得。”

图2　《琼州海黎图》

从图2画面上可见，山上有十个人正忙着采伐沉香。岭上有茅草棚，可知采伐者不是临时上山，而是驻扎下来，以此为业。

3. 清《琼黎一览图》

文字：“沉水香，孕结古树腹中，生深山之内，或隐或现，其灵异不可测，似不欲为人所知；而一种识香黎人，数十为群，构巢于山谷间，相率祈祷山神，分行采购，犯虎豹，触蛇虺，殆所不免，及觅获香树，其在根、在干、在枝，外不能见，黎人则以斧敲其根而听之，即知其结于何处，破树而取焉。其诀不可得而传，又若天生此种，不使香之终于沉沦也。然树必百年而始结，结又百年而始成，虽天地不爱其宝，而取之无尽，亦生之易穷，且黎之智者，每畏其累而不前，其愚者又误取以供翼，及至香气芬馥，已成焦木矣。香之难有由然也。”

图 3 《琼黎一览图》

这幅图画（图 3）绘有四个人在山岭树林采香，其劳作和休息的姿态跟明邓廷宣的《琼黎风俗图》大同小异。区别在于此图地上画有两个背篓，背篓里装有收获的香材。

二、海南沉香“冠绝天下”

海南沉香生长于瑞香科的白木香树，是树干根部受伤流出结胶汁液，或虫蚁蛀蚀后的分泌物经微生物作用，日久堆积，凝结成褐黄色或淡黄色固体，逐渐由黄变黑，由轻变重，历千百年，树朽香坚，心实而沉水，色墨而味辛。一般要经多年才能凝聚成块，若经长年积聚沉降到根下的条块状体则更好，尤以入水即沉为最佳。

古人对香材使用价值的认识起初是作为药品应用于治病。传统中医学对这类主要产于热带的瑞香科树木的分泌物称为“沉香”，经加工后入药，主治寒滞呕吐、气逆喘息、大肠虚闭、小便气淋、脘腹疼痛等症。汉代，随着道教、佛教在神州大地日渐兴盛，人们对这类在香木心材上长成的黑褐色树脂聚合物予以神秘化，或时常在皇宫、寺庙、宅第的烟炉点燃，或制成辟邪物随身佩带，所谓“烧之，辟天行时气、宅舍怪异。小儿带之，辟邪恶气”。至唐代，中医学对沉香“香窜冲动、性质辛、微温无毒，可降气纳肾、调中平肝”之药效有了深入的理解和应用。

宋人记述海南岛在汉代有“交趾之蛮，过海采香……因与之结婚，子孙众多，方开山种粮”① 的事情。宋时朝廷官府及寺院豪宅焚香成风，对香药的需求量激增，中央政府因此设有香药院，从南方输入的各种香料由官府垄断收购。海南岛是沉香及其他香料的著名产地，从宋代史籍笔记可见，海南香自贡品演化为商品、药品之后，名声远播，引发了消费者的钟爱和海内外市场的热切关注。

赵汝适在《诸蕃志》中评价海南土产“沉水、蓬莱诸香，为香谱第一”，“其货多出于黎峒，省民以盐铁鱼米转博，与商贾贸易”。② 范成大在《桂海虞衡志·志香》中开篇写道：“世皆云二广出香，然广东香乃自舶上来。广右香产海北者亦凡品，惟海南最胜。人士未尝落南者，未必尽知，故著其说。”③ 可见香药已成为海南特产之最。

周去非在《岭外代答》一书中分门别类详细介绍了海南香的种类、品质和产地：“海南黎母山峒中，亦名土沉香，少大块，有如茧栗角、如附子、如芝菌、如茅竹叶者，皆佳；至轻薄如纸者，入水亦沉。万安军，在岛正东，钟朝阳之气，香尤醖藉清远，如莲花、梅英之类，焚一铢许，氛翳弥室，翻之四面皆香，至煤烬，气不焦，此海南香之辨也。”“蓬莱香出海南，状类沉香，惟入水则浮，气稍轻清，价亚沉香，刳去背带木者，亦多沉水。”“鹧鸪斑香，亦出海南蓬莱好笺香中，色褐黑而有白斑，点点如鹧鸪臆上毛，气尤清婉。”“笺香出海南者，如蝟皮渔蓑之状，广东舶上生熟速结等香，当在海南笺香之下。”④

周去非还特别提到当时海南沉香的交易情形：“（沉香）海南自难得，省民以一牛于黎峒博香一担归，自差择得沉水，十不一二，顷时香价与白金等（笔者注：时称银币为白金），故客不贩，而宦游者亦不能多买。”⑤ 又蔡绦云：“黎峒又以万安黎母山东峒者，冠绝天下，谓之海南沉，一片

① （宋）王象之：《舆地纪胜》卷124，《琼州·风俗形胜》，粤雅堂伍氏刊本。

② （宋）赵汝适原著，杨博文校释：《诸蕃志》，中华书局，2000年。

③ （宋）范成大：《桂海虞衡志》，文渊阁四库全书电子版，上海人民出版社，1999年。

④ （宋）周去非：《岭外代答》，中华书局，1999年。

⑤ （宋）周去非：《岭外代答》，中华书局，1999年。

万钱。”[1] 朱初平记：“沉香价，每两多者一贯，下者七八百。”[2] 可见当时海南沉香不但质优而且稀为贵。

三、明清由盛而衰

明代药物学家李时珍在《本草纲目》中结合前人的经验，对海南沉香作了认真的比较研究。针对前人沉香、檀香不分，而沉香又因产地、称呼、药性含糊不清，尤其是对所谓“海南多阳，一木五香”之说，李时珍勘误更正曰：“按李珣《海药本草》谓沉者为沉香，浮者为檀香；梁元帝《五楼子》谓一木五香：根为檀，节为沉，花为鸡舌，胶为熏陆，叶为霍香。并误也。所谓五香一木，即前苏恭所言，沉、栈、青桂、马蹄、鸡骨者是矣。”他概括指出：“沉香品类，诸说颇详……香之等凡三：曰沉、曰栈、曰黄熟是也。”[3] 他着重从医药效用的角度将沉香分为三个等级，各等级之下也可根据长性、形状、香气等再细分，并对其药效、主治、附方一一列举注明。从此，海南沉香名正言顺，弥足珍贵，如屈大均所言：“故欲求名材香块者，必于海之南也。”

据《明实录》卷55“洪武三年（1370）八月己巳”记载：琼州海商携带香货赴南京途中溺死，时有司检验其货数，拟课什一税，太祖令免其税，并让同行的海商代卖死者之货，将货款交还其家人。此事说明海南沉香在京都的舶卖，居然引起明太祖朱元璋的关注。

明末至清，《广东新语》、《粤中见闻》、《黎岐见闻》、《岭南杂记》等古籍笔记对海南香树生长及沉香采购情况都有详细的记述。时人编撰的粤琼各地方志都辟有专栏，对海南沉香倍加褒扬宣传，从中也可以了解当年势利者如何深入高山老林伐木采香的情形。

屈大均写道：“香之树丛生山中，老山者岁久而香，新山者不及。其树如冬青，大小不一。结香者百无一二。结香者或在枝干，或在根株，犹人有痈疽之疾，或生上部，或疠下体。疾之损人，形貌枯瘠；香之灾木，

① （明）李时珍：《本草纲目》，辽海出版社，2001 年。
② （宋）李焘：《续资治通鉴长编》卷 310，中华书局，1986 年。
③ （明）李明珍：《本草纲目》，辽海出版社，2001 年。

枝叶萎黄。或为风雨所摧折，膏液洒于它树，如时症传染，久亦结香。黎人每望黄叶，即知其树已结香，伐木开径而蒐取……诸香首称崖州，以出自藤桥内者为胜。"①

屈大均不但对海南香的生长状况十分了解，而且对时人采香、买香的情节也一清二楚："凡采香者必于深山丛翳之中。群数十人以往。或一二日即得，或半月徒手而归。""买香者先祭山神，次赂黎长。乃开山，以藤圈其地，与黎人约：或一旬或一二月。以香仔抓香之日为始。香仔者，熟黎能辨香者也。指其树有香，或树之左右有香，则伐取之。香与平分以为值。"而"香产于山，即黎人亦不知之。外人求售者，初成交，偿以牛酒诸物如其欲，然后代客开山。所得香多，黎人也无悔。如罄山无有，客亦不能索其值也。黎人生长香中，饮食是资"。他在书中还提到所谓"生结"即"黎人于香树，伐其曲干斜枝，作斧口以承雨露，岁久香凝"；而"死结者，斫树于地，至三四十年乃有香而老者也"。至于对海南沉香、油速、伽南等香材种类品质的分析，屈大均则娓娓道来，言之凿凿，令人叹服其认识之深透。

张庆长在《黎岐纪闻》记道："能采香者谓之香仔，外客以银米安其家，雇入山中，犯雾露，触恶兽，辄经旬累月于其中，而偶一得之，不幸者虽历久无获也。"吴震方在《岭南杂记》提到："（黎峒）其俗皆女子采香……腰配利刀，什佰为群，遇窃香者，即擒杀矣。"

从屈大均等人的笔记可以证实：①至明清时期，海南采香业的发展规模比起宋元时期有过之而无不及。受"香价等值白金"、"一片万钱"巨大商业利益的驱使，不但有数十乃至上百人的采伐组织，而且每次采香都驻扎山岭，劳作时间也"经旬累月"。即使山高林深、瘴毒疠疾，甚或黎人反目成仇也置之度外。②在山区居住的黎人有不少"饮食是资"，仰靠采香业谋生，正如屈大均所言："计畲田所收火粳灰豆，不足以饱妇子，有香，而朝夕所需多赖之。天之所以养黎人也。"③采香业的兴旺直接导致毁林开路、砍树伐木，不但使香树枝干伤残、断根绝种，更人为破坏原始森林的自然生态，危害山岭植物群落，造成水土流失，祸及田地家园。

此外，海南花梨和紫檀作为热带雨林的高档木材，也因商业利益的驱

---

① （清）屈大均：《广东新语》，中华书局，1985年，第656页。

使和封建统治者的超经济掠夺而遭到空前绝后的采伐。各地官府衙门对老百姓除强征摊派钱粮以外，“琼郡每年例外进贡花梨、沉香……查差入山采木”①。在琼山县，康熙年间，地方“文武官属役黎采香、藤、花梨、紫檀等物”②。在崖州，驻防官兵“每岁装运花梨勒要牛车二三十辆”。老百姓为了对付这种勒索，“恐致贻累，见花梨颇砍伐之，故老者渐见少焉”③。史料上多见黎乱的“导火索”由采伐香材、花梨的纠纷引发，可证千百年来海南民族关系紧张，其重要原因实与历代官吏兵匪对山区资源特产贪求无度有关。腐朽的政治也会糟蹋脆弱的自然生态，这也是历史教训之一。

早在宋代，苏东坡谪琼期间目睹海南沉香因名声所累，求者贪婪无度，曾写诗讽刺这种“竭泽而渔”的愚举：“沉香作庭燎，甲煎纷相如。岂若注微火，萦烟袅清歌。贪人无饥饱，胡椒亦求多。朱刘两狂子，（公自注：朱初平、刘谊欲以取水沉）陨坠如风花。本欲竭泽渔，奈此明年何？”④

宋朝天圣元年（1023），宰相丁谓贬到崖州时，还能“夜听孤猿啼远树”、见到“麋鹿时时到县衙”；卢多逊居住海边水南村，也常见“鹦鹉巢时椰结子，鹧鸪啼处竹生孙”，可知当时崖州城附近飞禽野兽与居民和睦相处。而到了明朝嘉靖二十八年（1549），同样到过崖州的广东官使钱嵘，在一组《悯黎咏》诗中却感慨地写道：

海南无猛虎，而有猄和麋。
玄崖产珍木，种种称绝奇。
斯物出异域，颇为中国推。
以兹重征索，奔顿令人疲。
穷年务采猎，为官供馈仪。
苦云近岁尽，无以充携持。
直欲诉真宰，铲此苏民脂。
物理有固然，怮恒令人思。

① （清）胡端书总修，杨士锦、吴鸿清纂：《道光万州志》卷9，《条议》，海南出版社，2006年，第36页。

② （清）吴震方：《岭南杂记》，齐鲁书社，1997年，第22页。

③ （清）张庆长撰，王甫校注：《黎岐纪闻》，广东高等教育出版社，1992年，第123页。

④ （民国）《儋县志》（下），儋县文史办公室档案馆重印本，第54页。

〔笔者注：钱嵘）时任广东按察司清军监背左哨副使，因崖州知州邵浚虐取黎赋，激起黎民作乱，明廷派巡抚欧阳必率诸路官兵十余万人前往镇压，钱嵘）同行。〕

455年前的有识之士在海南岛尚能发出“物理有固然，忉恒令人思”的肺腑之言，我们今人该如何面对同住地球村里的物种生灵?!

四、采香业反思

海南岛在有人类活动之初，应是森林资源丰富、生物种类繁多的宝岛。然而，数千年来，海南社会经济的发展以热带森林的变迁作为代价，随着移民迁徙、人口增长、工具进步、土地开发、商业利益以及生产生活对森林变迁的影响加深，海南生态环境恶化的现象有增无减。人们为了种种功利，处心积虑向森林索取，致本岛最为富饶而又神秘壮观的原始森林，难以招架人类的恣意征服。

海南沉香自古闻名遐迩，远销海内外，由于山岭上天然结香本来就少，乱砍滥伐导致大量的土沉香树种在人为干预下加速消失，再加上过去采香者往往采其十分之一二，毁其资源十之八九，造成沉香产量日益减少，质量也日趋下降，甚至采买艰难，一件难求。应当承认，海南民众的目光短浅，急功近利，法规意识淡薄，是造成本岛沉香资源日趋枯竭的不可忽略的因素。

毋庸置疑，人类的生产生活必然会消耗自然资源，因而也就给自然界的生态平衡造成不同程度的危害，当这种危害积累到一定的程度，大自然无法有效消解这种破坏性的压力时，它就会在一定的时空范围内发生灾变。千百年来，海南岛森林遭受破坏的严重后果已不断给人们敲响了警钟。

康熙七年（1668）时任崖州知州的张擢士觉察到沉香采办之艰难，并针对赋贡征收起解之流弊，大胆上书朝廷，请免供香。其文言辞恳切，又不乏真知灼见，更是不怕掉乌纱帽的谏诤，值得一读。

“琼郡半属生黎，山大林深，载产香料。伏思沉香乃天地灵秀之气，千百年而一结……自康熙七年奉文采买，三州十县，各以取获迟速为考成之殿最。滑役入其中，狡贾入其中，奸民入其中，即诸黎亦莫不知寸香可获寸金，由此而沉香之种料尽矣。若候再生再结，非有千百年之久，难望珍物之复种……近因采买艰难，催提纷纷，本年春夏初犹银香兑重，及至逼迫起解之时，甚有香重一倍而银重二倍者……况琼属十三州县供香百觔，而崖独有十三觔之数。嗟！崖荒凉瘠苦，以其极边而近黎也。且香多则解费亦多。籍曰产香，岂又产银乎？倘由此年复一年，将虑上缺御供，下累残黎，区区征末吏又不足惜矣。”①

胡传（胡适之父）于光绪十三年（1887）“客游至粤”，受两广总督张之洞的委托，用一个多月时间深入黎族聚居区考察黎情，并著有《游历琼州黎峒行程日记》。他在 11 月 7 日的日记中写道：“自南丰以至凡阳，共计三百零五里，皆生黎所居，山最深林最密之处也。其中并无平广之荒地，亦无大林，间有茂密之区，亦浅露于山阿之外。其材木以鸡子木、胭脂木、油楠、绿楠为佳，而每次不可多得，其出山易者已采伐罄尽。今惟层山峻谷中间有一二株、数株而已。”写到这里，胡传先生感喟不已：“凡言黎中多腴地，多材木，皆耳食之谈也。”②

近年来，由于自然繁殖率低、虫害及人为掠夺式砍伐等原因，沉香资源濒临灭绝。自 1987 年起，白木香已被列为国家珍稀濒危三级保护植物，1999 年又被国务院批准为国家二级重点保护野生植物，受国际贸易公约保护。

森林是本岛陆地生态系统面积最广、结构最复杂、功能最稳定的生态系统。它既能适应生物繁殖的多样性，又能很好地抵御台风袭击、减缓暴雨危害、调节气候、保持水土、涵养水源、庇护农田作物、馈赠居民游客物质和精神的需要，是维护全岛自然生态平衡的晴雨表和调节器，是我们祖祖辈辈赖以生存的家园。因此，为了人与自然的和睦相处，为了经济社会的可持续发展，我们必须善待森林。

通过对海南历史上香材采伐的反思，我们既要认识到人类相对于自然界的主体地位，又要认识到自然界对人的客观制约性和依存性，更要警悟我们对自然界的开发利用绝不能超越自然界的客观规律所许可的限度。

---

① （清）宋锦增辑，黄德厚分修：《乾隆崖州志》卷 10，广州中山图书馆藏手抄本。

② 胡传：《游历琼州黎峒行程日记》，《禹贡》第 2 卷第 1 期（1934 年 9 月），引自詹慈：《黎族研究参考资料选辑》，广东省民族研究所，1983 年（内部印刷），第 282 页。

1961年周恩来总理视察西双版纳时，曾语重心长地指出："西双版纳号称美丽富饶之乡，如果破坏了森林，将来也会变成沙漠，我们共产党就成了历史的罪人，后代会责骂我们的。"① 周总理虽然发问在"云之南"，但"海之南"难道不应该反省吗?! 今天重温周总理的殷切教诲，对于我们从实现经济增长方式的高度，进一步认识环境保护与人类发展的关系，更深刻地理解海南经济社会可持续发展的意义，实现建设"国际旅游岛"的目标，无疑具有重要的启迪作用。

① 李露露：《热带雨林的开拓者——海南黎寨调查纪实》，云南人民出版社，2003年，第71页。

三

【文身专题】

黎族文身研究述评

王献军　杨家荣
（海南师范大学文学院）

文身是黎族最具特色的文化之一。黎族文身的历史源远流长，从远古到现代，广大的黎族人民世世代代一直传承着文身习俗。研究黎族的文身，具有重要的文化价值和学术价值。从 20 世纪 30 年代开始，就有学者开始研究黎族的文身；20 世纪 80 年代之后，有更多的学者在自己的研究领域中涉及文身，并取得了一定的成果。

为了使大家比较全面细致地了解黎族文身的研究状况，笔者拟把黎族文身的研究分为民国时期和新中国成立后两个大的阶段分别加以介绍，最后再加以总结和归纳。

一、民国时期的黎族文身研究

民国时期研究黎族文身的既有国内学者，也有国外学者。为了叙述方便，笔者将其分为国内学者的黎族文身研究和国外学者的黎族文身研究两个部分分别加以介绍。

（一）国内学者的黎族文身研究

民族学是西方学者创立的学科，20 世纪初叶才被引进中国。1928 年前后，随着中央研究院社会科学研究所民族学组等民族学专业机构的出现，中国自己的民族学学科才得以建立，中国也开始出现了早期的民族学家，这其中就包括研究黎族成绩卓著的刘咸先生和王兴瑞先生，而恰好这两位学者在当时都研究了黎族文身，而且他们的研究成果代表了民国时期黎族文身研究的最高水平。

刘咸（1902—1990），1928 年赴英国留学，获牛津大学人类学研究院硕士学位，回国后曾任暨南大学和复旦大学的人类学系主任，有着深厚的人类学、民族学素养和功底。1934 年春，他参加了由中国科学社生物研究所等数家机构联合组成的海南生物科学考察团赴海南进行田野调查。调查结束后，刘咸根据调查获得的资料，先后写出了多篇关于黎族研究的高质量论文，其中就包括《海南岛黎人文身之研究》（《民族学研究集刊》1936 年第 1 期）一文。

《海南岛黎人文身之研究》一文是黎族文身研究中具有里程碑意义的开山巨作，虽然它是黎族文身研究的第一篇论文，但是它所达到的研究高度迄今为止后人仍难以超越。全文颇长，近二万字，另有十二幅插图，分为引论、文身之起源传说、文身之工具及手术、文身黎族略说、文身之部位、纹素及图谱、文身图记之描叙、文身之意义、结论八个部分，对黎族文身进行了异常深入细致的分析研究，该文也是被后来学者们引用最多的文身研究论文。另外，此文前面尚有闻宥先生为之所作的跋，亦颇有参考价值。

王兴瑞先生是海南琼海人，1929 年就读于中山大学，1938 年获中山大学人类学部硕士学位，是中山大学人类学专业民国时期毕业的七名研究生之一。他长期致力于海南黎族研究，多次赴海南黎区调查，发表了多篇有关黎族的论文，其中就包括研究黎族文身的《黎人的文身·结婚·丧葬——从史籍上所见》（广州《风物志》1944 年第 1 期）一文。

王兴瑞先生在这篇论文里列举出了不同时期记载黎人文身的十三种文献，根据这些文献他详细地分析了黎族文身的动机、文身的方法、文身的仪式等八个方面的问题。全文虽然不长，但分析得合情入理、颇有见地。

此外，民国时期的陈铭枢总纂《海南岛志》一书（海南出版社 2004 年）、黄强著《五指山问黎记》（香港商务印书馆，1928 年）、田曙岚著《海南岛旅行记》（文海出版社，1936 年）、林仁超著《琼崖黎峒奇观》（民智书局，1949 年）等书中也都涉及黎族的文身，对我们了解民国时期黎族的文身情况有一定帮助。

（二）国外学者的黎族文身研究

提起民国时期国外学者的黎学研究，首屈一指的当属德国学者史图博和他的《海南岛民族志》（中国科学院广东民族研究所，1964 年内部印刷）。

史图博，德国生理学家，对人类学研究极感兴趣。20 世纪二三十年代，史图博曾应上海同济大学之邀担任该校生理学教授。1931 年和 1932 年，史图博先后两次到海南调查，《海南岛民族志》一书就是他在两次调查所得资料的基础上整理而成的。该书是对民国时期黎族社会的全面描述，其中多处谈及文身，而且史图博敏锐地抓住了不同支系黎族文身的特点，同时还记载了黎族文身起源的传说，并附有文身插图。史图博对黎族文身的叙述迄今仍有一定的价值。

日本占领海南期间，曾派出学者冈田谦和尾高邦雄赴重合盆地（今属昌江黎族自治县）进行调查。调查结束后，两人分别写出了《海南岛黎族的社会组织》和《海南岛黎族的经济组织》两份调查报告（参见冈田谦、尾高邦雄著，金山等译：《黎族三峒调查》，民族出版社，2009 年）。在调查报告中两人都涉及了黎族的文身，其中讲到了黎族女性文身的时间、部位、原因和功能，并谈到了黎族男子的文身。由于他们的调查是第一手资料，故颇为珍贵。

从 1881 年开始，美国基督教会的传教士开始涉足海南，其后有数十人陆续到达海南。1919 年，这些传教士将自己对海南的观察和记录做了一个总结，编成了《棕榈之岛——海南概览》（参见王翔译著《棕榈之岛——清末民初美国传教士看海南》，南海出版公司，2001 年）一书。该书的第三章“土著居民——黎族”谈到了黎族的文身，但内容不多。

二、新中国成立后的黎族文身研究

1949 年 10 月中华人民共和国成立，不久海南也得到解放。正像许多学科在这之后进入了一个新的发展阶段一样，黎学研究也出现了一个崭新的局面。作为黎学研究的一个重要组成部分的黎族文身研究，同样也获得了巨大进步和飞速发展。

新中国成立后，在黎族文身研究方面取得的成果，大体上可以分为著作、论文和影视作品三大类。

（一）著作类

著作类的黎族文身研究成果，又可细分为资料性的著作、研究性的专著和涉及文身的著作三个部分。

1. 资料性的著作

这类著作主要是指在新中国成立后的不同历史阶段编成的调查报告、史料汇编以及图片集。

《海南岛黎族社会调查》（上、下卷）（中南民族学院本书编辑组编，广西民族出版社，1992 年）。该书是 1954—1955 年间由中南民族学院（现为中南民族大学）和广西民族学院（现为广西民族大学）联合组成的“中南海南工作组”对海南黎族地区进行大规模实地调查后写成的调查报告。该书共计 82 万字，内容极为丰富，其中涉及文身的部分主要集中在书中收录的每篇调查报告的“物质文化”之“衣饰”部分，保留了 20 世纪 50 年代初黎族各个支系文身的真实记录，价值极高。

《黎族社会历史调查》（广东省编辑组编，民族出版社，1986 年）。该书收录了广东省少数民族社会历史调查组 1956—1960 年间到黎区调查后整理出来的七篇调查报告，其中涉及文身的内容收录在调查报告中的“其他”部分里。

《黎族田野调查》（海南省民族学会编，2006 年内部印行）。该书收录了 2002 年 6 月由海南省民族学会组织的一次较大规模的黎区田野调查后整理出来的八篇调查报告，其中的“道小村社会调查”和“西方村社会调查”两篇调查报告中涉及了该村的文身状况，有一定的参考价值。

《黎族——海南五指山市福关村调查》（张跃、周大鸣主编，云南大学出版社，2004 年）。该书是中国民族村寨调查丛书之一，字数有 48 万，是对福关村全面的调查。其中涉及文身的部分在该书的第八章第四节“民间美术”，内容谈到了文身图案、文身的原因、文身的过程等方面。

《黎族古代历史资料》（上、下册）（中国科学院民族研究所广东少数民族社会历史调查组、中国科学院广东民族研究所合编，1964 年内部印行）。该书是黎族古代历史资料的汇编，其中涉及文身的部分在其下册第四类“生活习俗”中，汇集了古代方志和文人笔记中的黎族文身资料。

《黎族藏书·方志部》（卷 1、卷 2、卷 3）（王献军、赵红主编，海南出版社，2009年）。该书总共222万字，汇集了从古代直至民国时期的海南地方志中有关黎族的史料，各个时期地方志中涉及黎族文身的相关资料也全部收录在其中。

《黎族传统文化》（王学萍主编，新华出版社，2001年）。这是一部反映黎族传统文化的图片集，全文分十二部分，其中反映黎族文身的内容在第九部分，一共收集了文身图片32张，并附有简单的文字介绍。

2. 研究性的专著

这类著作不多，只有三部：

（1）《肌肤上的文化符号——黎族和傣族传统文身研究》（刘军著，民族出版社，2007年）。这本书虽然是黎族和傣族传统文身的比较研究，并不是专门的研究黎族文身的专著，但由于作者刘军先生毕业于中央民族大学民族学与社会学学院，具有良好的民族学、人类学素养，又到黎区对文身进行过田野调查，该书又是作者的博士论文，因而质量甚高，是目前国内出版的关于黎族文身研究的高水平专著，代表了目前国内研究黎族文身的最高水平。该书对黎族文身的研究既全面又深入，资料丰富，分析透彻，是我们目前研究黎族文身的必读之作。

（2）《文面黎女——海南岛黎族妇女文面的文化考察》（方鹏著，广西人民出版社，2006年）。这是一部以随笔方式写出的关于黎族文身的通俗性读物，虽然对有关黎族文身的方方面面多有涉及，但都浅尝辄止，欠深入分析，此外提出的个别观点过于武断，论证不足。但由于全书是建立在田野调查的基础之上，故对于黎族文身研究仍有一定的参考价值。

（3）《黎族文身新探》（程天富主编，中国文联出版社，2010年）。该书是专门探讨黎族文身文化的一部著作，该书对黎族文身的探讨比较全面，涉及文身的历史、文身的起因、文身的操作流程和文身的样式图案等多个方面，但不够深入，对每一个方面的分析都过于浅显。该书最有价值的部分在于其提供的黎族各个支系妇女文身的大量图片，这也是全书的亮点。全书最后附有“黎族各个市县文身调查的数据表”，列出了各个市县中各个乡镇、村庄的文身尚存人数，具有一定的参考价值，尽管不一定非常准确。

3. 涉及文身的著作

这类著作主要是全面探讨海南或黎族历史、文化方面的著作，并没有专门对黎族文身展开研究，只不过是在书中的某一个章节或某一个部分涉及了黎族的文身，一般内容都不是很多，研究水平也参差不齐，但仍对我们研究黎族文身具有一定的参考价值，是我们在从事黎族文身研究时不应忽略的。这类著作主要有：

《中国黎族》（王学萍主编，民族出版社，2004 年），其中的第十一章专门谈及文身，内容包括文身习俗的历史回顾、文身的起因、仪式与过程、文样；《中国少数民族大辞典·黎族卷》（刘明哲主编，香港当代文艺出版社，2005 年），其中有关黎族文身方面的词条十八条，颇为详细；《黎族·美孚方言》（符兴恩著，香港银河出版社，2007 年），其中的第一章专门谈到了美孚黎文身的过程和意义；《海南省志·民族志》（海南省地方志办公室编，海南出版社，2006 年），其中在第一章第十节“风俗习惯”，专门谈及黎族文身；《黎族文化溯源》（邢植朝著，中山大学出版社，1993 年），其中第三部分为“黎族文身溯源及文化的特征”；《琼州文化》（关万维著，辽宁教育出版社，1998 年），其中的第三章第五节全部讲的是黎族文身；《热带雨林的开拓者——海南黎寨调查纪实》（李露露著，云南人民出版社，2003 年），书中的第十三章从七个方面描述了黎族的文身；《中国黎族大辞典》（苏英博等编，中山大学出版社，1994 年），其中有“文身习俗”的词条；《海南黎族和台湾少数民族民俗比较》（詹贤武、邢植朝著，南方出版社，2010 年），其中的第九章是黎族和台湾少数民族的文身比较；《海南黎族风情》（胡亚玲著，海南出版社，2006 年），其中在第三章第二部分“习俗”中，专门讲到了黎族的文身习俗，而且图文并茂；《从远古走向现代——黎族文化与黎族文学》（王海、江冰著，华南理工大学出版社，2004 年），其中第六章第一节即为“文身：一种文化符号”；《黎族传统民歌三千首》（符桂花主编，海南出版社，2008 年），其中收录了润方言黎族民歌“女人文身真痛苦”；《黎族民间故事大集》（符桂花主编，海南出版社，2010 年），其中收录了有关黎族文身方面的传说和神话七个，可供我们在研究黎族文身时参考。

（二）论文类

在新中国成立后的相当长一段时间内，由于受到当时形势的影响，文化习俗一类的问题少有人关注，大家对黎学研究的兴趣点主要集中在合亩制等问题上，所以从1950年到1984年的35年间，几乎没有一篇关于黎族文身的论文。1985年，王国全在《中央民族学院学报》第4期上发表了《黎族妇女的文身习俗》一文，开启了新时期研究黎族文身的论文先河。从1985年至今，据笔者统计，全国各类报纸杂志上发表的有关黎族文身方面的论文有四十余篇，涉及黎族文身问题的多个方面。为了使大家全面了解这些论文，笔者拟将这些论文分为七个方面加以介绍并略加点译：

1. 关于某一区域或支系的文身

黎族居住在海南省中、南部的多个市县，有五大支系，不同地区和不同支系的文身都不是完全相同的。梁名胜在1986年出版的《昌江文史》第1辑上发表了《昌江黎族妇女纹身的工具与过程》一文，对昌江黎族妇女的文身状况作了介绍，但过于简单，对昌江县内各个支系黎族文身的区别没有说清楚。李贻昭先后在1987年出版的《白沙文史》第2辑上和1994年出版的《海南文史资料第9辑·黎族史料专辑（续）》上发表了《润黎妇女的纹身习俗》和《白沙县黎族妇女的纹身习俗》两篇文章，对居住在白沙县境内的润黎（又称本地黎）的文身状况作了比较详细的介绍。

2. 关于黎族文身的起源

黎族文身的起源问题，是黎族文身研究中最热门的问题之一，很多学者都对此进行了研究，发表了一系列论文。

韩伯泉在《民俗调查与研究》（河北人民出版社，1998年）一书中发表了《简论黎族妇女的“绣面”习俗及其传说》一文，收集了七个有关黎族妇女“绣面”（即文身）起源的传说，并将之归纳为天鸟型、兄妹婚型、祛邪治鬼型、主仆婚型和抗婚型五种类型，并对每一种类型进行了深入分析，很有价值。陈睿在《论黎族文身与刀耕火种文化》（《中央民族大学学报》1998年第5期）中，认为黎族文身起源于刀耕火种文化。这个观点颇为独特，可以作为一家之言看待；但通观全文可发现，该文主观推测的成分过大，论据不足，论证不严密。陈金文在《试析一组与妇女纹面风俗有关的黎族传说》（《民族文学研究》2001年第2期）一文中，分析了四则有关黎族纹面（即文身）起源的传说，认为四则传说实际上反映的内容属于人类社会发展的不同阶段，并有着极为重要的民俗学价值。焦勇勤与孙海兰发表了《图腾崇拜与黎族妇女文面的关系》（《文艺争鸣》2006年第3

期）和《略论黎族妇女文身的起源》（《中州大学学报》2006 年第 4 期）两篇文章，内容基本相同，阐述的主要观点就是认为黎族文身起源于对青蛙这种动物的图腾崇拜。由于这种观点的提出是建立在对黎锦图案分析研究的基础上，故尚可自圆其说。郑小枚在《论黎族文身的伦理隐喻》（《海南大学学报》2007 年第 1 期）一文中，从伦理的角度探讨了文身的原因，认为黎族文身是古代黎族母系氏族为抑制血缘婚所刻下的氏族标志，是乱伦禁忌在黎族氏族社会留下的印记。该文旁征博引，分析透彻，但由于缺乏相应的田野调查资料作基础，从而影响了其观点的正确性。欧阳洁与孙绍先在《黎族文身诸说析疑》（《海南大学学报》2007 年第 4 期）一文中，对黎族文身起源的十四种说法进行了分析，最后提出了自己的观点：黎族文身的原初意义主要是女性生殖崇拜的表现形式。但其推断的依据——蛙纹是出现最多的一种文身图案尚有待商榷。

3. 关于黎族与台湾原住民文身的比较

由于黎族和台湾原住民同为中国东南沿海的海岛民族，又都与古代的百越有着一定的渊源，故二者在历史与文化方面拥有众多的相似性，而且又是中国目前保留文身现象最多的两个民族，因而二者的文身文化具有一定的可比性。到目前为止，发表的有关黎族与台湾原住民文身比较的论文有五篇，分别是：《试论文身图式——黎族和高山族文身图式及延伸研究》（陈华文，《东南文化》1996 年第 4 期）；《黎族与高山族——共同用血肉彩绘成文化人类学的历史》（周伟民、唐玲玲，《琼台少数民族文化活动周论文集》2001 年印行）；《黎族与台湾泰雅族的文身习俗》（林瑶棋，《琼粤地方文献国际学术研讨会论文集》，海南出版社，2002 年）；《论台湾原住民和海南黎族文身习俗的异同及其功能》（罗春寒，《贵州民族学院学报》2003 年第 1 期）；《民族文化与情感的历史彩绘——海南黎族与台湾高山族文身艺术探究》（邢植朝，《新东方》2007 年第 1 期）。这五篇论文，分别从不同的角度与不同的侧面对黎族与台湾原住民（或称高山族）的文身进行了比较，从而加深了我们对黎族和台湾原住民文身的认识，特别是他们的相同点和不同点。

4. 关于黎族男性的文身

当今黎族多为女性文身，但历史上黎族男性的文身也并不少见。赵全鹏在《黎族男性文身问题考辨》（《贵州民族研究》2008 年第 3 期）一文中，探讨了史料上记载的黎族男性文身，并分析了黎族男性文身衰弱的原因。该文探讨了一个在黎族文身问题研究中普遍被大家所忽视的一个问题，填补了这一研究领域的空白，很有学术价值。

5. 关于文身的图案

黎族妇女的文身图案纷繁复杂，往往令人不知所云。徐家林在《黎族妇女文身图案浅析》（《琼州学院学报》2008 年第 6 期）一文中，把黎族妇女的文身图案划分成动物类图案、昆虫类图案、植物类图案和其他类图案四个类别，颇有道理，很值得我们在分析黎族妇女文身图案时加以参考和重视。

6. 关于黎族文身长期留存传承的原因

百越系的各个族群，古代大都文身。但随着历史的发展，其后裔中很多都不文或很少文身了，可是黎族的文身却得以长期留存传承，这是什么原因呢？刘军在《试论黎族文身长期留存传承的原因》（《湖北民族学院学报》2009 年第 2 期）一文中，认为环境的闭塞与文化的隔离、原始宗教信仰的禁锢和传统习惯与思想观念的强力约束这三大原因造就了黎族文身的长期留存与传承。笔者认为这大体上抓住了问题的实质所在，令人信服。

7. 对黎族文身习俗的概述

在对黎族文身习俗进行研究的论文中，有一类是概述性质的，这类论文大都是泛泛而谈，缺乏深度，但也有一定的参考价值，因为这一类论文往往在某一个方面或某一点上有其独到的见解。这类论文很多，主要有：《黎族妇女的文身习俗》（王国全，《中央民族学院学报》1985 年第 4 期）；《黎族文身略说》（陈江，《东南文化》1986 年第 1 期）；《海南岛黎族文身初探》（曾昭旋，《广东民族研究论丛》1986 年第 1 辑）；《海南岛黎族的文身艺术》（杨源、唐绪祥，《中国纺织美术》1991 年第 3 期）；《黎族文身探索》（马沙，《江海学刊》1992 年第 6 期）；《海南黎族文身习俗》（李露露，《寻根》1995 年第 6 期）；《关于海南岛黎族妇女纹面的几个问题》（方鹏，《贵州民族研究》2005 年第 2 期）；《海南岛黎族妇女文身研究》（姚丽娟，《中央民族大学学报》2005 年第 3 期）；《海南黎族文身习俗》（李勇，《美术大观》2007 年第 3 期）；《黎族文身的文化密码——守望海南（连载之二）》（詹贤武，《中国民族》2007 年第 6 期）。

8. 影视作品

黎学作为民族学的一个分支学科，影视作品在其中占有一定的地位，因为它能更直接地使人们了解某一种文化现象。对于文身问题也是如此。到目前为止，拍摄黎族文身现象的影视作品有两部：

一部是中国民族博物馆筹备组于1986年4月摄制的《黎族民俗考察》，整部片子的片长为36分钟，其中展现文身习俗的部分有3分多钟，包含了对黎族文身的简单介绍和文身过程的示范，对于我们从感官上了解黎族文身有一定的帮助，特别是对那些从未到过黎区的人更是如此。

另一部是《海南黎族风情》，该片由海南飞天影业公司摄制、海南省民族宗教事务厅监制、海南省电子音像出版社出版，具体出版时间不详。全片包括棉纺织、染色、树皮布等九部分，文身是在其中的第七部分，这一部分全长为7分23秒，对黎族的文身文化进行了详细而全面的形象介绍，可以作为黎族文身的教学片使用。这是目前拍得最好的一部关于黎族文身的影视作品。

三、成绩、问题与未来走向

通观近百年来的黎族文身研究，可以说取得了一定的成绩，特别是20世纪80年代以来，更是取得了相当的进步。这表现在：已经有了研究性的专著问世，多部调研报告中包含有文身的资料，十余部有关黎族的著作中都谈到了文身，已发表了有关文身的论文有四十余篇，内容涉及了文身的方方面面，从而使我们对黎族文身有了一个比较全面和深入的了解。

那么是不是黎族文身研究已经非常完美了，没有继续研究的必要了呢？当然不是。对黎族文身的研究尽管已经取得了一定的成绩，但这远没有尽善尽美，仍然存在着很多的问题和不足，主要是：

（1）在已发表的论文中，概述性质的、泛泛而谈的论文多，进行专题性质深入研究的论文少，以至于个别有关黎族文身的问题没有被研究透彻，甚至没有涉及。

（2）很多学者在从事黎族文身研究时都是从书本到书本，缺乏强有力的田野调查材料作为支撑。众所周知，文献中记载的有关黎族文身的资料是非常有限的，而且有些可能是道听途说的，不能尽信，更多的资料应该来自于田野调查。所以，不进行田野调查，仅仅只凭借文献资料进行黎族文身研究是不充分的，从论据到观点最终都难以令人信服。

(3) 很多研究者的视野不开阔，只是就黎族文身谈黎族文身，殊不知文身是人类早期历史上一个普遍存在的问题，因而我们在研究黎族文身问题时应将世界历史上的文身文化作为大背景，特别是将百越族系和东南亚地区各民族的文身文化作为大背景，否则最后得出的结论很难经得住推敲。

(4) 尚没有一本以黎族文身为主题的调研报告问世，这是目前黎族文身研究中的一个致命的软肋。因为黎族本身无文字，现有的文献资料都是古代汉族文人士大夫的零星记载，少得可怜；已出版印行的几部关于黎族的田野调查报告都不是专门针对黎族文身的，而是在调查其他问题时捎带着谈到文身，在这些调查报告中的文身部分，少则几十字，多则几百字，对黎族文身的研究者来说是远远不够用的。

(5) 目前国内外尚没有一部全面而深入地研究黎族文身的集大成的专著问世。刘军先生的《肌肤上的文化符号——黎族和傣族传统文身研究》，虽然在黎族文身研究上已达到了相当的高度，但毕竟是着重于黎族和傣族的文身比较研究，在黎族文身研究上下的工夫尚不足。

针对以上黎族文身研究中存在的问题和不足，笔者认为，首先要进行的是一次专门以文身为主题的细致、全面、深入的田野调查，掌握大量的文身调查资料，之后再结合文献资料进行综合性的研究，才能把目前的黎族文身研究向前大大推进一步，提升一个档次，而不至于原地踏步。其次，是把黎族文身问题放到整个人类历史的大视野、大背景中去看待，而不能就事论事，就黎族文身谈黎族文身，这样才能把类似于文身起源这样一个具有普遍意义的问题说透彻，才能经得住时间的考验。再者，近百年来的黎族文身研究，到目前为止已取得了相当的成果，但遗憾的是一直没有一部集大成式的黎族文身专著问世，这个遗憾相信在不久的将来就能被弥补，从而使黎族的文身研究更上一个台阶。

黎族文身文化考察之旅
——海南省乐东黎族自治县黎族哈方言文身调查报告

高泽强（昂·德威·宏韬）
（琼州学院　海南省民族研究基地）

一、调查的缘由和过程

黎族有五大方言（也称五大文化）——哈、杞、润、美孚、台（赛），在这五大方言中，哈方言人口占黎族总人口的58%以上，杞为24%，润、美、台（赛）三种方言则各占6%左右。乐东黎族自治县位于海南岛的西南部，主要分布有黎族的哈、杞两种方言，哈方言人口在乐东占绝对优势，比例达90%以上，杞方言人口占近10%。哈方言人口众多、分布广泛，在居住区域、语言以及生活习俗上都有一些差异，由此自然而然地又分为若干次方言（或土语支），这使乐东成为黎族哈文化最为丰富的地方。千百年来，黎族群众都以村峒的社会组织为天然联系纽带，同一个部落或氏族的人多居住在同一个村峒的范围内，因此，多数村峒名又成了哈方言各土语支的名称。哈方言主要分为博（哈应）、抱怀、止贡（多港）、罗活、止强、抱显、抱由、抱曼、抱湾等九个土语支。

文身作为黎族社会曾经盛行几千年的一种文化，是有其存在的历史原因和社会原因的。但在1950年以后的这60年中，这种古老的文化已经走在消失的路上。这不能不让从事人类社会学研究工作的我们，时时感到肩上有一担沉甸甸的责任。为了在黎族文身文化完全消失之前尽量将其记录下来，海南大学的周伟民、唐玲玲两位教授和笔者本人便有了将其作为一个课题来申报的想法。但在课题申报的过程中，依然感到对黎族文身的认识，特别是对乐东黎族哈方言文身这一块的认识显得较为肤浅。为此，便有了赴乐东黎族自治县进行文身调查的想法。

2009年的暑假期间，我们组成了赴乐东调查小组，由周伟民老师任组长，成员有唐玲玲老师、笔者（高泽强）、张昌赋（海口市教育研究培训院高级讲师）、张杰（《海南日报》摄影记者）、吴小苑（五指山冲山学区教研员）、张云（研究生）等。这次调查目的明确，每到一处都通过亲戚、朋友和熟人的关系直接进村进行调查。

2009 年 8 月 12 日上午，我们一行八人来到千家镇郎益村委会三师村调查，该村方言为哈方言博（哈应）土语，在这里我们拍到了博土语的两种纹样。下午赶到三亚市崖城镇的赤草村，晚上参加了该村举行的一场典型的黎族葬礼活动——“作八”仪式。

13 日上午，到崖城镇水南村委会的高山村进行调查，该村方言为哈方言止贡土语，文身的纹样与乐东黎族自治县大安镇的止贡土语相同。下午经三亚市的天涯、雅亮等乡镇赶回乐东县境的志仲镇。晚上，我们在住处进行了两天以来的调查小结会议，由周伟民老师主持。大家总结了这几天的调查，强调在以后的调查中要发挥调查组的团队精神，注意收集第一手材料。

14 日上午，我们到志仲镇的从六村和抱显农场抱雅村调查，该村方言为哈方言抱显土语。下午到志强村，该村方言为哈方言止强土语。

15 日早晨，因《海南日报》报社有重要任务，张杰、张云返回海口。其余的组员用完早餐后便直接奔赴抱由镇的力高村调查，该村方言为哈方言抱由土语。至中午，周老师因沿途劳累，休息不好，引发高烧，唐老师只好在住处照顾他。我们三人（高泽强、张昌赋、吴小苑）则到抱由镇多建村委会抱曼村调查，该村方言为哈方言抱曼土语，有两种纹样。

16 日上午，周老师病情好转，我们一起到抱由镇的抱湾村调查，该村方言为哈方言抱湾土语。下午到大安镇的南木村委会南木村调查，该村方言为罗活土语。

17 日上午，周伟民、唐玲玲、张昌赋三位老师返回海口。笔者和妻子（吴小苑）及儿子则跟老同学马仁光去他老家——千家镇抱平村看望他的父母，了解到该村的文身情况，给他文身的母亲拍照，该村方言属于已经演变了的止强土语，纹样亦与止强土语有区别。

紧凑而又紧张的乐东黎族自治县黎族文身调查，至此告一段落。

二、文身老人的记录资料

这次乐东之行，到了千家镇的三师村、福报村、抱平村，志仲镇的从六村、抱显农场抱雅村、志强村，抱由镇的力高村、抱曼村、抱湾村，大安镇的南木村，以及三亚市崖城镇的赤草村、高山村，一共拍到60位文身老人，其中49位有简单的背景资料记录。

乐东黎族自治县黎族哈方言妇女文身调查表

序号	姓名	岁数	土语支	文身年龄和原因	出嫁年龄及其他
调查时间：2009年8月12日上午。调查地点：乐东黎族自治县千家镇郎益村委会三师村。					
1	林阿美	75	哈应	8岁文身，原因是怕长大后被日本兵和国民党抢去当媳妇。	17岁出嫁，用槟榔和酒订亲，父母包办。
2	陈阿来	88	哈应	12岁文身，原因是怕死后祖先不认。文后父母以酒菜招待施文老人。	16岁出嫁，自由恋爱。
3	高苏桃	75	哈应	12岁文身，原因有两个：一是怕死后耳朵被挂上鱼钩；二是怕被客人抢去当媳妇。	17岁出嫁，自由恋爱。
调查时间：2009年8月13日上午。调查地点：三亚市崖城镇水南村委会高山村。					
4	羊阿其	74	止贡	15岁文身，原因是怕死后祖先不认。	30岁出嫁，父母包办。
5	杨阿亮	73	止贡	15岁文身，原因有两个：一是怕死后祖先不认；二是不文脸不能出嫁。	25岁出嫁，父母包办。
6	羊玉花	62	止贡	15岁文身。	19岁出嫁，自由恋爱。
7	罗关联	80	止贡	15岁文身。	15岁出嫁，父母包办。
8	罗阿现	64	止贡	15岁文身。	20岁出嫁，父母包办。

（续上表）

序号	姓名	岁数	土语支	文身年龄和原因	出嫁年龄及其他
9	李爱花	73	止贡	15 岁文身。	23 岁出嫁，父母包办。
10	吉阿乐	82	止贡	13 岁文身。	18 岁出嫁，父母包办。
11	罗玉明	64	止贡	13 岁文身。	21 岁出嫁，父母包办。
12	吴文姣	61	止贡	15 岁文身。	25 岁出嫁，父母包办。
调查时间：2009 年 8 月 14 日上午。调查地点：乐东黎族自治县志仲镇从六村。					
13	李亚杳	64	抱显	13 岁文脸，原因是怕死后祖先不认。	23 岁出嫁，自由恋爱。
14	洪春花	60	抱显	13 岁文脸。	18 岁出嫁，自由恋爱。
15	李亚伍	70	抱显	13 岁文脸。	17 岁出嫁，自由恋爱。
16	高春英	67	抱显抱雅次土语	13 岁文脸。	24 岁出嫁，自由恋爱。
17	李容英	64	抱显抱雅次土语	17 岁文脸，还有文手，原因是怕被国民党抓去当老婆。	18 岁出嫁，自由恋爱。
18	杨桂英	67	抱显抱雅次土语	18 岁文脸，原因是怕被日本兵抓去当老婆。	27 岁出嫁，自由恋爱。
调查时间：2009 年 8 月 14 日下午。调查地点：乐东黎族自治县志仲镇志强村。					
19	黄阿编	87	止强	9 岁文脸，原因是老人叫文就文。	18 岁出嫁，父母包办。
20	杨阿祝	65	止强	13 岁文脸，原因有二：一是怕嫁不出去；二是怕死后祖先不认，变成孤魂野鬼。当时妈妈捆住她的手脚亲自替她文，从早上文到晚上才文完。	19 岁出嫁，父母包办。
调查时间：2009 年 8 月 14 日下午。调查地点：乐东黎族自治县志仲镇夏口村。					
21	陈阿祝	59	止强	12 岁文脸，原因是怕死后祖宗不认。当时文身的同时穿耳洞，文后送三团野麻丝和一团棉花给文身师。	20 岁出嫁，父母包办。

（续上表）

序号	姓名	岁数	土语支	文身年龄和原因	出嫁年龄及其他
22	杨玉英	64	止港	15岁文脸、文手，原因是看到姑娘们都文就想文。当时给文身师6元钱。	25岁出嫁，自由恋爱。从大安镇万车村嫁过来。
23	容阿祝	65	止强	15岁文脸，原因是怕死后祖先不认。文后送给文身师一团棉花。	19岁出嫁，父母包办。
24	张英	63	止强	14岁文脸，原因是怕死后祖先不认。文后送给文身师一团野麻丝。	20岁出嫁，父母包办。
调查时间：2009年8月15日上午。调查地点：乐东黎族自治县抱由镇力高村。					
25	符阿山	67	抱由	15岁文脸、文手，原因是看到同伴文也就想文。	23岁出嫁，父母包办。
26	李玉梅	67	抱由	13岁文脸、文身，原因是觉得漂亮就文。	25岁出嫁，父母包办。
27	符阿草	68	抱由	17岁文脸、文身，原因是怕死后祖先不认。	23岁出嫁，父母包办。
28	刘阿娘	70	抱由	15岁文脸、文手，原因是怕死后祖先不认。	23岁出嫁，自由恋爱。
29	符阿应	76	抱由	15岁文脸、文手，原因是听老人说若不文脸死后祖先会不认。	21岁出嫁，父母包办。
30	吉阿论	77	抱由	15岁文脸、文手，原因是不文脸就不能出嫁。	15岁出嫁，父母包办。
调查时间：2009年8月15日下午。调查地点：乐东黎族自治县抱由镇多建村委会扫水村。					
31	罗香兰	64	抱曼	12岁文脸，原因是怕被国民党抓去当老婆。	23岁出嫁，自由恋爱。

（续上表）

序号	姓名	岁数	土语支	文身年龄和原因	出嫁年龄及其他
32	马玉香	70	抱由	11 岁文前脸，15 岁文耳根和颈部，原因是怕被日本兵和国民党抓去当老婆。	23 岁出嫁，自由恋爱。
33	文阿胜	84	抱由	12 岁文脸、文手、穿耳洞，原因是怕死后祖先不认。文后给文身师一团野麻丝。	25 岁出嫁，父母包办。
34	文阿英	70	抱由	12 岁文脸，原因是怕死后祖先不认。	27 岁出嫁，父母包办。
35	陈青美	71	抱由	13 岁文脸，原因是怕死后祖先不认。	19 岁出嫁。
36	陈丽香	71	抱由	15 岁文脸。新中国成立后才文，因怕被人发现不让文，躲进树林中进行文脸。双行纹路。	23 岁出嫁，自由恋爱。
调查时间：2009 年 8 月 16 日上午。调查地点：乐东黎族自治县抱由镇南美村委会南美村。					
37	邢阿希	67	抱湾	17 岁文身，文脸、文手，因怕剩墨汁又文腿。文后给文身师一床棉被。	19 岁出嫁，自由恋爱。
38	符色开	73	抱湾	16 岁文身，文脸、文手、文胸。文后给文身师一床棉被。	18 岁出嫁，自由恋爱。
39	何色开	83	抱湾	13 岁文身，从脸部至胸部均有文。原因有三：一是怕死后祖先不认；二是不文身是客人；三是文身是黎族女孩的象征。文后给文身师一床棉被。	18 岁出嫁，自由恋爱。

（续上表）

<table>
<tr><th>序号</th><th>姓名</th><th>岁数</th><th>土语支</th><th>文身年龄和原因</th><th>出嫁年龄及其他</th></tr>
<tr><td>40</td><td>吉色开</td><td>71</td><td>抱湾</td><td>15 岁文身，原因是怕死后祖先不认。文后给文身师一床棉被。</td><td>19 岁出嫁，自由恋爱。</td></tr>
<tr><td>41</td><td>邢阿命</td><td>82</td><td>抱湾</td><td>15 岁文身，原因是怕死后祖先不认。从脸部至胸部以及手腿均有文。文后给文身师一床棉被。</td><td>17 岁出嫁，父母包办。</td></tr>
<tr><td>42</td><td>符阿望</td><td>83</td><td>抱湾</td><td>17 岁文身，从脸部至胸部以及手腿均有文。文后给文身师一床棉被。</td><td>23 岁出嫁，自由恋爱。</td></tr>
<tr><td>43</td><td>吉阿崖</td><td>80</td><td>抱湾</td><td>15 岁文身，文后给文身师一床棉被。</td><td>17 岁出嫁，自由恋爱。</td></tr>
<tr><td>44</td><td>邢阿雅</td><td>95</td><td>抱湾</td><td>13 岁文身，从脸部至胸部以及手腿均有文。文后给文身师一床棉被。</td><td>24 岁出嫁，父母包办。</td></tr>
<tr><td colspan="6">后来来的文身老人多起来，所以只有拍照、登记名字和年龄，其他的来不及询问，她们是：吉鲜英（65 岁）、吉阿物（69 岁）、梁阿物（73 岁）、卢阿万（75 岁）、梁阿奔（70 岁）、吉雅认（77 岁）、卢弯白（62 岁）、吉阿漏（85 岁）、何春花（60 岁）、吉阿英（73 岁）、吉共海（68 岁）等共 11 人。</td></tr>
<tr><td colspan="6">调查时间：2009 年 8 月 16 日下午。调查地点：乐东黎族自治县大安镇南木村委会南木村。</td></tr>
<tr><td>45</td><td>刘少霞</td><td>69</td><td>罗活</td><td>13 岁文脸，原因是怕被共产党抓去当战地卫生员。文后给文身师一坛酒、一只鸡和一个光银。</td><td>21 岁出嫁，自由恋爱。</td></tr>
<tr><td>46</td><td>刘连香</td><td>69</td><td>罗活</td><td>11 岁文脸，原因是怕死后祖先不认。文后给文身师一坛酒和一藤箩谷子。</td><td>29 岁出嫁，自由恋爱。</td></tr>
</table>

（续上表）

序号	姓名	岁数	土语支	文身年龄和原因	出嫁年龄及其他
47	吉阿金	72	抱由	17 岁文脸，原因有二：一是怕死后，祖先不认；二是个人觉得漂亮。文后给文身师一坛酒、一藤箩谷子和一只鸡。	17 岁出嫁、自由恋爱。
48	李金梅	64	罗活	10 岁文脸，原因是怕死后祖先不认。文后给文身师一藤箩谷子、一只鸡和一个光银。	15 岁出嫁，父母包办。
调查时间：2009 年 8 月 17 日上午。调查地点：乐东黎族自治县千家镇抱平村委会抱平村。					
49	黎学英	76	止强抱平次土语	18 岁文脸，原因是怕死后祖先不认。文后以酒招待文身师。	两次婚姻：第一次 19 岁结婚，丈夫病死后 29 岁开始第二段婚姻，均自由恋爱。

根据调查表统计分析，我们所接触的黎族文身老人中，年龄最大的 95 岁，最小的 60 岁，70 岁左右的人最多，80 岁以上的 7 人，85 岁以上的 2 人，90 岁以上的仅 1 人。她们当中文身年龄最早的 8 岁，最晚的 18 岁，11～15 岁之间文身的人最多；成家年龄最小的 15 岁，最大的 30 岁，17～23 岁之间成家的最多。据此我们可以推断出，黎族妇女最后一批文身的时间，应在 20 世纪 50 年代末到 60 年代初之间。

文身结束后，被文人母亲或被文人自己都会给文身师一定的报酬，标准不一，这要视被文人家庭的经济条件和文身师的要求而定，但一般都是自愿的。标准最低的为 1 团苎麻团和 1 团棉花团，最高的为 1 只鸡、1 藤箩谷子、1 坛酒、1 个光银，还有招待文身师 1 顿酒菜，或给文身师 1 床棉被。

在有背景资料记录的 49 人中，属于博（哈应）支的 3 人，止贡支的 10 人，抱显支的 6 人，止强支的 6 人，抱由支的 7 人，抱曼支的 6 人，抱湾支的 8 人，罗活支的 3 人。

文身的原因和意义是我们这次调查的重点之一。在 49 位被调查人当中，怕死后祖先不认的15人，怕死后祖先不认和不能出嫁的2人，怕死后祖先不认和认为文身漂亮的1人，认为文身漂亮的1人，怕不能出嫁的1人，看见别人文自己也文的3人，怕死后祖先不认、不文身就是客人不是黎家女孩的1人，怕死后祖先不认、文的同时穿耳洞的2人，怕被别人抢去当媳妇和死后耳朵会被挂上鱼钩的1人，怕被日本兵和国民党抢去当媳妇的5人，怕被共产党抓去当战地卫生员的1人。对于文身老人的这些认识，我们可以归纳出文身的四种内涵（或意义）：第一，不文身死后不能为祖先所认，不为祖先所认必不能归宗入祖，必成为孤魂野鬼，这是作为黎族人最可悲的下场；第二，文身漂亮，在文身的同时也穿耳洞，文身后才有出嫁的权利，这是一个女性从孩子成为姑娘的重要标志；第三，文身是黎族女孩的象征，不文身便是客人（汉族），这是最能体现种族区别的外在重要标志；第四，怕被抢去当媳妇或战地卫生员，这是战争年代在黎族人心灵深处造成伤害的一种另类解释。

最有意思的是怕被共产党抓去当战地卫生员也成了文身的原因之一。在黎族的传统文化中，最让人恐惧的是非正常死亡之人，特别是在哈方言罗活支的人当中更是如此。战地卫生员是要冒着枪林弹雨去抢救受伤的战士的，不是自己面临着死亡，就是被抢救的战士没有被救活的希望，这对罗活支的人来说简直是天大的惩罚，所以也就成了吓唬那些不愿意文身的女孩子最为充足的理由之一。

另有11位文身老人没有文身年龄和文身原因的记录，是由于时间仓促，在调查时没有能对每位文身老人的情况做到面面俱到，但凡被问到的都记录下来了，来不及问到的只能空着，留下了一些遗憾。

三、文身的类型

前面已讲过，根据居住地、风俗习惯、服装服饰、语言特点等因素，黎族哈方言可分为博（哈应）、抱怀、止贡（多港）、罗活、止强、抱显、抱由、抱曼、抱湾等九个土语支，哈方言的文身类型也基本沿袭土语支的分类方法。

（一）博（哈应）支型

从太阳穴始，有两条平行文线下来，到眼角处后再往下折，一直下到嘴角处止，平行文之间的正中有一行顺着下来的纹点，点与点之间的距离为平行线距离的两倍，这是博（哈应）支典型纹样。下嘴唇也有纹样，但仅作为博（哈应）支不同地域、不同部落的标志，是区别次土语的重要标志，主要有点纹（三个纹点）、船锚纹、田字纹等。

博（哈应）支

博（哈应）支

（二）止贡（多港）支型

从太阳穴始，有一条文线下来，经眼角处一直下到嘴角边止。自耳鼓上部的脸颊有两条平行文，自上而下，经耳鼓边、下颚边、脖子、锁骨，至锁骨与乳房中间处止。下巴有三个相套的椭圆纹，一条纹线自上部椭圆纹边缘的正中处，向下穿过，接到下部椭圆纹边缘处，将三个相套的椭圆纹紧紧连在一起。在最小的椭圆纹处有两个纹点分布在这条纹线的两边。下胳膊有丰富的纹样，从下胳膊的上端绕着胳膊一直到手腕处，共分为五段，有三条线圈隔开，每一段由两行小圆圈且中间带点纹的纹样组成，这是止贡支的典型纹样。1950 年后，纹样渐趋简化，仅保留面部和下巴有纹样，耳部经脖子至锁骨处已消失，下胳膊也只是象征性地文一段或者不文。

止贡（多港）支

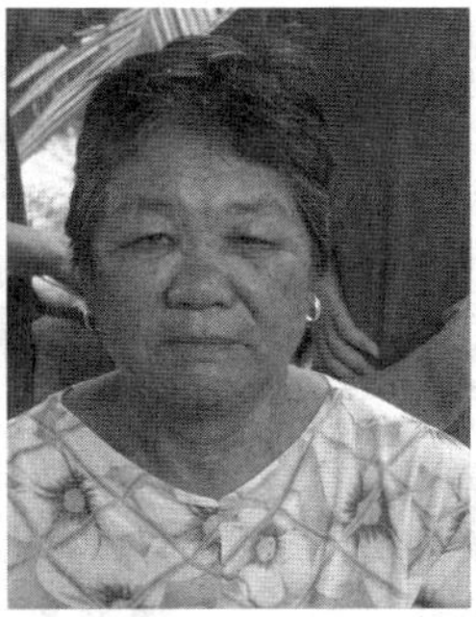

止贡（多港）支

止贡（多港）支

（三）抱显支型

抱显支有两种，一种为“显”型，即抱显土语；另一种为“日”型，即抱雅次土语型。

“显”型：从耳鼓处始，有两条平行纹线经脸颊到眼角边，后折弯顺脸部下到嘴角处，直通下巴底部，平行之间的正中处有一行点纹顺着下来，点与点之间的距离约为平行线距离的两倍。在下嘴唇处，有纹线顺着下嘴唇展开布线，在下巴处与从上面延伸下来的两条平行线交叉，再向下折弯到脖子下部，这种布线一般为六条，都往喉咙处靠拢，看起来有点像一块锦布从下嘴唇处下垂到喉结底下。在下巴处的六条纹线中间还布上纹点，纹点密密麻麻，有些凌乱。在手腕靠近脉搏跳动处，绕胳膊有一条纹线，沿着纹线的一边做纹点布置，有的在手掌背面有文团。

抱显支（显型）

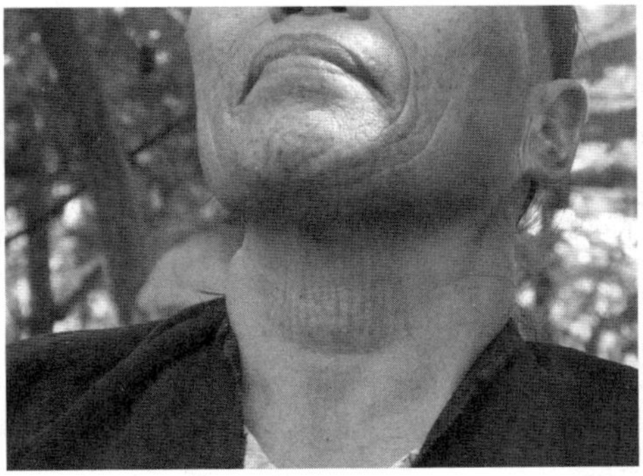

抱显支（显型）

抱显支（显型）

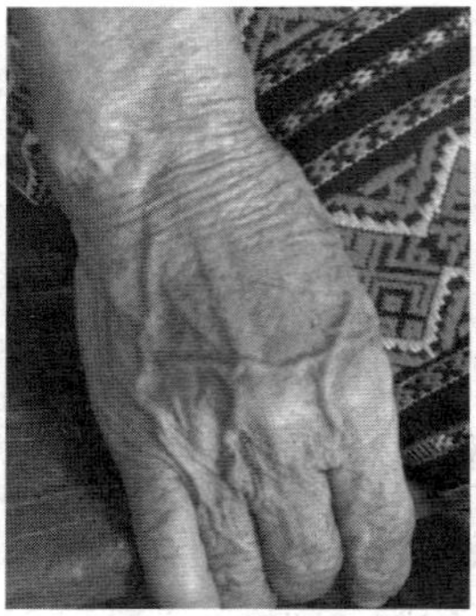

抱显支（显型）

“日”型：“日”型与“显”型基本一样，不同之处是在下巴处的六条线中间没有布上纹点。年轻的一代已经没有下巴至脖子处的六条线纹。

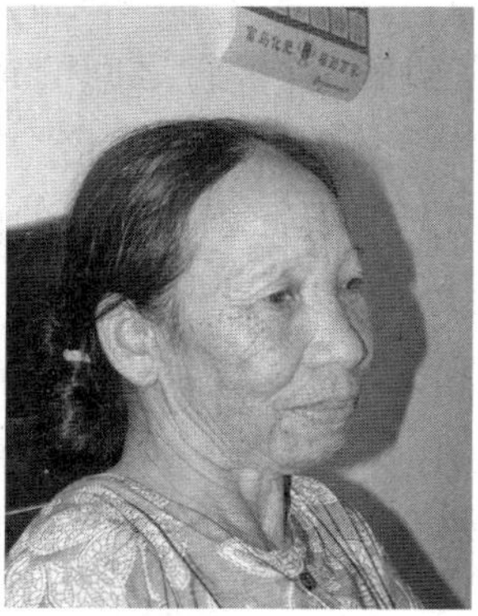

抱显支（日型）

（四）止强支型

止强支有两种，一种为止强土语型，另一种为抱平次土语型。

止强土语型：自太阳穴处的耳页上部始，有两条平行的纹线经脸颊到眼角边，后折弯顺脸部下到嘴角处，再到下巴中间处止（未到下巴底），平行纹之间正中有一行纹点顺着下来，点与点之间的距离约为平行纹间的距离，下巴底部有不规则的纹点。

止强支止强型

止强支止强型

抱平次土语型：从太阳穴的上部始，有一粗条文线斜着下来，经眼角处一直下到嘴角边，与下巴三个相套变形的田字纹连接，在最小的田字纹的四个空白处有四个纹点。

止强支抱平型

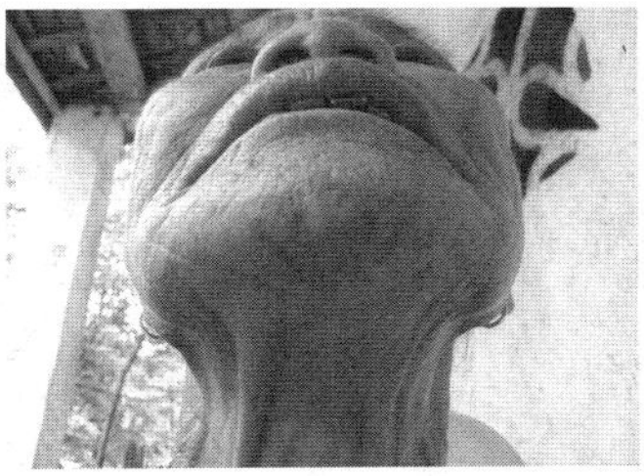
止强支抱平型

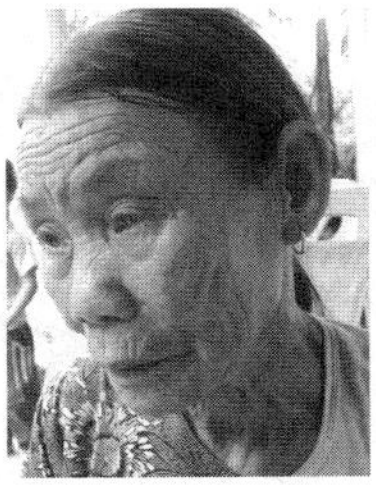
止强支抱平型

（五）抱由支型

自太阳穴、鬓角、上耳根的结合部始，有两条平行的纹线朝两个方向展开，一条方向是朝眼部伸展，到眼角边后折弯顺脸颊下到嘴角边，再顺下到下巴和脖子的结合处，然后纹线收窄再经颈部下到锁骨的下方止；另一条方向则顺着耳根下到下颚，一直延伸到脖子下部的锁骨下方止，与经眼角、嘴角下来的纹线平。两条平行纹线的中间有纹点，之间间隔有四厘米左右，在脖子处的平行纹中间没有纹点。在嘴唇处，有两条纹线顺着嘴唇平行布线，并将两边脸的纹线（即经眼角、嘴角下来到脖子的纹线）接通在嘴角的下方。而在下巴中间的空白处，再文上类似钢盔帽型的纹线，有三条短线从上、左、右三处把钢盔帽纹与三处的平行纹连接在一起，然后在钢盔帽纹中文上交叉纹，并在交叉纹正中文上点纹。下胳膊有纹样，一般分为七段，用五条线圈隔开，每一段由点纹组成，从下胳膊的上端，绕着胳膊一直到手腕处。在手掌的背面，有变形的“口”字形文团，里面有多个交叉纹和点纹。

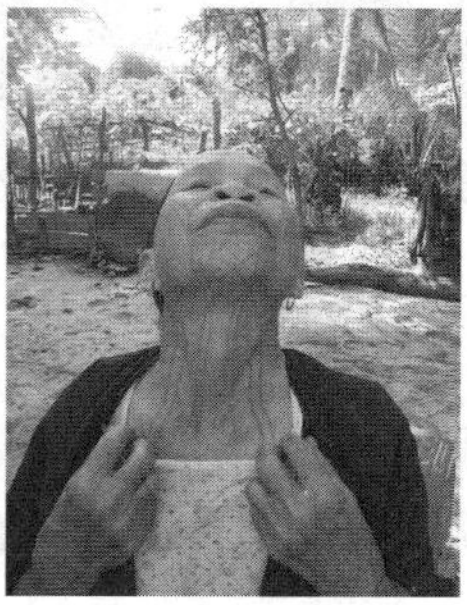

抱由支

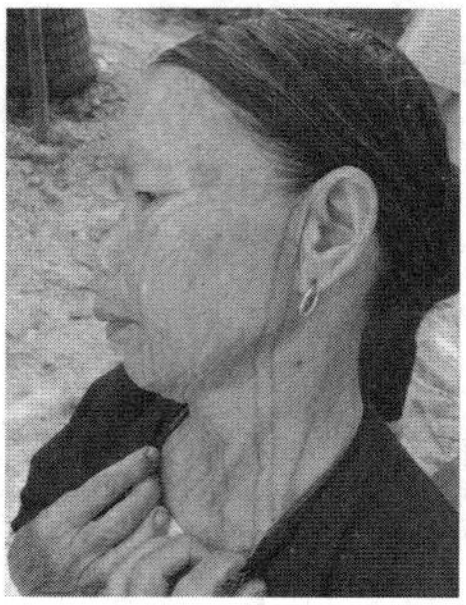

抱由支

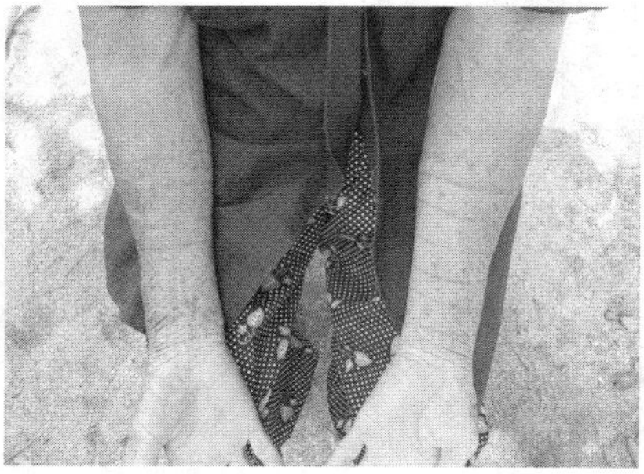

抱由支

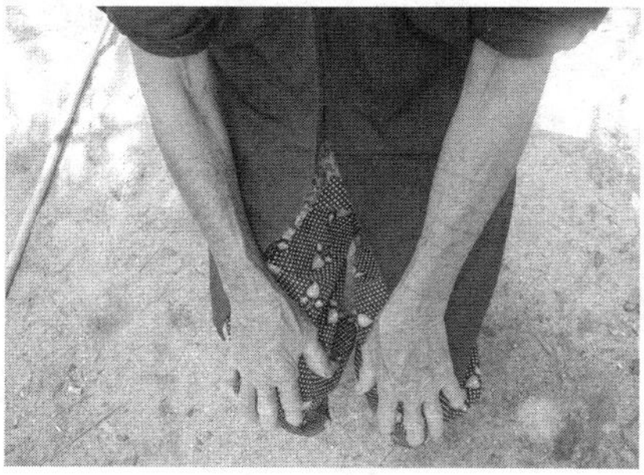

抱由支

（六）抱曼支型

抱曼支型有两种，一种为抱曼土语型，另一种为尖峰次土语型。

抱曼土语型：自太阳穴的鬓角处始，有一粗条纹线斜着下来，经眼角处一直下到嘴角边止。然后自耳根上部有两条平行纹，自上而下经耳鼓边、下颚、脖子至锁骨下方处止。下巴有三个相套的圆纹，一条纹线自上而下穿过圆纹中间，另一条纹线自左向右穿过圆纹中间，将三个相套的圆纹紧紧连在一起，在最小的圆纹中间形成“十”字交叉纹，并在交叉纹的上下左右文上点纹。在下胳膊中有两行小圆圈绕着胳膊，小圆圈中间带有点纹，两行小圆圈间有一条纹线隔开。

抱曼支抱曼型

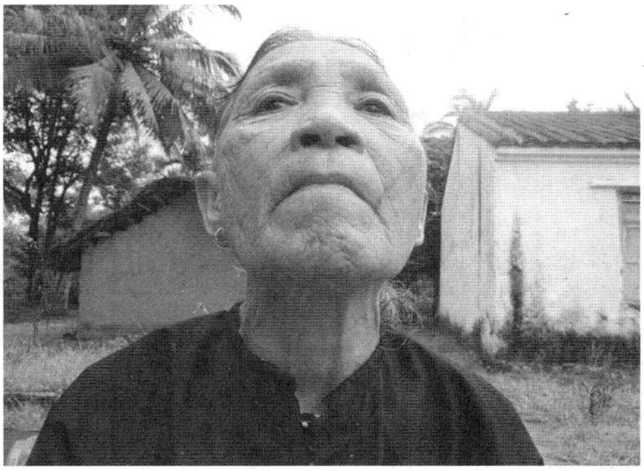

抱曼支抱曼型

抱曼支抱曼型

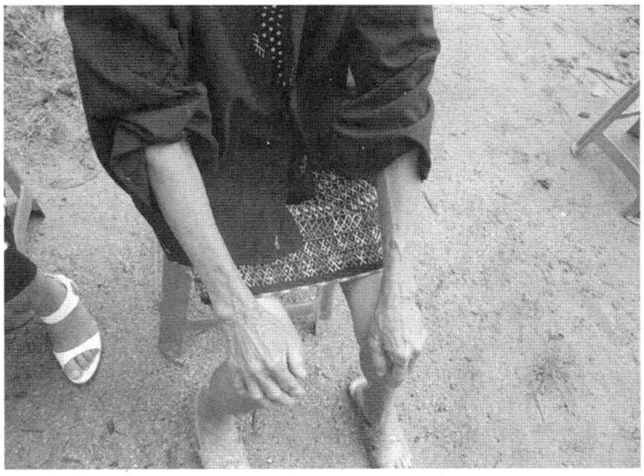

抱曼支抱曼型

尖峰次土语：自太阳穴的鬓角处始，有两条紧挨的细纹线斜着下来，经眼角边一直下到嘴角处止，其他的纹样同。

抱曼支尖峰型

抱曼支尖峰型

（七）抱湾支型

自太阳穴的鬓角处始，有两条间隔不到一厘米的纹线斜着下来，经眼角处、脸颊一直下到嘴角处，并与下巴三个相套的方纹连在一起。最小的方纹底部纹线相接，而大的方纹底部纹线没有相接，类似“同”字但没有中间的那一横，然后在最大方纹的上部纹线中间处，有一条纹线自上而下穿过中间的方纹，与最小的方纹连接起来，同样另有两条纹线自左和自右穿过中间的方纹，与最小的方形纹连接，三个相套的方纹便这样紧紧地连成一个整体，最小的方纹中布有三到四个点纹。另一个独立纹样是自耳根上部始，有两条平行纹线自上而下，经耳鼓边、下颚、脖子，来到锁骨处、胸部，再经过乳房的内侧部，最后来到肚脐眼的上方，与从另一边耳根下来的纹线相会，但没有连接起来。在下胳膊，有四行点纹绕着胳膊布开，点纹之间距离没有规则，有三条纹线将四行点纹隔开。在手掌背面的正中，有一个长方形纹，而长方形纹中则由起伏的曲线和点纹组成，小腿上有稻穗纹或鱼纹组成的纹样。

抱湾支

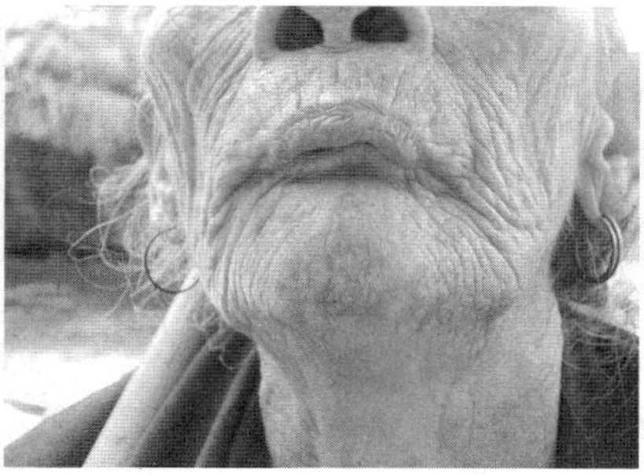
抱湾支

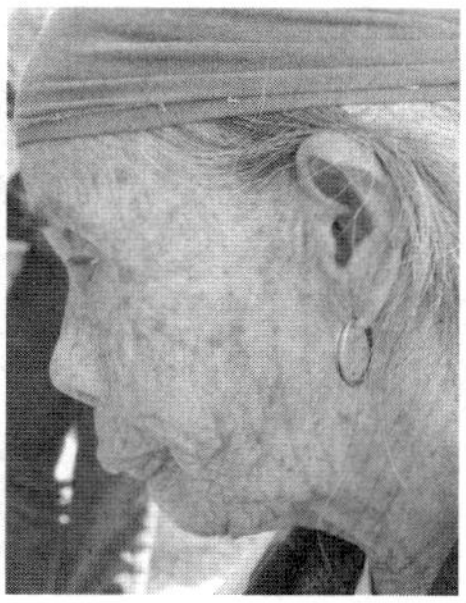
抱湾支

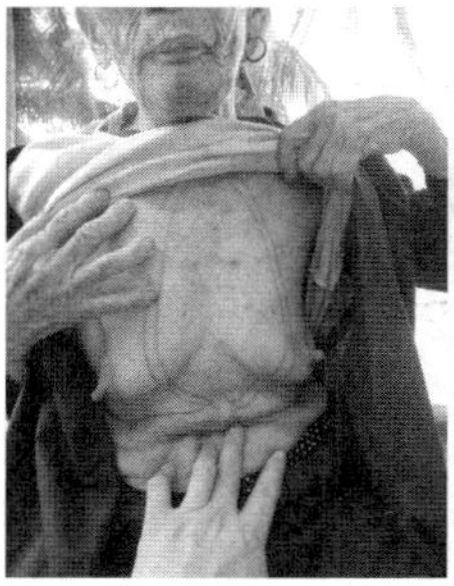
抱湾支

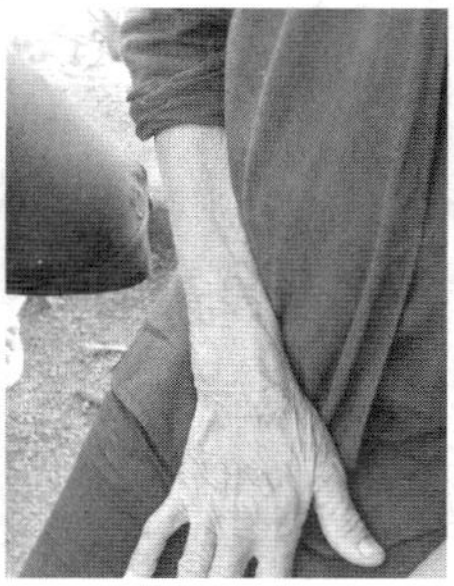
抱湾支

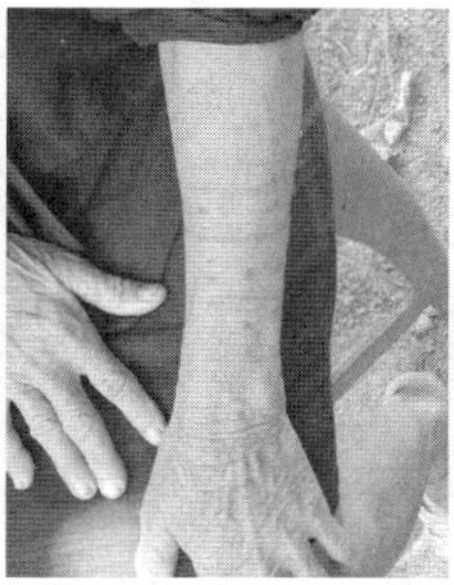
抱湾支

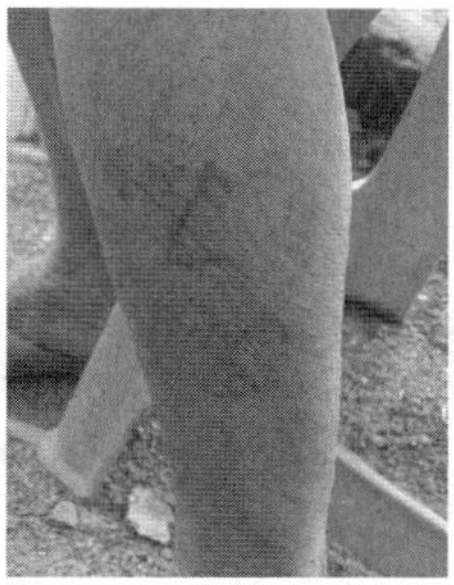
抱湾支

（八）罗活支型

自耳鼓处开始，有两条平行的纹线朝两个方向展开。一个方向是朝眼部伸展，到眼角边后形成 90 度角向下顺脸颊下到嘴角边，与下巴三个相套的、倒挂式的尖顶帽纹相连，尖顶帽纹的顶尖纹刚好到喉结处。在最小尖顶帽纹上方的两个角，有两条直线自两角处向对方的边线展伸，并在中间处形成交叉点，使最小尖顶帽纹分割成为三个三角形和一个四边形，三个三角形和一个四边形中间都布有纹点。另一个方向是在耳鼓处，顺着耳根下到下颚、脖子，直到锁骨处止。

	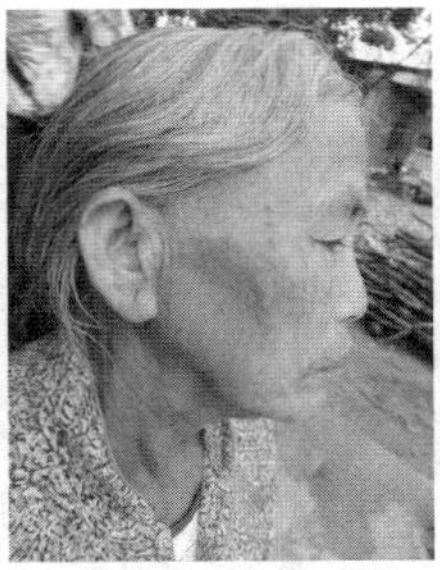	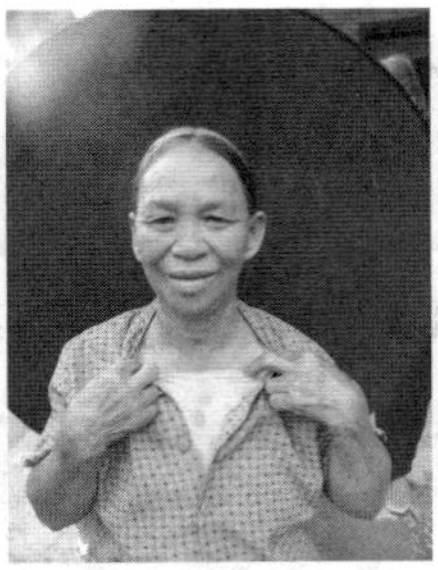	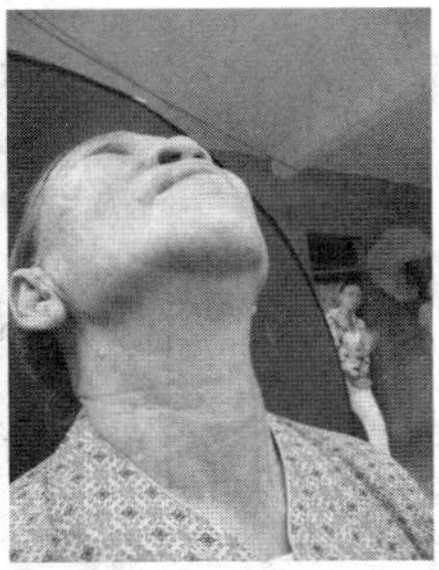
罗活支	罗活支	罗活支	罗活支

以上是乐东黎族自治县哈方言文身的主要类型，文字的描述只能反映笔者观察文身纹样的角度，不能代表文身纹样的全部面貌，应以图片为主。

四、文身的变迁

在黎族五大方言中，哈、杞、润、美孚都文身，只有台（赛）方言没有文身或者说早已消失。相对而言，在文身的四个方言中，文身图案较丰富的是哈方言，最漂亮的是润方言，最烦琐的是美孚方言，文身部位最多最广的又是润方言和美孚方言，而杞方言的文身则较为简单。

黎族五大方言文身情况表（从繁到简到无）

美孚方言	润方言	哈方言	杞方言	台（赛）方言
文身部位多且广，文身图案最烦琐	文身部位多，文身图案最漂亮	文身图案有繁有简，图案内容较丰富	文身图案较简单，胸部未发现有文	无

笔者之所以把哈方言文身类型划分为八种类型，除了考虑土语的因素外，文身纹样的繁与简、文身部位的多与少，也是重要的标尺之一。抱湾支处在美方言和润方言的交界处，受到这两种方言文身文化的影响较深，所以在哈方言中该支的文身图案、文身部位相对其他支都多。而抱由支靠近抱湾支，止贡支和抱曼支靠近抱由支，抱显支和止强支靠近止贡支和抱

曼支，罗活支则与各支犬牙交错居住，他们相互影响、彼此作用，由多到少，由繁杂到简单。博（哈应）支居住地靠近沿海地区，较早受汉文化的影响，本来早就不想文身了，但不文身就不能出嫁，不能算黎族人，所以简单将就，成为哈方言中纹样最简单的一支。

1950 年后，黎族传统文化受到极大的冲击，根深蒂固的妇女文身观念渐渐被主流社会所责难。虽然上一辈人都在不断地强调文身的重要性，但年轻人已经接受了新的思想、新的观念，因此，凡达到了文身年龄的女孩子都是能躲着不文的就不文，躲不了的纹样也尽量简略化。我们这次调查时就发现了不少有关这方面的故事，如有的因躲着不愿意文身，而被母亲捆绑；有的文完了脸部就跑，所以没有文到脖子或手脚；有的因难以忍受文身的疼痛而挣脱跑掉，造成纹样凌乱，不规则、不整齐、不对称。哈方言文身八种类型的形成，本身就反映了文身变迁变化的一种过程。

在九支哈方言土语中，笔者只介绍了八支，只字未提抱怀支。其中原由是早在民国时期，抱怀支的文身就已经消失，而在历代的文献中也没有相关记录和绘图。据此，有些研究者亦认为抱怀支可能没有文身现象，抱怀支的人本身也这么认为。那么，抱怀人到底有没有文身？

2002 年，为了编写《中国黎族》一书，笔者和周伟民、唐玲玲两位老师以及原五指山市中医院院长何中桂共四人组成白沙东方调查组，在东方市东河镇西方村住了一周时间。期间由于笔者和何中桂两人都有“抱怀情结”，于是和东方市大田镇人大主席容忠良一起到他的家乡大田镇二甲村（属抱怀支）作客，并探望另一家的老母亲（该家与何中桂有亲戚关系）。交谈间，这家老母亲（当时已 88 岁）给我们讲述了抱怀人文脸的一些事情。她说她自己也文过脸，老人说若不文脸死后不能放入棺材埋葬。她 10 岁左右的时候，母亲便请来文身师给她文脸，纹线由太阳穴处始，经眼角边，再下来到嘴角边止。当时村中的人们都认为文脸不好看，出门会被客人（汉族）取笑，所以村中的女孩为了不让图案留在脸上，文时全部都改用稀饭的泡沫来涂擦，没有像美孚人（美孚方言）那样用植物汁或墨水来涂擦，所以就看不到纹线了。与此同时，她还向我们展示了在她手腕处的一行点纹，点纹有绿豆般大小，非常模糊，很难看出来，绕手腕处一圈。

根据 20 世纪 50 年代的调查，1950 年代初期，千家一带的抱怀支有一种习俗，即在姑娘出嫁时，母亲会将一小块木炭卷在她所穿的筒裙头里面，或用纸包好让女儿带在身上；妇女死后，要用锅底灰画脸或把一块木炭放进死者衣袋里，然后才能移尸入棺。

由上述可见，九支哈方言都曾不同程度地流行过文身习俗，抱怀支是因受到汉族文化的影响而较早消失。这样的变化过程（由繁到简到无），见下表：

哈方言各土语文身的变迁情况（由繁到简到无）

土语支	抱湾支	抱由支	止贡支 抱曼支	抱显支 止强支	罗活支	博(哈应)支	抱怀支
文身图案繁简程度和演变过程	最繁—→	繁—→	有繁有简—→	简—→	稍简—→	最简—→	无

根据哈方言文身的变迁变化情况，我们可以看出其中的一些特点和变化规律：

第一，从文身的异同点来看，哈方言文身的共同特点是自太阳穴的鬓角处或耳根处始，有两条平行的纹线延伸到眼角边，然后从脸颊一直下到嘴角边，并与下嘴唇（即下巴）的纹样连在一起，多数的下胳膊都有纹线或纹点。不同点是纹线的粗细、纹样的繁简和身体一些部位被文或不文。

第二，从纹样的繁简和文身的部位来看，八种类型中抱湾支纹样最繁，除脸部和下巴外，脖子、胸部直到肚脐眼上部都有纹线，另外手脚部位也有纹线或纹点。排在第二位的是抱由支，第三位的是止贡支和抱曼支，第四位的是抱显支和止强支，第五位的是罗活支，最简单的是博（哈应）支。当然这种排位是笔者根据这次调查所拍到的文身图片分析后所得出的，这些图片是否反映了各支原来的文身面貌还不好说。

第三，从文身自身演变的情况看，文身毕竟是原始社会时期产生的一种文化现象，随着社会的发展和外来文化的影响，文身的图案和部位必然随之发展变化，从繁到简、从多到少、从有到无，直至最后全部消失，这已经成为黎族文身文化发展的普遍规律。由此，黎族文身文化的消失，是历史发展的必然选择。

第四，从文身的文化内涵来看，几千年来其内涵大概经历这么几个阶段：①不文身死后祖先不认；②文身漂亮，是黎家女孩成人的象征；③文身是黎人，否则是客人（汉族）；④怕被日本兵和国民党抢去当媳妇；⑤怕被共产党抓去当战地卫生员。在这几个阶段中，黎族文身最原始的意义应该是怕死后祖先不认，而怕被抓去当战地卫生员是黎族文身最后的一个理由。可见黎族文身的文化内涵不是一成不变的，而是随着时代和社会的发展变迁，不断地加入新的内容、新的诠释。

结语

文身是一种古老的习俗，由原始人在肤体上绘画装饰的习俗发展而来。历史上，亚洲、非洲及大洋洲等广大地区均有文身文化流行。在我国，文身的记载最早见于《山海经》、《庄子》等书，古代的“东夷”和“百越”两大族群的民族都有文身断发的习俗。

黎族的文身是黎族母系氏族社会遗留下来的一种最古老的习俗。它反映了黎族先民的某种宗教意义和审美观念，具有民族信仰、避邪防害、氏族部落、女孩成年等意义。自汉代始，有关黎族先民文身的文字记载就已出现。在《水经注》转引晋代王范所写《交广春秋》中提到海南黎族的“披发雕身”，宋代赵汝适在《诸蕃志》中提到“女及笄即黥面颊”；明清时期文献中有关黎族文身的记载就更多、更详细了，有的文献中还绘有文身图像；到近现代，更有专家学者对黎族的文身进行专门研究，如知名学者刘咸等。20 世纪 30 年代德国学者史图博对黎族各方言的文身状况有描述，50 年代在对黎族社会进行调查时文身也是重点的调查之一。80 年代初，原海南黎族苗族自治州人民政府和中国社会科学院民族研究所组成调研组，对黎族传统文化进行了比较全面的调查研究，拍摄了大量反映黎族传统文化的照片，并在此基础上形成了于 2001 年由王学萍担任主编出版的大型图书《黎族传统文化》，书中包括了黎族文身。2004 年，王学萍主编的《中国黎族》一书出版，书中周伟民、唐玲玲两位老师专辟一章来阐述黎族的文身。

据了解，目前在世的黎族文身妇女近 3 000 人（含纹痕已退化和消失的）。作为一个少数民族，在 21 世纪的今天仍有这么多人保存文身文化景观，可以说是中国的一绝。著名民族学家吴泽霖教授曾说过："文身是海南岛黎族的'敦煌壁画'。"这就是黎族文身的价值所在。黎族文身存在几千年，而今正走向消失。对及时抢救、挖掘、整理黎族历史上乃至中华民族文化史上这一刻画在人体上的文化，为文身的黎族老阿婆建立小档案，以静态和动态两种形式（书籍和纪录片）保存下来，无疑是对中国文化、世界文化的一种贡献。

黎族与高山族文身功能比较研究

陈甜甜
（海南师范大学文学院）

文身习俗是人类古老的文化现象之一，我国很多少数民族都曾有过文身，随着历史的发展演变和民族的迁徙融合，文身在我国大部分少数民族中已经消失，黎族和高山族是目前文身保存比较完整的两个民族。黎族和高山族同属我国古代百越族系，其文身习俗必定有共同之处，但随着民族迁徙和漫长的历史演变，也形成了各自的特点。本文拟对黎族和高山族的文身功能进行全面深入的比较研究，分析黎族与高山族文身功能的异同。

刘咸在《海南黎人文身之研究》一文中对黎族文身的意义进行了总结和概述，笔者在此基础上结合有关资料，将黎族文身功能总结为以下六种：①族群的标志功能；②成年的标志功能；③体现图腾标志的功能；④求吉辟邪的功能；⑤美化身体的装饰功能；⑥自我丑化，拒婚避抢的功能。高山族文身的功能“至少包括族群与系统识别、成年的标志、美观、检证女子贞操、辟邪繁生、表彰个人的英勇与能力、通往灵界的祖灵识别等七项”①。其中与黎族文身功能相同的有四种，分别是族群的标志功能、装饰身体的审美功能、成年的标志功能和求吉辟邪的功能，笔者将对这四种文身功能进行分析比较，尽可能地为读者呈现黎族与高山族文身功能的特点。

一、族群的标志功能

从民族属性的角度来看，文身是区别黎族与高山族最直观的标志。

---

① 阮昌锐等：《文面・馘首・泰雅文化——泰雅族文面文化展专辑》，国立台湾博物馆，1999 年，第 154 页。

首先，黎族与高山族文身部位有着明显的区别。刘咸在《海南黎人文身之研究》一文中指出“黎人文身……其身体涅刺之部位则可略分为四处。一曰面部。眉眼以下，至于颏部，多加涅绣，旁及耳侧，前额否。二曰胸部。多承面部自颈下延之长线，连至胸部，而止于两乳峰之间。黎妇文胸部者，实例较少。三曰臂部，分手指、手背及上臂三种。文于手指者，系在各指节之背面，手掌无涅文，刺上臂者繁简不同，样式颇多，多在上臂之背面，全臂皆文刺者，亦颇不乏其例，是又因部族而异焉。四曰腿部。有涅胫骨者，有刺大腿骨者，前者之例较多，后者甚少，至于背部，腹部，股部，或其他部位，未见有涅刺者”①。其中“手足之纹视为旁支，不关重要，主要者为面文”②。但并未发现额部有文刺的情况。

张崇根在《台湾世居少数民族研究》一书中对高山族文身部位进行了总结和概括：“①面部 2 处：额和颐。②胸部 1 处：两乳之间。泰雅人不限性别，其他仅限男性。③腹部 1 处。④背部 1 处。限男性。⑤手部 3 处：上臂、下臂、手背。手背处限女性。⑥足部 1 处。共 6 部、9 处。”③ 但文面的只有泰雅人和赛夏人。

从上述材料看，黎族与高山族的文身部位大同小异，最主要的区别有两个：第一，高山族中只有泰雅人和赛夏人文面，其他族系文身以身体躯干和四肢为主。而黎族则特别讲究面文，其他部位则被视为旁支。第二，高山族中泰雅人特别讲究面文，并有黥面番之称。泰雅人的面文分为额纹、颐纹（泰雅男子刺于唇下之纹，只有成年且有馘首经验者才能刺文）和颊纹（泰雅女子特有的文面形式），黎族的面纹并没有额纹，只有颊纹和颏纹。可见，就文身部位而言，黎族与高山族有着明显区别。

其次，黎族与高山族文身图式不同。刘咸对黎族的面纹图式进行了全面的概括和总结：“面纹概为对称，曲线为多，直线较少，平行双线为多，单线较少，图绘布置以口为中心，两眼为准点，颏为基部。两颧之线纹合之多成“”式，颏纹多为圆形，或圆弧形，半圆者多，全圆者较少，全

① 刘咸：《海南黎人文身之研究》，《国立台湾大学考古人类学刊》1960 年第 16 期。
② 刘咸：《海南黎人文身之研究》，《国立台湾大学考古人类学刊》1960 年第 16 期。
③ 张崇根：《台湾世居少数民族研究》，民族出版社，2002 年，第 179 页。

面缺颏纹者极少，再面纹延长至颈部者不多。”① 高山族的面纹则截然不同。根据《文面·馘首·泰雅文化——泰雅族文面文化展专辑》一书所载，泰雅人额纹有十一种形式，均由直线组成。颐文分为五种形式，属于额纹中的五种形式，但比额纹短。颊纹“由两耳连接面颊处呈带状在嘴唇中间连接，包含整个嘴部，两侧等宽，角度相等……通常是由三道平行纹及间隔其中的交叉网状纹构成。平行纹共有三道，每道有四条紧邻而平行的直线，在三道平行纹之间的两道空间中，则是细密的网状纹”②。由此，笔者将黎族与高山族面纹图式的不同之处归纳为以下两点：第一，就颊纹而言，黎族颊纹多呈“”状，由眼角延至嘴角，不包括嘴部。而高山族颊纹由两耳呈带状延至嘴唇中间，包含整个嘴部。第二，黎族的颏纹多为圆形或弧形，而高山族的颐纹则由短直线组成。

从相同民族不同支系的角度来看，文身又是各支系的标志。

刘咸在《海南黎人文身之研究》一文中对此进行了详细的说明：“文身图式为分属之记号，与其社会与政治组织有关系，不得混杂或假借。大而言之，各部落有各部落之标识，各峒有各峒之标识，小而言之各族系有各族系之标记，各村有各村之标记……鸡犬之声相闻，而两村黎妇所绘面纹，大异。”③ 结合该文中所载图谱可知，黎族各支系的文身部位基本相同，但各部位所文图式有明显区别，所以，黎族各支系相同身体部位不同形式的文身图式才是各支系的标志。

高山族各支系的文身图式及文身部位都可作为区分标志。“泰雅人、赛夏人以直线为主，杂以少数斜线。图案为几何形纹。排湾人、鲁凯人、卑南人以曲线为主，杂以直线和斜线纹。图案为动物（人、蛇）及其变纹。”④ 其中，排湾人不文面，只文躯干和四肢，与有黥面番之称的泰雅人在文身部位上有明显不同。赛夏人同样以文面为主，但与泰雅人不同的是，赛夏人妇女不刺颊纹，只刺额文。

综上所述，黎族与高山族文身都具有族群的标志功能，从不同民族的

---

① 刘咸：《海南黎人文身之研究》，《国立台湾大学考古人类学刊》1960 年第 16 期。

② 阮昌锐等：《文面·馘首·泰雅文化——泰雅族文面文化展专辑》，国立台湾博物馆，1999 年，第 172 页。

③ 刘咸：《海南黎人文身之研究》，《国立台湾大学考古人类学刊》1960 年第 16 期。

④ 张崇根：《台湾世居少数民族研究》，民族出版社，2002 年，第 179 页。

角度看，黎族与高山族文身的标志功能主要体现在文身部位和文身图式两个方面；从相同民族不同支系的角度来看，黎族与高山族文身的标志功能略有不同，黎族各支系文身的标志功能仅体现在文身图式一个方面，而高山族各支系文身的标志功能则体现在文身图式和文身部位两个方面。

二、成年的标志功能

成年礼是人类古老的风俗习惯之一，目的在于通过成年仪式承认青年男女获得成年人享有的权利和义务。文身是成年礼的形式之一，黎族和高山族文身都有标志成年的意义。

黎族文身作为成年的标志，主要体现在受文者文身后便取得婚嫁权利。对此，我国古籍中多有记载。如宋代范成大《桂海虞衡志》中载：黎族妇女“绣面乃其吉礼，女年将及笄，置酒会亲属，女伴自施针笔”①。清代屈大均《广东新语》记载：“凡黎女将欲嫁人……临嫁前夕乃绣面，其花样皆男家所与，以为记号，使之不得再嫁。”② 可见，文身作为婚嫁的前提古已有之。刘咸在《海南黎人文身之研究》一文中，对此也有说明：“文身有婚姻之意义，将嫁之前，必须行之。”③ 即黎族女子只有进行文身后才可以享有婚嫁的权利。

黎族女子文身后，“父母便要在自家旁边或村边为女儿搭建‘布隆闺’，供女儿自由结交男友、谈情说爱，甚至留宿不同血缘的男子之用。其间，即使双方发生性关系，乃至生子，也为社会所允许，不会受到任何歧视”④。

从上述材料来看，黎族女子成年时必须文身，这是婚嫁的必要条件。通过文身，黎族女子不仅获得了婚嫁的权利，还获得了性权利。尚未文身的未成年人，是不能享有这些权利的。

高山族的文身也有成年的意义（排湾男性除外）。高山族各支系一般

---

① （宋）范成大：《桂海虞衡志》，商务印书馆，2001 年。

② （清）屈大均：《广东新语》，中华书局，1985 年。

③ 刘咸：《海南黎人文身之研究》，《国立台湾大学考古人类学刊》1960 年第 16 期。

④ 刘军：《肌肤上的文化符号——黎族和傣族传统文身研究》，民族出版社，2007 年，第 220 ~ 221 页。

都规定只有经过成年考验才有资格文身，如高山族中的泰雅人以文身作为成年的标志，泰雅男子未文面前，会被蔑视为小孩，没有女子愿意与之婚配。为了加入男人的行列，泰雅男子必须文身，只有文了身才能结婚，“几乎所有的泰雅族文面老人在被问到为什么要接受文面时，首先回答的答案总是‘不文面便不能结婚’，这是泰雅族人关于文面最基本的认识”①。

泰雅人认为，女子不文身结婚便不能生育，家人也会有灾难降临，因此，男子不敢娶不文面的女子，女子只有文面后才嫁得出去。泰雅人严格禁止婚前性行为，认为这种行为违反祖训，会带来不幸并殃及族人。泰雅人接受文面前，文身师会反复诘问受文者是否有性经验，如果态度暧昧则要进行去污仪式。已文面的未婚男女可以通过参加公共活动互相认识，“对于彼此有情意的男女，少数部落的父母甚至可以容许‘同衾’（同床共寝，通常是男性到女性家同床过夜）。但是在泰雅族的观念中，‘同衾’不是发生肉体关系，而是藉着共同的生活，增加彼此的了解和情谊，女子在‘同衾’时，会加着衣裙以保护自己……私通女子更会受到部落严厉的制裁，严重者会被逐出部落”②。

综上所述，黎族和高山族文身都具有成年的标志功能。黎族女子文身后，不仅享有婚姻权，同时获得了性权利，甚至婚前生育也被允许，不会受到社会歧视。与黎族不同，高山族中的泰雅人严格禁止婚前性行为，女子在“同衾”时会加着衣裙保护自己，私通女子会受到严厉的惩罚，甚至会被逐出部落，这与泰雅人婚前性行为会招致不祥并殃及族人的观念密切相关。另外，在黎族社会中只有妇女文身，男子几乎不文身，因此，文身不能作为黎族男子成年的标志。而高山族除排湾男子外，男性文身也具有成年的标志功能。

三、求吉辟邪的功能

黎族文身求吉辟邪的功能与祖灵崇拜有密切关系。黎族人认为，祖先

① 阮昌锐等：《文面·馘首·泰雅文化——泰雅族文面文化展专辑》，国立台湾博物馆，1999年，第161页。

② 阮昌锐等：《文面·馘首·泰雅文化——泰雅族文面文化展专辑》，国立台湾博物馆，1999年，第166页。

的灵魂会依托某种动植物而存在，并具有强大的法力，能够护佑其子孙。因此，在生存环境恶劣的情况下，黎族人将健康、平安等美好的愿望寄托于祖先的护佑，文身是实现这种美好愿望最直接的方法。从这点出发，黎族人是怀着美好的愿望自愿文身的。在黎族社会中也有害怕受皮肉之苦不愿文身的，但属个别，不文身的人死后，其家人会为其画面，因为“祖先因子孙太多，难以遍观尽识，倘不幸祖先不认为嗣孙，则将无所归属，用为野鬼”①，这也是黎族文身族群标志功能的体现。

高山族文身求吉辟邪的功能与祖灵崇拜也有密切的关系，但与黎族又有明显不同。高山族中的泰雅人认为，文身是祖训，不能违反，“对于不遵守规范刺文的人，被认为会带给整个社群严重的不祥祸事，不仅当事人会受到严重的处分，整个家族及其所属的组织，也会受到严重的处分，整个家族及其所属的组织，也必须共同承担责任。在整个社群的期待与压力下，传统的泰雅族社会中，个人没有任何权利选择是否要文面，只能完全地接受文面的习俗”②。高山族社会中也有因为怕受皮肉之苦不愿文身的，在强制文身无果的情况下，拒绝文身的个人会被赶出部落，任其自生自灭。

综上所述，黎族和高山族文身都具有求吉辟邪的功能，不同的是，对于黎族人来说，文身是为了求得祖先的护佑，是有益的，从这点出发，黎族人愿意文身，个别不愿文身的虽然遭到社会的歧视，但并没有受到严重的惩罚。而对于高山族中的泰雅人来说，文身是为了遵守祖训，如果个人违背祖训拒绝文身，整个部落和家族都会受到惩罚，因此，文身是一种责任和义务，个人没有权利选择是否要文身，只能在有形和无形的压力下完全接受文身习俗。可见，对于高山族中的泰雅人来说，文身是为了不受到祖先及族人的惩罚，就文身求吉辟邪的功能来讲，与黎族文身的初衷截然相反。笔者以以下示意图为读者简单呈现黎族与高山族文身求吉辟邪功能的不同之处：

---

① 刘咸：《海南黎人文身之研究》，《国立台湾大学考古人类学刊》1960年第16期。

② 阮昌锐等：《文面·馘首·泰雅文化——泰雅族文面文化展专辑》，国立台湾博物馆，1999年，第168页。

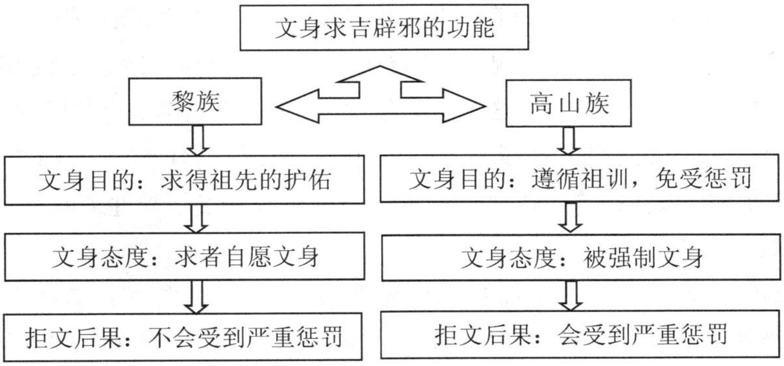

四、身体的装饰功能

关于黎族文身的起源有多种说法，但多数都说明了这样一个事实：文身起始，黎族人并不认为文身美，文身甚至是为了毁掉女子的美貌，只是出于某种需要不得已而为之。如刘咸的《海南黎人文身之研究》载：“文身之始，由于上古时族类互残，每俘掠妇女，载之俱归，为战利品。因此各族妇女，于将成年时，均黥面文身。族各有图识，所以免族类混淆，易于辨识，及去女子之美妍，藉免为俘虏，意盖两善。”① 在谈到黎族文身之意义时，刘咸又说：“文身为装饰之动机，人类爱美，出于天性，女子尤甚。曾询黎女何以忍痛刺面，谓求美观。”② 那么，黎族人对文身的感受从不美到美的转变是怎样的一个过程呢？笔者以为，黎族人认为文身可以满足某种生存需要，虽然要忍受极大的痛苦毁坏原本的容貌，但为了生存必须实施。随着社会生产力的发展，黎族人的审美观念日益增强，对许多固有的东西产生了美的感受。文身作为族群的标志在黎族社会中具有普遍性，这种普遍性是黎族人对文身产生美的感受的社会基础，加之文身除了族群的标志功能外还具有求吉辟邪等重要功能，黎族人对文身本身是非常认同甚至是依赖的，这种认同感是对文身美的感受产生的重要因素。文身的普遍性及黎族人对文身的认同和依赖，使得黎族人最终对文身产生美的感受。因此，黎族文身具有装饰身体的审美功能是毋庸置疑的。

① 刘咸：《海南黎人文身之研究》，《国立台湾大学考古人类学刊》1960 年第 16 期。

② 刘咸：《海南黎人文身之研究》，《国立台湾大学考古人类学刊》1960 年第 16 期。

文身图式的形式美是黎族人对文身产生美的感受的基础，也是黎族文身装饰功能的主要体现。刘咸将黎族文身图式划分为面纹、手纹和腿纹。面纹共有 37 式，手纹共有 14 式，腿纹共有 13 式。刘军对这些图式中美的元素进行了总结和概括："单纯齐一、对称、节奏、多样统一等形式美。"①可见，就文身图式而言，黎族人追求的是一种和谐美，这也符合人类审美的基本原则。

高山族文身也具有装饰身体的审美功能。高山族中的泰雅人认为："女子不但要文面，而且文面的颜色必须黑又亮，甚至泛着油光，才有美感。"②陈华文在《试论文身图式——黎族和高山族文身图式及延伸研究》一文中对此进行了分析和总结，他认为色彩文身的美体现在与肤色的明显对比上，浅肤色往往选择颜色深的颜料为文身染色，如"在高山族、黎族、傣族等浅肤色民族中，他们选择墨黑色如木炭、锅底灰、植物汁液等作为染料，以增加文身色彩与肤色之间的对比"③。因此，文身的颜色要黑又亮才美，有的泰雅女子因为文面后颜色暗淡而再次文身，直到文面颜色又黑又亮为止；有的妇女无力承担再次文身的费用，暗淡的文面使她遭到族人的嘲笑，遗憾终生。可见，"油黑亮丽的文面是美丽的象征；反之，文面的线条若是平淡无光泽，则被视为难看的象征"④。

综上所述，黎族和高山族文身都有装饰身体的审美功能，但又略有不同。黎族人对文身的美的感受主要体现为文身图式的和谐美，虽然黑亮的颜色也被视为文身的审美原则，但较文身图式的和谐美则处于次要地位，这与黎族文身图式的多样性密切相关。对于高山族来说，黑亮的颜色是判断文身美丑的重要原则。高山族文身图式较为简单，对称统一、多样性的形式美在高山族文身图式中并不显著，因此高山族对文身颜色的要求格外高。

---

① 刘军：《肌肤上的文化符号——黎族和傣族传统文身研究》，民族出版社，2007 年，第 228 页。

② 阮昌锐等：《文面 · 馘首 · 泰雅文化——泰雅族文面文化展专辑》，国立台湾博物馆，1999 年，第 163 页。

③ 陈华文：《试论文身图式——黎族和高山族文身图式及延伸研究》，《东南文化》1996 年第 4 期。

④ 阮昌锐等：《文面 · 馘首 · 泰雅文化——泰雅族文面文化展专辑》，国立台湾博物馆，1999 年，第 163 页。

民国时期的黎族文身

赖文君

（海南师范大学文学院）

文身是一种世界性的、古老而又普遍的文化现象，我国传统文身文化资源也是十分丰富的。中国古代先民的文身现象很普遍，特别是南方的百越各族尤为突出，而黎族作为传承百越传统文化最多、最持久的民族之一，其文身习俗也是传承时间最长久、最具代表性的。黎族文身从古至今，有其发展演变的过程，本文将从以下几方面论述黎族文身在民国时期的历史。

一、黎族的文身群体

（一）黎族文身群体的性别

从性别来看，民国时期的文献反映黎族文身群体的显著特征是以女性为主，曾到黎族地区调查的刘咸发现："诸黎之中，现在并非全数皆涅面文身，且仅女子行之，而男子不尚焉。"① 而与黎族同源于百越的后裔民族如壮族、高山族等都没有出现女性特征。但是黎族的男性文身与否，这一点还是存在争议的。在民国时期的实地调查中发现，黎族文身与百越文身存在着性别差异，黎族文身的主要是女性，只有很少的男性文身。史图博记载："男子的纹（文）身是极简单的，只限于前膊，刺有少许简单的汉字——特别是'大'字，与细小的几何纹，例如两三重的圆圈，在白沙海猛村见有刺背、刺腹的'十'字纹，长约 3 × 3 厘米；美孚黎男人也有文

---

① 刘咸：《海南黎人文身之研究》，《民族学研究集刊》第 1 期抽印本，中山文化教育馆，1936 年，第 203 页。

上蓝色‘十’字为饰者。”① 可见黎族男子也有文身，不过相较于女性文刺的人数少，部位少，面积小，且纹样简单，因此目前学术界对黎族文身的研究主要集中在女性身上。

（二）黎族文身群体的年龄

刘咸在《海南黎人文身之研究》中说：“某黎人语予，涅面文身之事，古有定制，不仅图有定形谱有法则，即施术时期，及受术者之年龄，亦有规定。如女子年及十二三岁时，先涅面部，十六七岁时已出嫁者，则涅胸部，二十许时，为丈夫所溺爱者，则为之涅私处，则个中事，不足为外人道。”② 这说明黎族女性到了一定年龄都要文身，但具体的起始年龄并没有严格的规定，一般来说，施文年龄在 12 至 18 岁之间，基本是在青春期前后进行的。从调查的文献看，具体年龄千差万别，不同的族群、不同的支系也不尽一致。施术时期的长短，也是依文刺部位的多少而决定，随着年龄的不同，在面部、四肢、躯干等部位分期进行。史图博调查文身发现：白沙峒本地黎“妇女从 13、14 岁开始纹（文）身，首先刺颈然后遮刺脸部及咽喉，到 17、18 岁，再刺腕部及脚部”，美孚黎“最早由 10 岁开始而最迟是 16 岁结束，首先是在胸部，其次是在手上，脖子上，脸上。最后是在下臂和小腿上刺”③。《海南岛黎族社会调查》一书中收录了乐东黎族自治县侾黎一名专为村里女子文面的妇女吕亚律的口述：“文面和文手是祖先传下来的。女子年届 15 岁开始文面，一天完成。文手则不限年龄，约七八岁起由自己或家里的亲人来做，一年文一圈或一行都可以，文至 6 格 12 行则止，年龄越大，纹样越多，道理在此。”④

① ［德］史图博：《海南岛民族志》，中国科学院广东民族研究所，1964 年（内部印刷），第 47、128 页。

② 刘咸：《海南黎人文身之研究》，《民族学研究集刊》第 1 期抽印本，中山文化教育馆，1936 年，第 204 页。

③ ［德］史图博：《海南岛民族志》，中国科学院广东民族研究所，1964 年（内部印刷），第 48 页、128 页。

④ 中南民族学院海南岛黎族社会调查编辑组：《海南岛黎族社会调查》（下卷），广西民族出版社，1992 年，第 64 页。

（三）黎族文身群体的流行区域

黎族文身流行区域的变化也是其文身发展变迁的一个方面，这一变化与黎族的社会进步有关，是历史发展的必然结果。古籍中对黎族早期文身的记载反映出当时文身是很普遍的现象，分布范围应该也很广。此后随着中原封建王朝对海南岛统治的加强，统治阶级采取的强制政策以及越来越多的汉人移居岛内与黎族杂居生活，经济文化的沟通也进一步增加，导致黎族汉化的程度也日益加深，传统的生产生活习俗得以改变，其中就包括文身。有的地方由于受汉族影响较少，仍然存在“椎髻跣足刻面文身之习未改”的现象，刘咸在20世纪30年代到海南岛调查时发现文身之人仍然很多：“统计所得，约有三分之二之黎人妇女，尚行此俗……迨后与汉人杂处，相习日久，智识渐开。此风随时代而渐有改弛，青年妇女之开通者，渐有不涅面、不文身者。”“作者步行黎峒，广为搜求，行迳所经，见四十以上之妇女，几无不涅面文身。其居处与汉人接近者，则虽少年妇女亦多不涅面，但居僻壤穷乡者，则十余龄之女孩，亦仍行刺面，奉之惟谨，毋或稍减，其纹线至新，蓝色极浓者，比比皆是，可知此风并未尽革。”① 民国初年，政府虽一再下令禁止文身，但黎族聚集的中心地区，如五指山及其周围，尤其是边远闭塞之乡村，文身现象仍屡见不鲜。正如刘咸所说：“自民国十三年以来，官厅布告禁止，违者科罚，由是青年妇女，涅面者渐少。然风俗兴废，每须时间，开通之女子虽涅面者渐少，而蛰居远山穷谷者，与世隔绝，官厅布告，固不知为何事，而宣传亦难普及，其实行涅面文身，依然如故，近年抚黎公署，复悬厉禁，凡父母将子女涅面者，科以相当之罪，皇皇布告，雷厉风行，宣传所至，家喻户晓，已著成效。稳计十年之后，交通便利，智识愈开，涅面文身之陋俗，必可革归乌有矣。”②

---

① 刘咸：《海南黎人文身之研究》，《民族学研究集刊》第1期抽印本，中山文化教育馆，1936年，第203～204页。

② 刘咸：《海南黎人文身之研究》，《民族学研究集刊》第1期抽印本，中山文化教育馆，1936年，第203～204页。

二、黎族文身的过程

（一）准备

1. 文身的施行者

由于文身是在人的身上用针划破皮肉进行，就必须慎重选择施文者，也因为文身是一直流传下来的传统文化，所以文身师承担了这一文化的继承和传播责任。

黎族没有专门从事文身的职业人员，凡是懂得文身术的妇女都可以施术，正如刘咸所说："施术者，大抵为年老有拍刺经验之妇女"[1]；史图博也指出"纹（文）身是规定由上了年纪的女人来做的"[2]。由此看出，为了执行好这一神圣而又具有技术难度的工作，必须是有相当文刺经验的人才能胜任，而且其文身图案具有传承性和家族标志等特征，即女儿和母亲的纹样一致，因此也多由受文者的亲属，如祖母、母亲、姑母、姨母等有文刺经验的来施术。即刘咸总结的："施术者多为女母，或族中年老有经验者，亦有倩手术高妙者为之。"[3] 若有的文刺图案复杂者或是赶时间完成的话，则需要"几个妇女同时给一个人刺"[4]。

王兴瑞提出："世界各原始民族中，每有一种妇女，专门执行文身的职务，她们可能从被执行者方面取得一定的酬报，如台湾的番族便有这种情形，而黎人的文献中则无此迹象。"[5] 黎族的施文者大多是在施术过程中

---

① 刘咸：《海南黎人文身之研究》，《民族学研究集刊》第 1 期抽印本，中山文化教育馆，1936 年，第 202 页。

② ［德］史图博：《海南岛民族志》，中国科学院广东民族研究所，1964 年（内部印刷），第 48 页。

③ 刘咸：《海南黎人文身之研究》，《民族学研究集刊》第 1 期抽印本，中山文化教育馆，1936 年，第 222 页。

④ ［德］史图博：《海南岛民族志》，中国科学院广东民族研究所，1964 年（内部印刷），第 48 页。

⑤ 王兴瑞：《黎人的文身・结婚・丧葬——从史籍上所见》，《风物志》1944 年第 1 月号。

参与和观察而“自学成才”的，并没有严格意义上的师徒传承关系。

2. 文身工具和文身颜料

虽然文身工具的发展应该是与人类社会和生产力发展相适应的，但是不知是习惯和经验所致，还是因当地有方便易得的丰富植物资源，黎族的文身工具一直没有多大变化，都很简单，刘咸调查所得：“施手术所用之工具，共计三件：（一）黄藤针，（二）拍针棒，（三）黑烟灰。”①

（1）黄藤。在黎族地区很多，通常是用来制家具的原材料，“其茎每生密刺，排列整齐，或不整齐，单生或对生，刺甚尖锐，触之则皮破血出”②，因此制作文身的藤针可以就地取材，制作方法十分简单：截取一段刺针排列整齐的藤茎，长短二三十厘米不等，去掉歪斜的余刺，仅留一端有刺。藤刺又分两种：一为单生之刺，以针形扁阔、尖锐锋利者为佳，单针可以文刺单线、圆点及其他细小的花纹图案；一为互生（对生）之刺，以每组二枚并生，要求针身等长，针间距相等，双针便于文刺平行之双线，两者各有各的用途。

（2）拍针棒。通常多用小竹棒，文身时用来拍打藤刺针杆，也可以用筷子代替。这两个工具的使用方法也很简单：一手握藤针对准纹路，另一手持拍针棒轻轻敲击藤针，刺破皮肤即可。刘咸在《海南黎人文身之研究》一文中曾绘藤针及拍针棒图一幅，其针杆长36.3厘米，有针2行，共分2组，组距6.5厘米，针长1.7厘米③（见图1）。

图1　拍针棒和藤针（采自刘咸《海南黎人文身之研究》）

---

① 刘咸：《海南黎人文身之研究》，《民族学研究集刊》第1期抽印本，中山文化教育馆，1936年，第201页。

② 刘咸：《海南黎人文身之研究》，《民族学研究集刊》第1期抽印本，中山文化教育馆，1936年，第202页。

③ 刘咸：《海南黎人文身之研究》，《民族学研究集刊》第1期抽印本，中山文化教育馆，1936年，第202页。

（3）黎族的文身颜料。多取材于植物，一般是用植物的灰混合水或油制成，颜色以黑色为主。如刘咸记载："烟灰为涂抹刺破伤口之用者，以纯黑不杂他质者为佳，在接近汉人之村落，或读书之家，多有用墨者。"[1]史图博在《海南岛黎族志》中也提到："起头用墨把花纹画在皮肤上，然后用植物的针来刺，刺过后涂上和以油的乌烟，还要涂上渗了少许水的汉族生产的墨，墨是不多用的，因为它比和过油的乌烟更快褪色。"[2]

以上说明黎族文身的工具多向自然界索取，再根据需求自己加工制成，反映了他们对自身生存环境的适应、认知与选择。

（二）施术过程

1. 黎族文身的施文程序与方法

人们对文身的程序十分讲究，关于黎族的施文程序，刘咸作了详尽描述："实施拍刺手术之前，例须先请善绘事者，将所欲刺之图模，用黑色绘于将黥刺之部分。如面上，胸前，上臂或下腿等处，察其部位端正，花纹无讹，点线清晰，墨色全干后，再正式开始施行拍刺之手术。施术者，大抵为年老有拍刺经验之妇女，端坐地上，受术者则仰卧地上，以头承于施术者之大腿上，如此则便于工作。施术者左手执黄藤针，右手执拍针棒，依所画黑线拍刺之。针刺入肉，血即随出，颇为痛苦，每刺一线，即将血拭去，而以用水和就之烟灰，或犟就墨汁敷创口上，至刺毕为止。敷墨之后，血即凝固结壳，不能再刺，经过三五日后，创口壳脱即愈，而表皮之下，则含有黑色素。依所刺之线而成为蓝色或黑色之花纹、记号或文字矣。拍刺之手术，至此完毕。"[3] 文身的程序包括以下几个阶段：

首先，准备工作，包括确定文身时间，准备文身工具、颜料等。

其次，纹样的描绘。拍刺之前，施文者或善绘之人会把将要文刺的图案画在受文者相应的部位，并观察其是否端正、有无错误，史图博调查说

---

① 刘咸：《海南黎人文身之研究》，《民族学研究集刊》第1期抽印本，中山文化教育馆，1936年，第202页。

② ［德］史图博：《海南岛民族志》，中国科学院广东民族研究所，1964年（内部印刷），第48页。

③ 刘咸：《海南黎人文身之研究》，《民族学研究集刊》第1期抽印本，中山文化教育馆，1936年，第202页。

"起头用墨把花纹画在皮肤上"，即用来确保纹样位置的准确和清晰。

再次，文刺的正式开始。等墨色干了以后，就可以正式开始进行拍刺了。施文者坐在地上，受文者多仰卧在地上，把头部放在施文者的大腿上，这样比较方便施文。施文者左手握针，右手持拍针棒，按照所画的墨纹拍刺，针刺入肉随即出血，每刺完一线，立即擦去血水，在伤口涂上文身颜料，直到刺完为止。

最后，脱痂。敷上颜料之后，血水会立刻凝固结痂，过了三五天后，痂皮会逐渐自然脱落，这意味着伤口的愈合，表皮下含有的黑色素呈现出清晰的花纹图案，施文手术也就大功告成。

2. 文身的感受

从以上可以看出，传统的文身过程，对黎族人来说是一个非常残酷的人生历程。因为传统文身工具的简陋，方法原始，再加上没有麻醉、止痛的措施，受文者多是在无麻醉状态下，接受这皮开血流的痛苦手术，有的是靠自己的意志强忍着，有的就需要他人的按压才能完成。

从民国时期各学者的调查中，并没有发现黎族人在文身过程中有采取麻醉或镇痛的药物或措施，因此受文者要承受巨大的痛苦，史图博采访黎族文身者的感受是"听说，纹（文）身是很痛的"①。

（三）施术后的休养

施术后的休养同样很重要，毕竟经历的是刺破皮肤致血流出的过程，伤口愈合需要时日，在此期间要避免其发炎溃烂。不过对文身施术后伤口发炎的例子刘咸也作过说明："亦有在此伤创期内，因创口过深，或所用器具不洁，敷墨后不但不能随即结壳复原，且立时肿起，全身发热，不进饮食，如大病然。其幸而能痊复者，亦颇需时日，其不幸因而毙命者，亦往往有之。"② 因此这一施术确实具有一定的危险性，受文者需要承受其伤口持续几天正常的红肿和疼痛，如能养护得当，则脱痂后伤口愈合、身体

① ［德］史图博：《海南岛民族志》，中国科学院广东民族研究所，1964 年（内部印刷），第 48 页。

② 刘咸：《海南黎人文身之研究》，《民族学研究集刊》第 1 期抽印本，中山文化教育馆，1936 年，第 202 页。

恢复健康，文身也告成功；如愈合不了，丧命的现象也有，这跟个人的身体素质及施术者的技术、工序都有关系。

三、黎族的文身部位与文身图式

（一）黎族的文身部位与施文次序

黎族的文身部位，刘咸在调查后总结说：“黎人文身，非如太平洋群岛奴姑蛮奴（Nu - Kumanu）之妇女全身刺涅，亦非如美洲印第安人之背腹两面，均刺花纹，而其身体涅刺之部位则可略分为四处：一曰面部。眉眼以下，至于颏部，多加涅绣，旁及耳侧，前额则否。二曰胸部。多承面部自颈下延之长线，连至胸部，而止于两乳峰之间。黎妇文胸部者，实例较少。三曰臂部，分手指，手背，及上臂三种。文于手指者，系在各指节之背面，手掌无涅文，刺上臂者繁简不同，样式颇多，多在上臂之背面，全臂皆文刺者，亦颇不乏其例，是又因部族而异焉。四曰腿部。有涅胫骨者，有刺大腿骨者，前者之例较多，后者甚少，至于背部，腹部，股部，或其他部位，未见有涅刺者。”①

因为黎族妇女文身的部位多、面积大，文刺时非常痛苦，所以文刺要按部位分阶段进行，不能一次完成，施文次序因不同支系、不同地区而不同。史图博调查白沙峒时发现，“妇女……首先刺颈然后遮刺脸部及咽喉……再刺腕部及脚部，如果家中有丧事，就中止进行”②，美孚黎则“首先是在胸部，其次是在手上，脖子上，脸上。最后是在下臂和小腿上刺”③。

---

① 刘咸：《海南黎人文身之研究》，《民族学研究集刊》第1期抽印本，中山文化教育馆，1936年，第204页。

② ［德］史图博：《海南岛民族志》，中国科学院广东民族研究所，1964年（内部印刷），第48页。

③ ［德］史图博：《海南岛民族志》，中国科学院广东民族研究所，1964年（内部印刷），第128页。

（二）黎族文身的纹素

黎族文身图式呈现出千差万别的形态，但刘咸认为：“吾人试再进论文身之艺术，即可知黎人所用之纹理、图形，并不复杂。然以科学研究艺术之方法分析其组合之元素（Elements）及图谱（Designs），亦有种种特别之处，可资研究”①，由此我们可知文身是由纹素构成，它作为图式的构件，经过不同的排列并组合成图式被固定在身体的某个具体部位，才出现不同支系不同地区的各具特色的文身图式。刘咸将其归纳为四类：斜纹类、横纹类、圆纹类、文字类，并分别绘图说明。

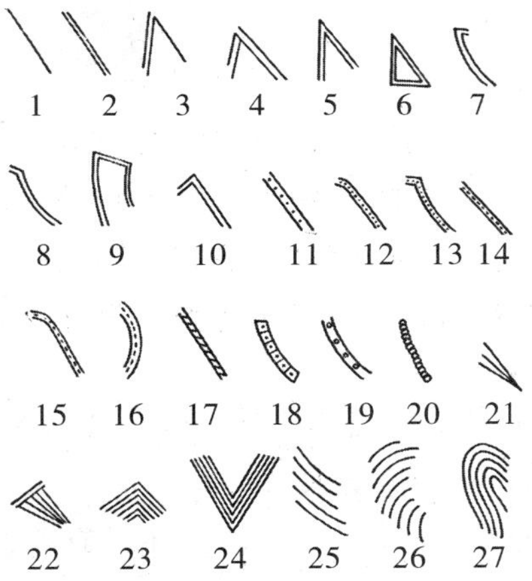

图2　斜形纹素

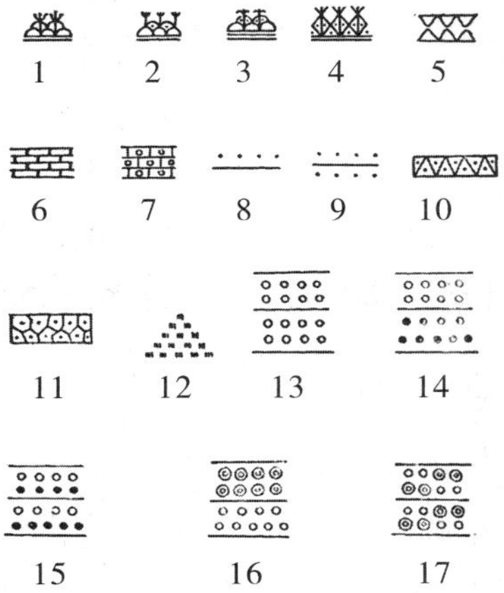

图3　横形纹素

其中，斜纹类，他共归纳出27式，认为“多数划在面部之两颧，少数绘于胸部”②。（见图2）

---

① 刘咸：《海南黎人文身之研究》，《民族学研究集刊》第1期抽印本，中山文化教育馆，1936年，第204页。

② 刘咸：《海南黎人文身之研究》，《民族学研究集刊》第1期抽印本，中山文化教育馆，1936年，第205、207页。

横纹类，他共归纳出17式，“得诸腿部，上臂及手背等处”[①]。(见图3)

圆纹类，他共归纳出25式，“皆绘于颊部”[②]。(见图4)

文字类，他共归纳出17式。[③]（见图5）

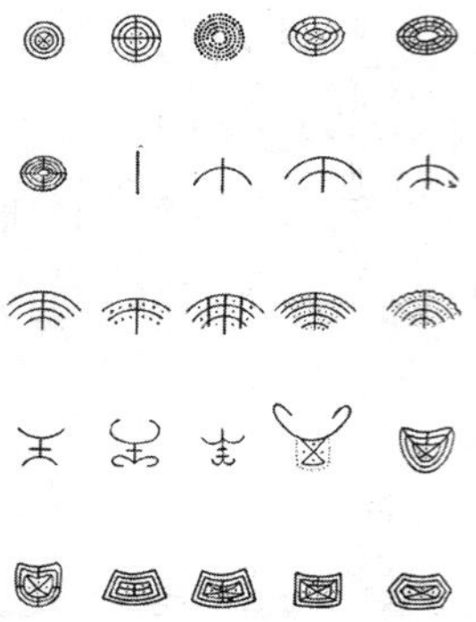

图4　圆形纹素

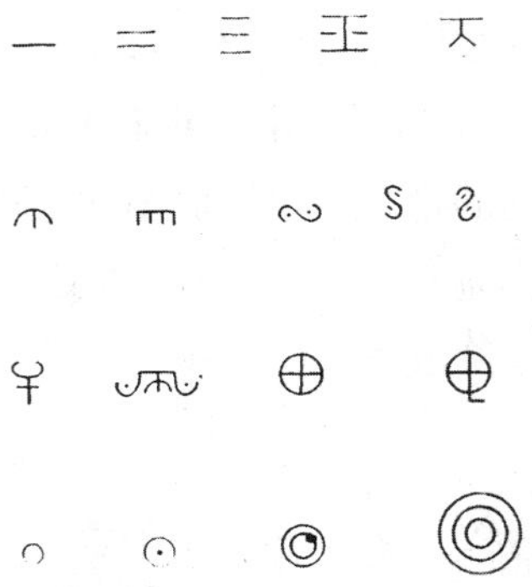

图5　各种缀音符号

(三) 文身各部位不同支系的图式差别

根据上述元素的组合，刘咸又归纳总结出黎族文身不同式样的图案类型，共计面纹和胸纹37式、手纹14式、腿纹10式。

刘咸是在20世纪30年代调查的，当时黎族文身习俗还具有普遍性，而且文身的图案保留得非常清晰完整，文身图式的种类也较为齐全。因此，他收集到的各部位的图式具有极高的价值，研究方法也值得借鉴。但受当时交通工具、通讯手段及调查时间等客观因素所限，他的调查研究也存在很多遗憾和缺漏。例如，他调查的支系以侾黎和杞黎为主，37式面纹中，侾黎和杞黎占了主要部分，而本地黎和美孚黎仅各有1式；文身部位

① 刘咸：《海南黎人文身之研究》，《民族学研究集刊》第1期抽印本，中山文化教育馆，1936年，第206、208页。

② 刘咸：《海南黎人文身之研究》，《民族学研究集刊》第1期抽印本，中山文化教育馆，1936年，第207、208页。

③ 刘咸：《海南黎人文身之研究》，《民族学研究集刊》第1期抽印本，中山文化教育馆，1936年，第208、209页。

方面，某些部位的图案并未搜集完全，仅侾黎和杞黎的面纹、手纹和腿纹较完整，本地黎和美孚黎许多部位的图案都没涉及。但是同时期史图博的两次入岛考察，为我们保留了刘咸研究较少的本地黎和美孚黎的文身资料；1954—1955 年“中南海南工作组”对海南岛黎族进行了大规模的实地调查研究，也包括了文身的调查及图谱的绘制；曾昭璇在新中国成立后随中央民族访问团深入海南岛所做的调查采集到的不少图式，也相应地弥补了刘咸的一些缺漏部分。因此，为了更清楚地概括和反映黎族文身图式，通过对以上学者调查资料的分析和总结，现按文身部位将各支系的情况分述如下。

1. 面纹

刘咸总结面纹时说：“多数由两部分组合而成：一在颜面之两颧，一在颏部，在两颧者多为线形纹，有时延长至颈项上，在颏者多为圆形纹，或为其简单化者，或有演化成别种形状者。”①

（1）侾黎：

①颊纹：颊部的花纹较简单，一般以斜线纹为主，通常由头部两侧靠近耳朵上方的部位引斜线到嘴角，斜线纹又可分为单线、双线、双线夹点或线，其形状和位置变化多，几乎各村各峒都不相同。如刘咸采得多港峒侾黎是单线颊纹，崖县抱湄村侾黎是双线颊纹，也有如崖县侾黎是平行双线间夹虚线构成的颊纹，番阳峒侾黎有三种基本图式：如图 6、图 7，双斜线纹从两眼外侧引至两边嘴角，再从起点处与原双斜线纹成直角之处向颞颥处引两条平行斜直线；而图 8、图 9 有类似之处，只不过前者由双线纹形成一个大的凹形，而后者是由颞颥处的短横纹、斜引至嘴角的双斜线纹形成的“V”形与短横纹外侧经两边颊部接颈项至胸部的平行直线所形成的“M”形。因此，可以看出侾黎的颊纹虽然变化多端，但主要以线和点纹作为基本纹素，在此基础上通过变化其线纹的粗细、弯曲度、线纹间夹角的大小以及文位的具体位置等构成了不同村峒间的不同颊纹。

① 刘咸：《海南黎人文身之研究》，《民族学研究集刊》第 1 期抽印本，中山文化教育馆，1936 年，第 209 页。

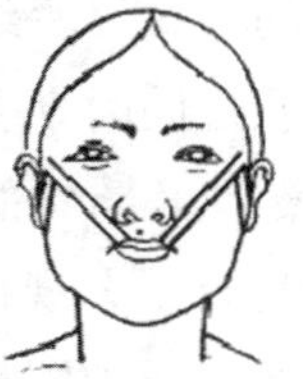
图 6

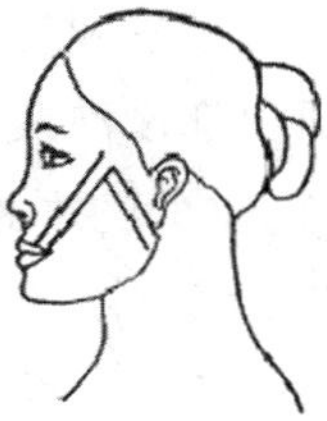
图 7

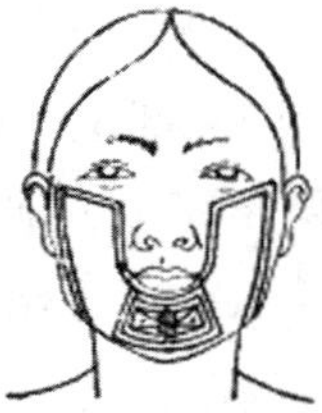
图 8

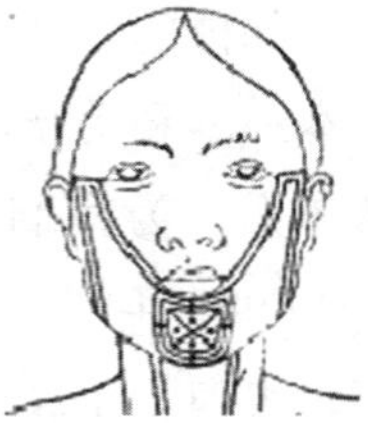
图 9

②颏纹：其变式较多，有的为圆形纹，如多港峒侾黎在颏部文上三个同心圆，内圆引两条交叉斜直线或十字线将其等分为四个小扇形，每部分各有一圆点，这在多港、崖县抱湄一带村落常见。有的为半圆形弧线，如崖县侾黎，圆弧开口朝下，层层相叠，有二至五条不等，也有最外圆为波浪形纹的。每个半圆弧线之间分有和没有小点两种情况，从下唇的中心往下引一条直线，将半圆分成对称的两部分，也有画三条直线的，也有作方形的。有的是三个等边梯形大小相套，靠近下唇呈圆凹状，在最里面的长方形内引对角线把方形分为四股，又在第二个长方形的中部引一直线，穿过最里面的长方形分之为上下两部分，这样就把每个长方形都分成六个部分，每个部分的空白处都有一点。有的变式是在同样的一个梯形内，其左右及上边会有两条等距离的平行线，且和从两颧下延的双线连接，一直往下延至颈部和胸部。还有变式为“王”字形，上横围绕下唇边缘向上弯，且连接两颧的纹线，下横向下弯，作小弧形或成两个弯曲形，上下两横之间有十字连接。

③颈纹：多为双线纹，从嘴下部两条文线一直往下延至颈部，因此，颈部左右共四条线纹，上接颊纹，下连至胸部。

（2）杞黎：

①颊纹：刘咸采得两式。一是在两颊文上五条平行的“几”字形曲线纹，起点从鼻子中部的两侧到嘴角的上部，每条线沿着相似路径呈平行走势，由起点经眼下、颧上、耳边、颏边再到颈项，除外侧的四条线都延伸到颈部之处，最里面的一条则绕下颌，左右连成一线（图 10）。另一式（图 11）是以颏为中心，从下至上左右画线围绕之，每边共有九条弧线，整个面部基本布满了弧线。

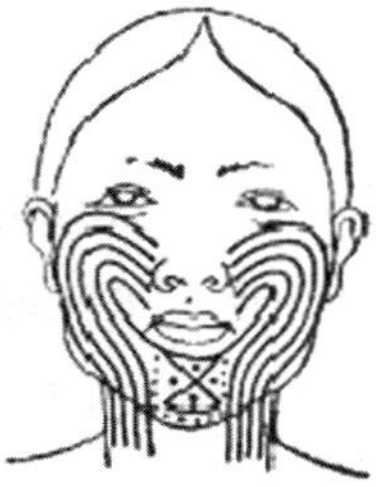

图 10

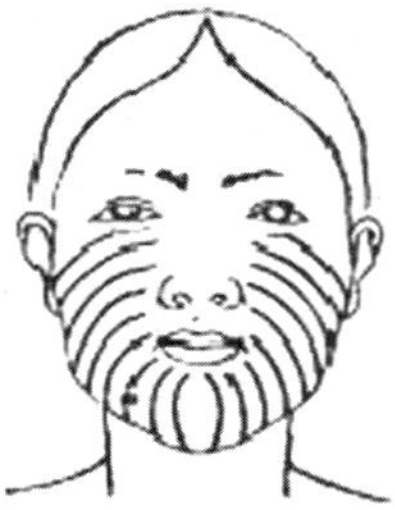

图 11

②颏纹：杞黎的较简单，有的是承接颊纹在颔部，有的则紧接下颌线，在颏部文上两条交叉线及一底线，并在外围文上虚线，形成四个三角形并加小点。

（3）美孚黎：

①颊纹：刘咸采得一式东方二甲黎的，只文两颊，从眼睛下部到耳朵底部文两条平行的斜线，再以鼻翼下侧口角上侧处为起点，向不同角度在两颧之正中处分别引五条线排列整齐，在线的末端与两条平行的斜线连接（图 12）。史图博采集的与《海南岛黎族社会调查》中的图式（图 13）类似：由细直线和小点构成的图案，颊纹由耳朵至太阳穴之间的发际伸向鼻翼、嘴角、下颏，略呈扇面状均匀布满脸颊。两侧对称，中间三条线向下颏部延伸，相互连接，使两侧颊纹连成一体。靠近眼睛和鼻子的两条线之间多夹饰散点。嘴角侧下方文刺有一小片密集的散点。

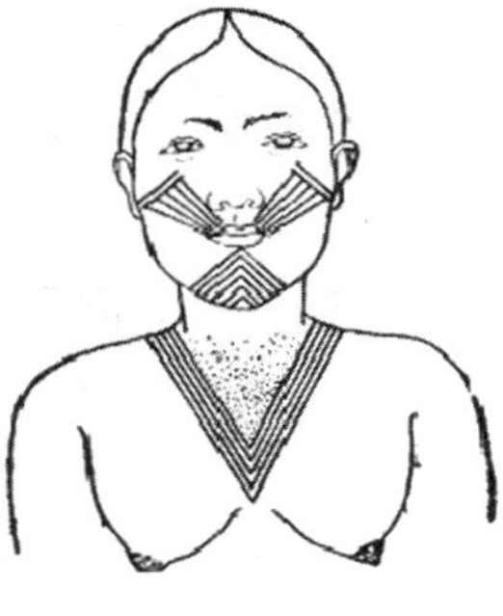

图 12

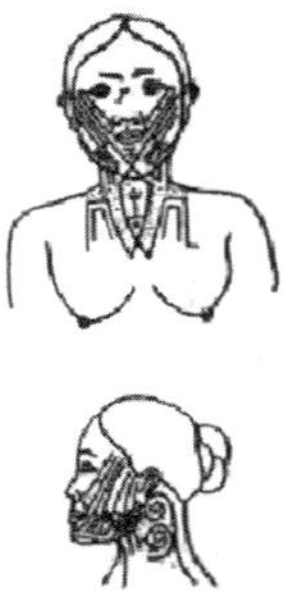

图 13

图 14

②颏纹：分弧线纹和直线纹等，形式差距较大，如感恩县东方二甲黎

村（图 12）的颏纹是由六条斜折线组成的倒“V”字形，而史图博采得的图式是下颌文有三至四条弧线，中间用一纵线相连，两端与颊纹相接。

③颈纹：据史图博的调查描述从颊纹延伸往下的双线夹点纹在颈部相交，共六道，外侧的四道直下胸部，且与胸纹相连，最内侧的两道相交成“U”形，并且在“U”形空白处有小点。从图 13 看出在颈部的两侧后方，有二至三个两层圆圈，分布在颈椎两侧，从耳后发际到肩背处。

（4）本地黎：

①颊纹：刘咸认为南丰白沙峒本地黎“面纹与上述诸式均不相同，另为一派，不仅纹绘甚有规则，且样式尤为繁复，一望而知为一种高化之图形，左右相称，线多三道，经颈项而连于胸前，合颧颏胸为一体，圆角、方角，横线、直线、斜线、曲线，一并采用。所描成之图式，说者谓不但成复杂之纹理，甚或系一种文字，但意义不明，然为一种族或部落之记号，或尚可信”[①]。如图 14，其面纹是在两颊分别文上直角弯曲的大小相套的“冂”形，这些线纹一般有四五条呈等距离且平行分布，层层叠套在一起。因左右对称，从正面看，似“凹”字文，即以鼻子、嘴为中心，以两耳为左右边界、眼下部为上界、下颏底端为下界，由三条平行线穿过颏部将两颊靠鼻子、嘴内侧的线文连接起来，耳朵外侧的线文垂直向下到颈部。

根据刘咸、史图博的调查对比，本地黎的颊纹图式一致性强，地区性差异只表现于线条的多少、折角的弯曲度上。有的是四个“冂”形相套，有的只有里面三个“冂”形，外面的一个“冂”形在靠近耳朵一侧的垂直线条省略。“冂”形上方折角有的呈直角，有的也呈圆弧状。

②颏纹：多为三条平行曲线，弯曲度似下唇之形制，两端与颊纹相连，三条线中间由一条垂直线相连。

③颈纹：上接颊纹、颏纹，下通胸纹，与颧颏胸为一个整体。颈部左右多由三条平行的单线纹构成。

2. 手纹

刘咸称“手纹分手臂纹与手指纹两种”，“纹理简单，多为圈点所成”。

---

① 刘咸：《海南黎人文身之研究》，《民族学研究集刊》第 1 期抽印本，中山文化教育馆，1936 年，第 216 页。

（1）侾黎：手臂纹多为横线加圈、点组成，正如刘咸在多港十铺村采得的六种大同小异的图式，用横线纹将两手臂（手腕至肘部的前臂）分为若干节，每两条横线间文刺一至四行“.”、“○”、“◎”和“⊙”等花纹，这些花纹可按家族的图式作不同的排布。另外刘咸在判诚村、番阳营、抱壁村采得的四种手纹图式也被称为“手镯纹”，即在手腕背面文一横长方形，内用“之”字线分割成多个三角形，每个三角形内又各饰一点。其变式有将横长方形划分为若干龟裂纹，或在长方形上下加短直线纹若干组和虚线等等，也有简单的就只文一条粗横线上加四点即可。无手指纹、手背纹的记载。

（2）杞黎：手臂纹多亦为“镯纹”，即在手腕背面文上一至三条横线，在其上下加小点组成。无手指纹、手背纹的记载。

（3）美孚黎：《海南岛黎族社会调查》书中采集到的图式丰富多彩，以相交直线纹为主，且有呈长方形的回字纹大小相错（图 15）。而手腕和手背处则以线条和散点纹为主。

（4）本地黎：多在前臂（肘关节至手腕处）上文刺，以直线和曲线为基本纹素，以手臂的中心为对称轴向两边延展图案，刘咸采得的是蝎类图案（图 16），史图博采得的多以波浪纹为主。手背纹如刘咸所述为中有一圆点的三个同心圆。手指纹则多为“S”或“Ƨ”形，具体的数量不一，有的五指各一个，有的拇指以外的四指各一个，有的拇指一个，其余四指各两个，有的拇指不文，小指一个，其余三指各两个等。有的“S”或“Ƨ”纹之间还有文刺短线的。

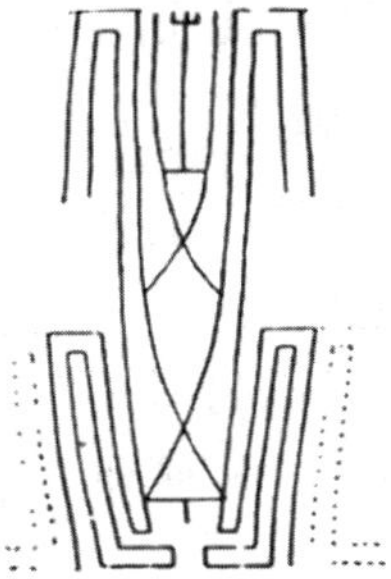
图 15

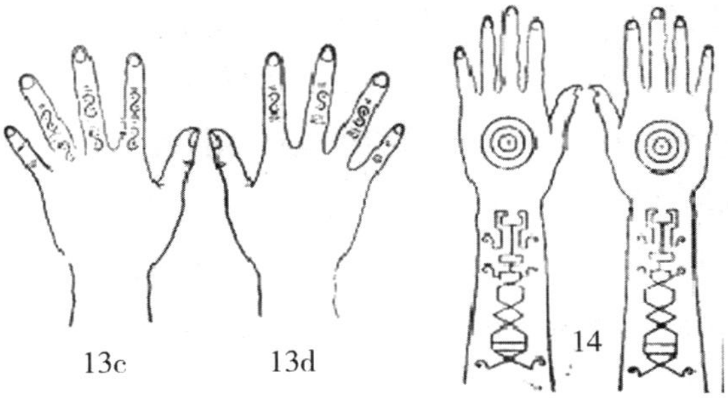

图 16

3. 腿纹

（1）侾黎：在小腿下部踝骨上方，画四条横线，线间用竖的短直线分隔，形成如砖墙状纹样，或在空格处各文饰小圆圈一个。

（2）杞黎：在踝骨上方文上两圈平行的横道，变式为在横线组上面用直线若干组及其之间的半圆形组所构成的花纹图案。

（3）美孚黎：与手纹大致相似，多文在膝盖以下至踝骨的小腿部，由长短直线相交构成，且有散点填充小腿正面和脚腕后面互相交错的空白处。

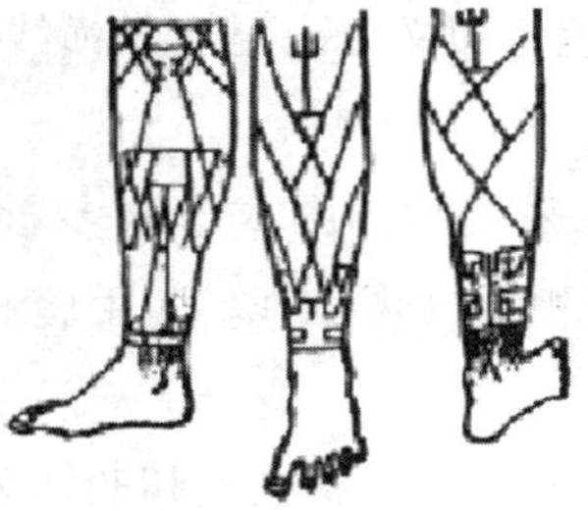

图 17

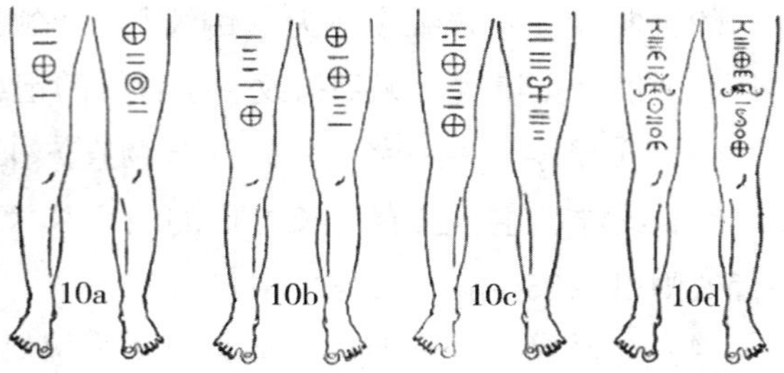

图 18

（4）本地黎：由大腿到脚踝处，种类多样。刘咸采得的图式多为符号纹或原始文字，如图 18，皆在大腿正面纹绘，两腿花纹数目不同，有“一”、“二”、“三”、“⊕”等符号，刘咸认为，“据北平燕京大学闻在宥教授之意见，认为系音缀符号之一种，因比较资料难得，暂不得通其意义。或谓系一种文字，并认“一”、“二”、“三”即为数字之一、二、三云，似近武断，未可置信。个人以为此系缀音符号，不必定有文字上之意义，但为记载一种，咒语或所念符箓之注音，涅之腿上，可以避邪禳灾”[①]。而史图博采得的多是波浪状图式。

4. 胸纹

（1）侾黎：胸纹和腹纹是从颏纹的两侧直到颈部，再向内倾斜，到锁骨处又向外倾斜，延至胸部，到乳头内侧时向内弯折，并各增加一条线在

① 刘咸：《海南黎人文身之研究》，《民族学研究集刊》第 1 期抽印本，中山文化教育馆，1936 年，第 220 页。

胸部中线处会合，形成“V”形。而史图博则说这两条线在肚脐下面相接，划成弓形，围着肚脐。

（2）杞黎：有将面纹延伸到颈部，未介绍胸纹。

（3）美孚黎：文胸者普遍，多以点线组成，有像衣领形的“V”字纹，如梁向月所绘东方二甲黎的图式（图12），在颈的两旁经锁骨由四五条呈60度角的夹角线纹层层相叠而成，在胸部中线处会合，颈下用点纹填充“V”字空白处。

（4）本地黎：本地黎的胸纹粗大，形状似佩戴的装饰。从颈纹两边各有三条平行直线下延至乳上，中间的四条线（两对双线纹）在胸前向内弯折直至交叉，经过一段延伸后又向下沿着从颈部下延的路线到双乳上向内弯折，交会于乳房中线（图14）。

四、黎族文身的目的与功能

关于黎族文身的功能问题，刘咸曾指出：“世界各种民族之行文身风俗者，皆各有其意义与目的，或具宗教信仰之意义，或关系婚嫁之事，或明其社会组织，或为符箓，或为装饰，未可一概论也。海南诸黎之文身，就采访所及，由其象征而言，亦有种种不同之意义。”① 他认为可分为五种：

第一，文身有社会组织之意义，为各峒族之标记，即族群标志功能。

从以上对黎族文身图式的描述可见，仍保留文身的各个支系，其图案都有自己的显著特征。虽然文身元素大同小异，文身部位有的也基本相同，但通过不同组合而形成的花纹图案却各有特色。如本地黎的文身是各支系中最具特色的，图式比较规整，多平行线。美孚黎的图式以线纹（斜线和交叉线为主）和散点为主，这是其他三个支系所没有的。与本地黎和美孚黎相比，侾黎和杞黎的文身图式相对简单，相似之处也多一些。但两者也有区别，如侾黎的颊纹多从鬓角或耳根上部、中部引出，经眼角向下，再经嘴角边而连通颏纹、颈纹乃至胸纹，而杞黎的则多从鬓角引出，

① 刘咸：《海南黎人文身之研究》，《民族学研究集刊》第1期抽印本，中山文化教育馆，1936年，第221页。

经眼角和鼻翼止于上唇或嘴角处，双线间点纹亦使用较少。

各支系中小分支之间也存在着局部的小差异，这也是为何各支系内部不同地区，甚至相邻的村峒也存在图式差异的原因，反映其区域性差异非常明显，但这也作为相互区分和识别的功能延续下来，人们可根据其文身图式，得知其所属的支系。并且海南岛主要生活着黎、汉、苗、回四个民族，只要看其有无文身，便可轻易地区分黎族与其他民族。放到全国来看，黎族的文身部位和以几何形的抽象图式为主的文身图案，也是特色鲜明，易于辨认。

第二，文身有婚姻之意义，黎族女子将嫁之前，必须行之。即文身与婚姻有密切关系。

刘咸在调查时发现，有的妇女手臂或胸前有特别的附加图式现象，后得知是由恋人为其文的，暗示已有意中人，他人不必问津，这就说明这一特殊标记有了专属意义。另外，他认为文身是黎族妇女婚嫁的前提。

第三，文身有图腾之意味，各族属之图式不同，亦不得互相假借，守祖宗成法，毋得变更，即文身有图腾崇拜的功能。

刘咸说："文身有图腾之意味。何以言之，各族之文身图式，各不相同，亦不能假借，由古传今，陈陈相因，无所改变，则某族之图式即为某族之标准，世守勿替。又黎人文身之起源，一说谓生前若不刺涅，特标记号，则死后祖宗不认为子孙，必为野鬼。由此观之，文身实具图腾意味。"① 王兴瑞在讨论关于文身的动机问题时也提出："因为世界一切原始民族，没有不经过图腾社会这一个阶段的，而黎人的图腾社会遗迹，在现存史籍中尚斑斑可考。在图腾社会里，各部族都各有其所崇拜的图腾，或为动物，或为植物，他们认为这个图腾就是他们共同的祖先。因为崇拜祖先，所以所有部族成员都以模仿图腾动植物为目的而生出'图腾同体化'(identification）的行为，这是图腾制度一般而重要的特征"②，接着他还引用英国学者弗雷泽的话来解释"图腾同体化"，即"图腾部族的成员，为使其自身受到图腾的'保护'，就有同化自己于图腾的习惯，或穿着图腾

① 刘咸：《海南黎人文身之研究》，《民族学研究集刊》第1期抽印本，中山文化教育馆，1936年，第221页。

② 王兴瑞：《黎人的文身·结婚·丧葬——从史籍上所见》，《风物志》1944年第1月号。

动物的皮毛或其他部分，或辫结毛发，割伤身体，使其类似图腾；或取切痕、黥纹、涂色的方法，描写图腾于身体之上。北美印第安人的身体，每有描写动物的图像，如野牛、海豹、龟蛙、鸟之类，此种精神状态的表演，正可以图腾信仰解释之。”① 因此，黎族社会留存下来的图腾遗迹从文身图案可知，而黎族成员“图腾同体化”的表现即是“文身”，同一部族的黎人以纹饰刺于身上来表示属于这一民族，文身的对象也就只限于图腾部族的成员。

史图博在采访白沙峒黎和美孚黎时采集到关于黎族鸟图腾的传说，“现在尚未查明，纹（文）身这种风俗是否在今天仍与巫术信仰有什么关系，但直到今天，他们还流传着这样的故事来说明这种风俗：黎族祖先有一个女儿，她的母亲在她出生后不久就去世了，其后‘约加西拉’（鸟名）就含着谷类来养育这个婴儿，为了不忘记这个养育之恩，黎族妇女直到今天还要纹（文）身，涂上各种颜色来仿效鸟的样子。这种纹（文）身可能是表现‘约加西拉’的翅膀花纹——这个传说，毫无疑问是起源于图腾（totem）信仰，明显地显示了母权制的特征。”②

第四，文身记识，可避乖邪，为获身符箓，即文身起求吉避邪的护身符功能。

刘咸指出：“文身可避乖邪，古籍载太伯文身避蛟龙之患，已可见其有符箓之用意。海南黎人亦以为文身有驱除乖邪，保护祥和之效。如白沙峒黎腿纹系文字形，其为护身符箓，可以推知。”③

古籍中记载黎族先民文身以避蛟龙之患，反映了古代民族在日常生产、生活中希望被保护的迷信和图腾崇拜的宗教心理，发展到后来转变为求吉避邪的心态，其实质是一样的，都是为了祈求图腾崇拜对象的庇护。如前所述黎族文身具有图腾崇拜的功能，各支系成员按照家族流传下来的图式把模仿图腾形象的花纹文刺于身上，这种“图腾同体化”的做法，即

① 王兴瑞：《黎人的文身·结婚·丧葬——从史籍上所见》，《风物志》1944年第1月号。

② ［德］史图博：《海南岛民族志》，中国科学院广东民族研究所，1964年（内部印刷），第48页。

③ 刘咸：《海南黎人文身之研究》，《民族学研究集刊》第1期抽印本，中山文化教育馆，1936年，第221页。

是为了求得所崇拜的图腾或祖先的确认与保护。

刘咸在采集到白沙峒黎的腿纹时也分析这种图式作为咒语或所念符箓之注音，涅之腿上，可以避邪禳灾，各个人所绘者不同，正因为此种咒语符箓不仅一种也。此外，曾昭璇也在采访昌江王下三派村村民时发现其颈上的点群纹即为青蛙印的象征，这种文身符号含有吉祥之意，是因为黎族婴儿死亡率高，用点群纹代表祝福多子多孙的意愿。

第五，文身为装饰之动机，有美的观念存其中，即文身有装饰身体的功能。

“原始人使自己美化，或现出可怖的形态，除身外的方法之外。尚用身体不可磨灭的标识，如伤痕、刺痕、肢体的割除、文身与绘画等。”① 王兴瑞也提到：“在世界各原始民族中，一般都有定期举行部族成员的入社仪式，同时即举行身体装饰。”② 可见装饰并美化身体是文身的功能之一，在文身的发展过程中，这一功能也是客观存在并不断加强的，如现代文身俨然是人们为了突出个性和装饰身体的行为。

刘咸也认为：“文身为装饰之动机，人类爱美，出于天性，女子尤甚。曾询黎女何以忍痛刺面，谓求美观。试观各种文身图谱，多为几何图案，不无美观可取之处，吾人虽认定文身非为求美之动机，但有美之元素存其中，则似无疑问。”③ 如果不是为了“追求美”，黎族女孩也不会强忍刺痛甚至冒着感染和生病的危险而进行文身，正因为黎人认为文身是美的表现，不文身的人也是难以被接受的，这种传统的审美观念才传承下来。曾昭璇在调查后发现：黎族“认为不文身除了祖宗不认，不能进墓地（即做孤鬼），被鬼割去下颌之外，主要是认为美观，即文身才美，故有些女孩早在八至十岁也有开始文身的。如是丑的表示不会花费那么大，作为仪式来进行。且男子在恋爱期和爱侣文身也应为美的追求，而非丑事。《皇清

① 徐一青、张鹤仙：《信念的活史：文身世界》，四川人民出版社，1988 年，第 42～43 页。

② 王兴瑞：《黎人的文身·结婚·丧葬——从史籍上所见》，《风物志》1944 年第 1 月号。

③ 刘咸：《海南黎人文身之研究》，《民族学研究集刊》第 1 期抽印本，中山文化教育馆，1936 年，第 221～222 页。

职贡图》中黎妇盛妆亦有口文用点群环口为饰，亦为美饰之一种”①。并且黎族文身的图案以抽象的几何图形为主，这些花纹体现出一种抽象美、对称美和节奏美，所以黎族妇女也就有为了追求美而文身的想法。

结语

民国时期对黎族文身历史的研究主要是建立在田野调查的基础之上的，以往国内对文身的研究仅限于各种各样的文献史籍，包括历朝历代编写的地方志和文人士大夫的著作和笔记。到了近代，特别是民国以后，西方民族学、人类学理论和研究方法传入中国，致使人们开始着手于调查、取证并通过系统的分析来揭示某种文化现象的起源及其发展路径。

德国人类学家史图博在两次深入海南岛考察后于 1937 年写成的《海南岛民族志》一书中包括对黎族文身的调查与研究，且关于文身习俗的来源，他所撷取的神话传说也十分动人。此书对本地黎、美孚黎、岐黎、侾黎的文身情况进行了叙述，内容为作者亲自调查。史图博对比总结出每个支系的文身特点，并且还为我们保留下刘咸研究较少的本地黎和美孚黎的文身资料。同一时期，刘咸率领人种学组奔赴海南岛进行科学考察，并于 1936 年发表了《海南黎人文身之研究》一文。这篇文章最大的价值，在于他把黎族文身各部位的图案作了综合的、比较的研究，对各种面纹及胸纹的取材来源及纹饰特点都作了详细介绍。它是我国近现代黎族文身研究具有里程碑意义的开山巨作。该文图文并茂，绘有详细的图谱，为深入研究文身习俗打下了良好的基础。可惜它没涉及背、腹等部位的纹样，且只以侾黎、杞黎为主。王兴瑞的《黎人的文身·结婚·丧葬——从史籍上所见》中列举了记载黎人文身的十三种文献，并据史籍分析了文身的动机、范围等八个方面的问题。《海南岛黎族社会调查（1954—1955）》（上、下卷）是 1954—1955 年由中南民族学院和广西民族学院十位专家组成的“中南海南工作组”会同广东、海南地方的同志，对海南岛黎族进行了大规模实地调查研究后完成的调查成果，其中包括了文身的调查、图谱的绘

① 曾昭璇：《海南岛黎族文身初探》，广东省民族研究学会、广东省民族研究所：《广东民族研究论丛》（第 1 辑），广东人民出版社，1986 年，第 25 页。

制卷2影像资料的拍摄。他们所调查的二十二个地区，涵盖了黎族的五大支系，当时文身习俗仍在传承的有九个地区。

因此，在这一时期对黎族文身历史的研究可以说达到了较高水平，他们的研究成果更注重对文身历史的起源、功能等深层次的探讨，为以后的研究奠定了坚实的基础。

黎汉文化的冲撞
——黎族文身的“被禁止”与“被终止”

王献军　何　艳
（海南师范大学文学院）

在长期的历史发展过程中，不同的民族孕育了不同的文化。当两个民族产生接触和交流之后，我们会发现，这两个民族的文化之间往往既可能会相互接纳和融合，也可能会相互冲撞和冲突。当两个民族的文化成分能够找到相互理解、相互认可的共同点时，它们就会相互接纳和融合；当两个民族的文化成分一旦出现尖锐对立而且不可调和时，冲撞和冲突就变得不可避免了。而冲撞和冲突的最终结果，往往是在文化方面占据优势地位的一方获胜，另一方则被迫接受对方的文化，改变自己原有文化的成分——这可以说是民族文化交流过程中的一个带有普遍性的规律。

汉族是在黄河中下游的中原地区形成的，它的文化具有明显的北方农耕文化的特征；黎族则是在中国南海的岛屿上形成的，它的文化具有热带岛屿文化的特征。公元前 110 年，随着西汉王朝正式在海南岛设置郡县，两个民族之间的文化交流也从此展开。在黎汉两个民族的文化交流过程中，有一种文化成分的冲撞始终伴随着，时间竟然长达两千年之久——这就是两个民族对文身现象的不同认识：汉族人认为文身是一种野蛮的陋习，需要废除；而黎族人则认为文身是祖先遗留下来的传统，是美的，需要世世代代传承下去。于是以历朝统治者为代表的汉文化势力，一直企图禁止黎族文身，而黎族人则在传统习惯风俗的作用下，一直在抗拒着文身的禁止政策，直到 20 世纪五六十年代。

因此，我们不难发现，在长达两千年的黎汉文化交流过程中，在文身问题上，二者之间是尖锐对立且不可调和的，企图禁止和废除文身的势力始终来自于外部的汉族统治者而不是黎族内部，黎族是处于一种被动接受的地位，这种状况一直持续到黎族文身的终止。

一、冲撞的原因：两种文化对文身的不同认识

（一）黎族人对文身的认识

黎族人究竟是什么时候踏上海南岛的，现在还是个谜；黎族人究竟是什么时候开始文身的，也同样是个谜。《山海经》中的“海内南经”篇记载，在郁水之南，有一“雕题国”①。据吴永章先生研究，此“雕题国”的具体位置，当在海南；而所谓“雕题”，即文身。“雕题国”即是指当时海南存在的具有文身习俗的黎族先民部落。②《山海经》一书的成书年代，我们一般认为是在战国时期，那么由此可以推断：至迟从战国时期开始，黎族的先民们已经开始文身了。

自从黎族人开始文身之后，也不知从何年何月开始，文身渐渐成为一种他们皆需遵循的风俗习惯，一代一代传承下来，难以改变，直到 20 世纪 60 年代。于是在黎族社会，长久以来，就形成了一种独特的“文身文化”。

按照马凌诺夫斯基（B. K. Malinowski，1884 – 1942）的功能学派人类学的理论，文化是人类满足需要的手段，任何一种文化现象都具有其不可或缺的功能和作用，人类正是用它来满足自己的需要和解决所面临的问题。在功能学派人类学看来，一个民族的文化就是一张满足社会基本需要的互相联系的网，其中的每一个文化现象，都像生物有机体的每一个器官一样，具有各自的功能。文身，作为一种从远古传承下来的原始文化，之所以能够在黎族社会长期存在，历数千年而不衰，正是因为它具有多种功能，满足了黎族社会的多方面需要。

那么，黎族的文身究竟有什么功能呢？从文献资料的记载和本人的田野调查来看，文身在黎族社会主要具有以下几方面的功能：

1. 族群标志功能

从前，海南岛上生活着黎、汉、苗、回四个民族，而要区分黎族和别的民族，只要看一下有没有文身即可，因为四个民族中，只有黎族才有文

---

① 袁珂：《山海经校注》，上海古籍出版社，1980 年，第 269 页。

② 吴永章：《黎族史》，广东人民出版社，1997 年，第 2 页。

身，文身已经成了黎族最为典型的文化特征之一，汉文古籍中一提及黎族，往往就将其与文身联系在一起，如清代的王士俊，在其《琼州生黎向化记》一文中就称黎族为“雕题绣面之徒”①。此外，从黎族内部各支系来看，文身也是他们之间相互识别的显著标志之一。对此，民国时期的著名学者刘咸经过调查之后写道：“侾黎之面纹与生铁黎者有别，水满峒黎与番阳营黎之面纹不同。又如水满峒之各剃头黎所划面纹，亦彼此不同；番阳营所属之侾黎与生铁黎村，鸡犬之声相闻，而两村黎妇所绘面纹，大异。可见文身为区别部族记号，意义甚明。”②

2. 婚姻集团的标志功能

在黎族中间广泛流传着有关文身起因的传说，而这些传说大都与婚姻有关。其中一类是人与动物婚配生儿育女后，因洪水泛滥，只剩下母子二人，为使人类繁衍下去，母亲不得已而文身，改变形象后使儿子不能相认从而成婚。另一类是大地上一度洪水泛滥，人类仅剩兄妹（或姐弟）二人，双方反复寻偶无着，为了人类的延续，妹（或姐）只好文面画身，瞒过兄弟，与之成婚。这些传说，实际上是原始社会时期不同图腾的始祖实行族外婚的一种反映。各种文身符号，既是不同始祖的标志，也是不同婚姻集团的象征。借此，人们可以表明自己的血缘归属，清晰地区分出不同的通婚对象。

3. 成年和性——婚姻权利的标志功能

成年礼，又可称“成人礼”、“笄礼”等，是通过某种仪式来表示青年男女已获得成年人资格、拥有性——婚姻权利的习俗，它是人类社会极为古老的习俗之一，曾普遍存在于世界各地各民族之中。这种仪式多种多样，文身仪式即是其中之一。汉文古籍中的记载表明，黎族少女的文身即为少女成年的标志。宋代的范成大在其《桂海虞衡志》中写道：“绣面乃其吉礼。女年将及笄，置酒会亲属，女伴自施针笔，涅为极细虫蛾花卉，

① （清）郝玉麟等修，鲁曾煜等纂：《雍正广东通志·琼州府》，海南出版社，2006年，第333页。

② 刘咸：《海南黎人文身之研究》，引自詹慈：《黎族研究参考资料选辑》（第1辑），广东省民族研究所，1983年，第232页。

而以淡粟纹遍其余地，谓之绣面女。”[1] 清代张庆长所著的《黎岐纪闻》记载：“女将嫁，面上刺花纹，涅以靛。其花或直或曲，各随其俗，盖夫家以花样予之，照样刺面上以为记，所以示有陪而不二也。”[2]

4. 图腾崇拜的标志功能

图腾崇拜产生于原始社会，那时的人类由于认识自然和战胜自然的能力有限，认为某些物质存在超自然力量，只要崇拜这些物质，就可以得到它们的保护，这些物质就是图腾。于是“图腾部族的成员，为使其自身受到图腾的保护，就有同化自己于图腾的习惯，或穿着图腾动物的皮毛或其他部分，或辫结毛发，割伤身体，使其类似图腾；或取切痕、黥纹、涂色的方法，描写图腾于身体之上”[3]。那么，描绘在黎族人身体之上的文身是否具有图腾之意义呢？刘咸指出，黎族的“文身有图腾之意味。何以言之，各族之文身图式，各不相同，亦不能假借，由古传今，陈陈相因，无所改变，则某族之图式即为某族之标准，世守勿替。又黎人文身之起源，一说谓生前若不刺涅，特标记号，则死后祖宗不认为子孙，必为野鬼。由此观之，文身实具图腾意味”[4]。黎族的图腾崇拜种类很多，有鱼图腾、鸟图腾、狗图腾、牛图腾、猫图腾等动物图腾，也有葫芦瓜图腾、木棉图腾、芭蕉图腾、番薯图腾等植物图腾，目前直接反映在文身图式中的有蛙、鸟、牛等图腾形象，而与文身起源的神话或传说有密切关系的有蛇、鸟、狗等图腾形象。

5. 躲避外族人俘掠之功能

由于黎族在与汉族等外族的接触中往往处于一种弱势的地位，其妇女难免会被外族人俘掠，而外族人又往往对黎族人的文身充满了恐惧和厌恶，于是黎族妇女便主动文身以躲避外族人的俘掠。宋人周去非在其《岭

---

① 中国科学院广东民族研究所等：《黎族古代历史资料》，1964 年（内部印刷），第 647 页。

② （清）张庆长撰，王甫校注：《黎岐纪闻》，广东高等教育出版社，1992 年，第 119 页。

③ 龚维莫：《文身文化现象透视——兼论中华文身黥面的源和流》，《文物研究》1994 年第 9 期。

④ 刘咸：《海南黎人文身之研究》，引自詹慈：《黎族研究参考资料选辑》（第 1 辑），广东省民族研究所，1983 年，第 233 页。

外代答》一书中云："海南黎女以绣面为饰。盖黎女多美，惜尝为外人所窃，黎女有节者，涅面以砺俗，至今慕而效之。"① 笔者在多次的田野调查中也了解到，只要是在民国时期文身的妇女，在问及她们的文身原因时，多半会提到是害怕被国民党或日本人抓住当老婆，而文身之后他们就不要了。

6. 区别贫富贵贱的功能

早期的文身应当是没有这个功能的，只是出现了阶级分化和等级观念之后，文身才具有了区别贫富贵贱的功能，这主要表现在：一方面，文身图案成为区分身份等级的标志；另一方面，一部分身份地位低下的人失去了文身的资格。据宋代乐史的《太平寰宇记》记载："俗呼山岭为黎，人居其间，号曰生黎……尚文身，富豪文多，贫贱文少，但看文之多少以别贵贱。"② 宋代的另一部历史地理著作《桂海虞衡志》则记载了奴婢是没有资格文身的。③

7. 装饰身体的审美功能

从艺术人类学的角度来看，文身是一种人体装饰，其目的就是美观。人类最原始、最简单、最基本的人体装饰是画身，也即用各种涂料在裸露的皮肤上进行涂抹和描绘。以后为了使画身的图案永久保留，自然就发展到了文身。从大量的文献资料和笔者的田野调查来看，文身无疑是黎族传统上认为的女性美的标志。脸上和身上都没有花纹的成年女子，人们在视觉上和心理上都是难以接受的。没有文身的女性被人认为是丑陋的，是不讨男人喜欢的，是嫁不出去的；而文了漂亮图案的女子则更容易得到男性的欢心。笔者 2010 年 6 月 22 日在海南省昌江七叉镇机构村做田野调查时偶获一首古老的民歌，该民歌形象地描绘出男子往往会选择文了漂亮图案的女子。全文如下：

---

① （宋）周去非：《岭外代答》，《宋明清小品文集辑》，上海远东出版社，1996 年。

② 中国科学院广东民族研究所等：《黎族古代历史资料》，1964 年（内部印刷），第 645 页。

③ 中国科学院广东民族研究所等：《黎族古代历史资料》，1964 年（内部印刷），第 647 页。

情人啊，情人！
你为何不跟我对歌？
你是不是嫌我太难看？
你是不是选中了那个头发长长的大脸蛋姑娘？
你是不是选中了那个文有机杼花纹的姑娘？
你是不是选中了那个文着像蛤蚧一样花纹的姑娘？
你是不是选中了那个脸上文有西瓜皮一样花纹的姑娘？
你是不是选中了那个耳后文身“龙凤花”的姑娘？①

以上所列举的是文身在黎族社会中的七种功能，当然是主要的功能，文身在黎族社会中的功能远远不止这七种，而且随着社会的发展，文身的功能也会有所变化。但是不管文身的功能在黎族社会中如何变化，有一点始终是没有改变的，甚至到了20世纪50年代仍是如此——这就是在广大的黎族社会里，仍然普遍认为女性文身是美的，这是几千年以来的传统，不管是男人还是女人，也不管是富贵者还是贫贱者，都是这么认为的，这似乎成了整个黎族社会的共识。每一位黎族女孩从小生活在文身的人群之中，耳濡目染，习以为常，以文身为美丽的传统观念逐渐在其心中积淀。到了需要文身的年龄，长辈们更是谆谆教导，向她们灌输世代相传的思想和观念，使她们认识到，按照祖先传下来的图案进行文身，是每个黎族女人必须遵守的规矩和美德，不文身就是离经叛道、数典忘祖，也是丑的，嫁不出去的，会为整个黎族社会所不容。

（二）汉族人对文身的认识

与黎族社会长期以来形成的以文身为美的共识不同，汉族人很早就把文身看作是一种粗野的陋习，对文身充满了恐惧和厌恶，必欲改之而后快！

文身是世界性的初民的普遍习俗之一，当今世界上不文身的民族早期也应该是有文身的，汉民族也不例外。

---

① 演唱者：符拜老瑞丽，76岁，女，海南省昌江县七叉镇机构村人。采访时间：2011年6月22日上午。采访地点：机构村。

大量的考古资料证明，在汉民族的发源地黄河流域，有文身的发现。

1929年《安阳发掘报告》第2期上刊有李济先生的《民国18年秋季发掘殷墟之经过及其重要发现》一文，该文指出，在此次发掘中出土的一个半截抱腿而坐的人像，膀腿上刻有花纹，该花纹就是文身。

1976年，中国科学院考古研究所安阳工作队发掘了殷墟妇好墓。在该墓的随葬品中，有一全身呈褐色的玉人。该玉人胸前不显衣纹，而是雕有兽面纹，发掘报告认为，这个兽面纹正显示了当时的文身习俗。[①]

此外，考古学家刘敦愿根据半坡出土的人面形彩陶纹，认为新石器时代的半坡居民存在文身现象[②]；张鹏川先生在《甘肃出土的几件仰韶文化人像陶塑》一文中说：“在甘麦地区庙底沟类型基础上延续发展的马家窑、半山、马厂等文化类型中人头形器的陶器的人面上还画有类似山猫或虎豹之类的兽皮花纹，这或是当时部族人们的文面或文身习俗的反映。”[③]

汉民族的文字是象形文字，最初造出的字都是按照所要表述的事物的形象描绘出来的，即所谓“依类象形”，如日之为“”，月之为“”。汉民族最早的文字是甲骨文，在甲骨文中，“文”有三种写法：“、、”。这里的“文”是一个人的正视图，其“胸”中的“、、”为指事符号，象征画有不同的花纹。合起来，“文”字就是一个身上有花纹者的正面形象，也就是有“文”之身。[④]“文”字既然在原初是一个身上有花纹者的正面形象，那么由此可以推论，在古代的中原地区是有文身人存在的。甲骨文是以商族为代表的汉族先民华夏族的文字，那么由此也许可以证明当时华夏族或其中的一支，是有文身的。

不过，似乎华夏族很早就没有原始意义上的文身了，因为到了春秋战国时期，中原地区的华夏族除了留有蓄发冠笄的习俗外，对文身已倍感隔

① 徐一清、张鹤仙：《信念的活史：文身世界》，四川人民出版社，1988年，第103页。

② 刘敦愿：《再论半坡人面形彩陶花纹》，《考古通讯》1957年第5期。

③ 张鹏川：《甘肃出土的几件仰韶文化人像陶塑》，《文物》1987年第1期。

④ 徐一清、张鹤仙：《信念的活史：文身世界》，四川人民出版社，1988年，第109页。

膜，而且把它当成是一种奇风异俗看待。所以我们打开这个时期的汉文文献，记载的文身习俗普遍存在于东越、吴越、闽越、南越、西瓯、骆越、哀牢夷、匈奴和西羌等族，而唯独不见于华夏。那么是不是这个时期华夏族就没有文身了呢？笔者认为，如果说是原始意义上的文身，的确不存在了；但是出现了衍生形式或者说变式——墨刑，亦称“黥刑”。墨刑系中国古代的五刑之一，是指在人面上刺字并染以黑色的刑罚。墨刑先秦时期就已经出现，一开始主要是施之于臣下，所以《书·伊训》中有言：“臣下不臣，其刑墨。”意思是为臣不敢直谏、匡正其君，就要处以墨刑。后来发展为对一般的罪犯都可以处以墨刑。墨刑是对罪犯的侮辱性表示，又具有防止其逃跑的功能。以后历代沿用，只不过从五代时期开始，改为刺配，也即在犯人面部刺刻标记或字，再发配到边远地区或一定场所服役。宋代极为盛行，《水浒传》中提到的豹子头林冲被刺配到沧州，行者武松被刺配至孟州，就是指这种刑罚。明清时又将刺面改为刺左右臂，但刺配刑罚仍存。另外，在中国古代社会里，还有一种形式的文身，这就是混迹于城市街面的流氓恶少，他们往往在身上文上一些凶猛的动物形象来吓人，唐人段成式所撰《酉阳杂俎》曾载：“上都街肆恶少，率髡而肤扎（即文身——笔者注），备众物形状。恃诸军，张拳强劫，至有以蛇集酒家，捉羊胛击人者。今京兆薛公元赏，上三日，令里长潜捕，约三十余人，悉杖杀，尸于市。”① 说的就是一批横行街市的文了身的无赖。又如后周太祖郭威，少贫贱，于颈部刺花为飞雀，人称郭飞雀儿。发迹之前，也曾是一个流窜各地的市井无赖，在称帝后因其文身而被人称为“雕青天子”。

总而言之，在汉民族的社会里，长期存在于大家脑海中的文身形象不是罪犯脸上的印记就是流氓身上的猛兽，总之是丑恶的、负面的，既令人恐惧又让人厌恶。于是当汉族人接触到黎族人的文身时，自然不会有正面的印象。他们先是感到惊奇，继而加以讽刺和讥笑，后又把它作为一种粗野的陋习来看待，必欲改之而后快！

所以，我们不难看出，在对文身的认识上，黎汉两族有着根本的不同，这种不同又是尖锐对立和无法调和的。在这种情况下，占据优势一方

① （唐）段成式：《酉阳杂俎·前集》卷8，《黥》，中华书局，1981年。

的汉族统治者们于是凭借着手中的权力，开始强制推行禁止文身政策，从古代直到近现代；而在黎族内部，则一直在顽强抗拒着这种政策，即使不得已执行了，也是处于一种被迫状态。

二、历史上黎族文身的屡次“被禁止”

汉武帝元封元年（前110），汉王朝平定海南，正式在海南设置郡县，这也标志着汉族势力开始进入海南，与黎汉文化的交流和冲撞也从此开始。

由于黎汉两族在文身问题认识上存在着巨大反差，而这又是无法调和的，于是建立在强大军事实力基础上的汉族统治者们便开始了在黎区的禁止文身政策，当然这一政策最初是从“劝谕”开始的。

东汉明帝十八年（75），僮尹擢为交州刺史，还至珠崖，“劝谕其民勿镂面颊，以自别于峒俚，雕题之习，自是日变”①。但从后来的情况看，僮尹的劝谕作用显然是十分有限的，因为广大的黎族先民们普遍的文身习俗并没有任何实质性的变化。晋代王范的《交广春秋》曰：“珠崖、儋耳二郡，与交州俱开，皆汉武帝所置。大海中，南极之外，对合浦徐闻县……周回两千余里，径度八百里，人民可十万余家，皆殊种异类，被发雕身。”② 所以这段史料中所说的文身习俗的改变，可能是指海南岛北部较早与汉族接触的黎族人中，有一些人听从了僮尹的劝谕，放弃了文身习俗；但显然范围不会太广，人数也不会太多。

明朝时，俞大猷也曾建议在黎区禁止文身。俞大猷是明代与戚继光齐名的抗倭名将，举武进士，起自百户，历参将、总兵，以功进右都督。嘉靖二十八年（1549），崖州爆发了那燕、符门钦领导的黎族农民起义，俞大猷被调入海南参与镇压了这次起义。在起义被镇压后，俞大猷为了体察黎情，走遍了黎族各峒，写出了《黎岐图说》一文，上奏给朝廷。在该文

① （明）黄佐：《嘉靖广东通志·琼州府》卷46，《列传·名宦》，海南出版社，2006年。

② （北魏）郦道元撰，陈桥驿校释：《水经注校释》，杭州大学出版社，1999年，第634页。

中俞大猷提出了一整套如何治理黎族的政策和建议，其中就涉及如何对待黎族的文身风俗问题。俞大猷建议："其各州县掌印官，务将管下黎人严禁童女如前画面文身，男人务著衣衫，不得如前赤身裸腿。"① 俞大猷的这个建议，我们不能仅仅只看作是他本人的突发奇想，实际上代表了众多在海南的明代汉族官员们的想法，只不过是这些人没有把它写成文章流传后世而已。但是俞大猷这个建议的实行情况如何，取得了什么效果，史料上没有明确的交代。

清光绪十一年（1885）十二月，一次大规模的黎汉农民起义爆发。为了镇压这次起义，两广总督张之洞调来了钦廉防务提督冯子材，率大军镇压了这次起义。光绪十三年（1887），在镇压了这次大规模的黎汉农民大起义之后，张之洞、冯子材批印了《抚黎章程十二条》，作为治黎的纲领，其主要内容有设抚黎局、开通井字大道、发展经济等多项，其中就包括推行大汉族主义同化政策的内容，如在黎区开设义学，延聘教师教黎族子弟汉语汉文，并剃发改装，"一切制度事宜，均照汉人行为"，以"渐被冠裳之化"，最终达到"化弊除俗"同化于汉族的目的。② 张之洞、冯子材的治黎纲领，虽未明确提及禁止文身，但很明显在其推行大汉族主义同化政策的内容中，涉及了黎族风俗的问题；而文身又是黎族主要的不为汉族所容的风俗之一，故欲使黎族在风俗方面同化于汉族，非禁止文身不可。由此可以推断，清末张之洞、冯子材在黎区也是推行了禁止文身的政策。

民国时期，国民党海南地方政府分别于民国七年（1918）和民国十三年（1924）发布了禁止文身的布告，并对文身者加以处罚，这对部分地区的黎族妇女，特别是沿海地区的黎族妇女的文身习俗起到了一定程度的遏制作用。如民国十七年（1928），黄强先生为了修公路曾深入黎区，后写成《五指山问黎记》一书，书中讲到，由于政府的禁止令出台，"不少地方已禁止文身，大旂峒还制订了禁止条，违背者要罚牛一头"③。而在民国时期禁止文身力度最强的当属陈汉光抚黎时期采取的"移风易俗"措施。

民国二十一年（1932），国民党第一集团军警卫旅旅长陈汉光率军驻

---

① （明）戴熺、欧阳灿总裁，蔡光前等纂修：《万历琼州府志》卷 8，《海黎志》，海南出版社，2003 年。

② 朱寿鹏：《光绪朝东华录》第 2 册，中华书局，1958 年。

③ 黄强：《五指山问黎记》，台湾东方文化书局，1951 年，第 62 页。

琼，深入黎区“剿共”，旋被广东省政府委派为琼崖抚黎专员，成立“琼崖抚黎专员公署”，专门进行“征黎”和“抚黎”任务。陈汉光一方面进行开辟道路、设立学校、办理保甲等工作，一方面进行移风易俗。“琼崖抚黎专员公署”曾于民国二十二年（1933）十月颁布了《黎人治罪暂行条例》，共有九条，其中第七条为：“将幼女画面文身者，其父母均处以二年的监禁。”[1] 由于陈汉光有强大的军事力量为后盾，其统治又深入到了黎族居住的中心地带，因而其采取的措施还是起到了一定效果。如在民国二十三年（1934），海南生物科学采集团曾赴海南进行调查，著名人类学家刘咸先生也参与了此次调查。据他了解：“今年抚黎公署，复悬厉禁，凡父母将子女涅面者，科以相当之罪。皇皇布告，雷厉风行，宣传所至，家喻户晓，已著成效。”[2] 又如在新中国建立初期对东方县第三区罗田乡田头村的调查，该村的妇女在陈汉光部队进入黎区以前，还是普遍文身的。而在陈汉光采取了强制性的禁止文身政策之后，绝大部分妇女都不文身了；以至于此时中年妇女的脸孔都看不见花纹了，在全部田头村的 54 户人家中，调查组只看见了一两个文身的妇女。[3]

以上我们叙述了汉、明、清、民国几个朝代汉族统治者所采取的禁止文身政策，那么是不是只有这几个朝代采取了这一政策呢？笔者认为应该不是的。鉴于汉族文化与黎族文化在对文身问题认识上的尖锐对立和不可协调性，笔者认为大多数朝代的海南地方政府统治者们，可能都在不同程度上采取了禁止文身政策，只不过由于种种原因没有被记载下来，或者即使记载下来了又没有保存至今而已。

那么，经过历朝历代的禁止文身政策，其最终效果如何呢？我们发现，其效果是有的，但并不理想。因为据刘咸先生的调查，即使是到了 20 世纪 30 年代，他曾“步行黎峒，广为搜求，行迳所经，见四十以上之妇

---

① 王兴瑞：《琼崖黎境概况》，海南省文化历史研究会：《王兴瑞学术论文选》，长征出版社，2007 年。

② 刘咸：《海南黎人文身之研究》，引自詹慈：《黎族研究参考资料选辑》（第 1 辑），广东省民族研究所，1983 年（内部印刷）。

③ 中南民族学院：《海南岛黎族社会调查》（下卷），广西民族出版社，1992 年，第 175 页。

女，几无不涅面者”；“统计所得，约有三分之二之黎人妇女，尚行此俗”。[1] 换句话说，也就是从汉代最初的禁止文身政策出台，到民国时期，时间已经过去了近两千年，其间还有多个朝代再行禁止文身政策，但是到了20世纪30年代，大多数的黎族妇女仍在文身。

于是人们不禁要问，黎族的文身习俗为什么屡禁不止？在历朝汉族统治者的强力打压下，黎族文身习俗为什么还能保持那么长的时间？

笔者分析，主要有以下两个方面的原因：

一是封建地方政府对黎族地区的直接控制始终是有限度的。海南岛虽然早在两汉时期就已被中央政权统治，但在相当长的一段时间里，由于汉族移民人数较少，中央政权对海南岛的统辖力量甚为薄弱，地方政府能够直接控制的黎族地区非常有限，大部分的黎族地区并不在地方政府的直接统治之下，这些地区被称为“生黎”地区；“生黎”地区处于与世隔绝的封闭状态，地方政府对这些地区采取的是松散的羁縻政策，并不过多地干预其内部事务，他们甚至可以不向国家交纳赋税，至于文身这样的风俗习惯，国家就更不会多管了。以后随着汉族移民人数的增多和黎汉接触的增多，虽然愈来愈多的“生黎”变成了受政府直接统治的“熟黎”，但是“生黎”却一直存在，而且存在到新中国成立初期。在“生黎”聚居的黎族地区，尽管也会执行政府颁布的政策，但执行起来往往会大打折扣，因此，禁止文身政策在这些黎族地区难以得到真正的执行，我们就不难理解了。

二是黎族聚居区闭塞的环境和由此产生的文化隔离。海南岛是我国极南端的一个大岛，中有琼州海峡与大陆隔开。今天的琼州海峡，似乎并不构成海南与外界交往的障碍，但在漫长的古代社会里，由于生产力水平低下，二十多公里宽的琼州海峡严重阻碍了海南岛与外界的往来，导致了海南岛发展的迟缓，长期以来，一直被当作是“化外之地”、“蛮烟之地”、“瘴疠之地”来看待，与中原地区相比甚为落后。而海南最落后的地区便是海南岛腹地以五指山为中心的山区。由于五指山地区山岭重叠、道路崎岖，与外界的交通极为困难，所以长期以来一直处于一个非常闭塞的状

① 刘咸：《海南黎人文身之研究》，引自詹慈：《黎族研究参考资料选辑》（第1辑），广东省民族研究所，1983年（内部印刷）。

态。由于环境闭塞，所以黎族聚居的中心地区就与汉族来往少，受到汉族封建经济文化的影响极小，说是处于一个与外界文化相隔离的状态也绝不过分。这部分地区的黎族甚至到了民国时期，仍然过着不当差不纳粮、穿树皮衣、吃野菜、刀耕火种的自我封闭的原始落后生活。也正是在这种闭塞的环境中，外来文化难以进入，使得黎族自身包括文身在内的各种传统文化得以独立存在于一个相对封闭的区域内，长久地保持着自身的完整性而得以代代延续。

因此，要想禁止文身并最终使其终止，必须使黎区受到中央政权的直接有效控制，必须打破黎族闭塞的地理环境和与外界文化相隔离的状态；而我们最终发现，新中国建立之后人民政府施行了对黎族地区的有效管理，黎族地区与外界相隔离的封闭状态也被彻底打破——于是黎族文身文化终于走到了它的尽头，退出了历史舞台。

三、新中国建立后黎族文身的“被终止”

1950 年 5 月 1 日，海南全岛宣告解放，中国共产党领导的人民政权在海南全面建立，黎族人民迎来了新生，黎族地区也进入了崭新的社会主义新时代。1952 年 7 月，海南黎族苗族自治区（后改为自治州）成立。自治区的成立标志着我国民族区域自治制度在海南民族地区的真正确立和实施，这就从根本上改变了以往历代政权统治时期黎族人民在政治上的受歧视、受压迫状态，充分发挥了黎族人民当家作主的积极性，保障了他们以平等的身份和地位参与管理自己的事务，真正有效地对黎族地区实施了管理，彻底结束了历朝历代黎族地区在政治上的混乱和无序状态。

新中国的建立，不仅使黎族人民从政治上翻了身，而且使整个黎族社会发生了翻天覆地的根本性变化。仅在新中国建立后的短短十年间，人民政府就修通了自治州内连接各县县城的公路，建成了覆盖整个黎族地区的电话、电报和邮政业务，从而彻底地改变了黎族地区从前自我封闭的，与外界相隔离的状态，把黎族地区和全岛其他地区、整个广东省乃至全国连为了一体。此外，也就在 20 世纪 50 年代，黎族地区的农田水利建设全面展开、先进的农业生产技术得以大力推广，现代工业从无到有、民族贸易欣欣向荣、科教文卫事业也取得了长足的进步。

在这种情况下，黎族要想仍像以前一样保持其千百年来传承下来的所有文化成分已经是不可能了。在处于强势地位的汉族文化或者更准确地说是现代文明的影响和冲击下，黎族人开始进一步反省自己的传统文化，以适应社会的发展。于是舍弃那些与现代文明相悖的文化——“落后风俗习惯”，引进和接纳先进的外来文化，就成为时代发展的需要。

1958年5月20日，海南黎族苗族自治州人民委员会第三届人民代表大会经过讨论，作出了改革落后风俗习惯的方案，把杀牛杀猪作鬼、诬指他人为“禁公”、放寮、用牛踏田、忌日不做农事、吃“南煞”、烤火取暖、文身等十四项统统作为“落后的风俗习惯”加以改革或禁止。“文身”是作为当时需要改革的第十四项落后的风俗习惯来对待的，其改革文身的方案全文为：“改革黎族部分妇女的‘文面’（即面部刺划各种蓝色纹线）习惯。因为‘文面’对于妇女面部的正常发育和颜容美观上都有所影响。”① 在这里，我们看到，当时人们要改变文身习惯的理由是因为其“不美观”——这显然是外来汉文化的观念，因为前已述及，黎族人无论男女老幼，传统上都认为文身是美的，不文身才不美。但是这里特别要说明的是，时间已经来到了20世纪50年代，认为文身不美观已不仅仅是汉族人的观念，而是当代文明国家的共识，是现代文明的观念。因此可以说，此时的黎族文身，已不仅仅为汉文化所不容，也为现代文明所不容。所以从这个角度来说，文身的终止也是必然的，是时代潮流发展的要求。

对于1958年自治州人代会颁布的改革文身习惯的这个方案的执行情况，笔者2010年6月曾在昌江县七叉镇进行过调查，被调查的人都反映，当时各级政府都召集群众开会宣布了这个方案，而且说文身是旧社会遗留的东西，是“四旧”，要坚决废止，今后如果谁再敢文身，就要抓起来批斗。于是从1958年开始，黎族地区延续了几千年的传统文身活动基本上被终止了。所以上述自治州人代会通过的那个改革落后风俗习惯的方案，可以说是一个具有划时代意义的文件，它标志着黎族文身的终结。

当然，人民政府颁布的改革文身的方案之所以能得以实施，也不是没

① 参见《海南黎族苗族自治州人民委员会关于几种落后风俗习惯的改革和修改几项旧的不合理的规定的方案》，引自海南省地方志办公室：《海南省志·民族志》，南海出版公司，2006年，第829~831页。

有一点群众基础的。因为文身是需要用藤刺刺破皮肤涂以染料才能完成的，会给受文的妇女带来皮肉之痛。笔者在田野调查中也了解到，很多黎族少女怕痛不愿文身，只不过是顶不住来自周围人群的压力才被迫去文的。所以现在人民政府号召大家不要去文身了，她们内心里是很愿意接受的。下面这首笔者在调查中采集到的黎族民歌就反映了当时黎族妇女的心声：

> 我们黎族不懂事，去摘藤刺来画脸。
> 政府已经下了文，我们这代不画了。
> 现在我们这一代，都与汉族一个样。
> 今年有了政府在，照顾我们黎族仔。
> 不让我们皮肉痛，我们过得很开心。
> 有了国家的帮助，歌唱同志领导好。[①]

但是，任何一种风俗习惯的改变，都往往不是一蹴而就的，因为祖先千百年来传下来的传统，常常是根深蒂固的，要彻底割舍还需要有一个过程。

1958 年颁布的文身改革方案，虽然使得公开的，大范围的文身活动彻底终止了，但是零星的、偷偷的文身活动仍时有发生。鉴于此，1962 年 10 月，自治州人民委员会再次颁布了改革落后的民族风俗习惯的规定，并再次把文身作为一项落后的，需要废止的风俗习惯。这个规定中有关废除文身的条文是："废除'文面'的风俗习惯。这个改革，更要严肃认真，防止简单从事。首先，应该加强对群众的思想教育工作，指出'文面'的害处，指出它是旧社会遗留下来的恶果，让群众认识这种风俗有改革的必要。其次，严禁文面婆继续进行文面活动，违者如系一般劳动人民，主要是进行教育说服，提高思想觉悟，使其自觉地停止这种活动；如果系地、

① 演唱人：刘金花，女，68 岁。地点：昌江县七叉镇乙洞村。时间：2010 年 6 月 22 日。

富、反、坏分子和其他屡教不改分子，则应分别情节，加以处理。”[1] 这个规定明确提出了要废除文身的风俗习惯，并且为了达到这个目的，指出了要从源头上着手——也即严禁文面婆进行文面活动，文身习俗自然不能继续了。这个规定，毫无疑问，对个别人零星的、偷偷的文面行为进行了打击，更加快了全面和彻底废除文身活动的速度。

这之后不久，文化大革命开始。在“文革”中，文身习俗更被作为封建迷信活动而受到严格的禁止，更对残存的文身活动以致命的打击。至此，黎族文身习俗可以说最终彻底而全面地退出了历史舞台，走向了消亡。虽然20世纪80年代初，个别黎族地区的文身行为略有反复，但已无法改变黎族文身“被终止”的这个大趋势了。

① 参见《海南黎族苗族自治州人民委员会关于继续发扬优良传统改革落后的民族风俗习惯的规定》，引自海南省地方志办公室：《海南省志·民族志》，南海出版公司，2006年，第832~839页。

汉文古籍中的黎族文身史料分析

王献军　向昌隆
（海南师范大学文学院）

文身，是指用刀、针、植物的刺等尖锐器物刺破皮肤构成图案，然后再涂以植物或矿物颜料，使之永不褪色的人体标识及装饰艺术。文身文化，是人类最古老、最普遍，也是传承和持续时间最长久的文化形态之一。在漫长的中国历史上，汉文史籍中关于文身的称谓有很多，如雕题、雕身、题额、黥面、黥颊、涅面、绣面、绣脸、花脚、扎青、刺青、刺面、镂面、镂身、镂肩等等。中国境内的很多民族，在其早期的历史上，都有过文身，而以黎族、傣族和高山族的文身传承和持续时间最长，所以汉文古籍中对他们文身方面的记载也最多。

黎族的文身，源远流长，从远古一直持续到当代，而对黎族文身的记载，也是不绝于史。本文细致梳理了从先秦到清代的各个重要时期的汉文古籍中记载黎族文身的相关史料，并加以详细的分析和探讨，最后进行归纳和总结。

一、秦

目前，学术界普遍认为，黎族与古代百越族群的一支——“骆越”有着直接的渊源关系。而在我国历代的汉文史籍中，凡涉及百越族群者，往往把“断发文身”或“翦发文身”作为其文化和习俗的基本特征之一。如《史记》卷 43《赵世家》：“夫翦发文身，错臂左衽，瓯越之民也。”

汉文古籍中对文身直接而明确的记载，始于一般认为成书不迟于战国的《山海经》。《山海经》中的“海内南经”篇就有关于文身的记载，而这些记载就与黎族的先民有关，其文曰：“伯虑国、离耳国、雕题国、北朐国，皆在郁水南。郁水出湘陵南海。”① 郁水之南，当指今云南东南部、贵州西南部、广西大部、广东西南部以及海南岛在内的广大地区，而其中的“雕题国”，系指有文身习俗的地区或部落。因为所谓“雕题”者，意谓用丹青刻画其“额”，这里所谓的“额”不能按字面意思仅仅理解为是“额头”，而应扩及面颊和身体肌肤，这正如唐代孔颖达对“雕题”所作的疏：“非惟雕额，亦文身也。故仲雍居吴越，《左传》云：‘断发文身’。”② 对于“雕题国”的具体位置，有学者考证在今海南省中南部，因此其上所记内容实际上就是今黎族先民的文身习俗。③ 如果此考证无误，那么《山海经》中对于“雕题国”的记载，就应是汉文古籍中对于黎族文身的最早记载了。

先秦时期，由于中原王朝的统治尚未达至海南岛，所以当时的文人士大夫们对黎族先民文身的具体状况是不了解的，因为他们的足迹并没有踏上海南岛，他们对黎族先民们文身的了解只能是道听途说，因此对这方面的记载也是非常简单的，只有“雕题”二字，至于“雕题”的具体内容则一无所知。

二、汉代

汉武帝元封元年（前 110），正式在海南岛设置儋耳、珠崖两郡，下辖 16 个县，开始委派官吏、驻兵设防、建城置邑、征收租赋、徙民入岛，标志着中央王朝的统治势力开始进入海南。随之而来的，自然是汉族文人士大夫对包括文身在内的海南各方面情况的了解日益深入，反映在汉文古籍上，就是有关黎族先民文身记载的内容比以往更加丰富了。

汉代，记载黎族先民文身习俗最为详细的当属东汉杨孚写的《异物志》。杨孚是东汉时期岭南的著名学者，字孝元，广东南海郡番禺人。早年致力于攻读经史，钻研颇深。东汉建初二年（77），参加朝廷“贤良对

① 袁珂：《山海经校注》，上海古籍出版社，1980 年，第 269 页。

② （汉）郑会著，（唐）孔颖达注：《景宋本礼记正义》卷 12，《王制》，民国丁卯仲冬南海潘氏重雕版。

③ 任孚先、于友发：《白话插图山海经》，山东教育出版社，1986 年，第 282 页；吴永章：《黎族史》，广东人民出版社，1997 年，第 2 页。

策”，获授为议郎，以直言敢谏著称，后为临海太守。参与政事之余，勤奋治学，写出了南海郡人的第一部学术著作——《异物志》。《异物志》又名《交州异物志》、《南裔异物志》、《交趾异物志》、《杨孚异物志》，是岭南第一部风物志性质的书籍，书中详细记载了岭南地区的植物和动物种类、特性、用途以及本地的风土人情。其中关于黎族先民文身的记载有两段：

“雕题国，画其面及身，刻其肌而青之。或若锦衣，或若鱼鳞。”

“儋耳夷，生则镂其头皮，尾相连并；镂其耳匡为数行，与颊相连，状如鸡腹（当为“鸡肠”——笔者注），下垂肩上。”①

这两段史料所提及的“雕题国”、“儋耳夷”，毫无疑问，指的都是生活在海南岛上的黎族先民；史料中提到了文身的具体部位有：面、身、头皮、耳眶、颊、肩；文身的颜料是“青”色，也即黑色；文身图案有多种，或像锦衣，或像鱼鳞，或像鸡肠。

从这两段史料的记载来看，无疑比先秦时期要详细很多。由于杨孚是岭南人，以岭南人记岭南事，耳闻目睹，颇为真实可信。

此外，汉字的“文”字，在甲骨文里像人胸部有刺画的花纹形，实际上就是古代文身的写照，“文”的本义当为“文身”。由此也可以推断，汉族的先民——华夏族早期也是有文身的，但后来逐渐放弃了文身。到了汉代，文身习俗在中原地区早已成为历史的陈迹，而且被汉族士大夫当作是一种需要改变的奇怪的“陋习”看待。因此，汉朝的官员到了海南之后，就有人劝谕当地的黎族先民们不要文身。有史料记载，在东汉明帝十八年（75），僮尹擢为交州刺史，还至珠崖，“劝谕其民毋镂面颊，以自别于峒俚，雕题之习，自是日变”②。但从后来的情况来看，僮尹的劝谕作用显然是十分有限的，因为广大的黎族先民们的文身习俗并没有任何实质性的变化。所以这段史料中所说的文身习俗的改变，可能是指海南岛北部较早与汉族接触的黎族人中，有一些人听从了僮尹的劝谕，放弃了文身习俗；但显然范围不会太广，人数也不会太多。

---

① （汉）杨孚：《异物志》，收录于《南越王五主传及其他七种》，广东人民出版社，1982年。

② （明）黄佐：《嘉靖广东通志·琼州府》卷46，《列传·名宦》，海南出版社，2006年。

三、宋代

宋王朝平定海南后，在海南设置了四郡十一县的行政建制，并且加强了对黎区的实际控制。如果说，此前的历代中央王朝的统治触角并未真正深入黎族腹地的话，那么宋王朝则不然；宋王朝采取了以“抚”为主的治黎政策，将其统治的区域发展到了黎区的纵深地带。与此相适应，汉族官僚士大夫愈加了解黎族，表现在汉文古籍上，就是关于黎族问题的记载急剧增多，而其中对黎族文身的记载，也较前代更为丰富和详尽。

宋代记载黎族文身的书籍主要有四本，即《岭外代答》、《桂海虞衡志》、《诸蕃志》和《太平寰宇记》。

《岭外代答》是宋代笔记小说，作者周去非。周去非是温州永嘉人，隆兴元年（1163）进士，历任桂林尉、州学教授、绍兴府通判等职。《岭外代答》一书共 10 卷，系周去非任职桂林时所作，分为地理、边帅、外国、风土、宝货、蛮俗、志异等 19 门，内容主要叙述的是岭南风土、物产、军制、经济、外贸等情况。其书的第 10 卷“蛮俗”详细记载了黎族的文身，全文如下：“海南黎女，以绣面为饰。盖黎女多美，昔尝为外人所窃，黎女有节者，涅面以砺俗，至今慕而效之。其绣面也，犹中州之笄也。女年及笄，置酒会亲旧，女伴自施针笔，为极细花卉飞蛾之形，绚之以遍地淡粟纹，有皙白而绣文翠青，花纹晓了，工致极佳者。唯其婢不绣。邕州溪峒使女，惧其逃亡，则黥其面，与黎女异矣。”①

《桂海虞衡志》是一部宋代岭南的历史地理著作，作者范成大，吴郡人，曾任广西经略安抚使，知静江府。本书原有 3 卷，今仅存 1 卷，分为岩洞、志香、志酒、志草木、志蛮等 13 篇，内容包括了广西及岭南地区的山川物产、少数民族的社会生活、风土人情和文化风貌等。该书对黎族文身的记载在其“志蛮”篇中，全文为：“绣面乃其吉礼。女年将及笄，置酒会亲属，女伴自施针笔，涅为极细虫蛾花卉，而以淡粟纹遍其余地，谓

① （宋）周去非：《岭外代答》，《宋明清小品文集辑注》，上海远东出版社，1996 年。

之绣面女，婢获（指奴婢——笔者注）则否。”①

《诸蕃志》是一部南宋的地理学著作，作者赵汝适。赵汝适是皇室成员，宋太宗八世孙，嘉定至宝庆年间，赵汝适曾任福建路市舶提举。该书原有2卷，已佚，今本从《永乐大典》中辑出。该书系作者任福建路市舶提举时采访所得，成书于宝庆六年（1230）。该书分上、下两卷，主要记载了东到日本、西至摩洛哥的东亚、东南亚、西亚及北非各国的山川地理、风土人情以及土产贸易情况。在该书的下卷有一篇专讲“海南”，提到了黎族的文身，全文是：“女及笄，即黥颊为细花纹，谓之绣面。女既黥，集亲客相贺庆。惟婢获则不绣面。”②

《太平寰宇记》是北宋地理总志，作者乐史。原书200卷，记载了宋太宗太平兴国年间平定闽、越和北汉后的中国地理情况。本书卷1至卷171记载了十一道的情况，卷172至卷200记载了周边各族的情况。本书收录资料颇为丰富，考据也较精详。其中卷169“岭南道十三”记载了海南生黎的文身情况，全文为：“俗呼山岭为黎，人居其间，号曰生黎……尚文身，豪富文多，贫贱文少，但看文之多少以别贵贱……女人文领（应为“颊”之误——笔者注），穿耳垂环。”③

通过以上四本书中对黎族文身的记载，我们可以得出以下几点结论：

（1）宋代黎族文身的人群，可能仅限于女子，因为以上史料中均未提及男子文身情况。

（2）宋代黎族女子文身，是其成年礼。

因为上述史料中多提及黎族女子的文身年龄，是“及笄”或“将及笄”时才文。“笄”指的是古代男女盘头发用的簪子，中国古代的汉族女子表示成年可以嫁人了，需行插笄之礼，故用“及笄”以示成年，而这个“及笄”的年龄一般是十五岁，所以《礼记》有云：“十有五年而笄，二十而嫁”之语。④

---

① 中国科学院广东民族研究所等：《黎族古代历史资料》，1964年（内部印刷），第647页。

② （宋）赵汝适：《诸蕃志》（外十三种），上海古籍出版社，1993年，第40页。

③ 中国科学院广东民族研究所等：《黎族古代历史资料》，1964年（内部印刷），第645页。

④ 陈成国：《礼记校注》，岳麓书社，2005年，第209页。

（3）宋代黎族女子文身时，有较为隆重的仪式。

正是因为黎族女子文身是其成年的标志，是“吉礼”，意义重大，所以要有相应的隆重仪式以示庆贺，故上述史料中提及了在文身这一天，要“置酒会亲属”、“集亲客相庆贺”。

（4）宋代的黎族文身具有区别富贵贫贱的功能。

上述史料中提到的“豪富文多，贫贱文少，但看文之多少以别贵贱”，“惟婢获则不绣面”都说明了这一点。

（5）宋代黎族女子文身的起源，最初是因为怕外人偷抢，以保持贞节。《岭外代答》一书中所云“盖黎女多美，昔尝为外人所窃，黎女有节者，涅面以砺俗，至今慕而效之”，充分说明了这一点。

（6）宋代给黎族女子文身的施文者，是被文者的“女伴”。

（7）宋代黎族女子的文身图案，是“极细的虫蛾花卉”。

四、明代

洪武元年（1368），明军平定广东、海南，设立了琼州府，领三州十县。明朝对黎区的治理，虽也有军事镇压，但多用招谕政策，使得大批黎人纷纷归附，成为国家的编户齐民。为了更有效地控制黎族，明朝政府在黎区广为置驿开道，鼓励农业生产，向黎区移民，在黎区大办社学以兴文教，从而使得明代的黎族社会较之以前有了较大的进步和发展，反映到汉文史籍上，就是对黎族情况的记载又有了新的内容。

明代记载黎族文身资料的主要有以下著作、诗文和奏稿：

《海槎余录》。明代的笔记体著作，作者顾岕，江苏吴县人，官至南安知府，在海南儋州为官时写成本书。该书只有1卷，40余则，主要记载的是海南的风物特产以及黎族的社会、经济、文化与风俗。由于作者曾身处黎区，所以对黎族情况的记载颇为真实生动。该书对黎族文身的记载是：“黎俗，男女周岁即文其身，自云：不然。则上世祖宗不认其为子孙也。”①

《粤剑编》。明代的笔记体著作，作者王临亨（1548—1601），苏州昆山县人，万历十七年（1589）进士，官至杭州知府。万历二十九年

① （明）顾岕：《海槎余录》，《国朝典故》卷105，北京大学出版社，1993年。

（1601），王临亨奉命到广东审案，《粤剑编》就是他根据这次广东之行的“目之所睹、迹之所历、身之所接者”编撰而成。全书共4卷，分为8类，以游记的形式记述了明代万历时期广东社会的各种情况，真实可信。该书对黎族文身的记载是：“黎人在琼崖儋、万之中，椎髻跣足，文身以花，细者为贵。”①

《炎徼纪闻》。明代的笔记体著作，作者田汝成，浙江钱塘人，嘉靖五年（1526）进士，官至南京刑部主事、礼部主事等职，一度曾任贵州佥事、广西右参军。该书主要根据作者的亲身经历和所见所闻，以及收集的民间传说、碑刻、墓志，并抄辑有关的地方志、前人著述、政府公文档案写成。全书分4卷，卷1、卷2记载有关广西的情况；卷3记载有关贵州的情况；卷4分云南、蛮夷两篇，较详细地记载了云南、西南及岭南各少数民族的风情习俗。该书对黎族文身的记载是：“男子文身椎结，挟刀控弩。妇人戴箬笠、襕衣，有裙而无袴。春时，笄女戏秋千以诱散仔，携手踏歌，名曰作剧。女伴互施针笔，涅两脸为虫蛾花卉，名曰绣面。”②

《咸宾录》。历史地理类著作，作者罗曰褧，江西南昌人，明神宗万历十三年（1585）中举，未入仕。该书分8卷，以北、东、西、南四方分别叙述了与明朝交往的周边各国和边疆各少数民族的历史地理。所谓“咸宾”，是指周边的来客，即通贡者。该书的内容比较丰富，所记各国和各少数民族的历史，欲贯通古今，寻本溯源。又于山川、物产、风俗、人物事迹等，记载颇详。该书对黎族文身的记载是：“男女生周岁即文其身。周身画成诸花及八宝式，寻用细针挑刺出血，涂以青靛，候三四日涤去，则花纹宛然。大家以此相尚，云：不然，则上世祖宗不目为子孙也。”③

《黎女歌》。《黎女歌》是一首诗，作者是明代著名的戏曲作家、文学家汤显祖。汤显祖，江西临川人，万历十一年（1583）进士，官至南京太常寺博士、礼部主事。万历十九年（1591）上《论辅臣科臣疏》，弹劾大学士申时行，被降为广东徐闻典史。居徐闻期间，汤显祖曾渡过琼州海峡踏足海南，并作《黎女歌》诗一首，描述了黎族的文身，该诗被收录在

---

① （明）樑权等撰，凌毅点校：《贤博编、粤剑编、原李耳载》卷3，《志外夷》，中华书局，2005年。

② （明）田汝成：《炎徼纪闻校注》卷4，《云南土司》，广西人民出版社，2007年。

③ （明）罗曰褧：《咸宾录》卷8，《南夷志》，中华书局，1983年。

《汤显祖诗文集》中。《黎女歌》全诗为：

黎女豪家笄有岁，如期置酒属亲至。
自持针笔向肌理，刺涅分明极微细。
点侧虫蛾摺花卉，淡粟青纹绕余地。
便坐纺织黎锦单，拆杂吴人采丝织。
珠崖嫁娶须八月，黎人春作踏歌戏。
女儿竟戴小花笠，簪两银篦加雉翠。
半锦短衫花襈裙，白足女奴绛包髻。
少年男子竹弓弦，花幔缠头束腰际。
藤帽斜珠双耳环，缬锦垂裙赤文臂。
文臂郎君绣面女，并上秋千两摇曳。
分头携手簇遨游，殷山沓地蛮声气。
歌中答意自心知，但许昏家箭为誓。
椎牛击鼓会金钗，为欢那复知年岁。[①]

《黎岐图说》。《黎岐图说》是一篇奏稿，作者是俞大猷。俞大猷是明代与戚继光齐名的抗倭名将，举武进士，起自百户，历参将、总兵，以功进右都督。嘉靖二十八年（1549），崖州爆发了那燕、符门钦领导的黎族农民起义，俞大猷被调入海南参与镇压这次起义。在起义被镇压后，俞大猷为了体察黎情，走遍了黎族各峒，写出了《黎岐图说》一文，上奏给朝廷。在该文中俞大猷提出了一整套如何治理黎族的政策和建议，其中就涉及如何对待黎族的文身风俗问题。俞大猷建议："其各州县掌印官，务将管下黎人严禁童女如前画面文身，男人务著衣衫，不得如前赤身露腿。"[②]

《嘉靖广东通志》。明代嘉靖年间所编的广东地方志，共70卷，黄佐纂修。黄佐，广东香山县人，正德年间进士，廷选庶吉士，授翰林院编修，历任江西佥事、广西提学、南京国子监祭酒等职。黄佐博通经史，著

① （明）汤显祖著，徐朔、方笺注：《汤显祖诗文集》，上海古籍出版社，1982年，第436页。

② （明）戴熺、欧阳灿总裁，蔡光前等纂修：《万历琼州府志》卷8，《海黎志》，海南出版社，2003年。

述丰富，为岭南著名学者，所修《广东通志》体例严谨，资料充实，文字简雅，不唯见重于当时，也为后世学者所推崇。该书记载当时的黎人文身是“男文臂腿，女文身面”①。

以上就是明代记载当时黎族文身的主要资料，通过对这些资料的分析，我们可以得出以下结论：

（1）明代黎族人文身，是男女都文，而不仅仅限于女子，但男女文身的部位不同，男的是文臂、腿，女的是文身、面。

（2）明代黎族人文身起始年龄，不同的黎区可能有所不同。有些地方的黎族人仍然是把它作为女子的成年礼来对待，所以有汤显祖“黎女豪家笄有岁，如期置酒亲属至”的记载，与前代相同；但也有些地方的黎族人，是“男女周岁即文其身”，把文身的年龄大为提前了，这个年龄段的人文身，似乎不再有成年礼的功能了。

（3）明代的黎族人认为，如果不文身，“则上世祖宗不认其为子孙也”——说明明代的黎族文身具有“族群标志功能”。

（4）明代黎族文身仍然像前代一样，具有区别贵贱的功能，《粤剑编》中的“文身以花，细者为贵”说明了这一点。

（5）明代黎族人文身的具体步骤是：先画好图案，再用针刺出血，涂上颜料，等上三四天才洗去，文身即告完成——这在《咸宾录》中有详细记载。

（6）明代的官僚士大夫们对于黎族文身是极有成见的，主张严格禁止。俞大猷在其《黎岐图说》中的观点很有代表性。

五、清代

有清一代，在海南设琼州府，辖三州十县。清王朝采取了镇压与安抚并施的治黎政策，诱使大批的生黎归入版图，成为封建王朝交粮纳税的“熟黎”，特别是到了清末，绝大多数的黎民都与汉人一样成为国家的编户齐民。于是，随着清王朝统治势力向黎区的不断深入，人们对黎族风土人情的了解与前代相比又有了进步。

① （明）黄佐：《嘉靖广东通志·琼州府》，《外志·黎峒》，海南出版社，2006年。

关于清代黎族文身的情况，以《广东新语》和《黎岐纪闻》二书所记最详，也最具代表性。

《广东新语》是一部笔记体著作。作者屈大均（1630—1696），广东番禺人，明末清初的著名诗人、学者。该书共28卷，每卷一门，每门下属若干条，共869条，内容丰富多彩，史料翔实可据，补充了明清两代纂修的《广东通志》以外的许多历史资料，是一部研究岭南古代历史、地理的重要著作。该书对黎族文身的记载是："面涅花卉虫蛾之属，号绣面女。其绣面非以为美，凡黎女将欲字人，各谅已妍媸而择配，心各悦服，男始为女纹面，一如其祖所刺之式，毫不敢讹，自谓死后恐祖宗不识也。又先受聘则绣手，临嫁一夕乃绣面，其花样皆男家所与，以为记号，使之不得再嫁。古所谓雕题者此也。题，额也；雕，绣也。以针笔青丹涅之，有花卉虫鱼之属，或多或少。而世以为黎女以绣面为绝色，又以多绣为贵，良家之女方绣，婢媵不得绣，皆非也。"①

《黎岐纪闻》也是一部笔记体著作。作者张庆长，直隶南安人，乾隆十六年（1751）进士，乾隆十七年至十九年（1752—1754）任定安县知县。定安县地处海南岛腹地，当时的面积较大，是黎族人民的主要聚居地之一。张庆长作为定安县的知县，常常到各处考察，体察民情，从而掌握了不少第一手材料。《黎岐纪闻》一书可以说就是作者本人在黎族地区实地调查的结果和耳闻目睹的记录。本书篇幅虽然不长，但内容极为丰富，凡黎族地区的山川形胜、地理环境、物产资源、社会组织、生产经济、贸易往来和生活习俗等，均有翔实的记载。因而该书具有较高的史料价值，清朝著名学者彭端淑和刘星炜还曾分别为该书作了序。该书中对黎族文身的记载有三段，分别为：

"向来黎图皆注花脚黎曰下脚黎，余询之黎人，非下脚也；其俗男妇俱于足胫刺纹数行，故名花脚。"

"女将嫁，面上刺花纹，涅以靛。其花或直或曲，各随其俗，盖夫家以花样予之，照样刺面上以为记，所以示有配而不二也。"

"黎女多外出野合，其父母亦不禁。至刺面为妇，则终身无二。尝问

① （清）屈大均：《广东新语》卷7"黎人条"，中华书局，1997年。

之黎人，其俗以既婚即不容有私，有则群黎立杀之，故无敢犯者。”①

除以上两本书外，清末的《儋县志初集》一书中记载的关于黎族文身起源的传说也颇有价值。《儋县志初集》系儋州的清代地方志，作者王云清。王云清，儋州兰山村人，晚清进士，曾在湖北为官，后辞官归隐家乡，致力于教授生徒和编纂《儋县志》。但是，《儋县志》初稿完成后尚未印刷即遭焚毁，残留的稿本被后人收集整理，称之为《儋县志初集》。该书记载的黎族文身起源的传说是：“上世琼地无人，会有大蛇于黎婺峰竟生一女。生而能行，采食花果。及长，有交趾人入山采香木，见女而悦之，遂作夫妻焉。生一子而交趾夫卒。蛇女思，母子相依，无人作合，百年之后，谁复人种？因命其子曰：‘我与你处，终非了局。不如汝由东而行，见有女人则娶为妻；我由西而行，见有男人则以为夫。庶几载生载育，不亦可乎？’其子应允，遂由东而行。蛇女设计，以刺划其面，而靛以涂之，使面花，子不认识，遂亦相西方行。东西旋转，母子相见，母知是子，子不知是母，因母子为夫妻。由是复生子女数人，分为符、罗、楼三姓，自相婚配。男则裸体，女则刺花，习俗至今不改。且男女皆食槟榔，齿黑如漆。意者，其‘裸人黑齿’之种乎。”②

又康熙年间，临高知县樊庶所编的《康熙临高县志》一书中提及的黎女文身年龄值得重视，其文曰：“女至十五六则纹其手面，聘嫁皆用牛。”③

此外，清人檀萃撰《说蛮》、李调元辑《南越笔记》、傅恒著等纂《皇清职贡图》、钱以垲撰《岭海见闻》等书中也都有对黎族文身的简短记载，与《广东新语》及《黎岐纪闻》二书所记内容大同小异，估计是根据上述二书内容改写而成，价值不大，此不赘述。

通过对以上清代古籍中对黎族文身记载的分析，我们可以得出以下结论：

（1）虽然黎族普遍文身，但黎族内部支系众多，各支系的文身图案或部位又不尽相同，故清代有以文身的不同而区分黎族支系的。上述《黎岐

---

① （清）张庆长撰，王甫校注：《黎岐纪闻》，广东高等教育出版社，1992 年，第 116 页、119 页、120 页。

② （清）王云清：《儋县志初集》，海南出版社，2004 年，第 1225 页。

③ （清）樊庶：《康熙临高县志》卷 10，《黎岐志·黎俗》，海南出版社，2004 年。

纪闻》一书中提及的“花脚黎”即是如此，这也说明清代的黎族文身已具有了“族群支系的标志功能”。

（2）《广东新语》和《黎岐纪闻》中所记黎女将嫁才文身，表明清代黎女的文身具有“婚姻权利的标志功能”，只有文过身的女子，才能走进婚姻的殿堂。

（3）《广东新语》和《黎岐纪闻》中所记黎女文身的图案，是夫家所给；文上夫家所给的图案后，表示不得再嫁他人。这种夫家所给的文身图案，实际上就是夫家所在宗族的“徽号与标志”，它具有图腾崇拜的性质，文上该“徽号与标志”的女子便为夫家宗族社会正式接纳，成为其成员，死后祖宗才可辨认。

（4）《儋县志初集》中所记的黎族文身起源的传说，说明了黎族早期的文身是具有婚姻集团标志功能的。远古时期，不同图腾的母系氏族实行的是族外婚。此时的各种文身符号，既是不同氏族的标志，也是不同婚姻集团的象征，人们借此可以表明自己的血缘归属，区分不同的通婚对象。

（5）《康熙临高县志》一书中所记的黎女开始文身的年龄是十五六岁，说明文身确是黎族或者准确地说是部分黎族中的女子成年礼，这与前代所记相同，只不过点出了具体的文身年龄。因为古代女子十五六岁，生理上已基本发育成熟，进入了成年人的行列，可以出嫁生儿育女了，所以此时文身，恰好标志着少女的成年。

（6）在《广东新语》一书中，屈大均指出“世以为黎女以绣面为绝色，又以多绣为贵，良家之女方绣，婢媵不得绣，皆非也”，这一说法值得商榷；因为屈大均是以清代文身情况来否定前代的情况，证据不足。因为时代在发展，各个时代的文身也多多少少会有所不同，所谓此一时彼一时也。

余论

以上我们详细列举了先秦、汉代、宋代、明代及清代的汉文古籍中记载有黎族文身的相关史料，并对每一个朝代的史料进行了仔细的分析和探讨，使我们对每一个朝代的黎族文身有了颇为清晰的认识和了解。那么，当我们把这些古代汉文古籍中记载的黎族文身史料加以串联和综合分析时，我们还会得出以下几点结论：

（1）汉文古籍中对黎族文身的记载是早期简单，愈往后愈详细——这与中央王朝在黎区的统治愈往后愈深入有着密切的关系。早期多为道听途说，而后期多为直接的了解，有的甚至是实地考察得来的资料，所以不仅翔实生动，而且颇为真实可信。

（2）每一个朝代对黎族文身的记载都有各自的特点，有的与前代相同，有的与前代不同，这是因为时代在发展，而每一个时代的民风民俗都会发生变化。

（3）汉文古籍中记载的很多文身史料，可以被我们今天的民族学调查所证实，如文身的族群标志功能、文身的成年标志功能、文身的婚姻权利功能等；但也有一些文身史料，不能被今天的民族学调查所证实，如文身区别贵贱的功能、男女周岁即文其身等。对于后者，我们不能武断地说这些史料是错误的，因为世易时移，可能这些情况在历史上存在过，但后来消失了。总之，应当暂时存疑，有待进一步考证。

（4）由于黎族本身没有文字，所以历朝历代的汉族文人士大夫通过道听途说、间接或直接的了解所记载下来的相关黎族文身史料就成为我们了解黎族古代文身的重要途径；我们不否认，这些史料中也可能有记载失误之处，但通过鉴别、考证和分析，这些史料仍然具有极为重要的参考价值，也是我们今天从事黎族文身调查和研究时所必须参考的。

四

【精神与宗教】

论黎族哲学思想和文化特点

周伟民　唐玲玲
（海南大学）

黎族有着悠久的历史。黎族是一个有着很高智慧的民族，它有自己的语言，但没有本民族的文字。因此，黎族没有本民族理论化、系统化的世界观和方法论的表述，但黎族人民有自己关于自然、社会的一般规律的认知；他们也对自身处理和驾驭外部生活世界的认识和实践活动成果进行反思、总结和概括；随着社会和自身对科学的把握，也不断出现一些新的认识。因此，黎族有自己关于自然界、社会和人类思维及其发展的最一般规律的把握和认识，而这些把握和认识，体现在他们自身广泛的文化创造中。黎族的世界观包括这个民族对整个世界（包括自然和社会）的认识和根本态度。

黎族世界观中一个最基本的组成部分是人与自然的关系。分述如下：

1. 敬畏和敬仰自然

从远古时代开始，黎族人民对自然存在的万事万物不能认识；天地间的许多变异，像鲁迅说的“又出于人力所能之上”，奇妙莫测，于是“自造众说以解释，今谓之神话”。一个没有本民族文字的民族，神话传说是他们保存自己对远古时代世界的认识和态度的最基本的材料。

黎族远古留下来的传说神话，许多是关于黎族人民对洪水、雷电无常、宇宙间黑夜和日间太阳的敬畏和敬仰。如《人类的起源》、《山区与平原的由来》、《黎母的神话》① 等，描述太阳的威力无穷，洪水灾患，而雷公则有主宰人间一切的力量与权威。

更为明确地昭示黎族人民对自然认识的是传统的民歌。如《黎族祖先歌》②：

---

① 符桂花：《黎族民间故事大集》，海南出版社，2010 年，第 1 ~ 3 页。

② 符策超：《中国民间歌曲集成 · 海南卷》，中国 ISBN 中心，2002 年，第 404 ~ 405 页。

(1) 初古的时光/天地不分开/天地不分开/日月昏朦朦/山岭阴霾霾。

(2) 苍天连大海/白云伴尘埃/白云伴尘埃/世间本无物/全从天上来/全从天上来。

(3) 天宫有气派/排场盛未衰/彩绣铺地毯/香云漫天台。

(4) 天帝是主宰/天人多华彩/天女会歌舞/天狗传令牌。

……

(137) 雷公一看见/火胆放上天/雷公火性烈/日夜光又圆。

(138) 白天火旺烈/天雷酒多添/黑夜火不见/天雷睡得甜。

整首古民歌，用216段，近900行的长诗，叙述一个盘古时代天帝主宰一切的时候一段曲折的男女情事和生育的故事。诗中叙述天狗治愈婺女疾病的高超本领，又强调了雷公的威力："勿惹雷公恼，旱涝总相沿。"

黎族这些神话传说与民歌，充分揭示了黎族人民对自然的敬畏和敬仰的态度。而黎锦的图案与神话传说、民歌一脉相承；不同的是，它用图案，以无声的语言来表述。

试读相同图形的两幅织锦图（图1、图2）。心灵手巧的黎族妇女，以简洁的对称构图，用黑白颜色强调了黎族人民对阳光普照时的喜悦和对雷电交加、电闪雷鸣的黑夜的恐惧的两种不同状态。也即表示黎族对自然力的敬畏感情。图2表现的是黑夜，屋内坐在板凳上的两个人和门外站着的两个人，脸带惶怵、惊惧；而图1表现的是白天，人都是笑逐颜开的。

图1

图 2

而强悍威武、变化莫测、见首不见尾的龙的图案，同样令人产生敬畏和敬仰的情怀。(图 3)

图 3

这种对自然的崇敬态度，深刻地说明了黎族世界观中对自然的认识和态度。黎族妇女本着这种认识和态度，将敬畏和敬仰自然的创作观，贯彻到黎锦图案的制作中，并将这种理念充实到纺、染、织、绣的各个环节，让这种理念成为自己创作的精神根据。

2. 人与自然和谐相处，尊重自然、理解自然和回归自然

正是因为黎族人民有上述的敬畏、敬仰自然的认识和态度；长期以

来，他们在生活、生产中，即使人力和外界改造力超前的巨大，也要将自己的生产建立在人与自然、建设力和地理生态和谐共处的基础上；不用蛮力改造自然生态。也从来不用人的力量去超越自然力量，企图驯服自然。

黎族人民就是在砍山栏的时代，也严格地遵循轮耕制度，让大山休息，恢复地力。笔者曾在昌江黎族自治县王下县黎族自治乡作田野调查，黎族农民说："我们世代都严守古训：'山养我，我养山！'"大山也有生命，大山也是"神"，因此，尊重大山的自然格局，从不竭尽地力。将对大山自身规律的敬畏感放在重要位置，从不用所谓现代化的口号忽略和践踏自然规律。所以，走进黎区，到处是青山绿水，让人心旷神怡。当然，也有黎族人民不可抵挡的那种所谓"成片开发"，成为现实生活中的尴尬。这一点，无需笔墨描摹。不过，这不是这里所能论述的。暂且存而不论。

这种人与自然和谐相处的观念，成为所有黎锦创造的精神根据。

黎锦图案中最典型的例子是龙被中的《四代同堂八仙过海图》。(图4)

图4

这床由三幅图构成的龙被，以中国民间传说中的天、地、人三界构成画面的整体，构图对称、均衡、平稳。八个人物，栩栩如生。将道教中的铁拐李、汉钟离、张果老、何仙姑、蓝采和、吕洞宾、韩湘子、曹国舅等八个神仙，安排在人世间的不同位置，说明这八位在中国传统社会中代表不同的社会角色聚集在一起，相互联系，显示出社会中各种社会力量有不同的位置；但这些社会上分散的人物活动又在图案中变为一个有机整体、不可分离。而人间又与天、地两界结合；人是依赖于天空和大地的，不能离开一定的时空而活动。这充分说明了人与自然的和谐。

3. 师法自然

黎锦图案的种类，学者各有不同的统计。到底有多少种，不能作出肯定的回答。不过，我们不管它有多少种，可以将所有的图案归为两大类。

一类是实物形象化图案。这类图案据现实生活中实有的人、动物、植物、生活生产用具和黎族人民心目中已经具象化了的鬼（祖先）神等形象，加以典型化，然后用几何线条使之简化到能够人工织绣出来，并形象生动、让人们一看见即能判断是什么物象转化的，指定它是什么物象而不致紊乱。大多数的图案黎锦属于这一类。

一类是抽象图案。这类图案是黎族妇女在生活中，从思想上抽取事物的本质属性或特有属性，加以概括，然后推广到同类事物的一切对象中去，如黎锦图案中的如意吉祥图案等。这类图案在黎锦中是少数。

上述的两类图案，在本质上来说都是黎族妇女在聚居地自然环境的熏陶下，对现实加以理解，又增添自己的感悟后创造出来的。诸如对人及人生活的表现，往往是将人的外形各种姿态、肢体的全形或局部剪影、甚至包括对人的生殖器官的表现，是在具象化的基础上加以变形，以象征人类的繁衍和生殖崇拜哲学。图案中花、鸟、虫、鱼等身边物类入图，更是师法自然、贵在自然。至于抽象图案类的如“卍”（读为“万”字），是为吉祥纹，含有万象更新、吉祥如意、富贵不断的诸多哲理，是黎族在与汉族有了深切的文化交流后才形成的；这类图案，是她们的生活体验而又涵盖了自己的生活理想。而在新中国建立以后、特别是改革开放以来，文字饰纹又增加了新的内容，如三亚市抱由村采得的在筒裙上所绣的“我们的祖国”即为一例。黎族妇女在自己衣裙上表现自己热爱祖国的由衷情怀和民族大团结的美好愿景。有些图案，如黎族妇女创造的表现自己民族祖先崇拜的重大主题，她们在裙子上绣织祖先图，男女图样相互配合、大人小人图紧密勾连，在构图的艺术中深刻地反映了“祖先在我心中”的祖先崇拜的信仰。所有这些，都是来源于生活，在师法自然中倾注了她们灵魂深处的哲学观念。所有图案都是师法自然后所得。

综上所述，黎锦用以构成图案的诸多纹样及图案本身，都是黎族人民日常生活中所见所触所思所爱的物类；这一方面是表现自然物及思念物的形态之美，同时也借物寓情，反映创造者对自然的敬畏、敬仰，和谐相处和师法自然的深沉思想意识。所有这些，包含在图案中，随着历史的进展而推移演变，许多传统的古老图案，作为一种历史遗存，其文化内涵仍在延续着、继承着。黎族人民的世界观也由此而代代相传、永无止息。黎锦即在此种精神的支撑下代有创新。

黎族人民世界观中另一个基本组成部分是人生观，即黎族人民对人生目的、意义、价值等的认识和根本态度；而其中的价值观又在一定程度上决定人的道德行为和人生追求，决定人们对人生价值的认识和根本态度。

4. 黎族人民的价值观

据笔者近20年对黎族聚居地所作的田野调查，黎族人民价值观中给人印象最为深刻的莫过于他们过着简朴的生活，有时甚至可以说是他们“享受简单”。

黎族人民过着简朴的生活，应该分开来说。一是在统治阶级对黎族进行民族压迫、民族剥削的严酷的历史条件下，黎族人民得不到良好的教育，生活上也不得不“简朴”。远的历史且不说，国民党统治时期的20世纪20年代的状况就十分触目惊心。法国传教士萨维纳1928年在《海南岛志》记载他在黎区所见：

现在提供一些有关黎族人生育、死亡和婚姻的资料：

首先说生育。总是在灶房里生孩子。黎族人几乎一生都在灶房度过。在灶房生，在灶房死，白天在灶房吃，晚上在灶房的柴草上睡。生孩子没有节日，没有庆祝。他们不用水洗，把新生儿弄干净就算满意。他们用细绳扎住脐带，然后用薄竹片把脐带割断。母亲分娩后立刻就忙她的活儿了。

疾病。各种疾病都是恶魔或邪灵引起的。黎人有病从来不看医生，总是把巫婆请到病人床前。为了知道病是哪一个灵引起的，他们一般这样做：拿一个鸡蛋状的椭圆物，石头做的或木头做的都可以，用线吊在病人上方或铺在地上的衣服上方。然后慢慢呼求诸灵，直到其中一个灵让椭圆物转起来。这是那个灵对呼求的回应，而且被认为是危害病人的可靠征兆。这个作怪的灵，他们用化妆表演、诅咒和献祭来平息或驱赶。

丧葬。我上面说过，灶房是黎人家里唯一的住处，死亡也总是发生在屋里的这个地方。一旦确定人死了，他们就把尸体搬到屋子中间，正对着大门，死者的父母和邻居就在那儿哀悼。

这些乱哄哄的哭喊仪式之后，他们就测量尸体，到树林里找一棵树，挖出来做棺材，然后回到死人的家入殓。①

以上是一个西方人眼中的黎族。

相同年代大体上有相同观察的中国人的记载。黄强在《五指山间黎记》中说：

> 黎人患病，云有鬼祟，请巫驱逐。其法取米筛一具，中放衣、裤、剪刀、尺、镜、鸡蛋一只、米一碗，巫者持香望空狂呼病者名字，以招其魂。病人幸愈，则酬巫一元，杀鸡谢土地。巫亦有兼医生者，则酬牛一头。不幸死亡，村人皆抚尸而吊，并燃放枪多响。黎人住宅狭小，死者草席裹尸，外捆白麻，停放一隅，家人迫处而卧。乡邻相与入山，砍伐大木，凿槽形之棺，四周钻孔，系藤不钉。殓后，缚牛木桩，发箭毙牛，烹奠死者。停棺三日，死者已嫁之女及亲戚等，均来吊唁。其有牛为祭者，亦毙之如前状。葬事既毕，置石卵木片为号。

陈铭枢《海南岛志》的记载与此相同：

> 人有疾病，多饮生草药汤，不愈时则延巫捉鬼。其法以绳系鸡蛋悬于竿头，两手承之，视其动法，卜鬼之有无及为何鬼，应用何物为祭，实则杀牛及猪羊均随巫意。

这些记载，姑且说是黎族的风俗，但黎族老百姓的具体生活状况如何呢？

萨维纳在今琼中县离营根东北 15 里处的一个村子考察时，他说："这茅村名叫荔枝塘（Lai chi tong），村民穷得像老鼠，拿不出任何东西给我们。"②

---

① ［法］萨维纳著，辛世彪译注：《海南岛志》，《古典与现代》第 2 卷，广西师范大学出版社，2010 年，第 39 页。

② ［法］萨维纳著，辛世彪译注：《海南岛志》，《古典与现代》第 2 卷，广西师范大学出版社，2010 年，第 30 页。

萨维纳当时所见不是个别现象，我们用不着多举。他的所有记录，除了某些地方有他的殖民主义的态度令人生厌以外，他毕竟是个神职人员，字里行间充满同情心，而且在学术态度上表现出一种训练有素的严谨、准确。他的记录是真实可靠的。何况，有中国人当时大体相同的记录作佐证。

在统治阶级的压榨下，黎族人民是不得不“简朴”。

这是问题的一方面。但另一方面，我们从历史的过程来考察，黎族人民所在的生活环境中，因生态状况好，逐渐形成一种简朴生活的传统。

海南岛一直到元朝，除了汉人的几个治所作为汉族的居民点外，基本上都是黎族聚居地。元朝范椁诗《琼州出郭》：“自出琼州石郭门，更无平衍似中原。重重叶暗桄榔雨，知是黎人第几村。”离开了琼州府城门就到处是黎村了。黎族的政治建置是“峒”，整个黎区，都是峒，不同的是峒有大小之分。《光绪崖州志》卷21《艺文志》记载：“大峒连家，小峒遍丘垤。”峒与峒之间，“互不统属”；峒内的事务由“长老”决定，但长老们也一样参加劳动以维持生计。峒内没有阶级和阶层，也没有压迫剥削。长期以来，黎族人民不用养殖也不用种植，而以狩猎、采摘为生。宋代卢多逊记录此事：“狞犬入山多豕鹿，小舟横港足鱼虾。”（《水南村》又一首）赶狗入山捕猎；清代陵水知县李聘说黎族人“生计猎与渔”就是这个意思。[①] 黎人不用种蔬菜：“无外间菜蔬各种，唯取山中野菜用之。”[②] 用野豕野鹿煮野菜，味道好极了。如果因生老病死而“乏食，则有米者贷之，不计息，偿不偿亦不深较”[③]。所以黎族人生活过得淡定、有序：“岁晚不知年，但视月圆缺。”[④] 黎族老百姓从生活到心灵，都简单而朴实，他们的习俗是享受简朴。

笔者在黎区作田野调查时，对黎族老百姓享受简朴的生活深有体会。比如说“黎人不贮谷”，笔者不只一次遇到不同年龄不同职业的黎族老百姓，他们都喜欢饮酒，粮食多作酿酒酣饮，醉后一群男女欢歌乐舞。家里

---

① 李聘：《黎峒行》，载（清）钟元棣创修，（清）张嶲等纂，郭沫若点校：《光绪崖州志·艺文志》，海南出版社，2006年。

② （清）张庆长撰，王甫校注：《黎岐纪闻》，广东高等教育出版社，1992年。

③ （清）张庆长撰，王甫校注：《黎岐记闻》，广东高等教育出版社，1992年。

④ 李聘：《黎峒行》，载（清）钟元棣创修，（清）张嶲等纂，郭沫若点校：《光绪崖州志·艺文志》，海南出版社，2006年。

不太注意贮存粮食和金钱。问：何故？答：粮食和金钱，你存得越多也就拥有越多；但欢歌的快乐时间是非常微妙、妙不可言的，你根本无法贮存。欢乐时间是无法替换的，失去了再也换不回来。所以他们十分重视生活中简朴的欢乐。把欢乐生活的价值置于金钱之上。笔者这时在想，在我们的生活一分一秒都被限定得死死的情况下，他们这样自由自在的欢乐是人生的一大享受，他们在生活中获得了快乐的平衡。

又比如上文说到的渔猎。笔者在昌江县王下乡做较长时间田野工作时，村长邀请我作客。村长说："今天是高贵的省里来的人，我们开封一坛鱼茶款待。"询问这鱼茶是什么做的，村长说："黎族人一般都有一个背篓背在身上，下水田作业时，遇到大小鱼虾都捡入背篓中，回家来剖开洗净，放入坛中，将山栏稻米加水煮开，趁着滚烫，即刻冲入坛中，然后密封，置于屋顶上让阳光暴晒，时间越长越好！"

开坛时，芳香馥郁。品味时却是酸中有甜，十分可口。笔者说："据观察，家家户户屋顶上都有若干坛。何故？"村长答："城里人吃鱼虾，煎炒蒸炸许多法子，但人却多得高血压、高血脂、高血糖，黎族人民对鱼虾，独沽一味：鱼茶。黎族因此极少人有此'三高'毛病。"

这是一种无法转达的经验。因为他们生根在大自然，于是永远维持一种简单的哲学，也是达到健康的一种简单方式。

黎族人民的简朴生活，其中有一条重要的哲理作为支撑，就是他们认为眼前的利害得失并不那么重要，而追求世俗的所谓实际利益，也不过是刹那间的过眼烟云，最重要的还是人的智慧、人的吉祥。这一点，在黎族传统的织锦中有集中的体现。

黎族远古时期是女性中心社会，妇女在社会生活、文化传承等方面一直有着很重要的位置。她们能够利用传统的简单工具，通过纺、染、织、绣技艺，织出色彩绚丽的黎锦（此项技艺由联合国教科文组织 2009 年 10 月通过为世界级非物质文化遗产项目），在黎锦图案上寄托了本民族的生活理想，表达了本民族的审美趣味，叙述出本民族丰厚的历史创造。因此，黎锦集中体现了黎族人民极高的民族智慧。因为黎族没有本民族的文字，这种智慧通过母女口传身授的方式一代又一代地传承下去，并且一代又一代地创新，从而获得丰富和发展。黎锦同时也表现了本民族对人的吉祥生活的希企。

在黎锦创造的层出不穷的图案中，有一个带始祖性质的母图，由此又衍生出诸多次级别的母图。而黎锦的母图最为突显的是吉祥，这也是黎锦中的题材。吉祥的题材在黎锦的构图中，往往是约定俗成的中心主题。她们也在自纺、自织、自染、自绣和自用的生活乐趣中，享受着吉祥如意的精神生活并乐此不疲。

吉祥，是一个抽象的意象。吉祥图形在黎锦中有集中反映。其特点是在大量构图中出现各种喜庆生活的画面，从内容到形式，让人们观之赏心悦目。这些纹样，大都蕴涵着吉祥的寓意，它反映了不同方言黎族人民的思想感情，符合人们在精神生活上的需求。

《辞海》释曰：吉，吉利，吉祥，又有善、美之意。吉祥纹样，图必有意，意必吉祥；吉祥的题材广泛地融入黎锦的图案之中，黎锦图案的创造者以吉祥的内容，用喜庆的气氛反映对平安吉祥、幸福美好的追求。

试看《黎族吉祥物》图（人龙图），图案可分为三大部分，中间是个巨大完整的人物形象，其中分布着十个人纹群体，左右为龙纹图样，上有五指山，下有五条河纹样。作品构思新颖，结构完整。由于人物纹和龙纹均选材于白沙黎族著名的“双面绣”，突出了地方民族艺术特色，文化内涵丰富，作品中的人纹有一种顶天立地，坚不可摧之势，给人以团结就是力量的感受。“九龙”象征着伟大的中华民族的凝聚力，五指山、五条河及南海的浪花预示着海南省的腾飞。吉祥物明朗、质朴、厚重的民族传统装饰变形图案较成功地展现了黎族人民勤劳勇敢、锐意进取的气质，表达了黎族人民在创造新生活中追求民族团结进步和祖国的兴旺发达之愿望。

人龙图

此外，以婚礼图最为突出。婚礼图的图案以人物为主，人物众多，角色复杂，场面壮观，主角是坐轿的新娘，围绕出嫁婚礼的主题，图面上有抬轿的轿夫，前后有伴嫁的队伍，有奏乐的八音乐队，有牵牛作为聘礼的女方送亲队，有随着喜庆队伍的许多跳跃欢笑的小孩和农家忠实的猎狗，前呼后拥，热闹欢快。这种黎族迎娶、送娘、送礼的生活情景，使人感受到热闹、喜庆、欢快、隆重的气氛，反映了黎族人民追求幸福生活的美好愿望，富有浓郁的民族特色，是一幅反映黎族民俗的历史画卷。这也是黎族人民价值观中以人的智慧、吉祥作为本民族的价值核心追求的集中表现。

婚礼图

至于黎族人民的信仰，根据汉文古籍的记载和黎族社会宗教信仰行为方式，概括起来大体上有下述几种类型：①自然崇拜，包括天崇拜、地崇拜、水崇拜、石崇拜、山崇拜、火崇拜、日月崇拜、风崇拜、树崇拜、鬼魂崇拜。②图腾崇拜，包括龙（鱼）图腾崇拜、鸟图腾崇拜、狗图腾崇拜、牛图腾崇拜、猫图腾崇拜。③植物图腾崇拜，包括葫芦瓜图腾崇拜、木棉、芭蕉、番薯图腾崇拜、竹崇拜。④祖先崇拜，包括祖先鬼崇拜、"石祖"作为祖先和生殖力的象征崇拜等等。总而言之，黎族人民信仰最为显著的特点是万物有神论。他们相信，世界上的万物，包括动植物，它们都是有神的。基于这样的信仰，他们尊重自然，维护自然生态，保持人与自然的和谐相处。也是基于这样的信仰，他们在人与人的关系、本民族与相关民族的相互关系中同样保持和谐相处，和善对待。

上文所论是为哲学思想，下文所述为文化特点。

黎族文化特点，如果就一般意义上的概括，可以分为下述几点。①从传承渊源上看，黎族文化是百越文化传统在黎族地区的体现。因为黎族的族源可以追溯到今江浙地区的古越人，首先是饮食文化方面的稻作文化。考古发现的距今7000年左右的河姆渡文化的稻作为中国南岛语族的始祖族群的文化，百越族于此加以继承，海南的稻作是这种文化的延续。②从远古各民族的相互交流看，东南亚地区的大范围，包括海南岛，都有相同文化的表现，诸如居屋文化方面干栏式居住文化等。③美学特征方面，黎族有自身在特定自然条件下，诞生出富有民族特色的美学意识，诸如色彩、造型、形状、结构、图案、纹样、节奏、旋律等都有标志性的特征。诸如此类，还可以举出许多。但这些概括，不足以表明黎族文化最为明显的亮点。

下面试以黎族织锦文化、树皮布石拍文化、文身文化、烧土陶的工艺文化为典型，挖掘出黎族的民族个性，展示出黎族最具代表性的文化特色。希望通过这几种特殊的文化，展示出黎族的民族文化亮点、特点和发展过程中的关键点。

一、织锦文化

织锦，据联合国教科文组织2009年10月1日宣布将这项遗产列入《急需保护的非物质文化遗产名录》时所指出的，准确的名称是“中国黎族传统纺、染、织、绣技艺”。我们据惯称作“黎锦”。

有文字记载的黎锦，始于战国时期的《尚书》，其中《禹贡》篇说：“岛夷卉服，厥篚织贝。”“岛夷”指海南岛黎族先民，“织贝”是有文彩的棉织品。以后，汉武帝末年（前87）珠崖太守孙幸，调广幅布贡献，这说明当时海南岛的织品十分丰富。宋代范成大《桂海虞衡志》、周去非《岭外代答》、方勺《泊宅编》、赵汝适《诸蕃志》等史志中多有关于黎族织锦的记载，这些足以说明黎锦文化的深厚意蕴。

纺

纺

染

染

织

绣

黎锦的制作工艺、所用原材料以及五种方言图样等，都蕴涵着丰富的文化意义。而堪称中国纺织文化上“活化石”的黎锦，它最大的特点是始终未脱离黎族特殊的生活、生产方式，保持着原材料的原生态、纺织过程的全手工操作、产品以自用和馈赠为主等民族个性和民族生活方式。我们从文化特点的角度来考察，黎锦是一项口传心授的技能与艺术，它是以口传心授为载体的非物质文化的艺术传承。黎锦制作中的纺、染、织、绣，是黎族妇女必须具备的一项基本技能，从小跟母亲习艺，出嫁时穿着自己织就的嫁衣到新郎家，说明新娘心灵手巧，会受到大家的尊重。这是母女相传的个性文化创造。它作为文化传承的特点是：

（1）传承的方式是从上一代人传承给下一代人，从一个人传承给另一个人。当母亲向女儿传承技艺的时候，不仅“口传”，而且更重要的是“心授”；在传授的过程中，不单纯是技术的训练，更是母女之间心灵的文化沟通。她们在互相切磋中令下一代懂得黎锦图案中所表示的生活内容，了解其中所蕴涵的民族理想，教育下一代理解做人的道理，彼此在技艺创造中产生心灵的共鸣。这当中将民族文化的老传统和新经验、新创造，都体现在这项纺织技术中。

（2）因为代代相传的个体创造，黎族的妇女们，按照自己的文化习俗，可以为自己织造礼服，通过这种方式，带着自己的个性参与到村寨的集体活动中。黎锦所强调的不是这些物质层面的载体，而是蕴藏在这些物化形式背后的文化和精湛技艺、独到的思维方式、丰富的精神蕴涵等非物质形态的内容。我们进一步以黎锦为例来看，黎锦是物，它不是非物质文化遗产；织黎锦者是人，也不是非物质文化遗产。只有织锦过程的纺、染、织、绣，才是非物质文化遗产的本体。所以联合国所批准的世界遗产是：中国黎族传统的纺、染、织、绣技艺。作为传统技艺的织造物黎锦，主要将黎族人民的生产方式和生活方式，通过黎锦的物化形式呈现出来。这是一种不断运动着的活态的文化存在，并主要是依赖传承人口传心授的方式传承，是一种“活态文化遗产”。所以，黎锦是黎族人民个性的充分施展与表现，他们代表了一代又一代积淀的信仰、知识和智慧——没有文字的记录。所体现出来的思想、情感、意识、价值观都是民族特性的重要标志，其中蕴涵了特定民族的独特智慧和宝贵的精神财富。

（3）这种织物完全体现着黎族妇女的个人自主权，可以互相交换或赠予，直至死后可以用来覆盖棺木；织品的社会影响与社会责任，完全由个人承担；这里面体现了黎族妇女的思想感情自由表达而毫无限制，是充分的思想与言论自由，是黎族人权主动性的完全包容。基于黎锦是黎族妇女个人的创造，由此集合着千百万人的思想感情的结晶，因此人们认同黎锦是黎族文化的灵魂。

所以我们说，黎锦这个活态文化充分体现了黎族文化特征中的亮点。

二、树皮布石拍文化

树皮布在《史记》中已经有记载。《史记·货殖列传》说的“榻布”即是指树皮布。可见，树皮布在中国传承了好几千年。至于海南黎族的树皮布文化，《山海经》中说“生黎绩木皮为布”。以后史志中记载很多。传到今天，有国家级树皮布传承人的确定。

2010 年 6 月 22 日，笔者随同一电视台摄制组到海南省保亭县三道镇，找到了国家非物质文化遗产传承人黄运英家，他住在深山上的山寮里。他带领大家上山到预先选好的一棵见血封喉树前，然后开始选择作为制作树皮布的树干，老人还为此搬来了竹梯子，架在树干上开始测量，然后按步骤制作。

箭毒树

黄运英老人带领笔者进山寻找制作树皮布的树种。

黄运英老人找来一支木棍作为测量树皮布的尺子。

黄运英老人找来梯子从树上找出最好的剥树皮的位置。

黄运英从树上剥开一段树皮。

而后黄运英又采取了截断树干剥皮的方法制作树皮布。

黄运英将剥开的树皮放在山谷溪边的石头上，用木拍进行拍打，直到把树皮拍松为止。

制作完成的树皮布。

海南省有好几个县都有制作树皮布的人。不同地方制作树皮布、树皮衣的程序基本上是一致的：①预先找到要制作树皮布的树种，测量好树皮长度；②量好所需尺寸，用刀在树干上下划两道横线，然后在树干周围不断用木棒大力拍打，等到树皮松软，声音浑厚，认为树皮已拍打得比较柔软、皮与树干已初步分离时，再用刀在两头的横线之间划一道直线，然后用削尖的木棍把树皮慢慢剥开，不一会儿工夫，树皮就被撬开剥下来，成为一张鲜树皮；③把这张树皮搬回村里，运到流水的平滑石头上，在水里用木棍不断拍打，等到主观觉得树皮已经相当柔软，再搬回村里长凳上继续拍打，直到柔软程度达到制作衣服的程度为止；④拍打的树皮柔软后，就根据需要比划制作树皮布或树皮帽、腰带、包阴布等不同用品。

古代的树皮布是怎样制作的？如果用木质棍拍打，木质棍很快会腐朽，无法确认。现在遗存的石制树皮布拍打棒称为石拍或石棒，可以作为古代树皮布存在的证据。在海南黎区昌江、陵水、白沙等地的博物馆里，有好几件石拍藏品，如昌江黎族自治县洪玛坡遗址发现新石器时代的石拍。此石拍应为制树皮布的石拍。

用石拍做树皮布，黎族人民传承了几千年。我们从中可以概括出树皮布石拍文化的文化意义是：

（1）证明海南岛黎族是一个很能在自己的实践中总结经验的高智慧的民族。

也即是上文从哲学上说的对自身处理驾驭外部世界的认识和实践活动的成果进行反思。海南岛是个热带、亚热带岛屿，雨量丰沛，植被丰富多彩，树木多种多样；那么多树木中到底什么树的皮做树皮布最为理想？笔者先后访问过三位树皮布制作人。第一位是 2003 年 10 月 2 日访问的昌江黎族自治县七差镇机告村的符亚劳；第二位是 2004 年 12 月 23 日访问的白沙黎族自治县元门乡元门村委会道顺村的王政记；第三位是 2010 年 6 月 22 日访问的保亭黎族苗族自治县三道镇首弓村委会什定村的黄运英。上面介绍的这三位传承人制作树皮布，所选的树种不同。前面说过，黄运英所选的箭毒树最为理想。前两位选的是构树，因为构树的树皮中含有一种特殊物质叫“鞣质”，经工业提取后可用作制皮革的原料；但在树皮布制作中鞣质不溶于水，石拍拍打可以松软，但泡水后树皮纤维变得坚硬，所以制出的衣料不柔软舒坦。箭毒树树皮中含有乳白色剧毒液体，这种液体虽毒，但溶于水，故浸泡十数天后溶解于水，拍打后纤维松软，不坚硬，制品手感柔软，故比较理想。

黄运英被选定为国家级树皮布制作传承人，他所传承的，不仅是一种技艺，更重要的是一种文化，一种前人不断摸索总结的经验，这种经验包含着丰富的文化价值。

（2）可以据此推测出黎族在海南岛生息繁衍超过5000年。

三亚落笔洞遗址经考古发掘清理，通过14C年代测定，该文化遗存至今约为10000年，是海南迄今为止所知时代最早的一处人类活动文化遗存，通常称“三亚人”。据《史记·赵世家》中记载的珠崖、儋耳的“瓯人”“翦发文身，错臂左衽”来看，黎族生存在岛上起码有2000多年。那么，2000多年以前，即距今3000年至10000年之间，“三亚人”的生存状况如何？灭绝、迁徙还是留在岛上？黎族果真是距今2000多年前才迁入的？这其中有7000年的文化空白。显然是不可能的。

树皮布石拍的研究成果，给我们连接这段历史提供了可能。我们可以据此作出一些推测。环珠江口大湾文化所发现距今6000多年的石拍，是东亚、太平洋岛屿以至中美洲树皮布文化系列中最古老的代表。这样一来，或许可以推测，海南岛的树皮布石拍的存在，是在珠江口的距今6000年的与云南白羊村石拍、越南北部冯原石拍之间，即距今5000～6000年左右。

（3）为研究海南、台湾两岛少数民族的族源共同性提供了有力的证据。

有关海南岛黎族聚居地独有的树皮布石拍的记录已经很明确。至于台湾少数民族聚居地树皮布石拍记录，台湾中央研究院凌纯声教授的《树皮布印文陶与造纸印刷术发明》以及凌曼立的《台湾与环太平洋的树皮布文化》（台湾中央研究民族学研究所专刊之三，1963年），作了比较充分的记录和论述。凌曼立说：“树皮布文化是环太平洋区的古文化物质之一，亦即是中国古代的榻布和蔬布，且与中国发明造纸术有直接关系。”在文章中，她指出了古文献上对台湾岛上的树皮布石拍的记载，与海南岛相联系，可以从文化上论证海南岛黎族和台湾高山族在族源上的共同性。

（4）海南黎族树皮布石拍文化，还从文化学的意义上为我们提供了对中国古代诗歌中“捣衣”主题的理解。

在中国古代诗歌中有大量的“捣衣”咏叹。魏晋南北朝时期，晋代曹毗《夜听捣衣》中有“朗杵叩鸣砧”的捣衣，唐诗中如杜甫的《捣衣》、刘长卿的《月下听砧证》、杜荀鹤的《秋夜闻砧》等所说的捣衣，都不是洗衣，而是在做冬季棉衣时捣衣料，这可以纠正此前读“捣衣”诗时误认为是洗衣。捣衣石都是祖辈传下来的，经多年使用，平整光亮。将衣料铺平、折叠，放在捣衣石上用棒槌敲打。捣过的旧衣料不仅整旧如新，且耐脏。

(5) 黎族树皮布石拍文化，除了上述的文化史意义以外，还提示了今人用桑树皮做纤维服装。

关于这一点，2003 年 7 月 9 日《羊城晚报》载，一直被当成柴烧的桑树枯枝和树皮，也能做靓丽的时装。桑树皮纤维服装，这可能是受远古树皮布的启发，原料为桑树皮，与古人一样。

三、文身文化

黎族妇女文身在历史上存在了几千年，而且是整个黎族群体共同的文化现象。黎族方言分哈方言、杞方言、润方言、美孚方言、赛方言五种，各方言之间语言常不相通，其间的差异不容易被认知和了解。就是同一方言内因土语不一样，彼此也难沟通；文身的纹素也不一样。目前，赛方言的文身现象已经完全消失，其他四个方言老年妇女的文身，在黎区的荒山野岭间仍然存在。

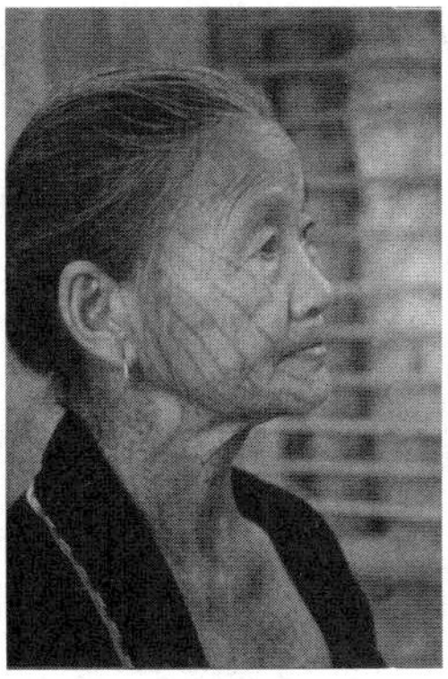

脸纹及胸纹

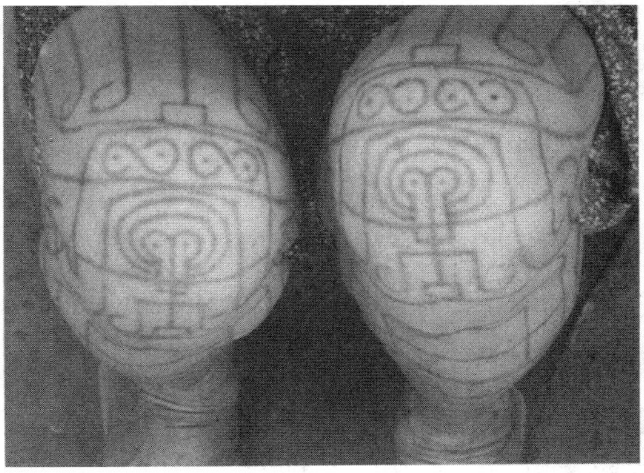

脚纹

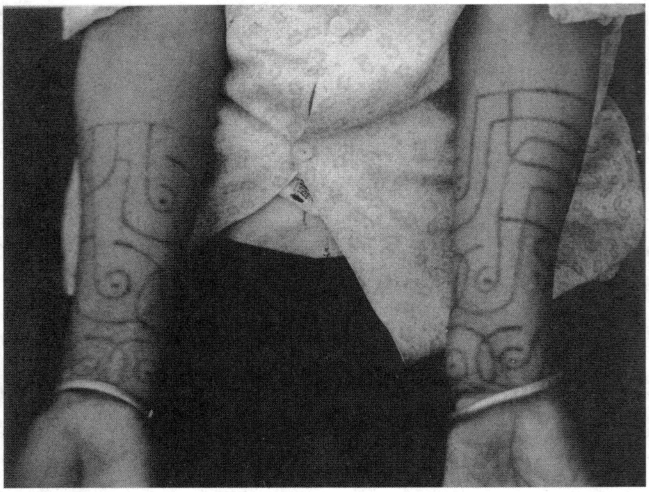

手纹

黎族的女性为什么会坚持数千年保留这种习俗呢？回答这个问题也是说明黎族女性文身的社会功能。

历来在黎族老百姓的传说和汉族研究者的记载中，关于文身的起因，有种种不同的说法，诸如：①氏族族群的标志；②文身是姑娘成年的标志，也是少女对美的追求；③可求福避邪；④文身美丽的花纹，表示个人身份的高贵等等。

但是，据我们研究，这些说法都不是问题的根本所在。

笔者认为，文身的社会功能，也正是本课题所研究的文身文化的历史意义才是黎族女性甚至是黎族社会坚持保留数千年文身习俗的根本所在。

恩格斯在《家庭私有制和国家起源》序言里所说的道理是问题的根据。1884 年第 1 版序言中指出："根据唯物主义观点，历史中决定性因素，归根结底是直接生活的生产和再生产。但是，生产本身又有两种，一方面是生活资料即食物、衣服、住房以及为此必需的工具的生产；另一方面是人自身的生产，即种的繁衍。"黎族也与其他民族一样，经历过蒙昧时代、野蛮时代和文明时代。远古的时候，母权制氏族是当时整个社会的轴心，一个部落里面，都依女系即从母亲到母亲来计算，母系是唯一有效的，最早的婚姻，是通过部落内部血亲婚配的形式来完成的。这种血亲婚配，即是摩尔根在《古代社会》中说的家族的原始状态，"那时部落内部盛行毫无限制的性关系，因此，每个女子属于每个男子，同样，每个男子也属于每个女子”。在这种血亲婚配下生产的第二代、第三代，多有畸形。经过无数代付出的沉重代价之后，黎族先人们意识到近亲繁殖的危害，于是对部落内部的女子跟部落外部的女子的血缘加以区别，以避免血亲婚配。这种区别最有效的办法是“及笄”即开始为有生育能力的女性文身。而文身首先在一个大部落内部，将属于不同母系的血缘亲属集团，所有处于发育期的女性，都按照她母亲的图案文身，并在氏族内部严格禁止相同血缘通婚，即某一氏族的男子，必须在氏族以外娶妻，也就是要娶跟自己母亲文上不同图形的文身女子。当然，最好是与更远的部落或氏族通婚。这即是弗洛伊德（1856—1939）在《图腾与禁忌》中说的，在原始民族中普遍实行的族外婚制，虽然原始民族并没有像我们一样的道德观念，但都严厉防止近亲婚配，有对乱伦的畏惧。这样一来，文身是避免血亲性关系的最有效的办法，而这也是黎族族群得以世代健康地繁衍的根本保证。

在黎区，许多文身老太太都说自己与母亲有相同的文身花样，相同母系的男子不能与她谈婚论嫁。这一约定俗成的习俗，黎族世世代代沿袭至今，古老习俗所包含的道理在黎族族群中十分明白。因为黎族族群生活在群山峻岭中，人与人之间相隔距离较远，而且因生活资料不足等原因，族群经常迁徙，所以用文身纹样来识别血缘关系，保证了本民族的健康繁殖。

这一点，使文身文化在黎族文化史上占有重要的地位。

四、烧土陶的工艺文化

制陶工艺，在黎族传承了几千年。宋赵汝适《诸蕃志》“海南”条云：“按《隋志》谓：‘（黎族）人性轻悍，椎髻卉裳，刻木为符，力穑朴野，父子别业……着缌缏以土为釜，瓠匏为器……’。”清顾炎武《天下郡国利病书·广东下》里的记载：“妇女绣面，服缌缏，织木皮为布，陶土为釜。”自古以来，黎族日常所用的器皿是“以土为釜”、“陶土为釜”，这种用原始工艺制作陶器，是黎族的家庭副业。

制作土陶胚胎

准备烧土陶的木柴

即将火烧的土陶胚胎

钻木取火

烧土陶

从火堆中取出土陶

制陶是黎族的传统工艺，从挖土到制陶坯、烧陶，都由妇女操作，男子不得介入。而妇女对于制陶，像黎族妇女织黎锦一样，无师自通。黎族的姑娘，从小看奶奶、妈妈制陶，久而久之，看在眼里，学在心里，她们长大了，出嫁了，也成了制陶能手。勤劳而智慧的黎家妇女，没有哪位不懂得这门手艺的，这是祖祖辈辈传下来的。

烧制好的土陶成品

联系到近年来海南考古新发现的古代土陶器皿的遗存，印证了黎族手工制陶的传统工艺。据《海南省近五十年文物考古工作概述》一文叙述，海南在新石器时代早期，在东方、乐东等市县，发现陶器均为手制夹砂粗陶，灰褐色为主，未见泥质陶，器类单一，器形仅有圜底罐和圜底釜，均敞口、鼓腹。到新石器中期，陵水、定安等地也有夹沙粗陶，器类明显增加，器形有罐、釜、钵、盆等。新石器晚期出土的土陶制品则更多。由此推测，今天黎族人民烧制土陶器皿的工艺至少是从新石器中期开始流传至今，至少也有数千年。

这种工艺，是一种传统，一直是露天，不用窑，烧出来的陶器趁热用一种特有的树皮浸制的液体立刻浇洒在器皿上，令成品坚硬而且有色泽。这种工艺的文化含量相当高且实用。

总而言之，笔者希望以黎族的哲学思想为内核，展现出黎族复杂多样的生活方式、文化特色及精神世界。

黎族创世神话的精神生态思想

常如瑜
（海南大学人文传播学院）

精神生态一词是近年来兴起的生态文学批评中的重要范畴①，它关注的是文学艺术中的生态思想，尤其是文学作品中人与自然的相互关系。民族神话作品中人与自然的相互作用、民族精神同自然精神之间的内在关系也是精神生态关注的重要内容。

在大量的神话传说和神话故事中，创世神话具有独特的价值和意义，有助于理解一个民族的精神和文化品格。对创世神话的研究是人类学、民俗学研究的重要方面。创世神话暗示一个民族对世界和自然起源的最初认识，它往往以“矫饰”的方式委婉地表达这一民族群体的原始记忆，并在历史中以渐序的方式类聚和加深，最终成为该民族集体精神中固有的、难以撼动的基石。

有些民族的创世神话中甚至包含了这个民族最基本的世界观。这些创世神话既反映了一个民族对自然的理解和体验，也蕴涵着该民族集体精神中自然和生态的内在序位。对于黎族来说，创世神话不仅能够鲜明地体现出本民族的特性和精神，从生态批评的角度分析，这些神话还具有丰富的精神生态思想。自然在黎族精神和集体心灵的形成过程中具有深刻的作用；自然与黎人祖先的最初关系被刻写在数量有限的创世神话中。这些神话虽然随着历史的发展而逐渐演变，但其基本结构和内容却保持着某种内

---

① 鲁枢元：《生态批评的空间》，华东师范大学出版社，2006 年。在《生态批评的空间》一书中，鲁枢元先生整合了生态批评的一系列范畴，其中包括精神生态、生态位等，这些范畴的建构对于生态批评而言具有非常重要的意义。此外，朱鹏杰在《中国“精神生态”研究二十年》（《天津师范大学学报》2010 年第 5 期）中，对“精神生态”一词进行了较为细致的历史的梳理，厘清了“精神生态”作为生态批评中一个重要范畴的产生、发展以及演变的过程。

在的一致性。神话的结构象征原始初民同自然之间的互动，神话的内容则隐匿着民族集体无意识精神中最为神秘、深刻的部分。

一、黎族的创世神话及其特征

黎族的创世神话同内陆多个民族的创世神话之间具有很大的相似性。在主要内容上，部分黎族创世神话几乎是中原创世神话的变体。在基本精神上，黎族的创世神话也延续了华夏民族对自然的体悟。

例如，黎族最著名的创世神话之一——"大力神"的故事。这则创世神话描绘了一个叫做"大力神"的人，他具有惊天的伟力，不仅为黎人先民开拓了完整的天地，而且为黎人创制了赖以生存的现实世界。他以自己的身体开创了黎人在自然中的生存序位：

"古时天地相距很近，天上有七个太阳和月亮，人类深受其苦，难以为生。有个叫大力神的人，在一夜之间把天拱上高空，第二天又做了一张很大很大的弓箭，把太阳和月亮各射下了六个，为民除了害。"①

在神话的开头，叙述者便设置了一个类似于盘古开天地的叙述模式。甚或可以说，作为中原民族神话中最为古老的创始者之一，盘古成为神话叙事者参照的原型意象，在黎族的创世神话中被赋予了"大力神"的"新"名称。盘古所具有的力大无穷、顶天立地的形象在黎人的创世神话里也得以保留。"大力神"更像是一个黎族版的盘古，他为黎人将天地分开，使黎族人从此可以不再受天地的挤压。因此，"大力神"可以被认为是黎族精神文化中的创世之神，作为一个民族的创始者，"大力神"具有始祖的地位和意义。

在神话中，"大力神"也可以被视作黎族最早的英雄，或者可以被认为是一个具有半人半神性质的形象。因为在神话中，他被视作是"人"，而又兼具神的特性。他又具有神话传说当中英雄形象的一般特征。如同赫西俄德《神谱》中所记述的神的诞生故事那样，"大力神"既具有神性，

① 王学萍：《中国黎族》，民族出版社，2004年，第412页。

又具有同自然相沟通、幻化的潜能，他跟自然之间保持着某种内在的、不可分离的联系。如果以原型分析的方式对其进行还原的话，“大力神”也可以被视作所谓蒙昧时代的领袖，他引领黎族的祖先们为实现其存在价值和种族延续而抗争，他的英雄创举更是充分地表现于黎族诞生初期只身为群体争取生存序位的献身精神。

但是，作为神话的主角，“大力神”还拥有一般英雄所不具备的神力和地位，在他身上既体现着超越群氓的特征，也表现出原始始祖的光辉：

一方面，与《荷马史诗》等一些早期经典的口头传唱文学中塑造的英雄人物相比，“大力神”几乎是完美无瑕的，他具有较为单面的人物形象，他的使命也非常单一，即完成创造世界的任务。“大力神”神话中的创世过程虽然区别于《圣经》中上帝创造世界的“七天”，但是他的象征意义却同后者具有很大的相似性。“大力神”并不完全等同于上帝，他不是一神论宗教中唯一、全知全能、化生万物而不被万物所累的存在；相反，他的生命是有限的，他是可朽的，他存在的前提是自然和整个世界，他并非高居于万物之上，而是从属于自然之中。因此，他必须依托于自然，他的生命也附属于自然的万象和变化之中，既有开始也有终结，他的生命形式本身同本民族的其他人是一样的。但是，在功能意义上，他又具有独特性，具有上帝或神的某种功能性，他必须承担其庇护民族的使命。在万物有灵论的原始思维影响下，“大力神”带有强烈的原始色彩，他身上体现着非常鲜明的原始宗教的痕迹。

“大力神”神话中的世界是原本存在着的，“大力神”需要做的只是在这个先天存在着的自然中为人类开辟生存空间，这也是创世神话的基本目的——为人类自身寻找存在的最初依据。从这一点来看，“大力神”神话在性质上跟所有创世神话、宗教典籍中描绘的世界与人类的起源是相近的。正因如此，“大力神”具有其他英雄所不具备的地位。他是所有人类英雄或半人半神英雄的始祖，所有后世的英雄都依附于他的终极神力。他是介于全能之神和人类英雄之间的存在，兼具两者的特征。

另一方面，从“大力神”故事的原型来看，“大力神”这一形象是黎族人对其所处的华夏民族创世神话“盘古开天地”中盘古的复刻，“大力神”的形象符合茅盾所说的某种混合的共性特征：“我们现有的神话是北、中、南三部民族的神话的混合物，所以我们的片段的开辟神话也是混合品。”[①] 但是，黎族的“大力神”并非是对盘古的照搬照抄，他被赋予了很多新的神力和象征意义。在这则神话中，“大力神”除了开辟天地之外，还具有盘古以外的法力。他能够像后羿那样，在打开天地之后，又将天地之间多余的太阳和月亮全都射下来。这些是盘古神话中不具备的元素。“大力神”就像是上帝那样，不仅要完成建造一个生存空间的使命，而且要为这个世界上存在的人开辟一个能够无限延续的世界。

“大力神”更像是一个由众多半人半神英雄结合在一起的联合体，他肩负着众多英雄的使命。他不仅要创造世界，而且要创造一个适于生存的世界。他必须能够保证种族的生存和延续。在这个过程中，“大力神”不能够休息，他必须竭尽所能地完成所有的工作。当然，这也是导致他最后未能享受到自己所创造成果的原因。过于繁重的工作和极端的使命，让他的精神不朽，让他的身体成为自然的组成部分。“大力神”以惊人的毅力和无私的奉献成就了黎族先民的幸福，并且也让自己的故事成为这个民族集体记忆的基石。

由此可见，通过“大力神”这则神话，黎族人将他们对世界的基本看法和对自然的理解以玄幻和极富想象力的方式表现得淋漓尽致。从某种意义上来说，“大力神”的故事实际上象征了黎族对自我起源的某种粉饰，其特征也带有强烈的浪漫主义色彩。“大力神”的故事既包含了黎族先民对世界的探索，也标示着黎族对自然的基本认识。

二、黎族创世神话中的“生态位”

在生态批评中，“生态位”是分析神话和文学作品的一个重要标尺。

---

① 茅盾：《中国神化研究初探》，江苏文艺出版社，2009 年，第 41 页。在此之前的章节中，茅盾曾对中国神话作出这样的结论：“现存的中国神话只是全体中之小部，而且片段不复成系统；然此片段的材料亦非一地所产生，如上说，可分为北、中、南三部；或者此北、中、南三部的神话本来都是很美丽伟大，各自成为独立的系统，但不幸均以各种原因而歇灭，至今三者都存了断片，并且三者合起来而成的中国神话也还是不成系统，只是片段而已。”（参见《中国神化研究初探》，第 16 页）就茅盾的看法来说，中国现存神话，无论在内容还是形式上，都有着非常多的共性，这些共性也可以被视作是神话的内在普遍性特质，即集体精神层面的内在一致性。

“生态位”是指示生态系统及其内在序位的基本概念。黎族的创世神话既具有创世神话的一般特征，也具有独特的个性。黎族创世神话的独特性反映在不同生态位所具有的特性等方面。

就创世神话“大力神”这一具体例证来看，作为开天辟地的始祖，“大力神”为黎族人在自然中创设了独特的生态序位。他不仅为黎民开拓了最初的天地，而且成为沟通自然和黎族人之间的桥梁。他被赋予裁夺人在自然和整个生态系统中序位的权利。他采取了神话中常见的方式来行使他的权利——他以浪漫主义的、极富想象力的方式创造了一个完整的、相互联系的生态序位，在这个生态序位中，万物的诞生都有着独特的起源：

> 那时，大地一片平坦，“大力神”用七彩虹作扁担，从海边挑来大量沙土造山垒岭，继而又用脚踢出深溪大河，而“大力神”洒下的汗水，则成了奔腾不息的河水。①

创世神话中，万物的起源以某种极富想象力的方式得以表现。它在流传的过程中又得到不断修饰和加强，成为令人着迷却难以琢磨的幻象。无论是大地、海洋、山岭还是大河、河水，都安于各自的序位。根据创世神话的这些基本元素来看，每一种自然物的出现无不源于“大力神”，自然物与“大力神”之间的关系非常密切，这也在一定程度上强化了人与自然的关系。

“大力神”具有父性主宰者或者父性超我的能力，他可以被视作创世之父。这也是大多数创世神话中呈现出的一般特性，即所谓的“创世父神”：

> 在神话中，第一个和最后一个创造性行为通常归属于男性，即宇宙之父。男性被认为是生命、觉悟和思想的起始点，第一推动力和第一朵火花。正是宇宙之父变混乱为秩序，变大地为沃土，使大地受孕结果；然后才有女性来担负怀孕和养育婴儿这类事。即使在有生育力的女神占统治地位的古老的多神制度之下，在女神之前也常常有一个男性作为创造神。②

---

① 王学萍：《中国黎族》，民族出版社，2004 年，第 412 页。

② ［美］阿瑟·科尔曼、莉比·科尔曼著，刘文成、王军译：《父亲：神话与角色的变换》，东方出版社，1998 年，第 2 页。

在“大力神”神话中，“大力神”本身也具有某种潜在的、赋予民族以希望和生命的象征意义，他的汗水化作河水也隐喻了生命诞生的最初形式。这既符合男神创世时所应承当的义务，同时也是构建精神生态序位的基础。“大力神”不仅占据着民族首席英雄和始祖的地位，而且能够左右、甚至深刻改变自然万物的形成和变化。他超越民族内部的其他成员，能够与天地相沟通。他的存在可以被视作黎人生命的始点，在他打开天地之前，黎人的生存是难以维系的。虽然在“大力神”开天辟地之前，黎族就已经存在了，而且民族的存在是神话的基本前提，但是，在“大力神”神话的光辉之下，这一前提被掩盖起来，退居于“大力神”的高大形象之后。正如有的学者所分析的那样，“从哲学角度看，创世神话又是原始先民们宇宙观的最具体、最生动的体现”①。与之类似，黎族的创世神话极力渲染了这样的观点：“大力神”的存亡决定了整个民族的前途，也决定了自然的生息和繁衍。

“大力神”无疑是自然和人之间关系的中心，他的作用更多地体现在精神层面。“大力神”在实践层面上并非是真实的，但是却在精神领域享有至高无上的地位，他具有高度的抽象意义。黎族的“大力神”神话虽然并没有像一些创世神话那样，提到创始者与人的繁衍之间的内在联系②，但是却以暗示的方式保证了人类对自我存在价值的实现。因此，“大力神”创世神话中的山川、河流都具有各自的象征意义，“大力神”身体的每一部分也都具有与之对应的象征性。象征性的组合和变化构成了“大力神”

① 陶阳、牟钟秀：《中国创世神话》，上海人民出版社，2006 年，第 5 页。从某种意义上来说，创世神话是神话和种族历史起源的象征，创世神话所代表的观点具有深刻的哲学意义，它包含了一个民族哲学的基本观点和原始的思维逻辑，尤其是对自然和宇宙的朴素认识。这些观点对于一个民族的精神和性格的形成具有非常重要的作用，而且也凝聚了一个民族对自然和宇宙的根深蒂固的认识，反映了该民族集体心理和集体精神的重要方面。

② ［美］阿瑟·科尔曼、莉比·科尔曼著，刘文成、王军译：《父亲：神话与角色的变换》，东方出版社，1998 年。科尔曼认为，男性创世神同种族的繁衍之间具有非常密切的关系，有些时候，男性神在完成其创始任务之后，会脱离本应承担的基本的生育功能以及与此相应的家庭责任，或以某种委婉的方式避免提及在创世之外的其他功能性价值。这一点在黎族的创世神话“大力神”中表现得尤为突出。但是，这并不意味着“大力神”不具备直接生育后代的责任，他在这些方面的功能似乎在神话的叙述中被略去了。目的应当是为了更加突出其主旨，即创造世界的光辉历史。

与自然之间的相互作用。自然在某种程度上听命于大力神的伟力，而“大力神”又必须遵循自然规律，即使他在某些方面能够超越自然力，并对自然力产生不可逆的作用。但是，“大力神”也必须要面对死亡这一自然规律，他无法在终极意义上完成对自然的真正超越——获得永生。但这并非是一种缺陷，相反，它是“大力神”能够实现其功能意义的重要标志。他因为具有无法永生的遗憾，才能够与黎人的先民保持一致，他才能够真正体现黎族祖先的需求，当然，这种需求更多地建立在精神和集体心理的基础上。

尤其是在自然、人与创世神所组成的生态序位当中，“大力神”更像是一个枢纽，他成就了人与自然相处的精神轨迹。他指导黎人如何在自然中面对自身和万物，也赋予自然变幻以及黎人先民淳朴、原始的意愿。在黎人的集体潜意识中，“大力神”是协调黎人与自然的唯一精神寄托。在黎人先民眼中，自然的最初状态是严酷的，甚至充满了恐怖，他们的生活处处盈溢着痛苦。因此，黎人在内心深处希望找到一种精神上的平衡，以期消解在自然实践过程中的苦难。“大力神”对于黎人而言包含着双重意义：一方面，他是具有原型象征意义的形象，如果将其还原，必定能够在黎族的发展史上复现某个或某些民族领袖的现实历史；另一方面，他在精神上对黎人的作用更为重要，他几乎是黎人精神信仰的对象，在某种潜在的方面，“大力神”平抚了黎人内心的忧虑，甚至于较深的层次扭转，并确立了黎人对自然的基本态度。

因此，黎族“大力神”神话实质上创制了一个由多个生态位组成的生态系统。在这个简单的系统中，“大力神”是自然和人的中心，他决定了自然的变化和黎人的生存以及黎人的精神存在状态。黎人与自然之间是相互依存的，他们之间的关系在“大力神”的作用下从紧张对立走向融洽，在黎人心中留下的印象自然也在“大力神”死后有了根本性的转变，因为此时的自然不仅是“大力神”身体的一部分，而且是“大力神”精神的外在显现。

三、黎族创世神话的精神生态系统

黎人、“大力神”以及自然组成了创世神话的三个基本要素，共同构建了一个相互作用、相互影响而又相互依存的生态体系。人和自然在这个系统中处于平等的地位，而创世者则是维系黎人与自然的纽带。

在这个复杂的生态系统中，精神占据了最为核心的地位。如上所述，围绕着“大力神”这个中心，黎族的创世神话构筑了一个相对完整的生态体系。他不仅开拓了适于黎人生存的自然空间和生态序位，而且铸造了一些最基本的自然元素：河流、山川等。正是这些元素及其相互关系，以互动的循环模式构成了黎族原始先民眼中的自然生态系统。

当然，“大力神”神话也有将自然人格化的某种隐喻：“在人类蒙昧时期，黎族的先民在万物有灵论的观念支配下，通过天真奇幻的想象，对世界的生成作了浪漫的解说，把一切的自然力都人格化了。”① 但是，将自然人格化只反映了创世神话所构建的人与自然之间关系的一个方面，更重要的还在于精神层面，或者说集体无意识精神深处的某种具有集体性的、民族性的持久、恒定的精神。

事实上，在心理层面，创世神话的创作过程同一般作品的创作过程是具有一致性的，神话的创作同一般的文学作品之间也具有类似的相关性。正如著名的人类学学者博厄斯所说：“我们不可只把艺术家当作一个单独的创作者来研究，还要注重他对生活于其中的文化的反应和同事们对他的作品的反应。”② 以此来看，创世神话的创作本身就具有精神性。而且，创世神话本身超越了个体写作的范畴，它更多地反映了某个民族集体对自然的感悟，同时，该民族文化的基本层面也在此类精神体验中得以生发。

例如，“大力神”在临死的前一刻，还在担心天会塌下来，将自己的一切成就化为乌有，并给自己庇佑的民族带来灾难。所以他在最后的时刻还完成了一件令人感动的壮举：他用自己的手臂把天空撑起来，并以此永久地撑起整个天界。③ 他在生命的整个过程中都折射出大无畏的牺牲精神和彻底的奉献精神，他的所作所为完全符合《金枝》中描绘的部族首领应具有的品格和素质。他的生命从开天辟地的那一刻起就不再属于自己，而是属于整个部族以及部族所处的自然生态系统。在精神层面上，“大力神”

① 王学萍：《中国黎族》，民族出版社，2004 年，第 412 页。

② ［美］弗朗兹·博厄斯著，刘莎、谭晓勤、张卓宏译：《人类学与现代生活》，华夏出版社，1999 年，第 5 页。

③ 甘奇：《黎族神话初探》，载于陈文、李亚琼：《海南多元历史文化的交融与发展》，海南出版公司，2011 年。

所具有的奉献精神是黎族集体精神中不可或缺的组成部分，他真实地刻画出一个民族品质的独特个性和本真方面。

精神层面的意义丰富了“大力神”所具有的极其重要的外在价值，他作为创世父神的形象载体，对于整个自然和早期黎族人的生存系统具有重要的社会意义：“作为天父的男人是保护人、供养者、分裂者和局外人、领导者和文化的建设者。”① 同样的，在黎人的创世神话中，“大力神”几乎囊括了所有的社会属性、精神属性以及整个自然的生态系统。他无所不能、无所不及，他由万物而生又归于万物。他象征了民族的起源与演变，他凝聚着集体心灵的诉求和追索。在山川河流的伟大空间中，拓展生命的轨迹。他所铸造的完美世界并非是属于神的时空，而是人的精神与自然生态的平衡系统。

“大力神”神话的结局令人感动，黎人对于生的愿望和对创始者的眷恋在这个结局中得到升华，创始者本身也获得了更加稳固的地位，尤其是在精神层面上，他具有可歌可泣的、史诗般的动人魅力；同时也在最后的形态上补足了黎族精神的“生态”结构：“大力神完成了开创世界大业后，便溘然长逝。”②

在历史上，这样的人物往往能够代表一个民族精神最基本的层面。“大力神”弥合了自然与民族集体心灵之间的界限，原本外在于人的自然已经成为民族集体精神中不可分割的部分，自然与人的关系由外在的对抗转变为相互依存、相互补充的存在状态。这更像是一种“内化”的生态系统，它超越了一般意义上的生态序位，构建了黎族先民所创化和依存的精神生态系统。

总之，黎族的“大力神”神话创设了一个内在的、精神层面上的生态系统，这个系统不仅囊括了黎人先民对自然的基本认识和基本观念，而且统摄着人与自然的基本关系。在这个系统中，人和自然不再是相互区别的两极，而是共生共荣的联合体。黎人生活在自然中等同于生活在先人的身体之上，他们在自然中不断感受着祖先的温暖与关爱。

---

① ［美］阿瑟·科尔曼、莉比·科尔曼著，刘文成、王军译：《父亲：神话与角色的变换》，东方出版社，1998 年，第 44 页。

② 王学萍：《中国黎族》，民族出版社，2004 年，第 412 页。

余论

黎族人的创世神话所具有的生态精神和精神生态序位，是黎族神话系统的重要特征。创世神话将文化的个性和品质隐匿于温婉动人的叙述和单纯简朴的结构之中，最终设置了一整套完整的生态系统。这个生态系统的核心和基础是人的精神与自然之间的内在关系。正如诺伊曼对原始时代所作的解释："对于人类历史的心理学研究来说，原始时代就是无意识占优势而意识还很微弱的时期。"① 黎人所处的时代也正是这样一种充斥着无意识与精神的潜在可能性的时期，意识的微弱也促使黎人更加依赖于"大力神"等兼具人与神的双重品格的高度抽象的象征物上，类似的象征意义也赋予"大力神"以合理性。

因而，在集体无意识中，"大力神"具有现实与想象的双重身份，丰沛的想象力掩盖了原始的真实，并且为故事的原型增添了更为复杂的迷雾。以至于后世的阅读者和研究者很难穿透这层迷雾去分析"大力神"的真正形象，只能够通过比较和推测的方式隐约勾勒出黎族先民的最初生活。还有一些类似于创世神话的黎族早期神话传说故事，如"天狗"的神话、洪水的故事、葫芦瓜的故事② 等，这些故事同创世神话之间有着密切的关系，它们大多数反映了黎族祖先在自然中生存的基本经验和在生态系统中对自我序位的探寻。正如在"天狗"神话中，将人的始祖认定为动物，这在很大程度上反映了人对动物和自然的基本观念。

除此之外，早期神话传说所体现的精神生态内涵对于现代人来说也有着非常重要的意义，正如荣格所说，"每一位文明人，不论其意识的进展如何，其心灵深处仍然保有古代人之特性"③。黎族的古代神话传说因而也具有强烈的张力，黎族先民精神也在"大力神"的创世神话中得以传承。对于后世而言，它具有的无限宽广的精神价值和生命意义。尤其是在今天精神困境和精神问题频发的时代，这样的精神生态资源更值得借鉴。

---

① ［德］埃利希·诺伊曼：《大母神——原型分析》，东方出版社，1998 年，第 88 页。

② 王学萍：《中国黎族》，民族出版社，2004 年，第 412～413 页。

③ ［瑞士］荣格著，黄奇铭译：《现代灵魂的自我拯救》，工人出版社，1987 年，第 193 页。

试论黎族原始宗教信仰长期延续的原因及当代属性

林日举
（琼州学院　海南省民族研究基地）

黎族是海南世居民族中人口最多、历史最悠久、开发海南宝岛时间最早、文化最古老的民族。至今人口已发展到1 277 359 人，占海南省总人口的14.73%①，是中华民族十八个人口达到百万以上的民族之一②。

在远古时代，黎族就形成了本民族的宗教信仰——原始宗教。原始宗教是原始氏族社会的宗教，“是精确意义的宗教的最初形态”③，是史前人类主体在对自然客体认知茫然的态势下，为实现自身生存繁衍而进行顽强不息的实践活动的产物。在漫长的历史长河中，尽管黎族不断地虚心学习和接受先进的汉族地区的文化，传入汉族地区的佛教、道教、基督教等人为的宗教，都曾对黎族地区展开攻势，并不同程度地对黎族地区产生过影响。然而长期在黎族地区延续下来并盘踞在广大黎族人民的信仰世界中的宗教信仰形态，仍然是在远古时期形成的原始宗教信仰，这在中华民族文化发展史上不失为一个特例。自 20 世纪 50 年代以来，众多的民族学者通过调查研究，推出了众多的研究成果。然而，这一古老的宗教信仰形式为什么能在黎族地区延续如此之漫长的原因，有关著述未能进行深入的探讨。本文正就此问题进行探讨，并依据长期调查之所得揭示其当代属性。

一、黎族原始宗教信仰长期延续的原因

一个民族的宗教信仰体系之所以与其他民族有着明显的区别，那是因

① 根据《海南 2010 年第六次人口普查主要数据公报》，海南省统计局 2011 年 5 月 10 日。

② 根据 2000 年全国人口普查的结果。

③ 詹石窗、盖建民：《中国宗教通论》，高等教育出版社，2006 年，第 20 页。

为它有着不同于其他民族的生活区域和历史发展过程。黎族之所以至今仍然信仰着本民族在远古时候就已形成的原始宗教，就是因为它有着不同于其他民族的生活领域，有着一部不同于其他民族的传奇历史，有着独特的心路历程。

（1）黎族是一个典型的海岛山居民族，长期生活在自然资源丰富但环境又十分险恶、闭塞的山区，这正是黎族原始宗教信仰长期延续的原因之一。

根据20世纪50年代以来的考古普查揭示，黎族先民作为海南最早的居民，早在距今3000年前就生活在海南岛的广大地区，50年代发现的几乎遍布全岛的130多处的新石器时代中、晚期的文化遗址，就是黎族远古祖先最确切的文化遗址。至于1992年至1993年初在三亚落笔洞发现的处于中石器时代的“三亚人”的文化遗址，2006年在昌化江流域发现的距今2万年的旧石器时代晚期的遗址，至今虽然尚缺乏与黎族先民有渊源关系的直接证据，但笔者以为这无疑都是黎族文化的滥觞。

作为海南岛最早的居民黎族先民，是在自然资源十分丰富，但自然环境十分恶劣的情况下拉开生活的序幕的。

地质学探寻表明，海南岛是在全新世早期形成的，地质构造复杂，地形垂直并呈圈层性结构。中部隆起，四周呈三级阶梯降低，第一级是山地，第二级是丘陵，第三级是平原。山地与丘陵是本岛地貌的核心，占全岛总面积的38.7%，其中山地主要分布在岛中部偏南地区。五指山是第一高峰，海拔1 867.1米；鹦哥岭为第二高峰，海拔1 811.6米，是南渡江、万泉河、昌化江三大水系的分水岭。此外，山地中超过一千米以上的山峰有30余座，如猴猕岭（1 670米）、马或岭（1 546米）、雅加达岭（1 518米）、三角山（1 499米）、亲尊岭（1 445米）、尖峰岭（1 412米）、黎母山（1 411米）、霸王岭（1 390米）、三星林岭（1 350米）、仙婆岭（1 347米）、马咀岭（1 332米）、吊罗山（1 290米）、加铁岭（1 288米）、南茂岭南（1 270米）、单峰岭（1 164米）、七指岭（1 170米）、百花岭（1 116米）、报马岭（1 044米）等。① 在山地丘陵周围分布着宽窄不一的

① 《海南黎族苗族自治州概况》第1章，广东人民出版社，1986年，第3~4页；《海南省地图》，中国地图出版社，2005年。

台地阶地。环岛除了南部地区有山脉连接海岸外，滨海地带多为平原，如琼文平原、临儋平原、感恩平原、乐崖平原、陵榆平原、琼万平原等。河流由中部山地呈放射状向四周独流入海。海南岛原本是一个森林之岛，从沿海到内陆都覆盖着茂密的森林和草原。森林类型呈环状分布，环海河口、港湾布满红树林，其中，北部、东部沿海为高大红树乔木林，西部和南部沿海因比较干燥，生长着小红树灌木；沙滩上，为有刺灌木丛或海岸林；台地和沿海一些丘陵为热带季雨林，距海较远的台地、丘陵和高山中谷地、盆地，布满热带雨林；800 至 1 000 米的山脊上，生长着亚热带常绿阔叶林；再高则有高山矮林。据估计，直到西汉王朝势力进入海南岛之前，海南岛的森林面积约占本岛总面积的 90%。[①] 在茂密的热带森林里，生长着诸如坡鹿、水鹿、黄猄、山猪、赤麂、獾、果子狸、大灵猫、猕猴、长臂猿、熊、水牛及各种热带蛇类等种类繁多的热带动物种类；在内陆大小河川生长着 22 科 101 种的淡水鱼；环岛滩涂分布生长着多种虾、贝、螺、蟹、蚶、蛤。在远古的时代，这可是一个林原莽莽，灌林丛生，自然资源丰富但自然环境十分严酷的海岛。黎族先民们就是在这样的大舞台上拉开了生活的序幕，通过勤劳的双手辟出一片片生活的天地，通过辛勤的劳动创造出独具特色的黎族传统文化，也就是在这般的自然环境和奇迹般的生产生活中孕育产生了原始形态的宗教信仰。

据海南的历史，从西汉王朝在海南北部、西部和西南地区建立起封建统治开始，大陆的汉人开始入居这些地带，于是逐渐形成汉人居住地。而原先居住在这些地带的黎族人民，在面对来自中原封建王朝强有力的冲击时，结集往内陆山区退却和迁移，于是形成了两个不同的人文地理，即北部、西部、西南部沿海地区的汉人区域，以及中部、东部和东南部山区的纯黎族区域。降至唐王朝统治时，加大了对海南岛的开拓力度，在全岛环海地区建立起稳固的府、州、县等封建统治地方建置，黎族人民又逐次往内陆腹地山区退却迁移，首次形成了“汉在外、黎在内”的人文地理。也就是自那时候开始，山林川泽成了黎族人民生产生活的场景，成了他们创造独特的物质文明和精神文明的大舞台。黎族也自此成为一个名副其实的

① 唐永銮：《海南岛的景观》，引自司徒尚纪：《海南岛历史上土地开发研究》，海南人民出版社，1987 年，第 11 页。

山居民族了。之后，随着宋、元、明、清四大封建王朝和民国时期对黎族的不断征剿，黎族不断向腹地迁移流徙，以致形成“杞”在本岛五指山腹地，“润”、“美孚”、“赛”在环五指山腹地内陆，“哈”（侾）在与汉区毗邻的外围内陆山区等五大方言族群的分布格局。以今天的行政区划来说，杞方言黎族主要分布在五指山市及保亭、琼中两个自治县辖区；润方言黎族，主要分布在今白沙黎族自治县；美孚方言黎族，主要分布在东方市和昌江黎族自治县的昌化江中游盆地；赛方言黎族主要分布在保亭县的加茂镇、什玲镇和六弓乡，琼中黎族苗族自治县的乘坡、中平乡，陵水黎族自治县的隆广镇和本号镇，三亚市藤桥镇部分地区；哈（侾）方言黎族分布的地区包括三亚、东方、乐东等市县和白沙、保亭、陵水三县的外围，此外，琼中也有少数散居。

自然环境是人类创造一切文明的重要基础。在漫长的岁月中，黎族人民手握着原始粗糙的工具披荆斩棘，开发山林，开辟出适合自己生存生活的广阔天地，从远古到现今走出了一条符合海南山区发展的经济之路，并凭着自己的聪明才智，以山区为历史大舞台，在不同的社会经济形态基础上，创造出独具特色的物质文明和精神文明，演出一幕幕鲜活的历史活剧，书写出一篇篇气吞山河的历史篇章，为开发美丽的宝岛，参与缔造伟大的祖国，作出自己应有的贡献。存在是意识不尽的源泉，正由于黎族人民落籍山区，山林川泽既为他们提供取之不尽、用之不竭的衣食之源，又使他们在这里经历着无数次的自然灾难，因此他们在“万物有灵”产生的早期社会和精神文明创造的滥觞时代，创造出自己心中的“神灵”——“鬼”，形成独具特色的原始宗教信仰。也正由于黎族人民久居山区，并远离汉族封建文化中心，从中原传入海南滨海汉族地区的人为的宗教对其影响微之甚微，所以，这一原始的宗教信仰形式得以长期在黎族地区延续。

（2）黎族经历了相当漫长的原始社会，是属于长期处于落后的社会经济形态中的民族之一，这正是黎族原始宗教信仰长期延续的另一原因。

如前所述，黎族先民作为海南岛最早的人类共同体之雏形，是在距今约3000年前形成的，相当于中原地区的殷周之际。然而，当古老的中华文明在博大的中华大地上发端，并承继着夏、商的更替之强势，在中原大地这一历史大舞台上相继上演周朝奴隶制的兴衰、春秋五霸和战国七雄的纷争、秦的统一、楚汉之争、西汉王朝建立等一幕幕的历史剧时，偏在南海边陲的蛮荒的海南岛上的黎族先民，却仍然按着本身自行发展的法则，在漫长的蒙昧阶段即母系氏族公社阶段缓慢行进，并未被中华人士所知晓。海南新石器时代晚期遗址的遗存揭示，到了汉代，黎族先民的部分地区开始从母系氏族社会过渡到父系氏族社会。那时当汉人踏上海南岛时，在黎族先民那里看到的是“男子耕农种禾稻、苎麻，女子桑蚕织绩，亡马与虎，民有五畜，山多尘獐，兵则矛、盾、刀、木弩、竹矢或骨为镞”①。这是一幅典型的父系氏族公社的生产生活图景。也正是从这一时期起，中原封建王朝汉朝的统治力量进入了海南岛，并在海南岛北部、西部、西南部地区建立起珠崖、儋耳等二郡及十六县（珠崖郡下可考的县有瞫都、玳瑁、苟中、紫贝；儋耳郡下可考的县有儋耳、至来、九龙、临振），揭开了海南岛封建化进程的历史序幕。

继西汉王朝开拓海南之余续，东汉王朝在建武十八年（42）派遣伏波将军马援南下平定“二征王之乱”之机，也在海南之北部建立起统治之据点朱崖县，恢复对海南岛的封建统治。从三国的孙吴至宋、齐时期，海南虽然曾一度处于偏安江左的封建王朝的遥领时期。至萧梁大同年间，在岭南黎人首领冼夫人的倡议下，梁朝在海南的西北部建立崖州（下设义伦县），恢复海南的封建建置。至隋朝，在西汉时期开拓的海南岛北部、西部、西南部建立起封建统治的基础上，首次将统治范围拓展至东南境，即今天陵水县境内，所建立的地方统治机构扩展至三郡十县：珠崖郡，下领舍城、澄迈二县；儋耳郡，下领义伦、昌化、毗善、感恩四县；临振郡，下领延德、宁远、临川、陵水四县。降至唐朝，继续向岛东部开拓，至唐德宗贞元五年（789），所建立的地方统治机构达到了一府五州二十二县：琼州都督府，崖州，下领舍城、文昌、澄迈三县；琼州，下领琼山、临高、乐会、曾口、颜罗五县；儋州，下领吉安、洛场、义伦、昌化、感恩、富罗六县；万安州，下领万安、富云、博辽三县；振州，下领延德、宁远、吉阳、落屯、临川五县。唐朝统治所及的地区，除了隋朝势力所及的岛北中、西部、南部、东南部之外，还首次拓展至气候潮湿的岛东部，完成了海南环岛沿海地区的封建建置。由于唐朝在海南建立封建统治的过

① （汉）班固撰，（唐）颜师古注：《汉书》卷28（下），《地理志》，中华书局，2000年，第1330页。

程中，采用武力开拓，迫使黎族进一步向山区退缩。随着唐德宗贞元年间环岛沿海地带一府五州二十二县统治格局的形成，东部、南部、东南部黎族向内陆山区的退却，于是开始形成了“汉在外围黎在内地”的人文地理。从文化视角讲，海南岛此时初步形成了三个文化圈层，即处于外围的汉族封建文化圈，处于内地的纯黎族原始文化圈，及介于二者之间的汉黎杂居、汉黎交界地带的汉黎文化交汇圈。《旧唐书》卷14《宪宗纪上》记载：“庚辰，岭南节度使赵昌进琼管儋、振、万安《六州六十二洞图》。”这“六十二洞”即汉黎文化交汇圈。在当时，内地的纯黎族原始文化圈尚大于汉族封建文化圈和汉黎文化交汇圈。至五代十国时期，盘踞在岭南的割据政权南汉，没能继续开拓黎境，而是在唐朝统治的基础上将海南的地方统治机构省去了八个县，即振州的延德、临川、落屯，琼州的曾口、颜罗，儋州的富罗，万安州的富云、博辽。宋朝在唐朝开拓的基础上，进一步向内陆地区拓展，扩大了封建统治区域，北宋王朝在宋徽宗统治的宣和年间，海南的地方统治建置形成了一州（琼州安抚都监）三军（昌化军、万安军、吉阳军）十县（琼山、澄迈、文昌、临高、乐会、宜伦、昌化、感恩、万宁、陵水）二镇（藤桥、临川）的格局。降到南宋绍兴年间，地方建制变更为一州三军十二县，即将吉阳军二镇改为宁远、吉阳县，统治区域在唐代的基础上进一步扩大。在唐代形成的三个文化圈层，当时称之为省地、熟黎、生黎三个区域，其中，省地即汉族封建文化圈，熟黎地区即毗邻汉族地区并已经封建化的黎族地区，即唐代形成的汉黎文化交汇圈，生黎地区即纯黎族的原始文化圈。这时三个文化圈有所变化，即汉族封建文化圈和汉黎文化交汇圈进一步扩大，而纯黎族的原始文化圈则相对缩小。对于“生黎”地区，宋人文献多有述及，如《太平寰宇记》记道：

有夷人，无城郭，殊异居，非译语难辨其言；不知礼法，须以威伏，号曰生黎。巢居洞深，织木皮为衣，以木棉为毯，性好酒，每酝酿用木皮草叶代药，熟以竹筒吸之，打鼓吹笙以为乐云云。

《桂海虞衡志》记：

生黎之巢深邃，外人不复有迹。

《诸蕃志》卷下云：

黎之峒落日以繁滋，不知其几千百也，咸无统属，峒自为雄长，止于王、符、张、李数姓，同姓为婚。

至元朝，在两宋开拓的基础上，进一步使用武力开拓，使得统治区域进一步向内陆扩展，至元文宗统治年间，形成了一路三军一州十二县：一路即琼州路军民安抚司，下领琼山、澄迈、临高、文昌、乐会、会同、定安七县；三军即南宁军，下领宜伦、昌化、感恩三县，吉阳军，下领宁远一县，万安军，下领万安、陵水二县。明清两朝进一步向内陆拓展，其中明朝把统治触角伸入到环五指山所有的外围地区，在地方建制上，设立琼州府，下领儋州、万州、崖州等三州十县，琼州府直辖琼山、澄迈、临高、定安、文昌、会同、乐会七县，儋州下领昌化、感恩二县，万州下领陵水一县。由于明王朝的统治尚未到达所有的黎族地区，黎族仍被分成“熟黎”与“生黎”两个区域。据《广东图说》记，明代海南 13 个州县共有黎族村峒 1 179 个，其中儋州、临高等地区（包括今琼中、白沙、昌江、乐东、五指山等五县市）的黎族村峒，约占黎族村峒总数的 40% 左右。当时属于纯黎族原始文化圈的，即处于五指山腹地的五指山、鹦哥岭地区的黎族。由于“不沾治化”、“浑沌未剖”[①]，即尚未被纳入王朝统治，被称为“生岐”、“乾脚岐”、“遐黎”。这一区域由于山高林密，“与州县隔远，故足迹少到民间”[②]，保留着原始的生产生活方式。清朝的地方建置及名称一如明朝，但在开拓黎境方面却超越了明朝，进一步深入到五指山腹地地区，并在生黎地区设立峒长、黎练等职。然而，生黎地区仍“不入版籍”，不纳粮编差，在政治上是名副其实的纯羁縻统治地区，在生产生活方式上仍处于原始社会末期。至民国时期，蒋介石政府为了剿灭中国共产党领导的琼崖纵队，接二连三地对黎族山区发动声势浩大的围剿。至

① 海瑞：《平黎图说》，《光绪定安县志》卷 9，《黎岐志 · 黎议》，海南出版社，2004 年。

② 海瑞：《图说》，《光绪临高县志》卷 17，《艺文类 · 说》，海南出版社，2004 年。

1935 年，陈汉光在大围剿的基础上，并经广东省政府批准，在海南内陆山区设立保亭、乐东、白沙三县，把国民党的法西斯统治推进五指山腹地，把所有的黎族地区都囊入法西斯统治网络。然而，在三县交界之地，因有崇山峻岭阻隔，长期与外界处于隔离状态，封建半封建统治的触角也未曾进入，一直没有受到先进生产关系的影响。因此，至海南解放前夕，这里尚滞留在原始社会向阶级社会过渡的阶段，这是封建社会、半殖民地半封建社会来不及消化的一块原始社会遗留下来的领地，海南解放后被学术界称为“合亩制”地区，是民族学家研究落后民族社会参照的活化石。《黎族简史》第二章第二节对这一区域的生产生活情形这样记道：

解放前，海南岛五指山中心地区白沙、保亭、乐东三县交界的山区，仍保留着一种带有父系家族公社残余的“合亩制”（解放后白沙县的“合亩制”地区已划入琼中县）。“合亩”是由数户至一二十户有血缘关系的家庭组成的共耕组织。“合亩”内的土地及耕牛，无论是“合亩”共有、几户伙有或一户所有，一般都交由“合亩”统一使用，“合亩”成员进行集体劳动，简单协作，收获物基本上按户平均分配。“合亩”由父系家族中的男性长辈担任“亩头”，领导“合亩”的生产，主持分配和对外交涉等其他活动。“合亩”成员盖房子和遇天灾人祸时，其他成员都有义务给予援助。有些地区“合亩”之间借粮不用归还，帮工不计报酬。这些特点可以看出是古代父系家族公社的残留。

如上所述，自西汉王朝武帝元封年间在海南的北部、西部、西南部设立二郡十六县开始，后继的封建王朝就在前王朝开拓的基础上对海南进行不同程度的开拓，逐渐把黎族地区纳入封建统治网络。唐朝时所形成的三个文化圈一直是随着封建王朝的渐次开拓而处于一种动态变化之中，即汉族封建文化圈、汉黎文化交汇圈不断扩大，纯黎族原始文化圈逐渐缩小。然而，各个王朝所开拓的黎境都是有限的，都未能把全部的黎族地区囊括到封建统治网络中，这样，黎族的原始社会一直与封建制相始终。进入半殖民地半封建社会后，又与这一社会阶段的经济形态——封建主义、官僚资本主义、帝国主义经济相始终，直至新中国建立和海南岛解放。

纵而观之，黎族的原始社会之残余形态超越了社会主义前几个社会经济形态。黎族原始社会延续时间之漫长，在中华民族发展史上是极为罕见的。这正是黎族原始宗教信仰能够一直延续下来的重要原因。

（3）封建王朝逐渐把黎族地区纳入封建半封建统治，主要是强迫黎族人民接受封建统治的同时，要承担封建的义务，即交纳贡赋和服徭役，并未彻底毁灭黎族文化，将国家意识形态强加到黎族人民头上，这正是黎族原始宗教信仰长期延续的又一原因。

纵观中华文明发端及发展的历史，是以中原地区为核心，以中原王朝为基点，通过不断的武力开拓，渐次把周边地区及其民族纳入统治的网络中，这一过程基本上是以中原地区为中心，然后渐次向四周扩展，依次从北到南展开。中原王朝包括奴隶制王朝及封建王朝对周边地区的开拓，基本上是让臣服地区和民族归顺中原帝国的统治，成为一统王朝之下的王土王臣，并承担一定的义务，主要是纳贡和服徭役，体现出一种文明开拓的特点，而不像西欧奴隶国家及封建国家对邻国及东方小国那样进行扩张和侵略，一定要毁灭被征服民族的文化，把“国教”等国家意识形态强加到弱小民族头上，以致彻底征服。中原历代封建王朝在相继把黎族地区渐次纳入封建统治网络的过程中，虽然把黎族人民看作是冥顽不化的族类，在政治上对其采取分而治之的策略，相继实行着民族歧视和民族压迫的政策，主要的目的是让黎族人民归顺封建王朝的统治，并承担贡纳等封建义务。然而，在实施封建统治的过程中，均不同程度地给予黎族一定的优待政策，尊重和保留黎族原生的民族文化。如在西汉统治海南岛时期，驻岛官兵不乏类似“调广幅布”① 和“髡取为髮”② 等暴行，但西汉王朝根据当时的实际情况，把在海南岛北部、西部至南部地区设立的二郡十六县作为“初郡”治理。所谓以“初郡”治，即“且以其故俗治，毋赋税”③。此后，封建王朝虽然强迫黎族人民交纳贡赋，但在数量上与沿海纯汉族地区有所区别。如在唐朝，被纳入统治的汉族地区按上、下户等税米，而归

① （宋）范晔撰，（唐）李贤等注：《后汉书》卷86，《南蛮传》，中华书局，2000年，第1915页。

② （晋）陈寿著，（宋）裴松之注：《三国志》卷53，《吴书·薛综传》，中华书局，2000年，第925页。

③ （汉）司马迁：《史记》卷30，平准书·注（一），中华书局，1963年。

顺王朝统治的当时被称为“夷獠之户”的黎族，则“皆从半输”①。从宋朝开始，至元、明、清时期，海南岛的黎族在地域上均被封建政府划分为“省地”、“熟黎”、“生黎”等三个类型，对于刚刚归顺封建王朝统治的所谓的“熟黎”和尚未王化的“生黎”，不同程度地采取羁縻政策。在宋朝，主要体现在从宋真宗朝起就一再强调对待黎族“但用本土之法”和“羁縻之道”，尽量避免使用武力，“苟以国法”②，对此，《岭外代答》卷2《海外黎蛮》中有相关的记载，如：

> 峒中有王二娘者，黎之酋也，夫之名无闻。家饶于财，善用其众，力能制服群黎，朝廷赐封宜人，琼管有令于黎峒，必下王宜人，无不怡然。二娘死，女亦能继其业。

在元朝则具体体现在实行土官制度，利用黎族首领对黎族地区实行统治方面；在明朝，体现在采取土官为主、流官为辅的“土流兼治”的策略上；在清朝，则先后任命黎族首领为土舍、粮长管理熟黎地区，后改设立峒长（总管）、哨官、黎练等职管理，在生黎地区设立峒长、黎练管理，作法基本上沿袭明朝的体制。

正由于历代封建王朝在统治政策上具有以上诸特点，使得黎族即便被纳入封建统治网络，先进的汉文化对黎族地区产生着强势的影响，其原生的民族文化，包括原始宗教信仰及各种门类的文化，仍得以照旧延续下来，并按其特有的发展规律继续传承和发展。

正如上所述，黎族一直生活在山区，高山大岭、山林川泽成为其生产生活的大舞台，这不但为黎族原始宗教信仰的延续提供了必要的空间，并在一定程度上规定和制约其特有的生产生活方式，影响着精神文化的范式。由于黎族的原始社会形态的延续超越了社会主义前几个社会形态，为黎族原生的宗教信仰长期延续提供必要的时间和空间；由于中原封建王朝对黎族地区的统治，并不属于那种灭绝文化、在意识形态上彻底征服的类

---

① （唐）杜佑：《通典·赋税》，《唐六典》卷3，（宋）王钦若：《册府元龟》卷487，引自张泽咸：《唐五代赋税史草》第1章，中华书局，1986年，第13页。

② （宋）李焘：《续资治通鉴长编》卷72“真宗大中祥符二年十一月”条，中华书局，1986年。

型，所以黎族在远古时代即已形成的原始宗教信仰，非但在纯黎族原始文化圈中延续，而且也一直在被纳入封建统治的黎族地区延续下来。黎族原始宗教信仰长期得以延续传承的主要途径是民俗传承，包括生产习俗、生活习俗、节日习俗，因此与民俗紧密结合，形成一定的信俗和民俗事象，以至深入到民族机体中，成为黎族人民生产生活中不可缺少的一部分，这样就形成一定的意识及心理定式。尽管从封建时代到半殖民地半封建时代有佛教、道教、基督教等人为宗教侵入黎族地区，但对这一民族的影响微乎甚微。即便到了现代出现了一些黎族人信仰基督教，但人数也是极为稀少，而且在这一部分黎族人的信仰世界里，基督教不过是黎族原始宗教的一种补充，他们表面上虽然信仰基督教，但心灵深处对本民族宗教信仰那种钟情从未动摇过，具体表现在遇上天灾人祸或求诸基督教未果时，就又拜倒在本民族的原始宗教之神祇——“鬼”的脚下，采取从远古时代沿袭下来的原始巫术，以求得心灵上的彻底安宁。正是有传统的民族心理为铺垫，有其生存的社会根源，在新中国的怀抱里，虽然历经暴风骤雨般的政治运动的不断洗礼，黎族宗教信仰始终未湮灭在历史的烟云中。在进入新时期并经正本清源拨乱反正之后，特别是在解放思想和改革开放的年代里，黎族的原始宗教信仰又得到全面的恢复和延续，表现出极为顽强的生命力。

二、黎族宗教信仰的表现形式及活动方式

1. 表现形式

黎族的宗教观念即“万物有灵”，其宗教信仰的表现形式包括图腾崇拜、自然崇拜、鬼魂和祖先崇拜等。

图腾崇拜是黎族一种最古老的宗教信仰形式。虽然随着黎族社会历史的发展，特别是自祖先崇拜兴起之后，黎族众多的图腾崇拜对象在黎族社会中渐渐不再成为忌物和禁杀、禁食、禁动之物，导致图腾崇拜逐渐淡出了黎族社会，以致我们今天看不到任何一种图腾崇拜。其实，黎族的图腾崇拜并没有彻底退出黎族人民的生活领域，它不仅凝固在黎族的传统服饰图案中，刻画在一些生产生活用具上，而且有关它的一些遗俗仍在黎族的民俗中依稀可见。黎族图腾崇拜的种类，包括动物、植物以及非动植物。

在动物图腾崇拜中主要有龙、蛇、鸟、蛙、狗、龟、猫等；植物图腾崇拜主要有竹、芭蕉、番薯、葫芦瓜等。

自然崇拜是原始先民中普遍存在的几种古老的宗教信仰形式。当今在黎族地区可考见的自然崇拜对象主要有山鬼、天、雷公、地鬼、树、稻神、石头鬼、水鬼、火鬼、风鬼、恶鬼、天狗鬼等等。对前七种，黎族人不但认为它们有神性、灵性，能佑助于人，而且认为它们有时也作祟于人，正是在这种双重心理的作用之下，黎族人在特定的时间和场合为其举行祭祀仪式；对后五种，黎族人完全是因为惧怕而产生敬畏，因敬畏而不得不在一定的时间和场合对其进行祭祀。

鬼魂崇拜是在对待生与死、精神与肉体的关系问题上产生错误认识的基础上形成的信仰形式。在黎族的"鬼谱"中，有名目繁多的"鬼"，其中既有善鬼，也有恶鬼，恶的要比善的多。如杞方言的黎族相信的邪鬼恶鬼有冤鬼、吊死鬼、孕妇鬼、天狗鬼、猎鬼、伤鬼、落水鬼、水浮鬼、跌死鬼、枪杀鬼、落树鬼、匠鬼、水串鬼、水谷鬼、牛屎鬼、姑母鬼等；哈方言的黎族相信的邪鬼恶鬼有疯人鬼、冤鬼、抱昌鬼、难产鬼、跌伤鬼、吊死鬼、白面鬼、天狗鬼、客人（汉人）鬼等；润方言的黎族相信的邪鬼恶鬼有冤鬼、孕妇鬼、小孩鬼、难产鬼、路头鬼、枪杀鬼等；美孚方言的黎族相信的邪鬼恶鬼有冤鬼、皮肤鬼、打胎鬼（投胎鬼）、南伤鬼、打死鬼等。由于黎族人信仰世界中有恶鬼与善鬼之分，于是产生对善鬼、恶鬼的两种态度，并形成了"祭鬼"、"赶鬼"等宗教信仰行为。

祖先崇拜是黎族社会产生较晚的原始宗教信仰形式，但一直是黎族意识形态中占主导地位的一种宗教信仰形式，它是一种以祖先的"灵魂"为崇拜对象的宗教信仰。到如今，黎族地区的人们不论疾病、灾祸或是节日、婚姻、生育、打猎、出游、建房、开荒、种地，都要祭拜祖先，以祈求祖先多行善少作恶、多保护子孙少惩罚后代。于是在日常生活中形成了许许多多相关的民俗信仰事象，如葬礼注重仪式，生产生活中和节日里祭祖，出现"石祖"崇拜现象等。

2. 宗教信仰主持人及活动方式

黎族宗教信仰活动的主持人有娘母、娘公、鬼公、道公、八公、摇蛋人、老人等名称。这实质上是在不同地区、不同场合的宗教祭祀活动的主持人，其中的娘母、娘公与鬼公、道公之"职能"既有相同的地方，也有所区别，而且他们除了具有宗教“职能”之外，还兼有巫师的作用。毋庸讳言，黎族宗教信仰活动的主持人的行为方式，其实质就是一种巫术。人一旦得病并经民间草药医治不好后，人们就认为是鬼神在作祟，或者祖先鬼在阴间不顺才回到阳间来骚扰家人。因此，黎族的巫术活动最初以及后来的大部分都是用来帮助人们消灾避邪和解除病痛。经过千百年的社会发展，有一些巫术活动演化为本民族特定的宗教活动形式和内容，与所谓“禁”的纯巫术有所区别。这些活动可归纳为占卜问鬼、查鬼、驱鬼、招魂、保子求子、查禁解禁等。

这些宗教信仰行为，在黎族的生产生活中广泛应用。凡易者，多由自家人或请略知事者为之；繁而专业性较强者，则请娘母或道公等专从事巫术者为之。

三、黎族宗教信仰的当代属性

黎族的宗教信仰，是该民族在原始社会就形成并延续至今的古老的宗教信仰形式，它至少经历了3000年以上漫长的历史。时至今日，人们之所以沿称它为原始宗教，一是因为它形成于生产力十分低下落后的原始社会，二是以它跟阶级社会里形成的宗教相比，显得粗糙、稚拙和杂乱无序，既无经典及系统的宗教理论，也无专门的活动场所和脱离劳动生产的专门从事宗教活动的教职人员。然而，回首观瞻，以它的当代内涵实质与远古时代的内涵实质相比，已经发生了深刻的变化。

首先，黎族的宗教信仰，虽然是在海南岛的山区，在十分闭塞的地域环境和十分特殊的历史背景中延续，并且基本上是沿着自身发展的历史链条延续下来的，它的历史，即是自身不断成长完善的历史。但它毕竟经历了3000年以上的发展历史，在与漫长的封建社会和上百年的半殖民地半封建社会共存的历史长河中，也免不了与中国本土的人为宗教发生碰撞，不乏受到中国本土人为宗教的影响，其中包括在中国本土生长的儒教、道教以及已经中国化的佛教的影响。在与人为宗教发生碰撞时，黎族社会总不免有所选择地取舍，吸收其某些适合于自己的东西来强化和武装自己的宗教。这一方面主要体现在黎族宗教信仰的“鬼”谱（即神谱）中，引进了道教和佛教的神祇，诸如土地公鬼、玄天上帝、玉皇大帝、观音娘娘、三圣娘娘、天妃、上界夫人、中界夫人、下界夫人、万天公、华光公、五雷、门神等，其中，土地公鬼、玄天上帝、玉皇大帝、观音娘娘、三圣娘娘、天妃、上界夫人、中界夫人、下界夫人、万天公、华光公、五雷、门神属于道教的神祇，而观音娘娘则属于佛教的神祇。另外，出现了类似于道士的主持宗教信仰活动的人员——“道公”，出现祭拜天地的宗教活动和类似道士做法事时所画的“符”。从此观之，当代黎族的宗教信仰，已经加进许多正统的人为宗教的因素，它已经不再是地地道道的和原原本本的原始宗教了。然而，它又没有正统的宗教的那种神圣和崇高的情感体验，追求的是世俗性物质生活的满足，精神上的安慰和愉悦，信仰它的人们对其神灵族属谱系并不看重，关心的是神灵（“鬼”）能否不骚扰自己，给自己带来吉祥，具有很强的功利性。

其次，黎族宗教信仰在自身独特的发展进程中，其传承渠道是民俗，即主要通过民俗事象一代一代传承下来的。因此，在传承中不断与民俗紧密结合，并渗透到生活领域的方方面面，成为黎族人民生活中必不可少的活动，是人们在得病时或灾难来临后心理慰藉的途径之一，甚至宗教信仰中的许多因素已演变为独具特色的俗信。至今，黎族的宗教信仰不仅成为黎族独特的文化之一，也成为该民族独特的文化心理，即民族认同、民族文化的主要特征和标志之一。每当人们说起黎族，总要述及黎族独具特色的宗教信仰形式，它与黎族的语言、服饰、传统节日一样，已深深打上了民族的印记，成为一个民族的族标，每当它在人们面前出现时，总被认为是黎族的文化。

再次，从组织化程度上看，黎族的宗教信仰缺乏固定而严密的组织形式，没有严格意义上的教义教规，没有单一的宗教领袖，非但呈现出较为明显的无序性和强烈的松散色彩，又表现在它的世俗性与迷信、巫术糅合在一起。

以上所有，均表现出它属于松散型民间信仰的基本特征。基于以上的分析，笔者认为，黎族宗教的当代属性，已演化为黎族的民间信仰了。

远古物象符号的延续
——黎族“插星”文化阐述

黄友贤
（海南省民族研究所）

“插星”文化是我国各少数民族传统文化的重要组成部分，它属于原始物象的文化范畴，是少数民族社会中一种约定俗成的生产生活、伦理道德、宗教活动等的行为规范，受到各民族全体群众的恪守，具备了民族习惯法的性质。我国各少数民族社会中的“插星”文化现象不乏其例，尤其在我国西南部的少数民族当中，以祈求村寨保护、镇宅驱邪、护身治病、人丁兴旺、生产丰收、家庭安康为目的的“插星”现象更是不胜枚举。如云南基诺族、纳西族、佤族、傣族、彝族、哈尼族、景颇族等都有在村寨口、家屋门前与屋檐、屋柱等处刻制或悬挂各种各样的镇邪灵物的习惯①，表示人们一种美好的祈愿。海南岛黎族社会中的“插星”是黎族远古社会原始物象文化的一种延续，是黎族远古祖先在生产生活中不断积累、总结、创造出来的，它不仅体现着黎族远古祖先的美好祈愿，而且还具有特定的物语意义，在海南岛黎族社会中普遍存在。

一、黎族“插星”的种类及其特点

黎族是海南岛最早的居民，在上千年的发展演变过程中，海南岛黎族分成五大方言区：哈（侾）、杞、润、美孚、赛。这五大方言区的黎族群众在语言上虽然有明显的语音、语调差别，但却有共同的文化渊源，传统文化内容只有很小的差异，主要表现在日常生产生活中各种风俗习惯的轻微差别上。就“插星”文化现象来说，五大方言区的黎族群众所行的“插

① 杨兆麟：《原始物象——村寨的守护和祈愿》，云南教育出版社，2000 年。

星”种类、方式各有特点，它所表现的物语意义也各有千秋。

海南岛黎族群众笃信“万物有灵”的观念，现行社会中仍然存在明显的自然崇拜、神灵崇拜、祖先崇拜等意识。人们认为世间万物都是有灵魂的，因此，对日月山川、风雨雷电、草树虫蛇、鬼怪精灵等都有敬畏与崇拜心理。海南黎族社会形态的发展演变过程决定了黎族社会中原始宗教意识的普遍存在，直至1954年，海南岛中部五指山区还有相当一部分的黎族群众还处在具有原始父系社会共耕性质的社会形态——黎族“合亩制”——之下[①]，外来文化尤其是宗教文化对黎族“合亩制”社会的影响非常小，黎族群众的民间信仰主要表现在自然崇拜、祖先崇拜及精灵崇拜上，对祖先等各类鬼怪有着非常虔诚的信奉和畏惧，巫觋群体在“合亩制”地区仍然有很大的影响力，黎族的“娘母”、“鬼公”等传统宗教活动主持者（后来也出现了道教影响下的“道公”、“三伯公”等）以及祭祀、巫术、占卜等原始宗教活动依然普遍存在。在原始宗教意识的影响下，海南黎族群众凡遇到奇异之象、不祥之兆都要请“道公”、“娘母”、“鬼公”等前来做法禳解，以求得心理上的安慰和精神上的解脱。这种宗教行为在物象上的表现便是施行各式各样的“插星”，以“插星”达到驱邪镇宅、保家护身、家庭安康、生产顺利等目的，寻求心理上的宽慰。可以说，黎族社会中大部分的“插星”文化与原始宗教意识有密切的关系，是黎族原始宗教意识的物象表现。

狗牙驱邪

（图片源于《移族传统文化》）

黎族的“插星”文化丰富多样，历史久远。宋代史籍上曾有“（广南

① 中南民族学院：《海南岛黎族社会调查》（上卷），广西民族出版社，1992年，第195～233页。

黎峒）家有祀事，即以青叶标禁往来”[1] 的记载。而今的黎族社会，不但“家有祀事”要“插星”，在其他方面也有许多不同种类的“插星”。黎族的“插星”可分为“禁星”和“挂星”两大类，它们都是黎族民间启事、禁令等方面的符号表示。“禁星”有明显的强烈禁止的意味，而“挂星”则有启事、驱邪祛魔、生产生活顺利的祈愿等意义。由于所处的自然环境不同，黎族五大方言区的“插星”又各有不同，在种类、方式上差异明显。总的来说，黎族“插星”的种类主要体现在宗教、建筑、生产生活、生育诸方面。

1. 宗教“插星”

宗教“插星”属于“禁星”一类，它是黎族群众在举行宗教仪式活动之后在家屋门口、屋檐、屋角、村旁以及病患者身上等处插放或悬挂某些物件的行为。这类“插星”所用的物件有明确的规定，一般采用带刺的树叶如红藤叶、露兜叶以及叶边有锯齿的草等。黎族的宗教活动大部分与驱邪治病、保家护身有关，真正目的是驱赶作祟的恶鬼远离患者、远离家宅。人们认为带刺的叶子、草等物可以钩住欲闯入家宅的鬼怪，既可护家，又能保住患者的灵魂不被鬼怪摄走。因此，每当举行宗教活动后，黎族群众必会虔诚地在家屋门口、屋檐屋角、床头床脚等处捆上红藤叶、露兜叶，门后贴上“道公”等人的神符，屋角插上“道公”的木制符牌等。如此一来，将污秽排除干净的家屋不会再有鬼怪的侵扰，家庭将平安无灾。

哈方言黎族门边的祭鬼竹篓，与云南景颇族的祭鬼桩（柱）非常相似。

哈方言黎族的小支“罗活”人对鬼怪很敬畏，日常生活中为了防止鬼怪作祟，施行了各种各样的防鬼驱鬼“插星”。每当家有病患或是生产不顺时，必会请来“道公”、“娘母”等人举行宗教仪式，驱鬼解家。

---

① （宋）周辉：《清波杂志》卷12，中华书局，1997年。

哈方言黎族悬挂在天花板上的祭鬼竹栏，这种竹栏与门边的祭鬼竹篓同时旋转，互相对应。

法事结束后，在家门旁立一个小竹篓，篓内放一些树叶、祭品、鸡毛等，屋内一角则用小竹筐罩着一小碗祭品，甚至连天花板上也悬吊着装祭品的小竹栏，以此祭祀鬼神、取悦鬼神，祈愿患者安康、家庭生产顺利。“罗活”人的法事中常用到黑狗，黑狗是解除污秽之气和恶鬼的祭品，就连祭祀祖先鬼时也常用此祭品。每当村中有被雷劈、溺死、吊亡、枪击等“非正常死亡”者，家人会请“道公”杀黑狗祭鬼，用黑狗血涂在家屋四周，防止恶鬼作祟。“罗活”人在用黑狗祭鬼后，要将狗牙用绳子系起来悬挂在家门口，有的还将狗牙系在家人脖子上，以达到驱鬼避邪的目的。黎族群众认为，狗血能驱除邪秽，净化土地，这种观念与我国西南部一些少数民族的观念是一致的。贵州的侗族、苗族等群众都有杀狗悬吊于门的习俗，认为“狗血淋洒之处，即是人鬼的分界线”，能驱逐恶鬼与避邪。[①] 因此，在哈方言黎族村寨中，偶尔会看到门边钉着狗头、门上挂着狗牙的“插星”景象。

哈方言黎族“做鬼”后门板上挂的狗牙

鸡是黎族宗教活动中常用的祭品，也是重要的“插星”物。在一些重大的法事，如祭祖先鬼、驱邪解秽、除“禁”治病等活动中，除牛、猪等外，鸡是不可缺少的祭品。

① 李子贤、李斯博：《首届哈尼族文化国际学术讨论会论文集》，云南民族出版社，1993 年，第 479 页。

视法事的具体要求或用黑鸡，或用白鸡，或用红鸡。黎族群众认为鸡能知时报时，有灵性，能逐恶驱邪，所以黎族“道公”施行法事之后，常将鸡头用竹枝串起，鸡嘴朝外插于村边，驱赶邪秽。

2. 生产生活“插星”

黎族社会中的生产生活“插星”种类多样，形式繁杂，既有“禁星”，也有“挂星”。这些“插星”主要体现在稻作生产、某物的占有、封村、警示告示、煮酒酿酒禁忌等方面。

悬挂在树枝上的草结，表示此处已有主人，别人不可前来占用开垦。

海南黎族传统生产方式为“刀耕火种”，要经过选地、砍山、除灰烬、播种、收割等工序，生产当中不可避免要施行各种“插星”。在杞方言黎族中，人们选中一块山地后，就在此处打一个大的草结，表示此地已有主人，禁止别人前来开垦；砍山时，男子将家屋的前后门紧闭，门上插上青树叶，妇女不能在家中织锦、吵闹，以免男子掉树身亡；耕作园地（俗称“山栏园”）清理干净后，主人要在园中树桩上打一个草结，防止山鬼撒下草种，影响日后山栏稻（旱稻）的生长；播种时，主人挑稻种过河要随手拾起一块石头，将这块石头放在园地一角，据说能防止鸟类啄食稻种；收割时，女主人要穿戴整齐，在天将亮且无人时到园中将所谓的“稻公”、“稻母”收割回家，回来时随手摘一枝［$bew^{11}put^{31}$］树叶，插在门口上，既禁止外人入家，又可保住稻魂。煮新米时，主人要在放置饭锅的屋檐下插上红白藤叶，阻止“饿鬼”或“天狗”吃掉新稻的魂灵。

杞方言黎族的水稻耕作“插星”确实很有特色，这些草结“插星”均是为了保护稻魂而施行的，有了这些“插星”物，就等于护住了稻魂，来年水稻生产顺利、丰收。在原“合亩制”地区的水稻耕作上，仍然遗留有稻田“插星”习俗，人们在犁田、育种、插秧、收割等过程中仍会在家门

杞方言黎族在稻田边插的露兜叶、[zan51] 草，有促禾苗发青的作用。

口、秧地等处或挂或插 [bew11 put31] 青树叶。个别地方的杞方言黎族群众有在年末时（大年三十傍晚）进行稻田“插星”的习俗，“插星”物为露兜叶、[zan51] 草。有的将 [zan51] 草系在露兜叶上插在稻田边，有的分开来插，有的则将 [zan51] 草系在小竹枝上，插完之后方可回家吃年夜饭。

黎族社会自古遗留下来一种约定俗成的观念，这种观念是黎族习惯法的体现。在日常生活中，当某人相中一块地或一棵树（一段木头）、鱼塘、蜂窝、河段时，为了不让别人占用，人们会在显眼处打上草结，或在相中的树干上用刀砍出“×”符号，表示这些物件已有主人。这类的“插星”也称“打标”，对用来打结的草或树叶没有严格规定。

黎族的生产生活中还有一些带有明显“禁星”性质的“插星”形式，诸如“封村禁星”、“伏枪警示禁星”、“酿酒禁星”等等。在 20 世纪五六十年代以前，海南民族地区医疗卫生条件极差，天花、霍乱、鼠疫等传染病时常爆发，一旦瘟疫发生，黎族村寨便个个封村自保，在村寨路口插青树叶（草结）禁止外人入村；“伏枪”是黎族特殊的狩猎方式，猎手在野兽经过的路上安装猎枪，这种狩猎方式非常危险，往往会出现误伤人畜的现象。因此，黎族猎手通常会在显眼之处插上草结，起着警示的作用；“酿酒禁星”就是某家煮糯米酿酒时，主人会在家门口挂上青树叶，禁止外人入内，为的是不使酒水变酸变坏。如果有人误闯入，

黎族社会中的禁星“打标”

则要往灶中添些柴火，否则双方便要结怨结仇。

生产生活中的一些“插星”还具备“告示”的作用，若某家的农作物被牛只、猪鸡等家禽家畜毁坏，主人会将被毁坏的作物捆结起来，挂在村旁显眼的地方，以此告示村民管好自家的禽畜；在水田引水的问题上，如果不希望别人从自家的水田中引水，或是因刚施肥不希望引水入田，人们会在水田引水沟处插上草结，告示人们不可引水以免毁坏田中庄稼。

白沙润方言黎族社会中普遍存在扎小草人守护瓜果的“插星”，每当瓜类、果类结不好时，润方言黎族妇女就会用稻草扎几个小草人，挂在瓜果架下，据说可以抵挡住嘴毒的人的“口债”，保护瓜果顺利长成。

润方言黎族的护瓜小草人

3. 建筑“插星”

黎族传统建筑以茅草屋为主，建筑“插星”主要施行在住屋、谷仓、猪圈鸡舍、牛栏等处，尤其是住屋的“插星”形式多样。人们习惯在门口、屋檐屋角挂上露兜叶、红白藤叶、［zan^{51}］草、芒草及蜂巢等物，在屋檐屋角挂上打结的露兜叶，在谷仓门口上挂红白藤叶，猪圈鸡舍、牛栏等处则挂上打结的［zan^{51}］草。例如杞方言黎族群众在建房时习惯在房梁架上挂红白藤叶，房子建成后也要在门上挂红白藤叶，防止天狗下凡作祟家人；个别地区的杞方言群众则有在大年三十傍晚于门口、屋檐、碗柜饭桌、猪圈鸡舍、牛栏等处“插星”的习俗。这里的群众在建房时，还有在每个屋柱下埋一枝露兜叶的习惯，生怕挖屋柱时触动“地鬼”，扰民害畜。哈方言

黎族房屋门口上插着用于驱鬼祛邪的露兜叶和蜂巢

杞方言黎族家屋方门上挂的鸡毛、露兜叶等“插星”物，有驱魔祛邪的作用。

黎族谷仓门上挂的红藤叶、露兜叶

“罗活”人的村寨内常常出现各种各样的驱鬼祛邪“插星”。每年，人们会在屋子四角、谷仓、猪圈牛栏等处挂上长长的露兜叶，甚至连篱笆、晾衣绳上也都挂上，年年如此，反复更换。如今，黎族群众的居住条件大为改善，住上了砖瓦房或楼房，但房屋“插星”的习俗仍然存在，房门、窗户等地方还可见到已风干的“插星”物。

4. 生育“插星”

黎族的生育“插星”习俗很简单，一旦某家有妇女生育，主人（一般是老年妇女）会在产妇房门上插青树叶。传统的做法是：生育男孩挂棕榈叶或菠萝叶，生育女孩挂［bew¹¹ put³¹］之类的野生树叶，以“插星”的方式告示人们该房中有妇女生育，不能随意进入。黎族的生育“插星”主要针对男性和外姓、外村的妇女，在黎族传统历法的十二天（即一个月）之内，男性和外姓、外村的妇女严禁入内，否则会吓走小孩的魂魄使小孩患病。十二天“满月”之后，家人会采摘一些龙眼树叶煮水给小孩沐浴，并在房门上插龙眼树叶，外人见到产妇房门上挂龙眼树叶后便知能前往探望了。如果十二天内外人不慎闯入产房，误闯者一定要将身上一件衣物脱下留在床边，“生人”魂便不能吓走小孩的魂魄，四天之后，误闯者才能前来取走衣物。如今，黎族社会的生育习俗已发生了大的改变，妇女生育时是否“插星”已没有严格的要求，但小孩“满月”后沐浴挂树叶的习俗仍然存在于部分黎族地区。

有趣的是，在传统的黎族社会中，生育“插星”也延伸到家禽家畜的繁殖过程中。每当家中的牛、猪等生仔时，主人也会在牛栏、猪圈等处挂上青树叶，告示人们不可走近，害怕影响日后牛仔、猪仔的生长，如果某人不慎闯入，也要将身上的衣物留下，四天后方可取回。

美孚方言黎族社会中有一种特殊的生育“插星”，某家庭每生育一个小孩时，主人会在家门口上挂特定的“插星”物，其中有小椰勺、露兜叶编成的小粽子、小竹弓（或是小捕鼠夹）等，它也可称为“添丁插星”，这在其他方言区的黎族社会是没有的。

在黎族的各式“插星”中，生育“插星”的变化非常明显，这与黎族群众生产生活、医疗卫生条件的改善有很大关系，其他“插星”则具有强劲的生命力，在黎族群众的日常生活中处处可见。

美孚方言黎族标示家庭人口增加的“插星”物

二、“插星”与黎族传统习惯法

黎族社会中的各类“插星”本身就是黎族习惯法的具体表现形式，是全黎族人民严格遵守的传统乡规民约。

海南黎族有本民族的语言，没有本民族文字，社会中普遍以“言传身教”的方式延续民族传统文化的教育，黎族社会的发展、民族的来源、民族的迁徙、社会重大事件的发生等都无法用文字来记录，只能通过民间传说、神话、故事、歌谣等形式流传后世。黎族社会接受汉文化教育的时间不算太晚，但汉文化真正影响黎族社会的时间却要晚很多，这与封建统治势力深入海南黎族社会的步伐有关。新中国成立后，黎族子女才真正地获得接受汉文化教育的机会，他们习汉文，书汉字，利用汉字记录各种事件。在此之前，黎族社会仍然延续着传统的教育方式。

黎族社会注重民族习惯法、家庭伦理道德、生产生活经验的教育，每一个黎族子女自小便要经历父辈们的“言传身教”，接受传统文化的熏陶，熟知本民族的习惯法规，塑造民族性格。语言在人们日常交往、沟通中起着媒介作用，但相对于民族习惯法的告示、通知等来说，黎语却无法与实物“插星”相比，因为后者的时间延续性强，影响民众的时间长。这就是黎族“插星”普遍存在的原因。黎族习惯法是全黎族民众意识的集中体现，是维系黎族社会稳定的重要因素，在处理社会纠纷、家庭矛盾、人际关系上有着不可替代的作用。违反民族习惯法必然会受到惩罚，这是民族习惯法的法律效力。在维系村寨、家庭、人际关系的稳定之外，黎族的习惯法以“插星”的表现形式延伸着它的影响力，使“插星”成为民族习惯法不可缺少的一部分，它以物象的形式进一步诠释黎族的习惯法，维持社会安定团结的局面。例如，在日常生产生活中，人们会无意中砍伐了别人相中的树、采摘别人找到的蜂巢、占用别人的山地、在别人的河段捕鱼等等，这在当时的黎族社会里是非常严重的事情，足以造成村寨之间的械斗、家庭之间的仇恨、人与人之间的仇杀等社会问题。一旦出现这些问题，那将成为世代相传的仇恨，双方子孙将永无宁日。因此，在相中的物件上“插星”或“打标”，就等于告诫别人，提醒别人，避免矛盾的发生。一个小小的草结或“×”符号，仿佛在告诉别人：“这里已有主人，不能来占用了。”人们从这些特定的物件、符号背后看到的是民族的习惯法，看到的是违反民族习惯法所要受到的严重惩罚。黎族社会中这些“禁星”、“插星”、“打标”是黎族习惯法的物语再现，通过物语方式杜绝将要发生的社会矛盾，这不能不说是黎族先民聪明才智的体现。

黎族群众悬挂在门上的纸符、蜂巢

黎族社会中有许多禁忌，生产、宗教、丧葬、生育诸方面都有严格的规定，全体民众都要遵守，已成为约定俗成的社会制度。这些禁忌大部分通过“插星”形式表现出来，全民恪守，不得违反。例如，稻作生产中，人们在砍山、播种、收割新稻、煮新米过程中所施行的各种“插星”，便明显有禁忌的性质。黎族谷仓门前的“插星”也同样是为了来年生产的丰收而施行的，目的是告诫外人谷仓中已存放新稻，不能在谷仓旁喧闹，不能胡乱打开谷仓。这些与人的生命、生产的丰歉息息相关的禁忌，在黎族社会中有极高的威慑力量，而这些禁忌的物象形式——“插星”更是在黎族群众的情感世界中占有一定的分量。对于日常生活中出现的禁忌“插星”，人们都能虔诚地恪守着，不会故意违反，因为这也关乎一个人的品质、道德行为问题，明知有禁忌“插星”而又故意违反的人，会受到全村寨乃至全民族的谴责，将无法在村寨中立足。

宗教中的“插星”大多也属禁忌的范畴，哈方言黎族门前插的祭鬼“竹篓”、门上挂的狗牙、屋角放的“祭鬼笼”、杞方言黎族门口上挂的藤叶、露兜叶、蜂窝等物，明明白白地告诫人们“家中刚‘做鬼’，不能闯入”（四天之内），一定要等“鬼”受用祭品回去后，外人才能进入屋内，否则“做鬼”无效，会影响主人的家庭安危。杞方言黎族门前挂的“蜂巢”有何物语意义？它的功用在哪里？杞方言黎族村寨中已很少有人说得清。我们知道，藤叶、露兜叶边缘都有剧齿，能钩住鬼魂保护家庭，满是洞眼的蜂窝也能驱鬼祛邪吗？或者，在黎族的宗教“插星”里蜂窝会不会另有其他的物语意义呢？我国西南少数民族中，云南西双版纳的哈尼族、僾尼人、孟连的佤族等都有在门上挂蜂巢驱邪的习俗，哈尼族人认为，鬼会被密密麻麻的蜂巢眼搞得眼花缭乱，因为忙着数蜂窝眼而忘记进入家中作怪，鸡叫时只好离去。[①] 这就是蜂巢在驱鬼祛邪上的真正作用。海南黎族的宗教“插星”物——蜂窝可能也具有同样的驱鬼意义。

黎族的生育“插星”也属禁忌之列，但美孚方言黎族的“添丁插星”却除了有“禁止入内”的意思外，还有“告诉外人家有几口人”的物语功效，这在海南美孚黎社会中已成为习惯，人们通过数“插星”物中的椰勺、粽子、竹弓（或捕鼠夹）就能知道某家中有几个小孩，其中多少个男孩，多少个女孩。千百年来人们一直遵循着这种习惯做法，因为这是祖宗传下来的，大家丝毫不敢改变，有禁止和告示的双重意义。

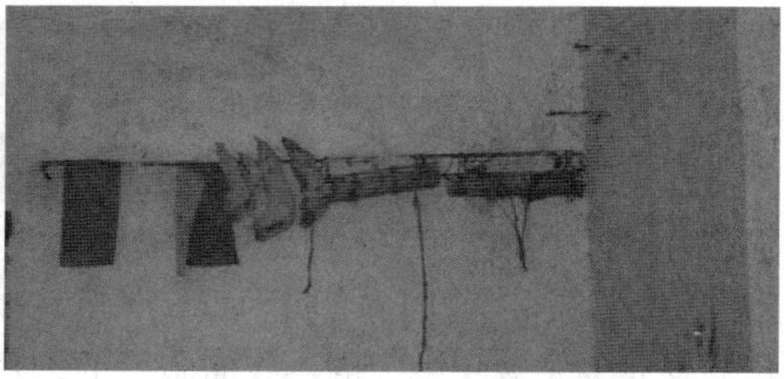

美孚方言的黎族杀猪做“祖先鬼”后的标识物。猪下颚骨的数量表示“做鬼”的次数，悬吊的小竹篓表示所祭祀的祖先鬼的数量。

美孚方言黎族的丧葬“插星”较为特别，祖辈去世一段时间后，家人会举行“做鬼”仪式，超度祖先鬼魂。仪式举行过后，家人要将猪下颚骨挂在屋里的固定一角，并挂上祭鬼小竹篓和祭品。下次举行祖先鬼魂超度仪式时，又继续在原处挂一块猪下颚骨。因此，每到一户美孚黎家中，仔细观察屋角挂的猪下颚骨数量和小竹篓个数，便能知道此家为多少位过世的祖辈做过多少次超度仪式。

一个看似简单的“插星”，经过黎族群众的集体认可，形成了维系社

① 为则：《哈尼族自然宗教形态研究》，云南民族出版社，1995 年，第 54 页。

会稳定、人们关系和谐的约定俗成的民族习惯法规，规范着人们的行为，约束着人们的行动。草结或特殊符号的背后是黎族社会的习惯法在起作用，人们对“插星”文化的认可就是对民族习惯法的虔诚遵守，就是对民族传统文化的恪守。

三、黎族“插星”与远古符号文化

符号文化涵盖了民族的故事歌谣、音乐舞蹈、礼仪风俗等内容，黎族的“插星”文化属于礼仪风俗一类。

说到远古时期的符号文化，首先想到的是母系氏族社会刻画于彩陶上的各种符号，我国的河南省渑池县仰韶、陕县庙底沟、陕西省华阴县西关堡、临潼县姜寨、甘肃省马家窑、青海省乐都县柳湾等文化遗址都出土了大量的刻画有特殊符号的彩陶，这可以说是符号文化的源头，是原始人类为表达思想意识、宗教崇拜观念而创造出来的特殊符号，其中有鱼纹彩陶、蛙纹彩陶、万字纹“卍”彩陶等，这些特殊符号不仅带有原始的符号文字的性质，而且有特殊的文化含义，表达原始居民一定的意愿。赵国华先生在其《生殖崇拜文化论》中认为，母系氏族社会时期的鱼纹、蛙纹是体现女阴崇拜的重要纹样，鱼、蛙是远古社会女性生殖器崇拜物。[①] 海南岛黎族社会的各种符号，也是远古时期黎族先民遗留下来的，与我国中原地区远古符号文化有一定的渊源关系，例如，黎族织锦中的青蛙纹、鱼纹、动植物纹等，黎族妇女文身图案上的青蛙纹、人纹等，都有特殊的文化寓意，不仅体现了黎族先民的生产生活状况，也体现着黎族原始宗教崇拜意识，即体现着黎族社会存在女阴崇拜的痕迹，这些符号（纹样）与我国中原地区远古符号的指代意义是相似的。

黎族社会有许多符号文化的类别，除了故事歌谣、音乐舞蹈外，文身、刺绣、剪纸等也是黎族符号文化的重要体现。黎族文身图案丰富多样，寓意深刻，其存在已有三四千年的历史，是黎族远古社会流传下来的带有血缘族系、图腾、宗教崇拜观念等意义的古老符号，被誉为“海南黎

---

① 赵国华：《生殖崇拜文化论》，中国社会科学出版社，1990 年，第 167 ~ 214 页。

族的敦煌壁画”。不同血缘家族、不同族系的黎族妇女文身图案各不相同，此为区别不同族系、血缘群体的标志。海南黎族五大方言区的刺绣图案也各有特点，这主要表现在其服饰样式、图案纹样等的差异上。黎族的服饰是区别黎族社会内部不同方言群体的特殊符号，人们从服装款式、样式、图案纹样、色彩以及装饰品上就能区分不同的方言群体，其外在特性尤为明显，历史上曾经是外族区分黎族不同内部群体的重要标识。它不同于黎族的文身，黎族文身的图案寓意是内在的，只有黎族内部才能分得清楚文身符号的特殊含义，属于特殊的符号语言。

黎族“插星”是黎族先民社会远古符号文化的一种延续，“刻木记事，结绳记年（数）”应该属于“插星”文化的范畴，因为它都是以物的形式表达特定的群体意识。

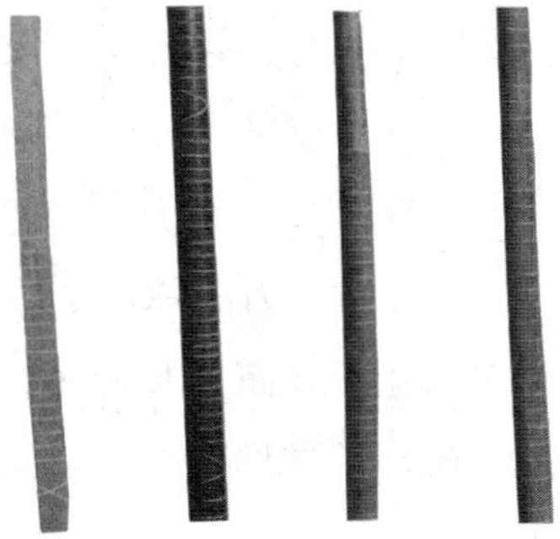

“刻木记事，结绳记年（数）”是我国许多少数民族社会经济、文化发展过程中所经历的历史事实，是一种普遍的文化现象，更是远古符号文化的具体表现形式。不仅海南岛的黎族，我国西南部一些民族如佤族、景颇族、怒族等也都普遍存在这种文化现象。海南黎族的“刻木记事”主要表现在富有本民族特色的“竹契”上（如右图），这是黎族社会普遍存在的“合同”类型之一。它以长短不等的小圆竹为材料，其上刻画一定的纹痕代表双方交易的牛只、光洋数量，一剖为二，交易双方各执其一，作为日后双方履行债权债务的凭证。“竹契”上的刻纹有严格的规定，全社会统一、规范，并且受到全社会的公认。黎族的竹契专用于田地、牛只、粮食等的买卖、借贷、租赁、典当诸方面，是传统黎族社会最为有效的经济“合同”，也是经济交往中最特殊的符号类型，具有极强的法律约束力。

“结绳记年（数）”在现今海南黎族社会中已难见实物样本，但黎族社会中“记数”的习惯做法与“结绳记年（数）”有相似之处，20 世纪 60 年代以前，由于黎族社会中文盲率高，人们习惯用稻草记下收割“山栏稻”的数量，一根稻草代表一把稻谷；利用小石子记牛只的数量，将石子放在一个竹篮或陶盆里，牛生仔时往里装石子，牛死时往外取石子，视篮中石子的多少便知道家中牛的数量；或者是用细竹条、藤条来记数，将细竹条折起（不折断），一节代表一个物件，整个竹条保存起来。藤条则多用于租赁牛只，用藤条丈量牛身大小，待归还时还以同等大小（藤条一样长）的牛。这其实就是黎族社会“结绳记年（数）”的具体表现形式；黎族猎手习惯用猎物的下颚骨记狩得猎物的数量，将猎物的下颚骨串挂在屋檐下，既是对狩获猎物的记数，又当是祈求狩猎丰收的“兽魂”。这种以物来记数的方法是黎族社会传统习惯的遗存，是远古遗留的物象符号。

纵观黎族社会的各种符号，能够以物象的形式体现黎族社会群体意识，起到一定社会约束力的唯有“插星”，它与黎族的“刻木记事，结绳记年（数）”的性质相近，是一种物化的符号。黎族群众施行于家门口、屋檐、屋脚等处的避邪“插星”，是黎族远古社会原始宗教意识之下的产物，是人们为了寻求心理安慰而进行的宗教行为，具备了符箓的特殊功效。对于警示、告示一类的“插星”，则是原始符号文化的延续，是黎族社会交流的表现形式，是无文字情况下的民间物语，是黎族习惯法的体现。这些“插星”更多地与黎族社会的稳定、团结、和睦等相联系，是维持黎族社会稳定发展的润滑剂。它们已上升到黎族社会的传统法制、伦理道德等层面，不再属于原始宗教文化的范畴，已经具备了原始符号文字的性质。

一种物件，一个简单的符号，却能留给人们一定的文字信息，留给人们特定的行为意向，这是千百年来黎族人们共同遵守的习惯，是黎族社会约定俗成的特殊制度。有了它，黎族群众在村寨等社会范围内便有了更多的表达意愿的手段；有了它，黎族社会才会更加安定团结，稳定发展，民族传统文化才能得以代代传承。

黎锦蛙纹的生殖崇拜研究

孙海兰
（海南大学人文传播学院）

黎族是海南岛的世居民族，现有人口约130万，主要聚居于海南岛的中西南部地区。黎族历史上没有文字，但有自己独立的语言，属于汉藏语系壮侗语族黎语支。黎族内部根据各地方言的不同，又可分为润、哈、杞、赛和美孚五大方言，各方言间在风俗习惯方面虽有一定差异，但其文化特征却基本一致。

黎锦技艺，又被称作是黎族传统纺染织绣技艺，是黎族人民在漫长的历史中创造的宝贵非物质文化遗产，它包括纺染织绣原料及工具、纺染织绣技法及其纹样图案、纺染织绣工艺品三大组成部分。

2009年10月，黎锦被联合国教科文组织正式列入世界级急需保护的非物质文化遗产目录。对此，联合国评审专家Ritu Sethi指出，黎族人民没有文字，纺织活动成为记录他们历史的主要方式，而且这一活动进行的方式使之成为一种集体的非物质文化遗产，这里制作的纺织品不是孤立的手工艺品。因为他们拥有具有符号语言性质的并为海南省其他地区的人们所理解的图案。这些符号促进了民族间以及省际间的交流。[①]

黎锦纹样图案题材异常丰富，主要以动物纹样为主，如蛙纹、蛇纹、狗纹、牛纹、鹿纹、马纹、鸡纹、猫纹等，同时还有花草纹、风纹、雨纹、雷电纹、星辰纹、镰刀纹、耳环纹、文身纹、儋耳纹等。在众多的黎锦纹样图案中，最具普遍性的纹样是蛙纹，占黎锦纹样总数的20%左右。

美国人类学家弗朗兹·博厄斯认为在原始人的艺术中存在着两种因素：一种是单纯依靠形式带给人们以艺术的享受，另一种则是形式本身还具有某种其他含义，这种含义赋予原始艺术品更高的美学价值。他特别提

---

① 黄晶：《黎锦工艺技惊世遗》，《海南日报》2009年10月19日B2版。

醒我们注意："世界上众多民族的艺术品，从表面上看仅仅是单纯的形式装饰，而实际上却同某些含义相关联。"①

对黎锦而言，大量出现的蛙纹不仅起到了形式美的装饰作用，而且还与黎族早期的生殖崇拜观念息息相关。

一、生殖崇拜的基本内涵

生殖崇拜，指的是在原始社会生存环境极为恶劣、生命极其宝贵的情况下，早期人类对与生命延续直接相关的生殖器、生殖活动、生殖结果等事物或现象产生的一种广泛的神秘感，并继而通过一些仪式化的活动对与此相关的这些事物或现象表达敬畏和尊崇的思想情感。生殖崇拜是早期人类在文明进程中的一个较为独特的现象，是人类万物有灵观念的一种具体体现。

一般来说，生殖崇拜主要包含两个方面内容：

（1）生殖崇拜的基本内容是对生殖力的崇拜，而生殖力主要表现在三个方面，即生殖器、生殖过程、生殖结果。

就生殖器崇拜而言，主要指的是对男性或女性生殖器官的崇拜，比如新疆呼图壁康家石门子岩画就反映出对男性生殖器的崇拜。如图 1 所示：

图 1　新疆呼图壁康家石门子岩画

① ［美］弗朗兹·博厄斯著，金辉译：《原始艺术》，贵州人民出版社，2004 年，第 59 页。

生殖过程崇拜范围较广，指的是对从交配到受孕直到生产的整个过程或某一细节的崇拜。如贵州威宁彝族的民间，流行一种舞蹈，舞蹈过程中，男性会在女性背后做抬腿动作，舞蹈结束后，“撮吉老人每到一家，主人都要备下酒肉，表示欢迎。在同辈的人家，撮吉老人还要唱彝族古情歌，在结婚多年未能生育的夫妇家，阿布母与阿达母还要做一些交媾示意状，以引来隔年生子”①。这种舞蹈形式就是典型的模拟生殖过程中交配行为的舞蹈，体现的就是典型的生殖过程崇拜。

生殖结果崇拜，指的是对新生命的崇拜，尤其对大量新生命出现的崇拜。如哈尼族姑娘的银制腰饰中，有一种腰饰十分明确地体现出对生殖结果的崇拜。这种腰饰用“一条银线穿着两个象征着鱼卵的银泡和一条大鱼；在这条大鱼的头、肚、尾，分别延伸出三条小鱼和两个鱼卵；这三条小鱼的头和尾，分别延伸出象征着鱼卵的银泡，而这三条小鱼的肚子，则分别延伸出一条小鱼；而这三条小鱼的头和尾，尚未能延伸出任何东西，但在它们的肚子处，却已经延伸出了一条线。很显然，是那两个鱼卵衍生出了那一条大鱼，而那条大鱼又是最具有生殖能力的；作为它的后代，居中的那三条小鱼，虽然不像大鱼一样衍生出三条小鱼，但却已具备了一定的生殖力，故已能衍生出一条小鱼和两个鱼卵。最下层的三条小鱼，尽管尚未具备生殖能力，却也通过一条银线的延伸来表明生殖的无限性”②。

（2）生殖崇拜的基本表现形式是一种仪式化行为。

首先，生殖崇拜行为是原始氏族群体所共同遵守的一种行为，它不是单个人对生殖现象的崇拜，而是作为群体的原始氏族的一种共同行为，所以，它具有传承性，是原始氏族一代一代传承下来、具有延续性的一种行为。

其次，生殖崇拜行为是以某种形式被固定下来的一种行为，如巫术、祭祀、绘画、雕刻、舞蹈等。在原始社会，艺术不是独立存在的，它总是随着巫术活动而存在，在巫术活动过程中，人们陷入迷狂状态，或歌或舞，通过各种形式表达对崇拜对象的敬畏，而这些形式就逐渐沉淀为一种仪式性的行为。生殖崇拜正是这样一种仪式性行为的具体表现。

---

① 宋兆麟：《民间性巫术》，云南民族出版社，2005 年，第 160 页。

② 廖明君：《生殖崇拜的文化解读》，广西人民出版社，2006 年，第 327 页。

再次，生殖崇拜行为是反复的、经常出现的一种行为。比如在青海柳湾出土的众多彩陶器具上面，不仅出现大量具象蛙纹和变形蛙纹，而且这些蛙纹具有内在一致性，从形象上我们甚至可以排出从具象到抽象的完整序列，“蛙肢纹的形态比较复杂，经历了一个由蛙全形到蛙体局部、由繁到简、由具象到抽象的变化过程”①。这说明蛙崇拜行为在当时很长的一段时期中是一直被坚持的。

从以上分析可知，生殖崇拜的本质是对生殖力的崇拜，是出于繁衍人口的需要而产生的一种世界普遍存在的文化现象。

二、黎锦蛙纹具有典型的崇拜特征

（1）蛙纹在黎锦上普遍存在，是黎锦最重要的纹样之一。

在我们所采集到的531种黎锦纹样样本中，仅蛙纹就有100种，占所有纹样的18.83%。其中润方言32种，哈方言12种，杞方言31种，赛方言7种，美孚方言18种。

（2）蛙纹在黎锦上经历了由具象向抽象逐渐过渡的过程。黎锦蛙纹大体上可以分为三种类型：

①具象蛙纹。此型蛙纹非常具象化的呈现出蛙的基本特征，即身体呈菱形，头小身大，身体自颈部逐渐向两翼扩展，上肢短小，向上伸展，下肢粗壮有力，做蹬地状，蛙蹼清晰，整体形象似捕虫状，栩栩如生。此型的主要特点是形象感强、动感有力。如图2所示：

图2

① 赵国华：《生殖崇拜文化论》，中国社会科学出版社，1990年，第191页。

在我们所采集到的531种黎锦纹样样本中，此型蛙纹共出现11种外形上各有差异的纹样，占所有纹样的2.07%。

②变形化蛙纹。此型是在具象蛙纹的基础上略加变化，以青蛙的菱形体形为基础，通过各种夸张、变形的方式将其外在特征表现出来：或者突出其眼部特征，或者突出其跳跃的姿势特征，或者突出其“抱对”的生活习性特征，以抽象的方式表现出青蛙的整体形象。在表现形式上有些侧重以线条化方式加以表现，有些侧重对蛙的局部细节加以表现，形象感很强，但总体特征都保持了蛙的基本形态和基本姿势。此型的主要特点是蛙的菱形外形和蛙蹼仍然存在，但其形象已经发生较大变化。如图3所示：

图3

在我们所采集到的531种黎锦纹样样本中，此型蛙纹共出现45种外形上各有差异的纹样，占所有纹样的8.47%。

③简化蛙纹。此型纹样是在变形化蛙纹的基础上继续加以变化，主要通过简化的方式将蛙身体的基本形状和跳跃时的基本姿势用异常简洁的线条呈现出来，在表现形式上以写意为主，有的已经具有了几何形纹样的某些特征。此型纹样的主要特点是仅保留蛙的菱形化体型，抽象感强。如图4所示：

图4

在我们所采集到的531种黎锦纹样样本中，此型蛙纹共出现44种外形上各有差异的纹样，占所有纹样的8.29%。

（3）蛙纹在黎锦上最终形成了黎锦纹样的菱形化风格。在黎锦上不仅有大量蛙纹，而且可以明显看出在蛙纹的菱形体型基础上进而形成了数量更为庞大的菱形几何纹，这种菱形几何纹几乎占据了黎锦所有几何纹样的70%以上。

总之，蛙纹在黎锦上反复出现，不断演变，并最终形成了菱形化基调的事实说明，黎锦蛙纹已经具有某种典型的崇拜特征。

三、黎锦蛙纹充分体现出青蛙强大的生殖力

（1）青蛙强大的生殖力首先表现在黎锦蛙纹的整体形象特征上。

黎锦上的很多蛙纹，不仅仅只是表现出青蛙的菱形化形象特征，而且，在基本的菱形框架内，有的还装饰有各种小型的菱形纹样。从中我们可以看出母蛙孕育小蛙的某些特征，这种形象特征明显象征的是受孕妇女的腹部。如图5所示：

图5

（2）青蛙的强大生殖力表现在黎锦蛙纹的边缘纹样和角隅纹样中。

在黎锦上一般蛙纹作为主体纹样时，在其四周或角落往往会添加各种简化的蛙纹作为装饰，其中经常出现的是在主体蛙纹下部或两腿之间，往往会有一个小型的简化蛙纹作为搭配，对此，黎族人民通常将其称为母子纹。如图6所示：

图6

这些装饰性纹样与作为主体纹样的蛙纹组合在一起，实际上是运用写意的手法对青蛙生育能力的一种象征性的表达，从一个侧面表现了青蛙强大的生殖力。

（3）青蛙强大的生殖力还表现在蛙纹构图中的生育过程。

青蛙的孕育过程有一个非常独特的习性，那就是抱对。抱对指的是进入生殖期的雄蛙趴在雌蛙的身体上，将雌蛙紧紧抱住的现象。尽管青蛙的抱对并不是在进行交配，而只是青蛙生殖过程中的一个环节，但对于早期人类来说，由于这种现象与人类的交配行为非常相似，所以自然而然也就将其作为生殖过程的一种现象加以崇拜。如图7所示：

图7

青蛙抱对的这种习性在黎锦蛙纹中也得到了体现，在润方言、杞方言、哈方言黎锦纹样中，都可清晰地看出两只或两只以上青蛙并排罗列在一起的图案，虽然没有明确的文字材料证明，但从形象上来看，其抱对的特征已经非常鲜明了。

四、黎锦蛙纹具有强烈的仪式化特征

（1）蛙纹在黎锦上反复出现，并由此形成了黎锦纹样的菱形化形态，体现出非常明显的仪式化特征。

蛙纹不仅在黎锦上普遍存在，而且在黎族其他生活用具上也非常普遍。比如在黎族民间有这样的说法：“在黎族的大鼓、铜锣、筒裙等生产、生活用品上，以绘有蛙纹图案者为贵。”①

（2）蛙纹在黎锦上具有特殊的意义，不同的蛙纹还具有区分不同氏族的功能。

从这一角度来说，每个氏族都有其独特的蛙纹图案。一般来说，黎锦蛙纹纹样似乎是按照黎族各方言来加以区分的，但在我们实际采样过程中，却发现在同一方言区内不同村庄的蛙纹纹样图案的差异也是很大的。比如哈方言由于内部又分不同的土语，如抱怀土语、罗活土语、哈应土语等，各土语妇女黎锦上的蛙纹造型也各不相同。

抱怀土语黎锦上还较多地保留了蛙形及蛙的一些基本特征：蛙头、四肢、四脚、体型呈菱形化，可以说非常具象。如图8所示：

图8　抱怀土语“大力神”纹

罗活土语黎锦上的蛙纹特征已不太明显，只是在外形上还保留蛙的一些特征，如图案呈菱形化、两个或两个以上图案叠加，似雌雄蛙抱对交配。如图9所示：

① 符镇南口述、郑广琼整理：《美孚黎原始宗教及自然崇拜》，载于符和积：《海南文史资料》（第7辑），南海出版公司，1993年，第191页。

图 9　罗活土语蛙纹

哈应土语妇女黎锦上的蛙纹变异最大，一般只是还保留着蛙的部分外形和抱对的特征。如图 10 所示：

图 10　哈应土语蛙纹

以上几幅蛙纹，虽然都采集自黎族哈方言，但在形象上却有根本的差异，这说明蛙纹在不同氏族当中是有不同表现形式的。

（3）蛙纹是被织或绣在黎锦上的，蛙纹的精美程度往往是评价一位黎族妇女能力、身份、地位的标尺。因此，黎锦蛙纹不仅具有审美的功用，而且具有某种仪式化的特征。

①生育习俗。

黎族妇女习惯于用黎锦来抱小孩，并用黎锦和竹条或别的材料编的筐作为新生儿的摇篮。笔者在东方市大田抱板村调查得知，新生儿出生后必须用织绣有精美蛙纹图案的黎锦抱着，直到孩子四五个月后，大人将黎锦单肩斜挎，把小孩放在黎锦里面背着，这样在炎热的高温下，大人不会将体温传给孩子，也不会将汗珠滴到孩子身上，而且大人可以边背着孩子边干些简单的家务活。

另外，小孩睡觉时也常放在黎锦里面，一般是在屋檐下或田间地头找一个能挂钩子的地方，用一根绳子一头拴在房檐或树枝上，下面拴一个钩子，把黎锦挂在钩子上，这样就可以边摇边让小孩入睡。在农忙季节，一般是将小孩带到田间地头，将钩子拴在一根树枝上，这样一方面可以将小孩放在阴凉的地方睡觉，另一方面也避免了遭受动物侵袭的危险。

另外，婴儿所使用的黎锦为外婆所送，一般在孕妇生育前，母亲要送给女儿一两条织绣有精美蛙纹图案的黎锦抱孩子或者当摇篮使用。所送的黎锦可新可旧，并没有严格的规定，但是旧的黎锦因为经过多次洗涤后比较柔软，而新织的黎锦一般比较僵硬，抱小孩或当摇篮时孩子睡在里面不舒服，因而，母亲一般多送自己穿旧的黎锦给女儿。

②成人习俗。

一般女孩子到十一二岁（有的地方甚至更早，如笔者在东方市江边乡白查村看到五六个七八岁的小女孩使用简单的纺织工具学习纺织技术），父母会举行一个仪式，祈祷祖先们保佑女孩子织出精美漂亮的蛙纹图案的黎锦。

黎锦是黎族妇女纺织能力的具体体现。据有的老人讲，纺织时间的长短、蛙纹图案的复杂程度曾是选择媳妇的主要标准。

另外，有的村还有送三条裙子给新娘的习俗，其内涵是为了向新娘村里的妇女显示婆婆的技艺，因而将来当婆婆时不会被媳妇村里人瞧不起，妇女们从刚开始学习纺织时往往就会非常认真。

③婚姻习俗。

黎族新娘结婚时必须穿织绣有传统蛙纹图案的黎锦，一般在婚前母亲或女孩自己会准备好结婚时穿的黎锦。与别的支系不同的是，在美孚支系，女方家所要的聘礼之一就是黎锦，供女孩结婚时使用。结婚当日，女孩必须身穿精美的蛙纹纹样的黎锦拜祖和向男方家的长辈们行拜礼，这样女孩才会得到男方家的祖先们的认可。

一般参加婚礼的伴娘及其他女孩也都会穿上蛙纹图案精美的黎锦参加婚礼，一方面，黎锦上面精美的蛙纹图案显示了纺织者的技艺高超；另一方面，新郎村里的男孩们也多会根据黎锦蛙纹的精美程度来选择新娘村里的女孩作为自己的女朋友。

④丧葬习俗。

黎族妇女丧葬习俗之一是已逝黎族妇女丧葬时必须身穿织绣有精美蛙纹图案的黎锦。一般老人在去世前就已准备好几套衣服，供去世前穿上。

和年轻女孩所穿的黎锦不同，这些黎锦颜色为深色，且上面必须织绣有传统蛙纹纹样，她们认为这样死后祖先们才会认出自己。

另外，死者家里的晚辈们也必须在死者去世这几天身穿黎锦参加丧葬等一系列活动。在东方市东河镇东河村等一些黎族村寨，如果家里有人去世，家里的妇女必须将黎锦反过来穿三年，就是将黎锦的里子穿在外面，这样其他人一看见该妇女将黎锦反过来穿，就知道这家人近三年有人去世。

综上所述，黎锦蛙纹所体现出的蛙崇拜不仅是黎族人民生殖崇拜的具体表现，也是解读黎族历史和文化的重要纽带，它是体现黎族人民精神情感和历史传统的关键符号，理应得到学术界的高度重视。

黎族哈方言乐东县哈应土语地区丧俗音乐考察

刘厚宇
（琼州学院艺术学院）

海南黎族有哈（侾）、杞、美孚、润（本地）、赛（加茂）等五大方言，而且在分布上形成了一定的居住区。“哈”是指“住在外面的人”①，即黎族的“外围地区”，主要分布在海南岛西部的乐东黎族自治县，东方市以及南部的三亚市，白沙、昌江、陵水等三个黎族自治县，保亭黎族苗族自治县的外围也有少量分布。哈方言又分为罗活、哈应（哈炎）、抱显等三个土语区。哈应土语区主要集中在三亚、乐东二市县。在黎族五个支系中，哈黎丧葬仪式环节多，持续时间最长、最为隆重。其丧葬仪式中所唱的民歌与演奏的器乐，反映了该民族独具特色的音乐文化。

学术界对于黎族丧俗不乏记载和研究，如南宋赵汝适的《诸蕃志》、光绪年间编著的《崖州志·黎防一·黎情》、中南民族学院的《海南岛黎族社会调查》、王学萍主编的《中国黎族》以及高泽强、潘先锷的《祭祀与辟邪——黎族民间信仰文化初探》等。据以上文献的记载，黎族哈应方言区丧俗在整个丧葬仪式中都有音乐烘托，这一习俗文化仍然在今天乐东县哈方言哈应土语区传承。同时，已有文献主要侧重于民俗文化的说明，但对于其丧葬音乐的研究尚属空缺。

本文通过对海南乐东黎族自治县哈应土语区三师村丧葬习俗之田野个案调查，真实记录其民俗事象，并研究其音乐文化。

① 中南民族学院本书编辑组：《海南岛黎族社会调查》（上），广西民族出版社，1992年，第12页。

一、三师村丧葬习俗音乐概况

2009 年 12 月 20 日，乐东黎族自治县千家镇三师村的老人高 × × 在家中病故，享年 76 岁。死者是海南省民族研究基地高泽强副研究员的堂叔，笔者在高泽强先生的引导下，到达丧葬仪式举行地——三师村，展开了详细的田野调查。

乐东黎族自治县哈应土语区的丧俗有一套约定俗成的仪式，一般分为报丧、入殓、守棺、作八、烧纸马、出殡、下葬等几个环节，后六个环节的民俗事项中均有音乐伴随。

报丧。三师村的报丧继承了哈黎哈应土语区的传统习俗。哈应土语区人去世以后，鸣粉枪三次报丧，附近族人及村邻听到枪声后自发前来帮助料理丧事，同时通知舅家及女婿①等亲戚。这一环节没有音乐。

入殓。黎族的入殓仪式是给死者洗身，换衣，舅家在盘问清楚死者死亡原因之后，举行入殓仪式。此时“帕柔”［pa：rə u］带领“帕笑万”［pʌ　ʃəu wən］先后站在棺椁前方和后方唱诵，“帕柔”念一句，“帕笑万”学一句。“帕”指“男人”，“柔”是“老”，就是“老人”的意思，局内人也称“鬼公”。主祭“帕柔”在黎族人的眼里是既能通鬼界，又能通祖先，还能通人间的人。“帕笑万”指“拿日子的人”，黎语为“捧香炉的人”，死者的灵魂与“帕笑万”以后的日常生活紧密相关，一般由长子担任。主要内容是让祖先鬼认领死者，安慰死者安心到祖先那里生活。死者若是妇女，则唱诵娘家的祖先鬼，把死者接回娘家安葬，成为娘家的祖先，因为她与丈夫是不同血缘集团的人。

谱例 1　“帕柔”唱诵曲调（高师金唱，刘厚宇记谱）

① 黎族的“舅家”及“女婿”不仅仅是本家庭中的舅家及女婿，还包括本家族其他的舅家及女婿。

唱诵内容大意：不要再来骚扰他们了，到祖先那里去吧。

守棺。黎族的守棺，就是家人天天吃住在棺椁前祭拜，时间长短视家庭经济状况而定，短的只有几天，较为隆重的丧葬仪式要持续12天。黎族原来守棺仪式的“唱丧歌、跳打柴舞”活动基本消失，“哭灵”仪式中的哭唱和教唱《起床歌》、《天亮歌》的热闹场面没有了，只有棺前燃香。

守棺期间，女婿家族得到消息后，在下午3点以后，带着“八音”、纸马及其他祭奠钱物前来吊唁。黎族丧俗所用的“八音”，是“局内人”的称谓，是由两只唢呐组成的齐奏形式，并非汉族地区所用的包括多种乐器的吹打乐。唢呐吹奏者因其他婚丧事被请走，或因其他原因而一时请不到的事也是常有的，办丧事的主家不会责怪。女婿进村时雇请的唢呐要吹奏专用的曲调（见谱例2），鸣放鞭炮。

谱例2　进村曲调（陈亚开等二人奏，刘厚宇记谱）（所有唢呐记谱实际音高比谱面高八度，下同。）

女婿及其随行的家族成员进入灵堂之后，要举行“改赛”仪式。

“改赛”［gai sai］是黎语方言，“改［gai］”是“转圈”的意思，“赛”［sai］是“木头”的意思，即“围绕棺材转圈”之意。具体做法是，在唢呐吹奏绕棺曲调（见谱例2）时，女婿们手持点燃的焚香，呜咽着缓慢地绕棺材三圈，“孤儿”们则放声痛哭。女婿们每绕到棺材头前要插上一炷香，女婿们每转到“孤儿”（死者子女）旁，“孤儿”要跪拜一次，女婿顺势将“孤儿”扶起。

谱例3　绕棺曲调（陈亚开等二人奏，刘厚宇记谱）

作八。“作八”实际是仿汉人“做斋”。[1] 据笔者了解，“作八”并非此意。也有认为是黎族方言［wuːk bʌt］的音译，［wuːk］是“作”的意思，“八”的发音［bʌt］在黎族方言是“祭祀亡灵”的意思，即“给亡灵作最后一次祭祀仪式”，能够使死者的灵魂摆脱一切人间的羁绊，确保死者在祖先那里能过上幸福的生活。而这一追祭仪式之所以能在哈黎社会中盛行，是由于受汉人传播的道教、佛教思想影响所及。[2] 三师村的出殡日期是在死者去世的同一动物记日，作八仪式是在2009年12月31日，距死者去世正好12天。对于女婿家族来说，作八那天随行的唢呐吹奏是必须有的，否则会被别人笑话。作八仪式中的音乐最丰富，有祖先歌、丧歌、“帕柔”唱诵，器乐有唢呐吹奏、锣镲击乐等。

天黑之后，女婿及其族人携带祭奠物品再次前来祭奠。唢呐再次吹奏进村曲，高姓家族的“孤儿”跪拜迎接后，女婿及其族人进屋进行绕棺仪式，唢呐吹奏。

有的曲调运用场合有性别之分，如死者是女性，则吹奏“bai ŋi”，即悼念女性死者的曲调。

谱例4　悼念女性的曲调

谱例5　从附近村里来祭奠时吹奏的曲调（黎语称［guːʌ sa bau］）

① 中南民族学院本书编辑组：《海南岛黎族社会调查》（上），广西民族出版社，1992年，第14页。

② 邢关英：《中国各民族原始宗教资料集成》（黎族卷），中国社会科学出版社，1998年，第684页。

谱例6　摆好供品后祭奠吹奏的曲调

唱“祖先歌”。天黑之后，十个“帕柔”（“老人”）围坐在屋外门檐下一张长方形的桌子周围，表情严肃。他们轮番唱念祖先歌。“帕柔”必须既懂家族史，又善于唱诵，所以不是随便找个人就能胜任的。由于单个人对各家族的历史记不全，或是不能胜任太长时间的唱诵，一个葬礼往往由好几个“帕柔”接力完成。“老人”们围着一桌酒菜，“帕柔”唱诵的间歇喝酒吃菜，据他们说这是邀请“祖先鬼”回来饮酒吃饭。

笔者所听到的“祖先歌”唱词十分丰富，分为几个方面。一是报告祖先，某某人去世了，我们准备了好酒好肉等许多好吃的，邀请祖先回来将死者灵魂带走。黎族忌讳“死亡”一词，一般用“河水已经干了，村边的大榕树倒了，山崩塌了”等隐喻的方式表达。二是唱述祖先史。从人类起源唱起，依次唱到黎族、家族起源，再到各分支家族起源，一直唱到死者为止。三是向祖先述说死者生病的原因，为其治病的过程，包括用过哪些草药，做过哪些祭祀活动等等。四是用举例的方法，表述死者到了美好的地方去了，大家不要挂念。五是要死者灵魂“走”了以后不要再回来

“玩”（骚扰）家人。

唱丧歌。与屋外祖先歌同时唱的还有灵堂内的丧歌。林亚美等七八位老年妇女在棺材的另一侧唱丧歌。她们唱的丧歌起音总是先喊一声带拖腔的“帕唉”再唱具体内容。哈应土语中对男性统称为“帕”［paː］，女性统称为“拜”［bai］。此时带拖腔的“帕唉”是对死者作为长辈的尊称。

谱例 7　女声丧歌曲调（林亚美唱，刘厚宇记谱）

唱词大意：

（1）父啊，我们想了很多办法也没能治好你的病。鸡也杀过了，猪、牛也杀了，也没能治好你的病。你去了我们怎么办？我们什么（农活、家务）也不会做。撇下我们这些孤儿，我们很想念你啊。

（2）（死者鬼魂的来世）不要成螃蟹，不要投胎蚂蟥，不要变成鱼，要变成更好的，免得被人抓。

约 9 点多钟，屋外一位唱完祖先歌的“老人”高师金来到屋内，也唱起了丧歌。他的丧歌与林亚美唱的曲调不太一样，因为男性与女性对逝者称呼不一样。一般是死者的晚辈唱丧歌。男丧歌特点也是先喊一句［sai diŋ nɔː，sai je］”再起唱。哈应土语中“sai”是“伯父”的意思，与女丧歌一样，也是歌者对死者的尊称。

丧歌的主要内容是叙说死者生前的功德，对生者的好处。时断时续的丧歌一直持续到 12 点多钟。

谱例 8　男声丧歌曲调（高师金唱，刘厚宇记谱）

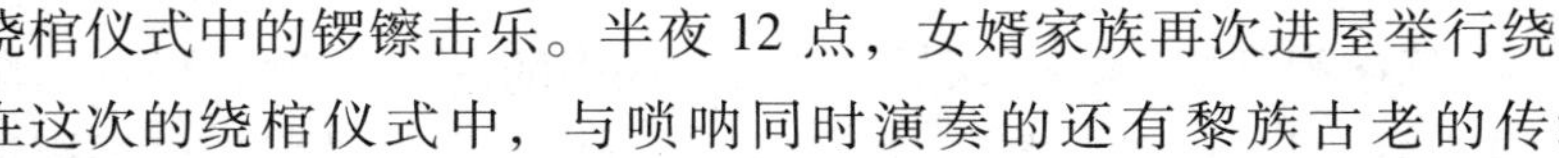

绕棺仪式中的锣镲击乐。半夜 12 点，女婿家族再次进屋举行绕棺仪式。在这次的绕棺仪式中，与唢呐同时演奏的还有黎族古老的传统乐器——锣和镲，这种古老的乐器在黎族各家族都有收藏。“俗好铜锣，小者为钲，亦锣类也，有余家购而藏之以为世珍。”① 按照哈应土语区的习俗，这种铜制乐器只有在丧葬仪式中才用，平时被收藏者各自小心地保管，如果不小心碰到而发出了声音，视为不吉利。笔者现场看到的铜锣与海南汉族使用的一样，已经不是文献中记载的蛙锣。

绕棺仪式进行的时候，唢呐在灵堂一侧悲鸣，两位老者各自手持锣镲，半弓腰紧随在女婿身后敲击出余音悠长、情景悲凉的音乐。女婿手持焚香围绕棺材边转边哭，“孤儿”们也放声大哭。整个现场沉浸在无比悲痛之中。

“帕柔”唱诵。作八的各个环节都有“帕柔”唱诵。唱诵内容同入殓基本一样。吃饭的时候也叫“祖先鬼回来吃饭，死者也要出来吃饭，吃饱了好上路”。如果有人来祭奠了，“帕柔”要唱诵，告诉死者“某某人来看你了，送的什么东西”等等。

与丧歌同时进行的，还有包括死者女婿在内的两男两女四位老人在屋外对唱情歌。不知什么时候，屋内唱丧歌的几位老年妇女也加入进来。情歌对唱一直持续到快天亮。这种情形犹如文献中记载的“妆饰来游，欢歌互答”再现，只是当年的青年男女换成了老人，围观在周围的是一群当地的中年男女及儿童。

烧纸马。黎语称“随侠”［sui ʃʌ］，即天亮之后，在“帕柔”的主持下，参加葬礼的人集体到村口，将亲戚送来祭奠亡灵的纸马、纸衣以及死者生前用过的物品、穿过的衣服全部拿到村口烧掉。此时，“帕柔”再次唱诵。

出殡。作八的第二天天亮举行出殡仪式。乐东县三师村的出殡仪式于2010年元旦8:15开始。棺材从屋内缓缓移出，“帕柔”带领“帕笑万”一番唱诵后。随着一声粉枪枪响，长长的送葬队伍随着鞭炮声、唢呐声、丧歌声、哭声缓慢地由村里向山上的墓地出发，棺材盖上端坐着死者的女儿。

依照哈应土语区习俗，出殡路上送葬队伍要停下来祭奠三次（给死者酒饭“吃”），“帕柔”带领“帕笑万”用相同的曲调唱诵。

---

①（清）张庆长撰，王甫校注：《黎岐纪闻》，广东高等教育出版社，1992年，第118页。

下葬。到了墓地，“帕柔”领着“帕笑万”先后在坟前与坟后再次唱诵，举行与入殓仪式形式相同的下葬仪式，之后将棺材放进事先挖好的墓穴。亲戚们再次举行绕坟仪式，曲调不变。女婿们手持点燃的焚香，缓慢地绕墓穴三圈，不时燃放小挂鞭炮，每绕到坟头前要将手里的焚香插上一炷。转圈的人们与站立在一旁的“孤儿”们也放声痛哭。转圈者每转到“孤儿”（死者子女）旁，“孤儿”要跪拜一次，女婿顺势将“孤儿”扶起。整个葬礼的悲痛达到了高潮。随着一挂长长的鞭炮被点燃，所有人的哭声、唢呐声瞬间停止，葬礼结束。

“帕柔”（左二）与“帕笑万”（左一）在坟前举行唱通仪式（刘厚宇摄）

坟前绕棺仪式（刘厚宇摄）

二、三师村丧俗音乐特征

三师村丧俗音乐主要分为民歌和器乐两大类。民歌由主祭“帕柔”唱诵的老人歌、一唱众合和轮番接力的祖先歌以及灵堂内唱的丧歌三类组成。器乐有锣镲击乐、唢呐乐，不同种类的音乐表现了不同的情感。

1. 丧俗民歌特征

老人歌。主祭“帕柔”唱诵的“老人歌”曲调较为简单，主要是由 sol 和 la 构成的介于说和念之间的唱诵反复。有时是由于念诵内容的改变而将开始音 sol 改变为其上方纯四度的高音 do，这些唱诵的落音均为 sol。唱诵与平时说话的语速基本一样。

“老人歌”是在哈应土语发音基础上形成的一种唱与念之间的形式，以大二度级进为主，偶尔唱词的变化也会形成下行的“do－sol”纯四度跳进，因此旋律的地方性色彩较强。“帕柔”的每次唱诵音调几乎相同，但不同仪式环节唱诵的内容不同，语言就不太一样，有时是谱例 1 的第一小节，有时是第二小节，有时是两小节连续唱诵。

祖先歌。祖先歌分为轮番接力和一唱众合两种形式。笔者在三师村听到的祖先歌依次共有三种曲调。

第一种曲调是一唱众合的帮腔形式，由 sol、la、dou 构成三音列，对称性乐句，其节奏型为：

谱例 9　三师村祖先歌曲调之一（众“帕柔”唱，刘厚宇记谱、注音）

第二种曲调是每次起腔都要有一个呈抛物线形的下滑喊句，好像是一种起腔的程式。祖先歌的起唱喊句都是先喊唱［mei gʌŋ gɔŋaː］，是向母系家族祖先报告“死者去祖先那里报到了”。演唱的形式为此起彼伏的接力式。往往前一人还没有落音，另一人已经迫不及待地起腔，第三人再接力。有时也有二人以上同时接唱的。由于每个“帕柔”嗓音不同，起唱的调高也不一样。

谱例 9　三师村祖先歌曲调之二（高师金唱，刘厚宇记谱）

第三种曲调与第二种基本相同，只是少了每次起腔的喊句，句尾往往加上一个高八度的假声。

灵堂内唱的丧歌。丧歌的共同点：起腔都用带拖腔的呼唤性喊句，喊句的落音都是下滑结尾；喊唱中间大部分的旋律很接近，以 mi－la、la－re、re－la 等音节组成，乐句尾音都落在“sol”上；腔不定句，句不定字，每一乐句的长度取决于歌词的多少。

由于对死者的称呼不一样，男女丧歌起唱的喊腔旋律也不一样；与死者关系以及唱歌的环节不同，丧歌选用的唱词内容就不同，而唱词变化直接导致喊腔之后的旋律发生变化。具体表现为乐句长短不定、音节组合不同，但曲调的骨干音相对较固定。三师村丧俗歌都是当地黎族常用的所唱曲调。祖先歌中的一种曲调与丧歌基本一样，属于当地较古老、流行于哈应土语区的同一个曲调，体现了中国民间音乐“一曲多用，一腔多词”的特征。

2. 丧俗器乐特征

锣镲击乐。三师村使用的锣镲虽与海南汉族的一样，但击奏的节奏不同，尤其是锣的演奏。锣的击奏音型是两个持续二分音符的长音，穿透力极强，好像穿透尘世，对死亡发出无奈、无助、凄凉之感叹。中间穿插的♩ ♩或♪♩♪音型好像只是为了避免节奏单调枯燥的变化。

谱例 10　改赛仪式中的锣镲节奏

唢呐曲调。据唢呐艺人陈亚开介绍，他们在三师村所吹奏的唢呐曲调在哈应土语区丧俗中是通用的。他说，不同的仪式环节吹奏的曲调不一样，各个曲调“专曲专用”，丧葬仪式的唢呐曲调一共有 12 种之多。唢呐曲调节奏相对较为自由，丧俗唢呐乐以悲伤、哀婉的情绪为主。

三师村黎族丧俗中不同的音乐种类，其诉求目的并不完全相同。丧歌表达了亲人对死者的哀悼；“祖先歌”展现出的是庄严神圣的场景；“老人歌”除具有“祖先歌”的庄严神圣之外，还有对超凡域的祖先和死者灵魂的敬重，对“恶鬼”的排斥。锣镲击乐鲜明的节奏型撞击着丧俗仪式现场人们的心，也将仪式推向新的高潮。节奏相对自由的唢呐曲调表达了丧俗仪式中人们共同的哀婉心情。当所有音乐同时演奏，与仪式中的鞭炮、哭声组合时，营造了一个更加悲伤、哀婉的场景。

三、丧俗仪式音声功能

黎族丧俗与其民间信仰密不可分。黎族民间信仰经历了“万物有灵”的自然崇拜到图腾崇拜，再到现在的鬼魂崇拜，尚没有进入“神灵”崇拜阶段。由于黎族居住在环境偏僻地区，交通不便，生产力不够发达，在黎族人的意识形态中鬼魂的观念占统治地位。“在黎族的传统观念里，正常死亡的人，死后他的鬼魂有善的一面，即保护家人平安、百事遂意；但也有恶的一面，就是每当他的鬼魂在阴间生活遇到麻烦和困难时，必然会回到人间来作祟于家人，使人致病。”① 笔者以为，正是在传统宗教观念的导引下，三师村黎族人举行隆重葬礼的目的不外于哀悼与辟邪两种功能。丧俗音乐与其他音声一起，强化了丧俗功能，渲染了丧俗仪式气氛。

1. 强化丧俗仪式功能

强化哀悼功能。家中成员的突然离去，对于一个家庭来说无疑是一场重大变故，对家庭其他成员心灵的震撼是显而易见的。悲痛中的家人、族人、亲戚举行一套烦琐而又隆重的仪式哀悼死者是再正常不过的事情。三师村丧俗仪式的各环节无不体现出对死者的哀悼。举行长达12天之久的完备而隆重的丧祭仪式是一种最直接的哀悼形式；“孤儿”们每日守棺祭奠、痛哭，丧歌中表达出与死者曾经共同生活的怀念；族人、舅家、女婿家族从四面八方赶来，在歌声、唢呐乐、锣镲击乐烘托下，用虔诚的跪拜、哀号等行为来祭奠，以缅怀死者的功德。丧俗仪式中的音乐使用，是黎族民俗不可或缺的要素之一。

强化辟邪功能。三师村丧俗的哀悼功能与其他诸民族接近，唯独不同的是其辟邪功能。“害怕死者鬼魂作祟于生人而采取的防范措施。可见丧葬习俗乃是人们既慑于死者灵魂的危害，又希望得到其庇佑的矛盾的民俗心理的反映。”② 这正是三师村黎族丧俗仪式目的之一。

---

① 高泽强、潘先锷：《祭祀与避邪——黎族民间信仰文化与初探》，云南民族出版社，2007年，第117页。

② 陈启新：《中国民俗学通论》，中山大学出版社，1996年，第338页。

“黎族认为，死者的‘鬼魂’都不会自己找到列祖列宗鬼魂居住的地方，死者的鬼魂总是在其生前住过的房子、村寨周围游荡，所以活着的人要通过一定的仪式，将其亡灵引送到祖宗灵魂的住处。这个引送者就是‘帕柔’。”① 三师村丧俗仪式各环节由“帕柔”组织，主持整个仪式活动。报丧之后，入殓、守灵祭奠、作八、烧纸马、出殡、下葬，直至几个重要环节中的多次绕棺仪式都必须有“帕柔”带领“帕笑万”的唱诵。“帕柔”唱诵的目的是为死者引路，使死者亡灵顺利与祖先团聚。为死者送葬时唱“祖先歌”被认为是不可缺少的重要环节，因为在黎族人的观念里，必须以“祖先歌”为媒介才能与祖先鬼相聚，否则将成为野鬼并会经常作祟于家人。

为达到辟邪的目的，三师村黎族人在丧葬过程中面对三类不同的鬼魂，采用了不同的态度：

对祖先“敬”。摆上好酒好肉，唱祖先歌邀请祖先鬼前来享用的同时，认领、带走死者魂灵。

对死者魂灵“敬”与“抚”相结合。敬奉好酒、好肉、好言（丧歌、祖先歌）安抚死者亡灵，使其安心到祖先鬼那里报到、生活，不要到人间作祟。

对于孤魂野鬼“拒”。仪式中的各种音声，如粉枪声、鞭炮声、唢呐声、锣镲击乐、“帕柔”唱诵，震慑孤魂野鬼不要前来，保护死者魂灵免受其骚扰。

黎族丧俗仪式中的丧歌仅仅完成了哀悼功能，这是由丧歌歌者只是作为“亲属”的身份和丧歌的哀悼内容所决定的。丧俗仪式中的另一重要主题——辟邪，通过黎族鬼公唱诵“老人歌”及“祖先歌”完成。

2. 渲染现场气氛，强化丧俗仪式功能

丧俗仪式现场是一个特定场域。从发出报丧音声开始，丧家就通过音声及其他要素营造并首先进入了丧俗的仪式场域。薛艺兵先生认为，祭祀仪式的关系是“由‘凡俗域’和‘超凡域’构成的‘两域结构’模式”②。

---

① 高泽强、潘先锷：《祭祀与避邪——黎族民间信仰文化与初探》，云南民族出版社，2007 年，第 122 ~ 123 页。

② 薛艺兵：《神圣的娱乐》，宗教文化出版社，2003 年，第 150 页。

随着族人、亲戚的陆续到来，与丧家共同制造着各种不同的音声。唢呐音调节奏相对自由的悲鸣、苍凉的锣镲击乐声、“孤儿”们唱丧歌及哀号的哭声构成凡俗域的仪式效应；主祭“帕柔”庄严而神圣的唱诵和“老人”们此起彼伏的祖先歌则构成超凡域的仪式效应。“他们的身体行为所产生的听觉效应，就成为他们所能体验和所能感受的、沟通两域的重要媒介。”①

三师村的丧俗仪式音声体现出对死者的悼念，对亡灵的畏惧，是悼念与辟邪交织的心理冲突。音声，尤其是作为丧俗仪式行为主要组成部分的音乐，与其他仪式要素一起，共同完成了丧俗仪式的哀悼与辟邪功能，渲染丧俗仪式现场气氛从而达到对死者家庭、家族及其村邻的一种心理调适。

表 1　哈应土语丧俗仪式中的观念、行为、音声对照

观念	行为	音声	目的	功能
	报丧	粉枪枪声或爆竹声	通告祖先及乡邻，警告野鬼勿扰	辟邪
祖先鬼	入殓	主祭“帕柔”唱诵	安抚“祖先鬼”	辟邪
	守棺	唢呐吹奏、哭声	哀悼死者，渲染场面，烘托气氛	辟邪与悼念
		丧歌、哭声	哀悼死者，安抚死者亡灵	悼念
	作八	唢呐吹奏	哀悼死者，渲染场面，烘托气氛	悼念

从表 1 可以看出，三师村丧俗各环节的仪式音声“只是活动中的辅导手段，起烘托气氛的作用或作为整个仪式中的规定项目”②。民间世俗色彩的丧歌、锣镲击乐、唢呐吹奏等音声起到了悼念死者、渲染丧俗现场气氛的作用；枪声、爆竹声、哭声等非音乐的仪式音声，以及祖先歌、“帕柔”唱诵等民间宗教色彩的音乐完成了丧俗仪式的辟邪功能。整个丧俗仪式音

① 薛艺兵：《神圣的娱乐》，宗教文化出版社，2003 年，第 152 页。

② 薛艺兵：《“音乐民俗”界说》，《中国音乐学》1992 年第 4 期。

声给丧家周边的黎族人以潜在的精神安慰。笔者以为，仪式中的这些音声与其他丧俗仪式要素一起，渲染了丧俗现场气氛，对“局内人”产生了他们预期的心理效应：仪式已经把他（亡灵）送走了，他不会回来作祟了，大家可以安心生活了。

结语

乐东黎族自治县三师村丧俗仪式是在黎族“鬼魂”观念支配下的自觉行为。音乐在仪式过程中起到了其他献祭不可替代的作用。不论是“一曲多用”的丧歌，还是“专曲专用”的器乐，作为黎族哈应土语区丧俗仪式的一个必不可少的主要组成部分，三师村的丧俗音乐与其他丧俗要素一起，完成并强化了丧俗仪式的哀悼、辟邪功能，渲染了丧葬仪式神圣庄严而又哀婉的气氛。黎族三师村丧俗仪式亦是黎族民间宗教观念的典型体现。

表2　三师村丧俗中各类音声功能

音声		所用环节	功能
非乐音	粉枪枪声	报丧、出殡、下葬	辟邪（通告祖先及乡邻，驱野鬼）
	爆竹声	各环节	辟邪（驱野鬼）
	哭声	报丧、烧纸马之外的各环节	悼念死者
乐音	唢呐吹奏	绕棺	悼念死者，烘托气氛
	锣镲击乐	守棺、作八、绕棺	烘托气氛，驱鬼辟邪
	丧歌	守灵、出殡	悼念死者，安抚“鬼魂”
	祖先歌	作八	辟邪安抚“鬼魂”
	主祭“帕柔”唱诵	报丧之外的各环节	驱鬼辟邪，安抚“鬼魂”

黎族打柴舞探源

罗文雄
（海南省民族博物馆）

打柴舞是黎族民间流行的一种集体舞蹈。它是在平地上平行排列两根长约3～4米、直径约10厘米的圆木，两木相距约2米，再架上数对小木棒，打柴者分两边两两相对或坐或蹲下，双手各执木棍的端头，然后有节奏有顺序地进行左右、上下分合敲打，舞者便在木棒的一张一合的空隙中来回踩踏、跳跃，或模仿动物的动作，或模仿人们在生产生活中的动作等，场面欢快热烈（图1）。打柴舞在过去是鲜为人知的，新中国成立后经舞蹈和文艺工作者收集、发掘、传扬。尤其是海南建省办特区后，旅游业得到空前的发展，而黎族传统文化是海南旅游资源的重要组成部分，逐渐成为外界所熟知和喜爱的舞蹈显示出独特的艺术魅力，打柴舞成为黎族民间知名度最高的舞蹈，是黎族民间舞蹈的代表作之一，世人一谈到黎族自然会谈到打柴舞，如今它已被国家列入国家级非物质文化遗产保护名录。然而打柴舞是在何时何地因何事而发源形成？又如何演变发展？因黎族没有本民族的文字，而文献或典籍记载又很晚，到了清代才开始有一些文献作零星的记载。尽管如此，打柴舞作为黎族传统文化中一个重要组成部分，其历史是悠久的，文化内涵是丰富的，这一点是可以肯定的。因此对黎族打柴舞的起源、演变、发展及其所表现的文化现象进行探析具有重要的意义，特别是可以为海南建设国际旅游岛注入民族文化元素和内涵。

图 1　打柴舞的场面

一、打柴舞源于丧葬活动

笔者小时候看见凡村里的老人去世，晚上人们总在堂屋（死者家门）前跳起打柴舞，十分疑惑不解。随着年龄的增长，特别是大学毕业后从事民族文化研究和民族文物征集工作，经常走村串户进行田野调查，参加数十次丧葬活动，身临其境后才真正了解、感受和体会到打柴舞深厚的文化根基与底蕴：它是一种丧葬舞蹈，实际上更是一种宗教仪式。黎族内部分为哈、杞、美孚、润（本地）、赛（加茂）等五大支系，每个支系中又含有若干个小支系，但只有哈黎支系中的哈应人在举行丧葬活动时才跳打柴舞作为祭祀仪式。为什么在人死时要跳打柴舞呢？在哈应人地区流传着这样的传说：相传古时，有一位黎族峒主病故了，他的儿子及其家族为他举行隆重的丧礼，停棺数十天，每天敲锣打鼓，哭唱丧歌，跳丧舞。锣鼓声、唢呐声、二胡声、哭声等交织在一起传到汉王府，汉王非常恐慌，认为这会影响其王府的根基，便派官兵前来围捕，峒主的儿子闻讯，组织族人抬棺转移入山林，一路上跋山涉水、风雨交加、人困马乏。为了驱寒、防止野兽的袭击和解除失去亲人的痛苦，他们就用抬棺的木棒相互敲敲打打，边跳边唱着丧歌，并在木棒间来回跳跃，边跳边吆喝，打柴舞就这样跳出来了。这一传统习俗一直沿袭至今，如今在海南省三亚市崖城镇和乐东黎族自治县千家镇的哈应人仍然保持着在举行丧葬活动时跳打柴舞的习俗。在人落气（断气）的那天，死者家族有威信的“奥雅”（长辈）或“帕柔”（吟唱祖谱的宗教活动主持者）便着手组织族人进行治丧事宜，其中一项便是派家族兄弟上山砍伐木材制作打柴舞具：两根长约3~4米、直径约10厘米的圆木，数十根长约3米、直径约3厘米的小圆木。在入殓的当天晚上，开始在死者堂屋前的“丧棚”（死者家族在丧家屋前临时搭建一个棚子供治丧期间跳打柴舞和共商治丧事宜之用）下跳打柴舞，直到“作八”[①] 的前一天结束。舞时，先将两根大圆木相距约2米平行置于地上，再将数对小圆木横架在上面，最多可达7对，两端分别由人蹲而执之，两两相对（图2），而后开始有节奏、有顺序地进行左右和上下分合击打，舞者便可在一张一合的空隙中来回跳跃，主要有以下几个基本舞步：

图2　准备

① 哈应人的丧葬习俗，从人死后入殓到出殡前夕，这段时间死者家族为死者举行一系列奠祭仪式，出殡前一天晚上祭仪活动达到高潮。而狭义的“作八”是指出殡前一天晚上举行隆重的奠祭活动。

第一步，磨刀步（图3）。打柴者将小圆木架在大圆木上进行分合击打，舞者便在一张一合的空隙间踩踏、跳跃而过。舞时，舞者发出一阵阵的吆喝声（以下的舞步也一样）。

第二步，参差步（图4）。木棒的击法与第一步一样，舞者双脚轮换在一张一合的空隙中来回跳跃，每一次都以单脚着地。

第三步，青蛙步（图5）。打柴者将小圆木交错分合击打于大圆木上，击奏出如青蛙鸣叫的声音，跳法与第一步相同。

第四步，鹿步（图6）。打柴者将一小圆木高举过头，来回击打另一小圆木，发出有节奏的打柴声，舞者则一前一后相互追逐，前者扮演鹿惊惶失措地跳窜，后者扮演狗在追赶，边追边叫。这是模仿围猎的情景，形象生动，扣人心弦。

第五步，黄猄步（图7）。击法、跳法与鹿步基本一样。

第六步，筛来步（图8）。先将两对小圆木架于大圆木上摆成“井”字状，然后由四个人分执两端进行分合击打，舞者列队作顺时针或逆时针方向在“井”字形的分合空隙间踩踏、跳跃，场面似妇女在筛米的情景。

第七步，猴子偷食步（图9）。打柴者变地下为肩上击拍，即先由四人将两条小圆木扛于肩上，相对而立，然后在扛着的两条小圆木上架两条平行的小圆木摆成“井”字，再由四人执其两端而有节奏地分合拍，由一人手执稻草或其他物品在“井”字口上方摆摆摇摇，进行“引诱”，舞者则仿猴子去偷吃“谷物”，在一张一合的惊险击拍中，快速地在“井”口窜上窜下，躲过小圆木的夹击。①

第八步，老鹰步（图10）。先将舂米臼放在两根大圆木之间，再把两对小圆木架在臼口上摆成“井”字口，“井”口上直立着一根小圆木，并要数人坐在小圆木的端头以稳固木臼，舞时，由四人分别用四根小圆木插在直立木的旁边以固定其直立，同时便以推动其转动，舞者攀上小圆木的顶端，以腹部顶着木端，张开四肢，模仿老鹰在空中展翅飞翔，并鸣叫，推木者和围观者则附和，其场面热闹非凡。

---

① 黄学魁：《黎族打柴舞考析》，《海南民族研究论文》第1集。

图3　磨刀步

图4　参差步

图5　青蛙步

图6　鹿步

图7　黄猄步

图8　筛米步

图9　猴子偷食步

图10　老鹰步

综观打柴舞的舞步大都是黎族在生产生活中的各种动作和模仿动物的动作，有浓厚的娱乐性，其有坐、蹲、站三种打法，由简单到复杂的层次推进，越往后越复杂多变，舞步也随之而变，逐渐把舞蹈推向高潮，并在高潮中结束。舞者要根据打柴节奏的快慢，不仅要敏捷地在小圆木中来回跳跃，而且要作出各种优美的舞姿，同时还要发出吆喝声，观者则附和着，顿时把整个场面推向沸腾。“丧葬……贫曰吃茶，富曰作八，诸戚必以牛羊纸灯鼓吹来奠，虽当身鬻子，不悔。作八必分花木，跳击杵……远近男女，累百盈千，妆饰来游，携手并肩，欢歌互答。”① 这是清代史料对哈应人丧葬活动的描述，足见丧葬场面的壮观、隆重、热闹。

按传统习俗，每天晚上族人饭后以敲锣打鼓为信号，第一响是通知本村家族兄弟姐妹前来丧家哭灵；第二响是跳舞的信号；第三响是跳舞结束的信号，然后进入守灵阶段，每天晚上周而复始。跳打柴舞受传统习俗的约束，有一些禁忌：第一，打柴舞只能在丧葬活动守灵期间跳，而且必须是在晚上规定的时辰里跳，白天忌跳；第二，只有在“旱寨”② 时跳，凶死或未成年人死亡忌跳；第三，舞时，舞步是按照从第一步到第八步来跳，其顺序不能颠倒或者漏跳，否则会给死者家族和村寨带来灾祸；第四，在作八期间，风雨无阻，不得随意停止不跳；第五，舞具只能作出殡时的抬棺工具，到了墓地弃于坟墓旁边，忌作他用，忌带回村，以免引“亡魂”回来，给家族和村寨造成不必要的麻烦，甚至是灾难。

打柴舞黎语称为 go：m^{55} sek^{55}或“专星”，其意为跳舂米木杵之舞或排跳舂米杵之舞。按黎族传统习俗，旧时凡村里有人去世，那么丧家及其家族为死者举行隆重的葬礼，米是葬礼花销最多的物品，因而每天族内的妇女都集中到丧家舂米（因为当时没有碾米机），每四五人围一个舂米臼舂米，一般每次少则摆六七个米臼，多则十到二十个舂米臼，保证当天米的供应。舂完米后木臼、木杵都集中放在丧家那里，晚上大家集中在“丧棚”下跳舞，“跳柴舞”黎语直意就是跳棺材舞之意，不吉利，因此便借

① （清）钟元棣创修，（清）张嶲等纂，郭沫若点校：《崖州志》卷 13，《黎防志一·黎情》，海南出版社，2006 年。

② 是“作八”的最隆重形式，有三个条件：一是死者必须是正常死亡而又无生理缺陷的老人；二是死者必须是年长而又子孙满堂的老人；三是家庭有足够的财力物力。

木杵之名而叫，但并非用舂米杵来充当舞具。

二、打柴舞的文化内涵

灵魂不灭是黎族最基本的宗教观念。他们认为人活在阳间，灵魂活在阴间，两者仍然有密切联系，灵魂在冥冥的阴间监督着阳间人的行为，如此形成了至今仍盛行的祖先崇拜、鬼魂崇拜等信仰，因此打柴舞始终贯穿着这样的内涵和功利目的：

第一，护尸和对死者灵魂的安抚。打柴舞的初衷一是生者为了御寒，但随着社会的发展就慢慢失去了这个意义；二是护尸与敬重，这是后代对先人（子孙对祖先）的关心和爱护，表达了子孙对先辈的崇敬之情；三是利用打柴声驱赶凶神恶煞对死者灵魂的侵扰，使亡魂得以安宁、平平安安地回到祖先居住地与祖先们团聚，过上美好的生活，那么他（她）会好好安息，同时会给家族带来好运，庇护后代和族人。若死者灵魂得不到很好的守护和安抚，不能把他（她）的灵魂顺顺利利送回故地，没有好的归宿，变成孤魂野鬼，他（她）会死不瞑目，心有不甘，会作祟祸害其亲人及族人。因此，人死后必须严格遵照祖先传下来的规矩举办丧葬祭仪，跳打柴舞是祭仪中的一项，给死者以安抚和慰藉。

第二，解除失去亲人的痛苦。人死了，给家属和亲人带来莫大的悲痛，有人甚至因此而昏死过去。“作八”期间，亲属们在屋内守灵、哭灵悲痛欲绝，而到屋外就会被狂热的热舞场面所感染，会情不自禁地加入跳舞的行列，这样既可以减轻痛苦与悲伤，同时又是欢送亡魂的献祭行为，这种悲喜交加的场面，恐怕在其他民族中是不多见的。

第三，逝者的葬仪，生者的欢歌。人死了，生死诀别，亲属和亲友以哭泣的方式宣泄心中的悲痛之情，这是人之常情，不可避免的，但在黎族则有另一番情景，既有号啕大哭，又有欢声笑语；既有悲痛的哭诉，又有热闹的跳舞场景；白天守灵吊丧，晚上则对歌或谈情说爱。在“作八”期间哭声、唢呐声、歌声、锣鼓声、打柴声交织在一起，有悲痛的场面，也有热热闹闹的场面，而打柴舞规模之大，舞蹈时间之长，舞步之多样而复杂令人惊叹！这正是黎族先民生死观的反映：一是灵魂不灭的观念，人去世了，只是其肉体在阳间的死亡，而他（她）的灵魂却在另一个世界（阴间）得到新生，并在那里生活着；二是生者把丧礼操办得隆重、热闹，使亡魂高高兴兴地回归故里成为祖先的神灵，他（她）会保佑其阳间的子孙后代兴旺发达；三是生与死本来是矛盾，但是有死才有生，肉体在阳间死了，灵魂在阴间才能得到新生，阴间与阳间有着千丝万缕的联系，人与灵魂的沟通，是通过人在阳间的献祭来实现的，阴间的灵魂在得到祭品后会用他（她）的力量保佑阳间的子孙后代平安。

三、演变与发展

在海南省乐东黎族自治县千家地区有一座跳舞山（今千家镇排三村后山）。相传古时，有一群黎族青年男女对跳打柴舞非常的迷恋，迷恋它那热情奔放的舞步，迷恋它那男男女女热舞的欢快场面。但受传统习俗的约束，只有在丧葬时才能跳打柴舞，他们无法在村里自由地跳舞。后来，有一天他们到村后的山上砍柴，发现山顶上有一块很平的空地很适合跳打柴舞，便决定晚上上山跳舞，于是他们就动手砍树制作舞具、整治场地。回村后分头约好村中的小伙子和姑娘，晚上他们便携手上山跳打柴舞。自此以后，每晚村里青年男女相约上山跳舞，激烈的打柴声和吆喝声开始传到村中，人们只认为这是鬼在跳舞，无人理会。随之夜夜跳舞的喧闹声就引起了村里老人和“帕柔”的注意，他们也知道是怎么一回事，但也不点破，让年轻人去跳吧。就这样村中的青年人一到晚上就上山跳舞，逐渐邻村的青年男女闻讯也相约到山上来跳舞，最后发展到整个千家地区的青年都相约上山跳舞，跳舞山之名由此而来。自此以后，打破了只有在丧葬时才能跳打柴舞的局面，也就是说打柴舞开始注入娱乐的性质，也开始传入周边其他支系的村庄。

据笔者的调查，哈黎支系中的哈应人人数多、分布广，多居住在沿海、沿河、沿江、平原和丘陵地带，哈应人并不因分布地方不同而忘掉打柴舞，在哈应人的村庄只要提到打柴舞他们就会道出其来源，同时给你讲述他们跳打柴舞的快乐场面。而哈黎中的罗活人、止贡人、抱怀人、抱曼人、抱由人、止强人、哈南唠人、尼下人、南美人等都懂跳打柴舞，但他们只知道打柴舞是在很久很久以前从“哈博”（哈黎中其他支系对哈应人的称呼或称谓）那儿传过来的，每逢节假日及喜庆日子就跳打柴舞来庆贺，只当作娱乐活动。

居住在白沙黎族自治县的润黎在新中国成立之前不知道打柴舞是什么样的一项活动，就连名字也未曾听过，新中国成立之后经文艺工作者编导搬上舞台和拍成电影看了之后才知道打柴舞的名字，后来才学会跳打柴舞。

居住在东方市和昌江黎族自治县的美孚黎懂得跳打柴舞，只知道是在很久以前从崖县（今三亚市崖城镇、天涯镇等一带地区）传过来的，只当作娱乐项目，与丧葬无关。

居住在五指山市、琼中黎族苗族自治县和保亭苗族自治县的杞黎懂跳打柴舞，只当作一种游戏而已，据说是从哈黎那边传过来的游戏。而赛黎也把打柴舞当作一项娱乐活动来看待。

由此可见，打柴舞是哈应人的一种丧葬舞蹈，具有浓厚的宗教色彩，但其舞步热情奔放，活泼向上，气氛热烈，具有很强的娱乐性，使人们迷恋它、接受它，尤其是年轻人。后来他们突破了传统习俗的约束注入了纯娱乐的性质，使打柴舞既有宗教的内涵，又有娱乐的性质，并随着哈应人从原居住地——三亚市的马岭镇（今天涯镇）、崖城镇等地区向岛东部的陵水、万宁等县市，中部的琼中、五指山、保亭、白沙等县市，西部的东方、昌江、儋州等市县的迁移，逐步把打柴舞传给相邻的美孚人、杞人、润人、赛人，最后遍及整个黎族地区。这样，打柴舞成为年轻人交往、相聚、谈情说爱的重要媒介，也成为黎族民间知名度最高的舞蹈之一。

随着哈应人的迁徙，打柴舞在传播、流传中发生了一些变异，逐渐注入了一些新的内容。第一，在传播过程中，改变了打柴舞原来的纯宗教色彩，注入了娱乐的成分，逐渐弱化了宗教色彩的成分，疏远了丧葬活动的初衷。第二，与节假日及喜庆日子紧密联系在一起，每逢喜庆日子人们总会跳起欢快的打柴舞来欢度节日，如今在传统“三月三”节、戏水节、慰问演出、景区景点娱乐等活动打柴舞都是必不可少的节目，而且是压轴戏。第三，演变为村与村之间、地区与地区之间的体育竞技活动，甚至是人与人之间的竞技活动，每每如此总会吸引许多群众纷纷前往观看，场面十分的壮观、热闹。第四，舞具的变化。打柴舞的舞具是十分讲究的，一般都选用木质轻、声音清脆、体鸣性好的木材为舞具，但现在已有一些地区的黎族群众为方便以竹子来代替木柴，使得在文艺舞台上和民族风情景点都效仿，竹竿舞之名也由此而来；实际上竹子比不上木柴，它容易破碎、体鸣性差，而音质不够清脆悠扬、铿锵有力。现在的打柴舞以四对木棒为最佳组合。第五，舞步、舞式不如以前那样复杂多样，有一些退化了，令人捧腹大笑的鹿步、猴子偷食步、老鹰步等已不见了，但创新了一些舞步和一些结束动作的艺术造型（见图 12 ~ 14）。

图 11　艺术造型之一

图 12　艺术造型之二

图 13　艺术造型之三

图 14　艺术造型之四

改革开放以来海南黎族社会观念变迁

陈思莲
（海南大学政治与公共管理学院）

在人类社会的历史进程中，“真正把人们维系在一起的是他们的文化，即他们共同具有的准则和社会观念”[1]。所谓社会观念，是指由特定生产生活方式造就出与其相适应并具有普遍意义的思维模式、价值体系、生活观念等。[2] 这种观念并非是一种纯粹的智力上的构想，其自身内部蕴涵着一种激发个体和民族的动态力量，驱使个体和民族去实现目标并建构目标中所蕴涵的社会制度。事实上，无论是个人的社会观念，还是某一群体的时代精神，都对客观的社会存在具有反作用，都会对该地区的经济发展与社会变化产生巨大影响。因为任何一种变革总是先在观念里出现，然后才转化为现实。而改革推进的过程也是观念普及的过程。因此，研究观念变迁尤其是黎族社会观念的变迁，并揭示出这种变迁的特征，可以为探讨海南黎族社会变迁的内在轨迹奠定知识基础。

一、黎族社会观念变迁的表现

（一）经济观念的主要变化

改革开放后，经济体制改革的浪潮冲击着黎族地区。改革给这里的黎族民众带来的变化是巨大的、多方面的，首当其冲的是其在经济观念上的变化。

---

① ［美］露丝·本尼迪克特著，王炜等译：《文化模式》，生活·读书·新知三联出版社，1988 年，第 18 页。

② 李委沙：《市场经济中的社会观念变迁》，《企业导报》2009 年第 2 期。

1. 求富观念渐趋浓厚

黎族地区的经济模式原本是十分典型的山地自然经济。小农经济的封闭性导致人们安于现状，不思进取，商品观念很淡薄。新中国成立后很长一段时间，许多黎族百姓仍不习惯把土特产拿到集市上去卖，而是去收购站，用土特产直接换回自己需要的生活消费品。改革开放后，黎族民众意识到，仅仅靠自给自足的生产方式是不能使自己走上富裕道路的，要大力发展商品生产，搞规模种养以及积极寻找出售自己产品的商机，这些才是脱贫致富的根本途径。他们开始根据市场的需要安排生产。例如，过去五指山山区的中药材都是野生的，有的品种供应不足，目前却在政府的组织下，大面积种植各种药材，像砂臼、益智等。黎族地区民众还根据海南特殊的气候条件，种植反季节瓜菜。生产规模越来越大，人均收入越来越多。2008 年，黎族地区人均生产总值就达到 14 246 元。①

2. 开发观念渐趋科学性

黎族主要分布在海南岛的五指山市、三亚市、东方市、万宁市、乐东县、琼中县、保亭县、陵水县、白沙县和昌江县等四市六县，这些区域农业自然资源十分优厚，适宜种植的荒丘、荒地、山岭绵延不断。由于受黎族传统刀耕火种方式、经营理念的束缚，长期以来丰富的农业资源不但未能得到充分利用，而且破坏很严重。黎族的“砍山栏”就是典型的刀耕火种，它包括两个内容：一是砍伐树木，化草木为灰肥；二是种山栏稻。但是“连收三四熟”即弃地而走，“另择地所”，说明是一种经常变更耕地的生产方法。② 这种无节制的自然垦殖，虽然也带有开发性，但只是落后的、原始的开发。它给海南的原始森林带来很大的破坏性。据统计，1965—1976 年间，仅五指山境内，刀耕火种面积为 49 万亩，占全市耕地面积的 7.4%。③ 1984 年中央农村一号文件实施后，黎族地区形成了新的开发性生产观念。

首先，规划性开发观念的形成。包括三亚、陵水、乐东中部的三亚经

---

① 海南省统计局、国家统计局、海南调查总队：《海南统计年鉴》，中国统计出版社，2009 年，第 34 页。

② 李露露：《海南黎族的“砍山栏”——古老的火耕方式》，《古今农业》1998 年第 1 期。

③ 司徒尚纪：《海南开发》，地图出版社，1992 年，第 91 页。

济圈将以旅游作为其开发的主导；包括昌江、东方和乐东西部的八所经济圈将以钢铁和畜牧业为开发方向；包括通什、保亭和琼中的通什经济圈将以热带作物种植业、旅游业为发展方向。

其次，规模性与成片性开发观念的形成。各黎族市县乡镇因地制宜，突出重点，统一规划。白沙县大量种植良种香蕉；乐东县、琼中县种植经济型林木橡胶；昌江县、东方县、乐东县、通什市等市县种植芒果等热带水果和剑麻。科学的开发观念也给海南生态环境的保护带来契机。

（二）婚姻观念的主要变化

婚姻观念是指人们对婚姻的价值取向，以及在整个婚姻过程中所反映出的心理因素。在特定历史条件下所形成的婚姻家庭观念，往往在很大程度上折射出当时社会政治、经济、文化的发展状况，显示出其社会价值观念的变动特征。改革开放以来，黎族地区与全国各族人民一样也进入到了非常重要的转型时期，他们与不同民族文化之间的碰撞与融合的程度超过了以往所有的历史时期，这些融合与碰撞导致黎族婚姻观念发生了较大的变化。其主要表现如下：

1. 通婚的地域范围不断扩大

历史上，由于语言、风俗习惯，特别是历代封建统治阶级的民族歧视、民族隔阂所造成的影响，黎族地区民众通婚范围受到较大的限制。20世纪50年代以前，黎族很少与外族通婚。[①] 尤其是黎、苗两族间的通婚，除个别黎族男子到苗村入赘外，其他可以说是绝无仅有的。黎族和汉族通婚者也少，仅仅是靠近汉族地区和有小市集的黎族地区，才有这样的表现。改革开放后，由于民族平等政策的贯彻落实以及新婚姻法的颁布，各民族之间的经济文化交流越来越频繁。一些外出打工和工作的黎族青年，在和汉族或者其他族青年的接触过程中，通过相互学习与了解，消除了历史上遗留下来的隔阂。此外，随着文化素养的提高，黎族青年知道跨民族、跨地域结婚更有利于优生优育。黎族青年与外村、外乡、异族人结婚的比例越来越高。据笔者2010年6月在五指山市毛阳镇方满村和石绿村的调查，110户已婚户中，黎族与汉族通婚的15户，黎族与苗族通婚的5

① 马戎：《民族与社会发展》，民族出版社，2001年。

户；其余为黎族本民族内部通婚户，民族之间通婚的户数占总户数的18%。从通婚范围来看，在已婚的110户中，与本村人结婚的51户，占总结婚户数的46.3%；与外村人结婚27户，占总结婚户数的24.5%；与外乡人结婚的31户，占总结婚户数的28.2%；其余的为与外县结婚户，占总结婚户数的1%。本调查结果表明，与非本村人结婚的户数已占总结婚户数的53.7%，说明当地黎族通婚的地域范围已逐渐扩大。

2. 结婚年龄由早婚向法定年龄甚至晚婚转变

20世纪50年代以前的黎族地区一般是盛行早婚的，一般黎族青年多在十五六岁左右便结婚。在"合亩"制地区多在10~14岁之间，杞黎青年一般13岁左右便结婚。① 在2010年6月五指山市毛阳镇方满村受访的30名已婚人员中，男性20人，女性10人，男性结婚年龄在21~22岁的7人，23~27岁的13人，女性结婚年龄在15~17岁的1人，18~20岁的3人，21~22岁的4人，23~27岁的2人。由此看出，结婚年龄符合法定年龄者居多。据调查，当地黎族青年婚龄推迟的原因主要与国家的政策法律、文化素质的提高以及家庭经济条件的好坏有关。1980年新的《婚姻法》规定，男22岁，女20岁，方可结婚。人们通过学习法律知识，服从法律规定，逐步晚婚。改革开放后，各级政府在黎族地区实施教育扶贫计划，多数黎族农村青年都受过一定的文化教育，他们为了追求自己的理想，追求丰富多彩的生活，不得不耗费更多的精力与时间，从而推迟婚龄。此外，随着经济发展水平的提高，黎族地区农村青年结婚的聘金越来越高，一些人为了筹足彩礼钱，也不得不推迟婚龄。

（三）服饰观念的主要变化

黎族服饰作为黎族文化的一种符号和历史文化现象，它随着黎族社会的变迁而变化。20世纪50年代后，大多数黎族青年男子的服饰逐渐汉化。改革开放以后，商品经济的发展冲破了传统的自然经济壁垒，在这一浪潮的冲击下，黎族地区民众的服饰观念更产生了新变化，呈现出新的特点：

---

① 中南民族学院本书编辑组：《海南岛黎族社会调查》，广西民族出版社，1992年，第89页。

1. 服饰面料的选择渐趋现代化

过去，黎族民众一家人所穿的服饰，大多由其家庭妇女自种棉、麻，自己纺纱、织布以及缝制而成。近数十年来，随着黎族社会经济的发展和黎族民众生活水平的提高，从都市工厂中生产出来的机织布料逐渐进入黎族家庭，传统的棉麻土布逐渐被取代。尤其是一种光滑、易干、轻薄、好洗的人造纤维充斥黎族城镇市场，它以便宜的价格优势占领市场，成为黎族地区青少年服饰的主要面料。在服饰的装饰材料上，大量的毛线、腈纶线也取代了原有的丝质色线，成为挑花、刺绣的色线原料，从而形成了黎族服饰面料的现代化而非本土化。

2. 服饰样式的选择渐趋汉化

改革开放后，黎族社会里穿民族服装者越来越少，除东方县的美孚黎支妇女、昌江县王下乡的杞黎支妇女还穿戴比较完整的民族服装，其他地区的黎族妇女，除少数中老年妇女还穿本民族筒裙外，服饰已与当地汉族没有什么差别了。据笔者的调查，琼中县大部分，万宁县的南桥、兴隆、牛漏和三更罗，白沙县北部的细水、光雅至儋州市、临高交界的地区，昌江县的十月田、乌烈和俄俄港等地，男女老少早就改穿汉装了。此外，除了在黎族比较偏僻的地区，偶尔还能看见少数男人穿民族服装外，绝大部分地区的男子都已改穿汉装，其汉化程度比黎族女性高。大部分黎族地区传统服饰只较多地出现在节日集会等隆重的场合，如结婚、丧葬、宗教活动、节庆日。此外，年老的黎族妇女一般都保留一两套民族服装，以备去世时穿戴。这种汉化的情况最直接的后果就是，喜欢并愿意学习黎族传统纺织工艺的黎族女子越来越少，黎族传统文化遇到了传承的危机。

（四）宗教信仰观念的主要变化

黎族宗教信仰属于原始宗教信仰，他们以自然崇拜为主，其次是祖先崇拜和图腾崇拜。在靠近汉族地区的部分黎族还信仰道教、佛教和基督教。[①] 黎族宗教信仰观念是黎族社会发展到一定历史阶段的产物。它是“在最原始的时代从人们关于自己本身的自然和周围外部自然的、错误的、

① 王学萍：《中国黎族》，民族出版社，2004 年，第 159 页。

最原始的观念中产生的”①。

1. 宗教崇拜的神圣性和神秘性渐趋淡薄

黎族原始宗教崇拜最普遍的形式就是自然崇拜，实质上是对各种各样的自然“鬼神”进行祭拜，包括天鬼崇拜、地鬼崇拜以及山鬼崇拜等，目的是祈求丰收。祭拜仪式多种多样，祭天、祭地、祭祖宗以及一切神灵。比如，播种的前一天，同一宗族的人要杀一只小猪祭天鬼，求天鬼保佑；山栏稻苗长到一寸高时，要杀一只小公鸡进行鸡卜等等。但今天，黎族地区神圣的祭祀活动已很罕见，比如，祭祀祖先时跳老古舞仅在偏僻的细水乡黎村尚有遗存。即使还存在供奉龙潭、山神、石祖、土地神、灶神等祭祀活动，但这些已在很大程度上不被当作宗教活动来进行，也不代表他们虔诚的宗教信仰，而成为在民族生活中占有重要地位的民族传统节日习俗的一部分。比如，黎族地区的“竹竿舞”习俗，其祭祀祖宗和神灵的色彩也逐渐消失，已成为一种带有民族文化色彩的体育健身活动。现在，跳竹竿舞已经成为“三月三”黎寨山恋节中一项健康的活动内容。

2. 信仰神灵与信仰科学的观念并存

改革开放后，政府加大了对黎族地区教育扶贫的投入，随着科学医疗知识和教育文化事业在黎族地区的不断发展。黎族民众对科学的认识越来越深，但旧有的宗教信仰观念又一时不能从人们的思想中彻底消失，于是，在信仰观念上则表现为信仰神灵与信仰科学并存的现象。传统意识“鬼”的观念，仍长期存在于黎族民众的头脑中，人们有病，到医院让医生诊治并服药，回到家后，仍无法完全摆脱旧意识的束缚，现在虽然不再杀鸡、杀猪祭鬼，却仍然请巫公印符箓，或者画符箓，张贴在大门上以防鬼；久旱无雨，既请雷神，又想办法找水抗旱，甚至求政府进行人工降雨；庄稼发生病虫害，既到田边进行“鸡卜”，又买农药喷洒。可喜的是，在这种科学与宗教、文明与愚昧的两种观念的并存中，科学的普及正在得以不断的扩大。相信科学的黎族民众越来越多，尤其是青年一代。

---

① 马克思、恩格斯：《马克思恩格斯选集》第4卷，人民出版社，1972年，第250、253页。

二、黎族社会观念变迁的原因

改革开放以后，黎族地区进入较快的发展时期。推动其社会观念变迁的主要原因如下：

（一）经济生活状况的改善是黎族社会观念变迁的基础

1950 年海南岛解放，在党的领导下，新时期的经济建设在全岛开展。但落后的黎族地区真正获得快速发展的契机是在改革开放以后，特别是建省办特区以后。黎族地区经济上获得了快速发展，经济实力不断增强。2008 年黎族地区生产总值达到 450 多亿元，按可比价计算比 1978 年增长 22.4 倍。1978 年到 2008 年，黎族地区人均生产总值由 1 120 元增加至 14 246元，按可比价计算比 1978 年增长 12.71 倍。[①] 农业产业体系已经初具规模，形成了农、林、牧、副、渔全面发展的现代型农业；黎族山区闭塞落后的局面也因村村通公路而改变；广播、电视、报纸杂志等大众传媒已经普及，邮电通信事业迅速发展等等。随着经济的发展，黎族地区民众结束了低收入、低生活质量的历史，生活有了极大的改善与提高。社会存在决定社会意识，经济的发展带来观念的变革，这一切都是必然的。

（二）异质文化的传播是黎族社会观念变迁的动力

文化传播对于人类观念变迁的重要意义早已被人们所认识。当代黎族社会观念变迁的主要动力之一也来源于文化传播，这是一种外源性的变迁动力。异质文化的传播对当代黎族社会观念变迁的影响是多层面的，比如，汽车、拖拉机、自行车等现代交通工具的普及根本地改变了黎族地区传统的出行方式；移动通讯设备在黎族家庭中的普及，加强了黎族与外界的联系等等。在当代文化传播中，电视与网络的价值尤为重要。它们不仅改变了人们的闲暇生活方式与交往方式，而且不断地将外界的新气息、新

① 海南省统计局、国家统计局、海南调查总队：《海南统计年鉴》，中国统计出版社，2009 年，第 34～405 页。

观念、新思想传入黎族地区，在开启民智和风气上与书籍具有同等重要的地位。这些都促进了黎族地区民众行为和生活观念的改变。异质文化在黎族地区的传播，除媒体移介外，族际互动也是一种主要形式。改革开放后，通过招工、招干、升学、婚嫁等方式进入汉族地区和城市中的黎族人口越来越多，黎族农村外出打工的人口急剧增多，大量的黎族年轻人走出山区，他们自己的文化行为和观念不仅通过族际互动得到改造，而且通过返乡、探亲等各种方式将城市和汉族先进地区的文化也带入黎族地区，也改变着家乡人的传统生活方式和观念。总之，在科学技术日新月异、世界文化日渐多样化、族际互动与文化互动更加频繁的当代，黎族观念变迁受到异质文化传播的影响之深之广是历史上任何时代都难以比拟的。

（三）城镇化进程是黎族社会观念变迁的载体

城镇化既是社会变迁的一种表征，也是社会变迁繁荣的一个动因。当代，黎族地区的城镇化对黎族社会变迁尤其是观念的影响则是多方面的。首先，城镇是异质文化传播的中介点，在异质文化传播中发挥着重要作用。一方面，城镇把不同民族的人口有效地集中起来，一定程度上打破了黎族小聚居的格局，促进了黎族与其他民族及其文化间的交往与互动，进而为族际婚姻与交往、商品流通、职业的选择创造了一定的条件。城镇集中的人口一般具有四种形态：一是在城镇中有固定住所和相对稳定工作的人口，包括农业人口和非农业人口；二是居住和从事的职业在城乡间游移的人口，即农工兼业人口；三是长住农村，但其生产、生活与城镇密切联系的人口，如定期赶场的农民；四是在校的学生。各种人口集中于城镇，在劳动、生活、学习中建立了密切的联系，正是通过这些联系，黎族文化不断影响其他民族，同时也受到其他民族文化的影响。其次，城镇是各种异质文化的承接点。在相对封闭的黎族地区，城镇是黎族人民了解外部世界的主要窗口。现代文化尤其是城市文化在向黎族地区的扩散中，首先在城镇驻足，然后通过一定媒介传播到农村。而城镇又具有传播文化的必备的物质设施和用品，如学校、影院、邮局、广播、电视（包括转播设施）、书籍、报刊等，这些文化设施和用品为异质文化的引入、储存、扩散提供了必要的物质条件，也促进了黎族社会观念的变化。